CURSO de SOCIOLOGIA JURÍDICA

ORGANIZADORES

LIER PIRES FERREIRA
RICARDO GUANABARA
VLADIMYR LOMBARDO JORGE

CURSO de SOCIOLOGIA JURÍDICA

2ª Edição

Freitas Bastos Editora

Direitos exclusivos da edição e distribuição em língua portuguesa:

Maria Augusta Delgado Livraria, Distribuidora e Editora

Editor: *Isaac D. Abulafia*

Capa e Diagramação: *Jair Domingos de Sousa*

DADOS INTERNACIONAIS DE CATALOGAÇÃO NA
PUBLICAÇÃO (CIP) DE ACORDO COM ISBD

C977
    Curso de Sociologia Jurídica / organizado por Lier Pires Ferreira,
Ricardo Guanabara, Vladimyr Lombardo Jorge. – 2. ed. – Rio de
Janeiro : Freitas Bastos, 2022.
    362 p. ; 15,5cm x 23cm.

    Inclui bibliografia e índice.

    ISBN: 978-65-5675-102-3

    1. Direito. 2. Sociologia Jurídica. I. Ferreira, Lier Pires.
II. Guanabara, Ricardo. III. Jorge, Vladimyr Lombardo. IV. Título.
                  2022-556   CDD 340.1   CDU

Elaborado por Vagner Rodolfo da Silva – CRB-8/9410

Índice para catálogo sistemático:
    1. Sociologia Jurídica 340.1
    2. Sociologia Jurídica 34(301)

Freitas Bastos Editora

atendimento@freitasbastos.com
www. freitasbastos.com

AUTORES

ADRIANO ROSA DA SILVA

ALESSANDRA DE ANDRADE RINALDI

DALMIR LOPES JR.

DENIS DE CASTRO HALIS

FABIANO ENGELMANN

FERNANDO FILGUEIRAS

GISELE SILVA ARAÚJO

GLAUCIA VILLAS BÔAS

JULIANA BORGES DE SOUZA

LIER PIRES FERREIRA

NILTON SILVA DOS SANTOS

PAULO ANTONIO DE M. ALBUQUERQUE

PEDRO H. VILLAS BÔAS CASTELO BRANCO

RICARDO GUANABARA

RODRIGO GHIRINGHELLI DE AZEVEDO

THAINÁ ROSALINO DE FREITAS

VLADIMYR LOMBARDO JORGE

APRESENTAÇÃO

É com grande satisfação que apresentamos a segunda edição do *Curso de Sociologia Jurídica,* livro primeiramente publicado em 2011 como parte de uma trilogia da qual também fazem parte o *Curso de Ciências Políticas* e o *Curso de Teoria Geral do Estado.* Onze anos depois, nós, organizadores e autores da primeira edição, permanecemos convictos da importância dessa disciplina para a formação de alunos e estudiosos do Direito, bem como para aqueles dedicados ao estudo das Ciências Sociais, da História e da Filosofia. A nosso ver, permanece imperiosa a necessidade de se estudar e debater o mundo jurídico para além das leis e atos normativos, ainda que ambas sejam tarefas importantes, sobretudo para o aluno de graduação.

Permanece como tarefa fundamental em nosso país o estudo de nossos problemas e dilemas institucionais. Nesse contexto, o mundo jurídico não é uma exceção. O oportuno e feliz encontro entre o Direito e as Ciências Sociais enseja a oportunidade de trazer à luz problemas, reflexões, tentativas de compreensão e resolução de algumas das grandes questões que permeiam o mundo jurídico.

Assim, nosso intuito permanece ser o de enxergar o Direito a partir de um "prisma externo", reconhecendo que o arcabouço jurídico é importante, mas não suficiente para formar criticamente o estudioso, mormente os alunos que adentram as escolas jurídicas. Optamos aqui por juntar professores de ambas as áreas por entender que esse encontro de visões e métodos enriquece e atinge os objetivos primordiais da Sociologia Jurídica.

Importa dizer que insistimos, portanto, em nossa abordagem pregressas. Além da didática que facilita a compreensão dos estudiosos, convidamos professores de graduação e pós-graduação de reconhecida qualidade para que produzissem os capítulos deste livro. O resultado é que além da atualização, trouxemos ainda um novo capítulo, que versa sobre a Antropologia Jurídica, a fim de enriquecer a abordagem de temas como o sentido da Sociologia Jurídica, suas tradições, a função social do Direito, as instituições sociais e o tema da legalidade e legitimidade. Ademais, mantivemos os capítulos relativos a alguns dos mais importantes pensadores da disciplina, tais como Habermas e Niklas Luhmann, dentre outros, sacrificando muito pouco daquilo que foi publicado na primeira edição.

Por fim, a exemplo da primeira edição, mantivemos a preocupação com a questão da didática e compreensão dos alunos por meio de textos simples, diretos, sem preciosismos acadêmicos. Desse modo, procuramos, ampliar as possibilidades de aprendizagem e reflexão, primeiramente pela crença na abordagem multidisciplinar do Direito, conjuntamente com uma comunicação mais eficaz e direta com nossos leitores.

PREFÁCIO À SEGUNDA EDIÇÃO

AURÉLIO WANDER BASTOS
Professor Titular Concursado Emérito – UNIRIO

Este **Curso de Sociologia Jurídica**, consolida o pensamento de alguns dos mais expressivos professores de universidades brasileiras sobre as relações de Direito e Sociedade, evoluindo numa efetiva inclinação contributiva sobre a Sociologia Jurídica e as suas aberturas para os estudos de Antropologia, História e Ciências Jurídicas, abordando suas clássicas dimensões, seu desenvolvimento e suas transformações epistemológicas. Estas transformações marcaram não apenas os seus estudos no Brasil sobre os diferentes temas abordados neste livro, numa leitura genuína e pioneira, como também nas academias da Europa e alhures.

Na verdade, o livro apoia-se na diversidade de seus artigos e no pluralismo de sua leitura, bem como nos parâmetros gerais da metodologia que presidiu obras ímpares que marcaram o contexto geral da Sociologia, preliminarmente, como Marx, Durkheim, Weber e Malinowski. Na sequência, também considera o conjunto de pensadores europeus que influíram na neo-modernidade dos estudos jurídicos, como tivemos a oportunidade de abordar em nosso livro sobre *Teoria e Sociologia do Direito*.

A história da inclusão curricular da disciplina Sociologia Jurídica não se manifesta, como o livro bem demonstra, num ritmo acelerado, ocupando amplos espaços dos estudos jurídicos. Muito ao contrário, sua formalização curricular não passa pelas decisões curriculares gerais, mas pelo esforço concentrado de uma plêiade de professores que viram na introdução curricular da disciplina Sociologia a renovação necessária no estudo do Direito. Neste sentido, a obra ora prefaciada abre a oportunidade de se analisar e compreender os estudos do Direito positivo, não apenas da perspectiva dogmática herdada com sabedoria da tradição hermenêutica, apoiada no Direito Romano, mas também identificar nas normas (ou mais especificamente nas relações jurídicas) que se constroem a partir dos fatos (ou mais especificamente das relações sociais) o exato objeto da Sociologia Jurídica.

Esta transmutação construtiva permitiu que a Sociologia Jurídica evoluísse como uma nova hermenêutica do Direito, em condições de evoluir, paralelamente, à Ciência do Direito como uma construção jurídica apoiada essencialmente na teoria da Norma Fundamental, enquanto construção de Hans Kelsen, apoiada na teoria do pensamento idealista de Immnuel Kant. Neste sentido, este especial **Curso de Sociologia Jurídi-**

ca, abrindo o debate endógeno sobre as linhas teóricas constitutivas dos autores analisados, viabilizou este amplo leque da hermenêutica jurídica: a hermenêutica dogmática, que evolui da leitura do Digesto, que inspirou o Código Civil Francês (1803), e na leitura Pandectas, que inspirou, na sua recuperação histórica aprofundada, o Código Civil Alemão (1900).

Por outro lado, o pluralismo discursivo do **Curso de Sociologia Jurídica**, como já observamos, abriu o amplíssimo espaço para se reconhecer na Sociologia Jurídica a disciplina que viabiliza as normas, especialmente do conceito de eficácia, enquanto hermenêutica das normas jurídicas à luz da dinâmica da vida social. Além disso, o livro cria um verdadeiro ambiente, como sempre temos observado, que permite reconhecer a mudança da ordem estabelecida da perspectiva da prospectiva dos fatos sociais, abrindo um significativo espaço para se avaliar o Direito instituído, com base na correlação das variáveis, como quis Miguel Reale, com *fato, valor e norma*.

Neste quadro de leitura geral, cabe-nos, embora não tenha sido a preocupação central deste livro, cuja inclinação evidente é o estudo da Sociologia Jurídica, a descrição da leitura hermenêutica, que se deveu a Hans Kelsen, ainda na Europa dos anos de 1930, a criação da teoria da fundamentação e derivação das normas no preceito constitucional, constrangendo a leitura dogmática e positivista. A ele, Kelsen, também se deveu a moderna teoria da eficácia normativa. O preceito da eficácia normativa, embora evolua de Kelsen, é o preceito referencial para se avaliar se a norma vigente corresponde, senão à axiologia sociológica, como quis Reale (e Carlos Cossio), aos princípios éticos que presidem a conduta juridicamente relevante numa sociedade em mudança.

A. L. Machado Neto, no seu clássico livro *Sociologia Jurídica*, reconhecendo as tantas dimensões da hermenêutica jurídica, faz a sua clássica conclusão, não propriamente de natureza kelseniana ou romana: *a Ciência do Direito, só é ciência enquanto Sociologia Jurídica*. Desta forma, a Sociologia jurídica se desenvolve como uma leitura das relações jurídicas, que, na forma de norma específica, regulam as relações sociais juridicamente relevantes, prospectando novas alternativas com a fragilização de sua eficácia (social ou histórica) ou sua derivação construtiva, no caso de alterações constitucionais ou norma superior, para ficar na linguagem de Hans Kelsen, como luz da evolução diferenciativa de padrões jurídicos antecedentes e consequentes.

Este livro, que agora vem a lume, numa reedição coordenada por Lier Pires Ferreira, Ricardo Guanabara e Vladimyr Lombardo Jorge, ordenada em capítulos, representa um especial Manual de estudos de Sociologia Jurídica, colocando-a no capítulo das Ciências Humanas e Sociais, assim como o faz Denis de Castro Halis, colocando-a na sua dimensão histórica no capítulo sobre Grandes Tradições da Sociologia Jurídica, que se completa com o capítulo Debates Contemporâneos e as Bases da Sociologia Jurídica no Brasil. Este capítulo, não fosse a leitura aberta de temas sobre a Sociologia Jurídica no Brasil, poderia abrir-se em novas e modernas discussões nos cursos de mestrado e doutorado.

Todavia, a contribuição de Fabiano Engelmann, sobre as relações da Sociologia do Direito e sua aproximação com o ensino jurídico, abre este leque temático, e historicamente demonstra que a matéria sofreu grande impacto nos anos que se seguiram à abertura democrática. Neste período, ampliaram-se o volume de palestras e livros sobre a nova temática da democracia, comprometida com o Direito Constitucional e com a Sociologia, onde se destacaram José Eduardo Faria, em sua Sociologia e Crise do Direito, juntamente com Celso Capilongo.

No Rio de Janeiro, também na virada democrática, Aurélio Wander Bastos colocou à público obras de significativa reflexão, também sobre Ensino Jurídico, na linha de Fabiano Engelmann. Também cabe destacar a obra sobre as relações entre Sociologia e Filosofia, de Tércio Sampaio Ferraz e Vicente Barretto. Estes livros trouxeram para o âmbito dos estudos do ensino jurídico a Sociologia, a Ciência Política e a História como pressupostos introdutórios de disciplinas significativas como o Direito do Consumidor (1990), e com a publicação recente de Rossana Fisciletti sobre o Direito do Consumidor e a Revolução Digital, o Direito Civil (2002) e o Código de Processo Civil (2015), que, a partir da Constituição de 1988, deu ao Direito brasileiro um novo perfil comprometido com o engajamento social.

Nesta linha, evoluindo dos estudos sobre o Direito do Trabalho, há que se destacar o capítulo sobre Sociologia e Direito, preparado por Glaucia Villas Bôas sobre os estudos pioneiros sobre a Sociologia no Brasil, de Evaristo de Moraes Filho, companheiro ingente das lições do também Professor (e Desembargador) F.A. Miranda Rosa, que, por outro lado, fora o precursor de leitura crítica dos sociólogos funcionalistas e adeptos da teoria de sistemas, como também, escolhendo como tema essencial o "papel" e a "função" dos agentes judiciários nos livros Sociologia do direito, discorreu sobre o Fenômeno Jurídico como Fato Social, Justiça e autoritarismo, Jurisprudência e Mudança Social.

Neste **Curso de Sociologia Jurídica** muito bem se enquadram os estudos que complementam esta nova temática do amplo repertório do Direito que rompe seus limites na linha da Teoria Crítica com os artigos sobre Legalidade e Legitimidade, de Pedro Villas Bôas Castelo Branco, cujo precursor da discussão temática, revista pelo autor, foi Carl Schmitt, um referencial analista do tema, que no tempo histórico sucumbiu à legalidade, o que fortalece a leitura de Villas Bôas. Na linha da Sociologia Criminal, está o Artigo: Direito Punitivo e *Ius Puniendi,* de Nilton Santos, que nos permiti afirmar que o autor recupera, em leitura inovadora, o clássico Dos Delitos e Das Penas, de Cesare Beccaria, não apenas o crítico severo do sistema penal medieval, mas, principalmente, o jurista precursor da Sociologia Criminal, que aponta, nos desesperos da vida punitiva e carcerária do passado, a necessária e imprescindível reflexão sobre o alvorecer do Direito Penal Moderno.

Esta questão não deixa de ser um espaço aberto para o capítulo Socialização e Controle Social, onde estaria classificado o estudo de Rodrigo Azevedo, Direito e Instituições, de Paulo Albuquerque, e Função Social do Direito, de Gisele Araújo, sem se esquecer da importante temática do Direito e Desenvolvimento Social, que alimentam a necessária reflexão sobre o papel do Direito no processo de mudança social e, como não poderia deixar de observar, também de controle social. Os diferentes *papers* citados, no fundo, permitem uma verificação comparada do Direito como instrumento de desenvolvimento e controle social, esta trágica dialética da produção normativa.

Nesta mesma linha classificatória estaria Ricardo Guanabara, que, dentre outros temas, levanta a questão do *Direito Achado na Rua,* tema delicado para os estudos jurídicos, mas que não inibe a oportunidade de homenagear meu ex-professor de Direito Penal e Criminologia na UnB (1964/65), Roberto Lyra Filho, homem de absoluta clarividência, engajado nos temas cruentos do professor que acompanha a vida humana nos seus delírios e sofrimentos, não se esquecendo, é claro, do seu discípulo sucessor, José Geraldo de Souza Júnior. Aliás, ao se referir a Roberto Lyra Filho, vejo nas suas palavras de excelente e entusiasmado professor, a sua assertiva: *não se esqueçam que hoje os direitos são o objeto de nossos estudos, mas ainda no futuro próximo, as nossas preocupações deverão chegar ao Poder Judiciário, a fonte da produção jurídica, a jurisprudência, se hoje (1964) é a doutrina.*

Este livro, na prática acadêmica, sintetiza em grau de esforço exemplar, uma significativa contribuição para os estudos futuros da Sociologia Jurídica, não apenas como disciplina curricular, mas pressuposto metodológico da sua grande lição, como aprofundamos em nosso livro o Teoria e Sociologia do Direito. De fato, não basta aprender os Códigos, as normas e as leis, mas, principalmente, identificar as suas conexões com os fatos e a casuística jurídica, numa efetiva demonstração que *aprender Direito é aprender a pensar os códigos na sua dimensão aplicada.*

No contexto geral dos *papers* consolidados neste livro, a leitura simbólica conclusiva, está exatamente no Capítulo 2, onde se desenvolve com ímpar clareza, o estudo de Alessandra de Andrade Rinaldi, Juliana Borges de Souza e Thainá Rosalino de Freitas sobre *Saberes Antropológicos e Jurídicos*, onde as autoras conseguem evoluir no estudo do tênue limite entre a Antropologia e o Direito, onde as autoras conseguem dialogar com o drama humano nas suas diferentes conexões com o Direito, não apenas nas suas identidades, mas principalmente, enquanto dimensões paradoxais entre o homem no seu *habitat* e a Lei.

Nesta perspectiva de estudo, há um verdadeiro pressuposto do trabalho intelectual entre o conhecimento verdadeiramente vivido e o conhecimento jurídico na sua dimensão deôntica, muito bem introduzido, com linguagem apropriada no *paper* produzido pelas autoras, que evocam Kant de Lima, permitindo uma especulação lógica entre o *devir*, enquanto verdade possível, e a relação *deôntica*, enquanto a situação real entre o fato real e a sua leitura jurídica. É neste sentido que as autoras conseguem evoluir numa especial discussão sobre a Antropologia do Direito, no sentido mesmo de que a Antropologia, historicamente, é o pressuposto da Sociologia, enquanto tal, o pressuposto do Direito.

À luz das questões esboçadas, o *paper* abre para uma excepcional discussão sobre a convivência entre essas duas dimensões do saber, abertas, cada vez mais na modernidade, para o pluralismo do reconhecimento do homem histórico, no contexto da história do Direito, um novo e importante campo de pesquisa, que permite a convivência entre os diferentes conceitos de justiça, da perspectiva da Lei e as modernas concepções do homem, engajado na dinâmica axiológica do seu tempo.

Esta leitura permite o aprofundamento do reconhecimento antropológico da questão da criança e do adolescente, não apenas na sua dimensão biológica, mas também no efeito definitivo da filiação adotiva, que se supera no encontro das dimensões afetivas, uma linha de decisão que o Judiciário tem procurado alcançar. Mesmo no contexto desta exclusiva inclinação do ECA, o trabalho tem uma excelente abertura para se discutir a questão das pessoas idosas no contexto da Lei nº 10.741, de 01 de outubro de 2003. Não fosse esta manifestação, uma leitura, enquanto prefácio, este *paper* oferece elementos para um aprofundamento significativo da pesquisa bibliográfica, que, possivelmente, estará classificada a partir da sua publicação, como um estudo referencial sobre as pessoas humanas, no contexto de sua concepção antropológica e jurídica.

Finalmente, o **Curso de Sociologia Jurídica** contribui decisivamente para marcar o papel da Sociologia Jurídica como disciplina curricular. Igualmente, também contribui decisivamente para reconhecer os limites da ordem e implementar a sua efetiva qualificação, exatamente como a prospectiva hermenêutica comprometida com a dinâmica da vida social e as dimensões construtivas do ordenamento jurídico.

PREFÁCIO À PRIMEIRA EDIÇÃO

O DIÁLOGO ENTRE OS SABERES E AS PRÁTICAS SOCIOLÓGICAS E JURÍDICAS

LUIZ EDUARDO SOARES[1]

O livro organizado pelos professores Lier Pires Ferreira, Ricardo Guanabara e Vladimyr Lombardo Jorge, **Curso de Sociologia Jurídica**, está destinado a cumprir um papel significativo e a preencher uma grave lacuna, tornando acessíveis reflexões indispensáveis para todos os que se interessam seja pelo Direito, seja pela Sociologia, especialmente – mas não apenas – professores e estudantes. O que digo talvez surpreenda os próprios organizadores, que enfatizaram, em sua apresentação, a intenção de contribuir para o ensino de sociologia nas faculdades de Direito. Fizeram bem mais que isso – o que, sublinho, não teria sido pouco. O livro que organizaram desempenhará também outra função, complementar à primeira e igualmente importante: apresentará aos cientistas sociais, em particular aos sociólogos, de forma sistemática e sintética, algumas das mais relevantes concepções elaboradas em seu próprio campo sobre o Direito, o universo das Leis e das práticas jurídicas. Em o fazendo, demonstrará o que nem sempre é claro para os próprios membros da comunidade de cientistas sociais: pensar a dimensão normativa da vida coletiva tem sido um dos recursos estratégicos adotados pelos autores de obras-chave na sociologia para compreender as sociedades na história, em sua complexidade. Além disso, problematizar as dinâmicas normativas tem constituído uma via privilegiada de desenvolvimento da (auto)consciência crítica das próprias ciências sociais – quanto a suas especificidades, seus potenciais e limites.

Voltemos aos tempos heroicos do pensamento ocidental, a Grécia clássica, para uma breve reflexão.

O emprego da mesma medida – como valor e princípio feitos norma – deriva da transposição para a *Polis* da ideia mesma de ordem que regia

---

1 Professor da UERJ e da Universidade Estácio de Sá. Autor de *Legalidade Libertária* (RJ: Lumen-Juris, 2006).

a disposição e os movimentos dos corpos celestes, cujas regularidades puderam ser percebidas e calculadas graças à noção de regularidade, originalmente inspirada na música da vida, isto é, no ritmo do fluxo sanguíneo que anima o corpo humano. Quatro séculos antes de Cristo, Hipócrates, Anaximandro e Sólon, aplicavam a áreas distintas da experiência humana e dos fenômenos naturais os ensinamentos produzidos, promovendo a emergência de diferentes saberes a partir de matrizes comuns. A música, a geometria e a matemática, a medicina e a astronomia, construíam-se no território compartilhado de uma razão unívoca, supostamente correspondente à unidade da natureza, e se projetavam sobre a sociedade para regulá-la de acordo com os mandamentos das racionais – espelhos do cosmos, da vida e da música. A metafísica helênica, resistindo à erosão provocada pela guerrilha filosófica dos pré-socráticos, erguia-se inspirada no sonho da unidade, ao qual Platão deu voz e conceito: o belo, o justo e o verdadeiro seriam três faces inseparáveis do mesmo. A verdade seria bela e justa; o belo, justo e verdadeiro; o justo, verdadeiro e belo. Teriam de caminhar juntas, portanto, a Ciência, a Arte e a Filosofia – esta entendida como a fundamentação racional do dever moral e da orientação normativa justa (e conforme à razão e à moralidade). O poder que aspirasse à legitimidade, o Direito que ambicionasse realizar a justiça, teriam de guiar-se por essa matriz, instaurando-se em conformidade com a razão e a natureza, em harmonia com o conhecimento. Evidentemente, tratava-se do conhecimento produzido e disponível em um contexto histórico, cultural e social determinado. Por isso, a transcendência e a linguagem teológica foram os horizontes da reflexão sobre o poder, as leis, as virtudes, o belo e os sentidos do justo, por tantos séculos, no Ocidente.

A fissura desestabilizante assombrou a metafísica platônica da unidade desde suas formulações originárias. Às vozes filosoficamente hegemônicas opuseram-se críticos céticos e subversões questionadoras. Mas saltemos os séculos e as longas disputas.

No cenário europeu renascentista e na aurora da modernidade, dois pensadores – ainda que houvesse vários outros igualmente decisivos – tornaram-se ícones da fratura: Maquiavel e Hume. O primeiro descrevendo a natureza do poder, descarnada de adjetivos, e chamando os processos de dominação por seu nome, sem pudores retóricos e idealizações morais. Maquiavel tratou o aparato normativo do poder por seu nome. Hume, por sua vez, separou fato e valor, partindo ao meio a unidade sagrada da metafísica. Verdade, beleza e justiça deixavam de ser partes de uma totalidade essencial, espelhando a mônada ontológica e a unidade divina.

Hume foi ainda mais radical: identificou o fato como objeto empírico da razão, passível de conhecimento científico, e deslocou o valor para o campo da subjetividade, circunscrita ao mundo privado, às escolhas individuais. Estava decretado, filosoficamente, o fim de uma era, caracterizada pela intervenção religiosa na ciência. Tomava vulto o movimento histórico da laicização.

Se não mais na verdade, em Deus ou na natureza, onde fundar o dever e a ideia da norma justa, sem a qual carece de significado a categoria legitimidade e perdem viabilidade a política e o Estado concebidos sob a égide da virtude pública? Há alternativas à guerra hobbesiana de todos contra todos e ao poder reduzido ao osso do domínio auto-justificável, pura força, mera vontade de poder, que independa da distopia rousseauísta do bom selvagem? Há instituições melhores e piores, normas mais ou menos justas, formas de organização do poder mais ou menos aceitáveis, segundo critérios distintos do interesse exclusivamente privado? Quais os critérios de juízo? Como construí-los e justificá-los? Como, nesse contexto pós-metafísico, erigir os princípios de justiça e o Direito, e como avaliá-los?

Do outro lado desta reflexão está a história, com suas convulsões e permanências, adensando experiências, desbravando sendas, bloqueando vias. Como as sociedades ocidentais têm respondido às perguntas teóricas, ético-políticas ou filosóficas que ela mesma suscita, e como têm combinado os jogos de forças e interesses a valores que seus membros compartilham, em alguma medida? Quais têm sido os modelos institucionais e normativos, jurídico-políticos, desenvolvidos para lidar com os dilemas postos pelo capitalismo – desde os momentos inaugurais em que emergia na Europa e na América – e com o clamor das classes emergentes (especialmente a classe operária) e das novas formações coletivas (em particular, as cidades), movidas por novas crenças e identidades? A modernidade (ela própria uma constelação de respostas a interrogações, modelada pela imaginação inventiva e por fatores incontroláveis) corresponde a um conjunto de novos desafios que exigem soluções engenhosas no plano dos conceitos e das práticas, da imaginação filosófico-política e da invenção institucional.

Instalado o paradigma humeano e laicizado – que não significa o desaparecimento do sagrado, do mítico, da fé e das crenças, mas seu deslizamento para esferas laterais, ainda que extremamente importantes –, o campo dos saberes impõe o afastamento entre, por um lado, discursos prescritivos/propositivos (nos quais valores e normas são criticados e justificados, confeccionados e propostos) e, por outro, discursos descritivos/explicativos ou analíticos/compreensivos. O mundo do Direito não se situa exclusivamente no primeiro tipo discursivo, mas é aí que encontra sua identidade distintiva. O universo das ciências sociais, particularmente da sociologia e da ciência política, a despeito de ambivalências, deslocamentos e sobreposições, reconhece sua natureza no segundo grupo – daí a singularidade subversiva do marxismo.

Por isso, a sociologia se reporta ao Direito (o sistema de saberes, normas, práticas e dispositivos institucionais) como objeto, uma vez que o conjunto de normas e práticas judiciais constitui em si mesmo uma face crucial das sociedades estudadas. Em o fazendo, ela busca afirmar sua independência relativamente a perspectivas prescritivas, inscrevendo-se assim na tradição do que se convencionou designar ciência. Quão mais a sociologia tratar o universo jurídico, o mundo do Direito, os saberes e as práticas, os rituais e os mecanismos institucionais jurídicos como objetos, mais distante supõe estar do perigoso abismo do "subjetivismo". Por isso, a sociologia prefere esquecer a origem comum nas obras dos filósofos sociais que marcaram tanto as ciências sociais quanto o saber jurídico e as ciências do Direito. Refiro-me a Hobbes, Locke, Rousseau, Montesquieu, entre outros.

As análises frias e objetivas dos sistemas jurídicos que a sociologia realiza, em suas diversas vertentes, aportam elementos que ultrapassam a autoconsciência dos operadores desses sistemas, por mais que sejam lúcidos, reflexivos e eruditos. Por isso, servem ao importante propósito de relativizar as visões internas, contextualizando-as na história cultural, econômica e política das sociedades, como demonstram os excelentes textos interpretativos publicados no presente volume.

Entretanto, é conveniente que o leitor fique atento ao fato de que, dialogando com os sistemas jurídicos e examinando tanto seu funcionamento quanto seus pressupostos dogmáticos, doutrinários e axiológicos, revelam-se também, involuntariamente, as adesões valorativas (e, nesse sentido, tacitamente prescritivas, mesmo que não normativas) dos saberes sociais e, mais ainda, dos operadores das ciências sociais, enquanto campos prático-institucionais, historicamente constituídos, com suas dinâmicas próprias de poder, suas interfaces políticas e suas crenças pré-reflexivas. Desnudam-se, assim, no campo discursivo que se desejava e se supunha refratário aos riscos do subjetivismo, dimensões que nos saberes jurídicos afloram sem pejo – representando seus limites mas também sua potência e sua virtude. Apesar dos esforços de concentrar-se no que é, renunciando a "opinar" sobre ou "infiltrar-se" no dever-ser, para fixar e garantir sua cientificidade – ou, pelo menos, sua objetividade –, a sociologia não pode constituir-se e realizar-se (é o que desvela o corpo a corpo com o saber jurídico exercitado nos capítulos deste livro) sem "sujar as mãos" no terreno da prescrição, da axiologia e dos princípios doutrinários, nos quais se enredam valores e visões de mundo com os conceitos e as metodologias. Observe-se que a idealização da razão considera esse terreno pantanoso, porque incerto e fugidio, subjetivo e carente da fundamentação científica, a qual seria exclusiva da ciência cujos objetos sejam fenômenos ou fatos, vale dizer, aquilo que é e não o dever ser.

Os ideais – como, por exemplo, se quisermos restringir o repertório a um vocabulário conhecido, sem avaliar sua eventual mútua incompatibilidade: justiça, vida comum virtuosa, bem público, democracia, liberdade, respeito pelo Outro, realização plena dos melhores potenciais individuais, autonomia do sujeito, cooperação e cuidado fraterno, minimização do âmbito de alcance dos poderes e maximização da experiência auto-modeladora de si mesmo, convívio solidário sem tutela, na celebração das diferenças – estão inscritos como parâmetros e molduras não enunciados em muitos dos discursos sociológicos que preferem ignorar (ou não estão em condições de reconhecer) suas opções axiológicas ou filiações a tais ou quais linhagens valorativas.

Destacando no sistema jurídico objeto de sua análise a funcionalidade promotora de coesão social, o sociólogo (penso em Durkheim) projeta a expectativa de ordem e sua própria valorização da estabilidade, assim como sua repulsa pela anomia, o fantasma da destruição que ronda e ameaça a reprodução da vida coletiva. O ideal de ordem plasma também sua própria concepção da ciência que pratica.

Identificando a natureza sistêmica de seu objeto, outro sociólogo (Luhmann) evoca não só valores congruentes com a qualidade essencial que encontra no universo jurídico sobre o qual se debruça (a sistematicidade, para dizê-lo de forma rudimentar), como também o ideal sistêmico da ciência que deseja reinventar.

Apreendendo a tessitura da razão argumentativa no mundo do Direito e dos sistemas jurídicos, outro autor estudado (refiro-me a Habermas) projeta no objeto os valores aos quais tem dedicado sua vida: o diálogo democrático entre sujeitos autônomos, em ambiente marcado pela equidade. Por outro lado, o diálogo constitui a matriz conceitual com que define o domínio da racionalidade. Ou seja, seus valores (sublimados) plasmam a ciência e a filosofia que procura praticar.

Esses exemplos não têm o propósito de refutar os autores referidos ou depreciar suas riquíssimas contribuições ao conhecimento dos sistemas jurídicos e ao desenvolvimento das próprias ciências sociais, particularmente da sociologia. Mas sugerir que o confronto de que trata esta obra, organizada por três respeitados e competentes professores e pesquisadores, vai além do que promete. Ilumina os dois lados da cena. Ajuda a pensar não apenas o objeto dos discursos sociológicos, mas os lugares de onde se enunciam e projetam esses mesmos discursos. E o bumerangue hermenêutico que sugiro nos leva a perceber que sujeito e objeto, no fundo, falam a mesma língua, comungam a imersão nas galáxias do valor, das crenças e das vocações prescritivas. Movem-se, portanto, ambos como sujeitos irredutíveis, em suas múltiplas vozes.

Terminamos a leitura com muitas respostas iluminadoras e fecundas sobre o mundo do Direito e dos sistemas jurídicos, e muitas perguntas instigantes, provocativas e inspiradoras sobre a sociologia, em sua diversidade. Que resultado mais interessante e fecundo um livro poderia desejar produzir?

SUMÁRIO

UNIDADE I
ASPECTOS CLÁSSICOS DA SOCIOLOGIA JURÍDICA
Página 3

UNIDADE II
DIREITO, DESENVOLVIMENTO
E TRANSFORMAÇÃO SOCIAL
Página 203

UNIDADE III

DIREITO E SOCIOLOGIA NO BRASIL

Página 281

UNIDADE I

Aspectos Clássicos da Sociologia Jurídica

1 A SOCIOLOGIA JURÍDICA NO CONTEXTO DAS CIÊNCIAS HUMANAS E SOCIAIS

LIER PIRES FERREIRA [1]
VLADIMYR LOMBARDO JORGE [2]

1.1. RAZÕES DO ESTUDO DA SOCIOLOGIA JURÍDICA

AO INICIAR o estudo da Sociologia Jurídica, o acadêmico de Direito terá passado, presumivelmente, pelo estudo introdutório da Sociologia. No momento em que se depara com a Sociologia Jurídica, portanto, uma questão é inevitável: por que estudar mais uma disciplina propedêutica, retardando o estudo do direito material e do direito processual? Algumas reflexões são necessárias para superar essa angústia.

Preliminarmente, é necessário compreender que o Ensino Superior, por sua própria natureza, é diferenciado do Ensino Fundamental e do Ensino Médio, constitutivos do que a Lei de Diretrizes e Bases da Educação Nacional – LDB[3] denomina Educação Básica. Nos termos da LDB, a Educação Básica deverá "[...] vincular-se ao mundo do trabalho e à prática social" (art. 1º, § 2º). Em caráter complementar, o art. 22 do mesmo diploma legal consigna que "a educação básica tem por finalidades desenvolver o educando, assegurar-lhe a formação comum indispensável para o exercício da cidadania e fornecer-lhe meios para progredir no trabalho e em estudos posteriores". Já o Ensino Superior, mais do que a capacitação para o trabalho e para o exercício da cidadania, volta-se para a criação artística e cultural, bem como para o desenvolvimento científico, tecnológico e sociocultural.[4]

---

1 Pós-Doutor em Direito – Universidade de Salamanca, USAL, Espanha. Doutor em Direito – UERJ. Mestre em Relações Internacionais – PUC/RJ. Bacharel em Direito – UFF. Bacharel e Licenciado em Ciências Sociais – UFF. Advogado. Professor Titular do Ibmec e do CP2. Pesquisador do GEDIPP/UERJ e do LEPDESP/UERJ-ESG. Membro da Comissão de Direito Internacional da OAB/RJ. Comentarista de política no Jornal do SBT/RJ. Palestrando em diferentes eventos acadêmicos, no Brasil e no exterior. Autor ou organizador, dentre outras obras, de "Estado, Globalização e Integração Regional"; "Direito Internacional, Petróleo e Desenvolvimento"; "Sociologia em Movimento"; "Sociedade em Movimento"; "Moderna Plus – Ciências humanas e sociais aplicadas"; "Escolas e Teorias de Relações Internacionais", "Retratos da Pandemia" e "O Rio sob Intervenção Federal".

2 Mestre e doutor em Ciência Política pelo IUPERJ. Atualmente é professor associado, nível 2, da Universidade Federal Rural do Rio de Janeiro (UFRRJ), onde ministra aulas para cursos de graduação e o Programa de Pós-Graduação em Ciências Sociais (PPGCS).

3 Lei nº 9.394, de 20 de dezembro de 1996.

4 Para conferir as diferenças entre o Ensino Médio e o Ensino Superior, ver arts. 35 e 43 da

Em seguida, é importante perceber que, quanto mais se avança no caminho do conhecimento, mais sofisticado e interdependente é o conjunto das disciplinas. Para que o estudo do Direito seja profícuo, correspondendo às finalidades gerais inscritas na própria legislação, aos anseios e necessidades da sociedade e às próprias expectativas do educando, é necessário superar o estigma de um conhecimento segmentado, fixado em compartimentos isolados. Assim, por exemplo, é difícil um profissional do Direito lograr êxito em suas atividades sem sólidos conhecimentos de Filosofia, História e Sociologia. Outrossim, para alguns campos do Direito, como o Direito do Trabalho e o Direito Tributário, particularmente, é importante uma base matemática consistente, já que a realização de cálculos, muitas vezes complicados, é uma constante na profissão. Do mesmo modo, o profissional do Direito Ambiental e aquele dedicado ao Biodireito não podem prescindir de um conhecimento razoável de Biologia e mesmo de Química. Enfim, é necessário compreender que a separação entre os diferentes campos do saber, para além de contingências sócio-históricas específicas, atende a uma necessidade didática, uma forma de iniciar a juventude nos diferentes elementos da realidade. É, pois, imperativo funcional, que não deve obstaculizar uma percepção de suma importância: o conhecimento, assim como o próprio homem, só assume sua máxima expressão quando se reconhece como realidade integral, em relação de interdependência com a imensa diversidade que constitui o real.

Finalmente, ainda que em caráter preliminar, vale firmar que o Direito é um fenômeno social. Qualquer que seja sua definição, ele é um produto da vida social, que emana, em última instância, das relações que se estabelecem entre os seres humanos, bem como das relações que diferentes grupos e/ou sociedades estabelecem entre si. Se o Direito é fruto da sociedade, e a Sociologia é o ramo da ciência cujo objeto, por excelência, são as inter-relações sociais, parece razoável supor que as relações existentes entre Direito e sociedade, em suas múltiplas possibilidades e extensões, sejam de alguma maneira contempladas pela Sociologia. Daí a razão de ser da Sociologia Jurídica, ou seja, o ramo da Sociologia que estuda as relações existentes entre o Direito, admitido como conjunto de regras e valores relativos à vida social, e a sociedade, *locus* privilegiado de toda atividade humana.

1.2. A SOCIOLOGIA E SUAS RAMIFICAÇÕES: CONTEXTO HISTÓRICO, CONCEPÇÕES, *STATUS* DE CIENTIFICIDADE E RELAÇÃO COM AS DEMAIS CIÊNCIAS SOCIAIS

1.2.1. O contexto histórico de surgimento da Sociologia

Toda e qualquer sociedade produz algum tipo de reflexão sobre suas relações internas e sobre as relações que estabelece com outras socieda-

Lei de Diretrizes e Bases da Educação Nacional (Lei nº 9.394, de 20/12/1996).

des. Seria correto afirmar, então, que toda sociedade produz uma reflexão sociológica sobre si e sobre outros povos com os quais se relaciona? A resposta é, categoricamente, NÃO! Isso porque a Sociologia não é apenas uma reflexão ou análise das inter-relações humanas, mas, fundamentalmente, um estudo científico[5] dessas inter-relações. Assim considerada, é correto afirmar que a Sociologia é fruto das grandes revoluções burguesas que marcaram a crise do Antigo Regime e a consequente ascensão do modo capitalista e burguês de organização social da produção e do poder político. Em outras palavras, pode-se afirmar que ela advém de uma matriz laica e humanista, antropocêntrica, que alterou radicalmente os padrões de compreensão do mundo físico e social. No momento em que novas realidades solapavam os fundamentos da velha ordem feudal, a Sociologia "surge como um corpo de ideias voltadas para a discussão do processo de constituição e consolidação da sociedade moderna" (Tomazi, 2000: 1).

O mundo medieval, que surgiu da fragmentação do Império Romano, tinha as grandes propriedades senhoriais como unidade política, econômica e administrativa, de modo que a própria justiça era aplicada pelo nobre senhor feudal. De base agrícola, o feudalismo tinha os representantes do alto clero da Igreja Católica e a nobreza feudal no ápice de sua hierarquia social. Em um plano intermediário, posicionavam-se os habitantes das pequenas cidades e de entrepostos comerciais, denominados burgueses, e os membros do baixo clero. Na base, carregando o fardo da produção econômica, encontravam-se os trabalhadores rurais, que viviam em regime de servidão, social e culturalmente presos à gleba.

O período feudal é marcado pelo estigma do obscurantismo. Na visão dos modernos, ou seja, daqueles que viveram o vigoroso processo renascentista, o feudalismo, caracterizado por uma estrutura social estamental e por um imaginário social profundamente influenciado pela Igreja Católica Romana, foi o jazigo no qual estiveram sepultadas as artes e as ciências. No entanto, é importante superar os preconceitos e assinalar que as artes e as ciências, além do próprio Direito, viveram significativos avanços ao longo das diversas fases da Idade Média. Nesse período, a agricultura, a arquitetura, a astronomia e a navegação tiveram importante desenvolvimento, e também o racionalismo cristão, expresso por pensadores como Santo Agostinho e São Tomás de Aquino, permitiu considerável avanço nos estudos jurídicos. Tendo por base o movimento dos glosadores, que se estabeleceu a partir do século XI, recuperando o escopo e as técnicas do Direito Romano, o racionalismo cristão superou a oposição entre crença e razão: em seus cânones, a razão passou a ser considerada como a mais notória expressão da fé.

---

5 Para algumas definições de ciência, ver Vita (1965: 115); Alves-Mazzotti e Gewandsznajder (1998: 4-9); Popper (1980); Souza (1974: 16).

Apesar de os mosteiros terem abrigado durante séculos o patrimônio artístico, científico e cultural do Ocidente, é inegável que o predomínio eclesiástico, em muitos aspectos, limitou o progresso social. Grandes pensadores, como Copérnico, Galileu e Gutemberg, cuja invenção mais importante, a prensa com tipos móveis, teve como primeiro produto a Bíblia Sagrada, foram perseguidos pelo obscurantismo religioso e acusados de heresia. Em um contexto social engessado pela dogmática católico-cristã, dois fatores explicam por que não havia espaço para o florescimento da Sociologia. Primeiro, a ciência não pode limitar-se a ratificar o *status quo*. Segundo, do ponto de vista ético, é lícito supor que uma ciência subordinada aos interesses do poder nega os princípios da imparcialidade e da objetividade sobre os quais deveria fundar-se, deixando, pois, de ser ciência.

Por isso, o advento do Renascimento é importante para compreendermos as transformações vividas pela Europa Ocidental. Primeiro grande movimento de ruptura com a velha ordem feudal, o Renascimento (que ainda no século XV resgatou os fundamentos da cultura clássica, de matriz greco-romana) teve como características a promoção do humanismo e o restabelecimento do comércio, particularmente na Península Itálica, elo entre o mercado europeu e o Oriente. Ainda nesse período, ou seja, entre os séculos XV e XVIII, ocorreram outros fatos igualmente significativos, entre os quais se destacam:

a) o acúmulo primitivo de capitais, com o entesouramento dos lautos lucros do comércio ultramarino; e

b) a expansão das atividades manufatureiras e a cristalização do Estado-nação como núcleo político, administrativo, jurídico e militar das modernas sociedades europeias.

Essas transformações, conforme consignado pela tradição marxista, permitiram que a burguesia ganhasse consciência de seus interesses de classe. Após dominar o comércio e a indústria, ocupar os mais significativos postos da administração pública e fazer das universidades um espaço laico e não hierarquizado de ascensão política e social, a burguesia reivindicou, para seu gozo e fruição, a paternidade do humanismo radical e universalista. O Movimento Renascentista, como de resto todo o heterogêneo conjunto de rupturas e mudanças sociais denominadas "revoluções burguesas", é parte do longo processo histórico de construção da modernidade, ou seja, um mundo que, entre outras características, é regido não mais pela fé, mas pelo capital. Um mundo que, ao solapar os cânones da fé e da tradição, garantiu as condições sobre as quais se ergueria, futuramente, a Sociologia.

Não caberia, nos limites desta obra, historicizar o conjunto das revoluções burguesas: esse é um objetivo da História. No entanto, ao discutir o contexto histórico de surgimento da Sociologia, uma questão parece pertinente. Sempre que se faz alusão às revoluções burguesas desse período, duas imagens vêm à mente: primeiro, a Revolução Industrial, com suas fábricas imponentes e sua burguesia opulenta contrastando com a intensa exploração do proletariado, cujas condições materiais de existência eram de completa miserabilidade; segundo, a Revolução Francesa, de 1789, na qual o conluio da burguesia com a massa empobrecida de Paris logrou romper as bases do poder estabelecido e decapitar o Rei.

A Revolução Industrial, assim como o movimento renascentista, teve fundamental importância na constituição da sociedade moderna e, por conseguinte, no surgimento da Sociologia. Em caráter preliminar, é possível afirmar que refletir sobre a Revolução Industrial é refletir sobre as inovações científicas e tecnológicas que, embrionárias no período medieval, afloraram no Renascimento e vicejaram, em plenitude, na Inglaterra do século XVII. Entretanto, impende ressaltar que a ciência e a tecnologia não são elementos suficientes para uma Revolução. Mais do que máquinas e equipamentos havia, na Inglaterra daqueles dias, uma ambiência social favorável. A expansão do comércio e das cidades, o pleno estabelecimento do Estado, a crescente racionalização e laicização do mundo, bem como a liberalização das relações sociais, facultada pela desagregação dos antigos laços feudais, baratearam demais o custo da mão de obra e tornaram possível que os capitais primitivamente acumulados pudessem ser investidos nas então incipientes manufaturas britânicas.

Através da aplicação intensiva de capitais, da apropriação privada dos meios de produção, da gradual dilaceração das corporações de ofício e da desvinculação entre produção e Estado (pela via do liberalismo, postulado por autores como Adam Smith e David Ricardo), o capitalismo revolucionou o processo produtivo, convertendo-se no modo de produção por excelência das sociedades europeias. Mas tudo no mundo tem consequências. A Revolução Industrial acirrou o êxodo rural; recrudesceu a expropriação do trabalhador, ao separá-lo do produto do seu trabalho; inchou as cidades pela atração de trabalhadores enfeitiçados pela ilusão do trabalho urbano e fabril; e inundou essas mesmas cidades com uma massa de miseráveis que, não absorvida pela indústria, concorreu para acirrar os conflitos sociais. O caos promovido pelas novas relações econômicas e sociais aumentou a demanda por uma ciência capaz de explicar e ordenar a realidade social. Surgia, dessa forma, a ambiência que permitiria o surgimento da Sociologia.

Pari passu com as transformações econômicas, a crescente racionalização do mundo concorreu para a produção de um novo polo social de poder: o Estado-nação. Esse novo ente unificou a administração, o aparato militar, a cobrança de taxas, impostos e tributos, as condições de trânsito e passagem e mesmo o ministério da justiça, antes nas mãos da nobreza. Sob a égide do Iluminismo, expresso por pensadores do porte de Denis Diderot, Barão de Montesquieu, Jean-Jacques Rousseau e François-Marie Arouet (mais conhecido como Voltaire), o monarca passou a reificar o poder soberano do Estado. A mais contundente personificação dessa nova realidade política e social foi Luís XIV, da França, o Rei Sol, a quem é atribuída a célebre frase "o Estado sou eu".

Coerente com os arroubos desse monarca, a historiografia subsequente consagrou as monarquias absolutistas, encabeçadas pelos reis filósofos ou déspotas esclarecidos, como a expressão política do Iluminismo. Em seu percurso histórico o absolutismo logrou consolidar o aparato burocrático do Estado e produzir amplos processos de mudanças sociais e políticas, que inegavelmente favoreceram o desenvolvimento da burguesia. Embora as monarquias absolutistas fossem aristocráticas, alicerçando sua dominação social na força dos exércitos, no fausto das classes dominantes e na imposição da autoridade real, inclusive sobre a Igreja, é fato que ela favoreceu o desenvolvimento de uma burguesia que, capitalizada pelos lucros do comércio, da indústria e do setor financeiro, bem como pela presença cada vez mais intensa de seus membros nos altos postos da burocracia estatal, plantava as bases para o efetivo domínio do Estado.

Esse foi o cenário daquele que, para muitos, é o mais importante processo revolucionário da modernidade: a Revolução Francesa. Para o historiador Albert Marius Soboul, ela "marcou uma etapa decisiva na transição do feudalismo para o capitalismo" (Soboul, 1964: 109). Embora posterior à Revolução Americana, na qual a mesma lógica liberal e iluminista se fez presente, coube à Revolução Francesa demolir os fundamentos do feudalismo e demonstrar que a ordem social, por mais perene e legítima que seja, não é eterna ou inquestionável. Detentora do poder econômico, a burguesia soube capitalizar os sentimentos populares e açambarcar o poder político. Sob o lema *Liberdade, Igualdade e Fraternidade*, estabeleceu o princípio da igualdade democrática em que o cidadão, transmutado em indivíduo, isto é, sujeito normativo das instituições jurídicas e sociais, pôde compreender-se como agente criativo, responsável por escrever a história de seu tempo.

Não se pode negar a importância da Revolução Francesa para o surgimento da Sociologia. Se a Revolução Industrial determinou um novo padrão de (des)organização da vida econômica, favorecendo o alvorecer de uma nova ciência social, é fato que a Revolução Francesa, ao sintetizar as efetivas alterações do poder político, também o fez. Não obstante, embora esses grandes eventos sejam paradigmáticos, uma terceira revolução, pacífica e silenciosa, também concorreu para o surgimento da Sociologia e para a própria configuração do mundo contemporâneo: a Revolução

Científica. Compondo um quadro no qual as relações econômicas e políticas conformam o grande contexto histórico de surgimento da Sociologia, uma breve análise da Revolução Científica dará o elemento que falta para o fechamento de nossa análise: o ambiente sociointelectual.

A laicização e o humanismo do período renascentista e seguinte, sintetizado na expressão antropocentrismo, facultaram que o mundo físico viesse a ser considerado como objeto do conhecimento científico. Nesse novo mundo, onde as explicações religiosas e metafísicas não eram mais plausíveis, a superação do Antigo Regime fez com que filósofos e cientistas, não raro subsidiados pelo mecenato burguês, quando não diretamente oriundos de suas fileiras, pudessem dedicar-se a novas formas de conceber o real. Por isso, as grandes revoluções burguesas só podem ser compreendidas como produtos de intensos câmbios nos padrões sociais de reflexão e representação do mundo, tanto em nível axiológico como da vida cotidiana. Nesse contexto, uma nova forma de compreensão do real era necessária. Surge a razão, à qual os modernos conferiram "[...] a capacidade exclusiva de conhecer e estabelecer a verdade" (Japiassú, 1986: 85). Inspirada pelos cânones da ciência, que acredita tudo ser capaz de conhecer, quantificar e controlar, a Sociologia acreditava (ou acredita) ser possível intervir no curso da realidade social. Era, pois, uma ciência de resultados, proposta sob dupla aspiração: interpretar cientificamente e transformar o mundo.

Ao lado das revoluções burguesas, ou seja, as revoluções econômica, política e científica, outro elemento fundamental para a compreensão do surgimento da Sociologia são os movimentos sociais que, à época, convulsionavam a Europa. Em 1815, quando o Congresso de Viena representou, ao mesmo tempo, a implosão do Império Napoleônico, o fim da Revolução Francesa e o soerguimento do critério do "equilíbrio de poder" entre as grandes nações europeias, a Europa era, verdadeiramente, um "admirável mundo novo". A Revolução de 1789 havia varrido o Antigo Regime e consolidado a hegemonia do capitalismo liberal e burguês, "proclamando a liberdade econômica, abolindo a servidão, libertando a terra da dízima e dos direitos feudais, pondo os bens de mão-morta em circulação [...]" (Freitas, 1976: 125). Mas a "Revolução Francesa, a cujos efeitos somaram-se os da Revolução [Científica e] Industrial, ensejando o desenvolvimento do modo de produção capitalista, criou também as condições para o aprofundamento das contradições sociais através da crescente oposição entre capital e trabalho, e abriu espaço para o surgimento de um novo processo revolucionário – o socialista – que explodiu no século XX [...]" (Nadai; Neves: 1986: 131). Assim, o fantasma da revolução rondava a Europa. De fato, o estigma revolucionário fervilhava no imaginário do homem do século XIX, nutrindo inúmeros projetos de transformação social. Sob o manto da burguesia, reacionários, reformadores e revolucionários agitavam o continente, dando forma, à montante e à jusante, àquilo que o historiador Eric Hobsbawm denominou *"Era das Revoluções"*.

À montante, ou seja, como expressão das forças reacionárias que lutavam pela reconstrução do mundo feudal, os grandes atores eram a nobreza decaída e o alto clero católico. Expropriados de suas terras, bens e prerrogativas sociopolíticas, eles lutavam pela restauração de seus privilégios históricos e requeriam vultosas indenizações pecuniárias. Acirrava-se aí, uma vez mais, o cenário social.

À jusante, forjado no seio das relações capitalistas de produção, encontrava-se o proletariado. Antigos aliados nos movimentos revolucionários que derrubaram a velha ordem feudal, burgueses e proletários protagonizam, desde então, um dos mais consistentes conflitos da História: a luta de classes. Contínua e insolúvel, ela se funda nas relações de exploração, alienação e dependência que estruturam a ordem capitalista, tendo permitido ao proletariado construir seu próprio projeto de sociedade: o socialismo. Plasmado na miséria relativa do proletariado em contraste com a opulência burguesa, situação que, sob diversos matizes, perdura de forma triste no mundo atual, o socialismo teve suas primeiras formulações teóricas entre os séculos XVIII e XIX, a partir de próceres como François Noël Babeuf (também conhecido como Gracchus Babeuf), Claude-Henri de Rouvroy (Conde de Saint-Simon), François Marie Charles Fourier, Robert Owen, Louis Jean Joseph Charles Blanc e Pierre-Joseph Proudhon. No entanto, somente com o advento do Socialismo Científico, de Karl Marx e Friedrich Engels (que irá inspirar todas as grandes revoluções do século XX), a resistência operária terá definida sua grande meta social: a superação do capitalismo.

Repetindo o procedimento anteriormente utilizado, não se pretende aqui historicizar os movimentos sociais do século XIX. Não obstante, impende destacar que a Europa do século XIX era uma civilização completamente diferente de si mesma. Onde vicejara o feudalismo, o capitalismo. Onde pontificara o nobre, o burguês. Onde havia estamentos, igualdade. Onde reinara a honra, o capital. Celebrando essa brutal transformação, o Manifesto Comunista, de 1848, vaticinava: "tudo o que é sólido se desmancha no ar" (Marx; Engels, 1988: 38). Atônitos por não compreender a própria realidade, os contemporâneos do século XIX buscam na ciência um novo norte. Em 1839, como fruto de um amplo processo de maturação sociopolítica e cultural, o filósofo francês Augusto Comte, baseado no modelo da Física de Isaac Newton, denomina Sociologia a nova ciência da sociedade.

1.2.2. Diferentes concepções da Sociologia e seu *status* de cientificidade

Em sua natureza, a Sociologia é, ao mesmo tempo, um produto da modernidade e um de seus mais competentes dicionários. Desde que Copérnico rompeu com o modelo geocêntrico de Ptolomeu, na primeira metade do século XVI, as evoluções do pensamento científico tiveram grande dificuldade de refletir sistematicamente sobre a realidade social. Destarte, apesar de o próprio século XVI ter abrigado um autor capital para as Ciências Sociais, Nicolau Maquiavel, é fato que o florentino, justamente considerado o "pai" da Ciência Política, não tem o conjunto das inter-relações sociais como objeto privilegiado de análise, mas somente um de seus elementos essenciais: o poder. Da mesma forma, os trabalhos de Adam Smith e os escritos de Jean-Jacques Rousseau, conquanto tenham concorrido para uma melhor compreensão da Europa do século XVIII, não são análises científicas dessa mesma realidade social. Tal como consignado por Raymond Aron, em *As etapas do pensamento sociológico*, a obra que mais se aproxima de um trabalho sociológico talvez seja *O espírito das leis*, publicada em 1748 por Montesquieu. Dessa forma, é lícito afirmar que a Sociologia não é produto da ação visionária de um único pensador. Também não é, como se poderia supor, a ciência de Augusto Comte (autor que cunhou o nome pelo qual essa ramificação da ciência geral veio a ser conhecida). Ela é um fenômeno social complexo, tenso e contraditório, para o qual concorreram inúmeros acontecimentos políticos, econômicos e socioculturais, e no qual se reificam diferentes perspectivas sobre o real.

Assim caracterizada, vale perguntar: *o que é Sociologia?* De modo análogo ao que ocorre com o Direito, para o qual inexiste uma definição universalmente aceita, algumas repostas são possíveis. Para Benjamim Lago, uma análise etimológica revela que "a palavra Sociologia [...] é um termo híbrido, formado do latim *socius*, literalmente companheiro, por extensão sociedade, e do grego *logos*, razão, estudo, ampliando modernamente para o significado de ciência. Ciência da sociedade seria a tradução mais próxima [...]" (Lago, 1996: 14). Sucessor de Émile Durkheim em sua cátedra na Sorbonne e um dos grandes nomes da Sociologia Jurídica, Georges Gurvitch define Sociologia como "a ciência que estuda os fenômenos sociais totais no conjunto dos seus aspectos e do seu movimento, captando-os em tipos dialetizados microssociais, grupais e globais, em vias de se construírem ou destruírem" (Gurvitch, 1964). Florestan Fernandes, por sua vez, afirma que Sociologia "é a ciência que tem por objeto estudar a interação social dos seres vivos nos diferentes níveis de organização da vida" (Fernandes, 1971). Interessantes, as definições acima corroboram a Sociologia como a ciência da sociedade, assim como proposto pelos contemporâneos do século XIX. No entanto, convém demarcar que ela não é a única ciência que tem a sociedade como objeto. A Antropologia e a Psicologia Social, *v.g.*, também estudam a realidade social dentro de parâmetros científicos. Por isso, Herbert Spencer, um dos precursores da Sociologia, dizia que ela era uma super ciência, com a função de unificar observações e generalizações feitas por outras áreas das ciências humanas e sociais. Proposta congênere foi construída por Pitirim Sorokin, segundo o qual, "se dentro de uma classe de fenômenos há n subclasses, é preciso n + 1 disciplinas para estudar esses fenômenos: uma disciplina para cada uma das n subclasses, mais uma para estudar o que é comum a todos os fenômenos, assim como as relações entre as subclasses" (Galliano, 1981: 27).

O raciocínio de Spencer e Sorokin seria perfeito se os sociólogos se limitassem às análises unificadoras e relacionais. Entretanto, ao mesmo tempo que trabalham nesse plano ampliado, os profissionais da Sociologia também se ocupam dos fenômenos particulares. Daí o surgimento de uma série de subáreas da Sociologia, como a Sociologia do Trabalho, do Desenvolvimento e a própria Sociologia Jurídica.

A dificuldade de conceituação da Sociologia chama atenção para outra questão, ainda mais controvertida: a Sociologia é uma ciência? Muitos intelectuais, mormente aqueles vinculados ao campo das Ciências Exatas e Naturais, negam à Sociologia o *status* de ciência. Alguns, em tom quase irônico, afirmam, à moda do Matemático Henry Poincaré, "que a Sociologia é a ciência que [...] possui mais métodos e menos resultados". Outros argumentam que os princípios da neutralidade e da objetividade seriam inatingíveis, em face da extrema proximidade do pesquisador em relação ao seu objeto. Esquecem que, conquanto o sociólogo esteja efetivamente próximo de seu objeto, ou seja, a própria realidade social, o *status* de cientificidade da Sociologia, ou de qualquer outra ciência, não se define pelo maior ou menor afastamento do sujeito do conhecimento em relação ao seu objeto, mas pelo método, pela sistematicidade dos testes e pelo escrutínio da comunidade científica. Em outros termos, é a aplicação de uma metodologia própria, a determinação de um objeto próprio e a existência de um corpo teórico e conceitual consolidado que conferem à Sociologia seu lugar no quadro das ciências.

Outra crítica comum à Sociologia refere-se à suposta imprecisão do "saber sociológico". De tal modo antinômicos seriam seus prismas e conclusões que nem mesmo seu escopo conceitual estaria consolidado. Conquanto essas observações sejam legítimas, importa notar que a pluralidade de perspectivas não é uma exclusividade da Sociologia, e muito menos um defeito. No Direito e na Economia, apenas para citar duas importantes áreas das Ciências Humanas, inúmeras são as divergências conceituais e metodológicas e múltiplos são os resultados alcançados por seus pesquisadores na análise dos mesmos objetos. No entanto, não se pode dizer que o Direito e a Economia não são ciências. No plano das ciências físicas e naturais ocorre fenômeno congênere. A Física é próspera em possuir teorias e métodos diferentes, quando não antagônicos, na abordagem dos fenômenos que lhe servem de objeto. O mesmo ocorre, também, com a Química e com a Biologia. Vê-se, pois, que nenhuma disciplina é incólume ou "dona da verdade". O que confere propriedade e legitimidade a uma ciência é a clara delimitação de seu objeto, a coerência de seus modelos explicativos e a corroboração de suas teorias; e isso não falta à Sociologia.

1.2.3. A Sociologia em relação às demais Ciências Sociais

Além da Sociologia, o século XIX registrou o surgimento de inúmeras disciplinas que, de alguma forma, tinham a vida social como objeto de estudos e pesquisas. Tal como assinalado na seção anterior, as razões pelas quais homem e sociedade constituíram-se pela primeira vez como objetos nobres da ciência encontram-se nas profundas transformações sociopolíticas, culturais e econômicas que, oriundas das sociedades europeias, projetaram-se por todo o mundo. O capitalismo, a industrialização, a urbanização, os conflitos de classes, os avanços científicos e tecnológicos, enfim, tudo parecia conspirar para o desenvolvimento de novas teorias e novos métodos de investigação social.

Nesse quadro, o pensamento científico, acadêmico e formal, logo buscou disciplinar o campo epistemológico das disciplinas que, em sentido amplo, possuíam o homem e a sociedade como objetos de análise, considerados seus prismas e perspectivas diferenciados. Assim, as Ciências do Homem e da Sociedade foram didaticamente subdivididas em Ciências Humanas e Ciências Sociais. O rol das Ciências Humanas é composto, entre outras, por disciplinas como História, Comunicação Social, Demografia, Direito, Economia e Psicologia Social.[6] Já as Ciências Sociais são apenas três: a Antropologia, a Política e a Sociologia.[7] É sobre as últimas que serão dedicados os esforços a seguir.

---

6 Maurice Duverger tem uma perspectiva distinta da apresentada aqui. Esse autor concorda que os termos Ciências Humanas e Ciências Sociais não se sobrepõem exatamente, pois, embora, a psicologia individual e a biologia, por exemplo, sejam ciências "humanas", elas não são ciências "sociais". Ele explica que são "humanas" porque têm o homem como objeto de estudo, mas tratam-no como indivíduo, ser isolado, e não como homem vivendo no interior de uma sociedade, mantendo múltiplas relações com seus semelhantes (Duverger, 1976: 28). Portanto, para Duverger, as ciências sociais são apenas uma parcela das ciências humanas.

7 Para José Arthur Ríos, as Ciências Sociais não são apenas três, mas oito: Antropologia, Ciência Política, Comunicação Social, Demografia, Direito, Economia, Psicologia Social e Sociologia. E, ainda segundo Ríos, além dessas, há quem inclua outras três: Geografia Humana, Linguística e Criminologia (Ríos, 1987: 186). Mas, qualquer que sejam as ciências sociais, vale a pena lembrar o que Anthony Giddens disse a respeito da Sociologia e que, supomos, vale também para as outras ciências sociais: "[...] não é possível traçar precisamente linhas divisórias entre a Sociologia e outras áreas de estudo. Nem é desejável que possamos fazê-lo" (Giddens, 1984: 16).

Assim como a Sociologia, que possui diferentes subdivisões (Sociologia do Trabalho, do Desenvolvimento e a própria Sociologia Jurídica), a Antropologia também não é um conjunto monolítico ou homogêneo. Tendo-se dividido em duas, inicialmente – Antropologia Física e Antropologia Cultural (ou Social) –, a Antropologia veio, posteriormente, a se subdividir em várias áreas distintas: Antropologia Econômica, Antropologia Política, Antropologia Urbana e Antropologia Jurídica.[8]

Disciplinas cada vez mais próximas, imbricadas, com fronteiras epistemológicas cada vez mais fluídas, em suas origens a Sociologia e a Antropologia definiram de modo bastante claro seus respectivos objetivos, objetos de estudo e métodos de perquirição do real. Enquanto a Sociologia se debruçou sobre as sociedades modernas, buscando identificar as leis gerais que regiam seu comportamento e sua evolução, a Antropologia dedicou-se ao estudo das sociedades antigas, tendo como propósito identificar as particularidades de cada grupo investigado, bem como supostas raízes para fenômenos que, nas sociedades consideradas mais desenvolvidas, apresentar-se-iam de forma complexa (como a religião, o parentesco etc.). Em suas origens, portanto, a Antropologia buscou compreender e explicar (muitas vezes com o propósito de ratificar e/ou legitimar o domínio exercido pelos europeus) povos e sociedades que, à luz da cultura europeia, eram considerados, mais do que antigos, "primitivos" e "exóticos" (a percepção que prevalecia era de que a cultura europeia, além de mais desenvolvida, teria um alto grau de homogeneidade. Hoje, em que pesem os avanços da integração continental sob a égide da União Europeia, sabe-se que essa homogeneidade não existia e continua a inexistir).

Liberta do ranço imperialista e evolucionista que muito caracterizou suas origens, a Antropologia atualmente se volta para a explicação das sociedades antigas ou contemporâneas, sem qualquer receio de interlocução com a Sociologia (ou mesmo com o Direito). Por isso, os antigos marcos que delimitavam essas duas vertentes das Ciências Sociais encontram-se em franco esfacelamento. Persistem, no entanto, práticas, padrões e procedimentos que conferem identidade mínima a cada uma dessas ciências.

A Ciência Política guarda em face da Sociologia conexões distintas daquelas afeitas ao pensamento antropológico. Da Grécia Clássica até o princípio do século XX, as "coisas do Estado" eram o objeto de estudo por excelência da filosofia política. Essa fase, segundo Maurice Duverger, corresponde à "pré-história da ciência política" (Duverger, 1976: 40).[9] Mas

---

8 Para saber mais sobre o conceito de Antropologia e de suas diferentes áreas, ver Silva *et al.*, 1987

9 Duverger aponta Aristóteles, Maquiavel, Jean Bodin e Montesquieu como filósofos que, no seu entender, contribuíram para o aparecimento da ciência política. São exceções, porque, segundo ele, esses autores empregaram um método de investigação indutivo, ou

a Ciência Política, propriamente dita, surge somente no final do século XIX e desenvolve-se ao longo do século XX, sobretudo nos EUA. Para Duverger, "o nome de 'ciência política' começa a entrar na linguagem corrente na segunda metade do século XIX: é sintomático que entre 1859 e 1872, Paul Janet sinta a necessidade de mudar o título de sua grande obra, trocando 'filosofia política' por 'ciência política'. Ao mesmo tempo, os conceitos de base tendem a se precisar" (Duverger, 1976: 45). Mais adiante, o autor afirma que "a ciência política começou a ser oficialmente reconhecida como disciplina autônoma no fim do século XIX. O reconhecimento não foi feito ao mesmo tempo em todos os países. No plano das instituições universitárias, foi nos EUA que a ciência política obteve primeiro o direito de cidadania, o que explica o impulso ali tomado pelas técnicas de pesquisas" (Duverger, 1976: 49).

Já Norberto Bobbio explica que a ciência política moderna nasceu, tanto como disciplina quanto como instituição, na metade do século XIX. Seu nascimento, segundo o autor, "se processa através do distanciamento dos estudos políticos de matriz tradicional do direito (particularmente do direito público)", o que fica evidente nas obras dos pioneiros da ciência política moderna, ainda segundo o autor: Ludwig Gumplowicz (*Die Soziologische Staatsidee*, 1892) e Gaetano Mosca (*Elementi di Scienza Politica*, 1896). Ainda de acordo com Bobbio, foi nos EUA que a ciência política mais se desenvolveu como ciência empírica, tendo havido ali também o deslocamento do "ponto de vista institucional, dominado ainda pela matriz jurídica tradicional dos estudos políticos, para o ponto de vista 'comportamental', segundo o qual o elemento simples, que deve iniciar o estudo político com pretensões ao uso, fecundo e legítimo, da metodologia das ciências empíricas, é o comportamento dos indivíduos e dos grupos que têm ação política" (Bobbio, 1993: 164-165).

Assim, tal como consignado por Paulo Bonavides, a Ciência Política "tem por objeto o estudo dos acontecimentos, das instituições e das ideias políticas, tanto em sentido teórico (doutrina), como em sentido prático (arte) [...]" (Bonavides, 1998: 38) De acordo com Bobbio, "o alfa e o ômega da teoria política é a questão do poder: como conquistá-lo, como conservá-lo e perdê-lo, como exercê-lo, como defendê-lo e como dele se defender" (Bobbio, 2000: 252-253). O poder é, portanto, o objeto de estudo da Ciência Política. Frequentes são as incursões dos sociólogos aos cânones

---

seja, construíram suas teorias a partir da observação empírica. Bobbio também afirma que "[...] podem ser consideradas obras de Ciência Política, ao menos em parte e na sua inspiração fundamental, também no sentido limitado e técnico da palavra, algumas obras clássicas, como as de Aristóteles, Maquiavel, Montesquieu, Tocqueville, enquanto elas tendem à formulação de tipologias, de generalizações, de teorias gerais, de leis, relativas aos fenômenos políticos, fundamentadas, porém, no estudo da história, ou seja, apoiando-se na análise dos fatos" (Bobbio, 1993: 164).

da Ciência Política. Para mera exemplificação, Marx considerava o Estado, "comitê executivo da burguesia", como o mais importante elemento da superestrutura das sociedades capitalistas. Já para Weber, o Estado, núcleo privilegiado do poder político, surge como elemento de racionalização das práticas sociais, de legitimação burocrático-formal do poder social e como uma das bases de legitimação da autoridade. Evidencia-se, pois, que não é fácil estudar fenômenos sociais, simples ou complexos, particulares ou plurais, sem perpassar pelo objeto da Ciência Política. Não obstante, conquanto se possa dizer que o poder se faz presente em todos os fatos, ações ou relações sociais, seria absurdo supor que somente essa dimensão mereça uma análise científica, ou mesmo que possua primazia sobre outras dimensões sociais.

Do ponto de vista metodológico, a Ciência Política utiliza-se dos procedimentos investigativos da Filosofia, célula *mater* de todas as Ciências, da História e do próprio Direito, particularmente dos grandes ramos do Direito Público, como o Direito Constitucional e o Direito Internacional. Em sua interface com a Sociologia, diálogo incessante e de difícil demarcação epistemológica se dá com a Sociologia Política, isto é, ramo da Sociologia que estuda as origens e a inescapável dimensão social das relações de poder. Portanto, tal como ocorre, hoje, na interação Sociologia/ Antropologia, também não é fácil demarcar os limites e as fronteiras existentes entre Sociologia, Sociologia Política e Ciência Política. Para tal, uma vez mais, busca-se socorro no terreno movediço das práticas, padrões e procedimentos, cientes de que, não raro, ele causa mais dúvidas e perplexidades do que esclarecimentos.

1.2.4. A autonomia da Sociologia Jurídica

No debate sobre a autonomia da Sociologia Jurídica, a primeira questão diz respeito ao campo semântico ou, simplesmente, terminológico. No Brasil, hoje, é possível deparar-se com três terminologias muito próximas, mas que não necessariamente exprimem a mesma realidade: Sociologia Jurídica, Sociologia do Direito e Sociologia Criminal.

Com efeito, José Eduardo Faria e Celso Fernandes Campilongo distinguem duas nomenclaturas:

a) Sociologia Jurídica, ou seja, "o estudo do direito como agente de processos de controle ou mudança e das normas jurídicas conflitantes em sociedades divididas entre privilegiados e despossuídos"; e

b) Sociologia do Direito, "o estudo da sociedade determinada por uma ordem jurídica [...] vigente no país" (Faria; Campilongo, 1991).

Ora, como será demonstrado em seguida, a Sociologia Jurídica corresponde precisamente à aplicação do enfoque sociológico ao fenômeno jurídico, fato social por excelência. Por isso, não parece razoável separar a dimensão teleológica ou finalística (controle ou mudança social) e a investigação das normas jurídicas conflitantes, que caracterizariam a Sociologia Jurídica, da análise das determinações que a ordem jurídica estabelece, dialeticamente, com a sociedade da qual emana e a qual busca disciplinar (que caracterizaria, segundo os mesmos autores, a Sociologia do Direito). Portanto, sem prejuízo do debate, este capítulo assume o risco de dar tratamento indistinto a essas terminologias, entendendo Sociologia Jurídica e Sociologia do Direito como realidades unas e indivisíveis.

Quanto à Sociologia Criminal, outras considerações são necessárias. Como será detalhado em tópico posterior, os estudos sobre crime e criminalidade, objetos privilegiados da Criminologia, inclinaram-se desde o final do século XIX para a reflexão sociológica. Sem prejuízo das sólidas contribuições emanadas de outras ciências, como o Direito Penal, a Psicologia e a Biologia, esses estudos utilizam-se largamente de modelos teórico-explicativos oriundos da Sociologia, entre os quais podemos destacar o funcionalista, o marxista, o estruturalista, o cultural e o interacionista.

Tal como consignado por Pablos de Molina e Luiz Flávio Gomes,

> os modelos sociológicos constituem hoje o paradigma dominante e contribuíram decisivamente para um conhecimento realista do problema criminal. Mostram a natureza "social" deste problema, assim como a pluralidade de fatores que interatuam nele; mostram ademais sua conexão com fenômenos normais e ordinários da vida cotidiana, a especial incidência de variáveis espaciais e ambientais em sua dinâmica e distribuição, que outorgam, por exemplo, um perfil próprio à criminalidade urbana; mostram ainda o impacto das contradições estruturais e do conflito e a mudança social na dinâmica delitiva, o funcionamento dos processos de socialização em função da aprendizagem e identificação do indivíduo com modelos e técnicas criminais, assim como a transmissão e vivência de referidas pautas de conduta no seio das respectivas subculturas; mostram, por fim, o componente "definitorial" do delito e a ação seletiva discriminatória do controle social no recrutamento da população reclusa etc. (Molina; Gomes, 2002: 338).

Tendo o crime e a criminalidade como objeto de análise, e não a relação direito/ sociedade, a Sociologia Criminal difere substancialmente da Sociologia Jurídica, encontrando seu par na Criminologia.

Ultrapassado o campo semântico, a questão de mérito conduz necessariamente ao fato de que, dentro de uma perspectiva crítica e humanística, a investigação (ou mesmo a intervenção prática) do sistema jurídico-normativo não pode prescindir da análise das condições sociais objetivas às quais esse sistema pertence. Mesmo que o profissional do Direito renegue as relações direito/sociedade, elas existem, e impõem-se ao próprio universo jurídico. Essa assertiva evidencia, de plano, a natureza social do fenômeno jurídico, de modo que, qualquer que seja sua configuração, o direito só pode ser compreendido como fato social, e não exclusivamente como conjunto de normas sistematicamente ordenadas que visam disciplinar a conduta humana. Esse reconhecimento, hoje incontestável nos próprios meios jurídicos, não obstaculiza a rejeição que muitos profissionais do direito, particularmente os de menor estofo intelectual, ainda dedicam à Sociologia, em geral, e à própria Sociologia Jurídica. Dessa forma, para além da complexidade inerente à disciplina, seu desenvolvimento vem sendo limitado, particularmente no Brasil, pela precária atenção que até aqui os meios científicos vêm concedendo à matéria. Posicionada entre a Sociologia e a Ciência Jurídica, não raro sofre questionamentos de ambos os *fronts*. Buscando suprir em parte esse vão, este tópico fará, preliminarmente, uma contextualização do percurso que, partindo da Sociologia para o Direito, permite-nos aportar na Sociologia Jurídica. Em seguida, esboçará um conceito elementar da disciplina, explicitando seu objeto e seus métodos. Por fim, ainda de modo geral, irá demarcar seu *status* epistemológico.

As condições sociopolíticas que, ao longo do século XIX, concorreram para o desenvolvimento da Sociologia e das demais Ciências Sociais, não promoveram, de imediato, a aplicação dessas novas ciências ao Direito. Essa aplicação, que hoje cresce, é relativamente recente e avança não sem resistências em função da cultura paroquialista que contraditoriamente marca o ambiente universitário. De fato, durante toda a primeira metade do século XIX, Direito e Sociologia ignoraram-se mutuamente, e a responsabilidade disso não é exclusivamente dos juristas. À honrosa exceção de Montesquieu e Alex de Tocqueville, os precursores da Sociologia ou ignoravam o Direito, como Saint-Simon, ou nutriam por ele indisfarçável aversão, como Comte, para quem o direito não é mais do que uma construção artificial que tenderia a desaparecer com o desenvolvimento da ciência positiva. Spencer, considerado por Leandro Konder o mais influente pensador social do século XIX,[10] afirma que o direito não é mais do que uma forma cristalizada do costume, não lhe concedendo, pois, mais do que um lugar subalterno no esforço de compreensão da realidade

---

10 O professor Leandro Konder afirmou, reiteradas vezes, para alunos do curso de Ciências Sociais da Universidade Federal Fluminense (UFF), que, no final do século XX, a disciplina História das Ideias Políticas e Sociais fazia referência ao alcance ímpar da teoria sociológica de Spencer entre seus contemporâneos.

social. Também para Marx o Direito não possui elevado conceito, em que pese o fato – talvez principalmente por ele – de ele mesmo ser formado em Direito e oriundo de uma família de conceituados juristas. Comentando a concepção marxista do Direito, Henri Lévy-Bruhl ensina que

> o que caracteriza a teoria marxista do direito, em oposição às que a precederam, é sua ligação íntima, indissolúvel, com uma certa organização política e social. Para Marx, o direito não existe sem o Estado, nem o Estado sem o direito, e o Estado nada mais é que um instrumento de dominação de uma classe (a burguesia) sobre outra (o proletariado). Portanto, para existir, o direito supõe uma sociedade hierarquizada e dividida em classes, é uma arma na luta de classes travada entre os capitalistas e os trabalhadores. [...] Marx [...] considera o Estado como um instrumento de opressão que deve ser combatido por todos os meios e, finalmente, destruído (Lévy-Bruhl, 1988: 15-16).

Contraditoriamente, no entanto, o pensamento marxista marca um ponto de inflexão no percurso que conduz da Sociologia ao Direito. Para o próprio Lévy-Bruhl,

> é preciso reconhecer que as doutrinas marxistas do direito prestaram grande serviço à ciência jurídica, menos por sua própria concepção, que não parece admissível, que pelo trabalho crítico que realizaram [...] para destruir as chamadas bases racionais das prescrições jurídicas, tais como as compreendia a escola anterior. Contribuíram eficazmente para secularizar, poderíamos quase dizer para desmistificar o direito, permitindo considerá-lo nem mais nem menos que um dado normal da vida social, o qual pode e deve ser observado assim como os outros elementos de qualquer sociedade – a arte, a linguagem etc. (Lévy-Bruhl, 1988: 19).

Dessa forma, já no final do século XIX, o distanciamento entre a Sociologia e o Direito é reduzido pelo trabalho de diferentes autores que, ideologicamente plurais, transitavam do marxismo ao darwinismo social. Assim, em 1884, Engels publica *As origens da família, da propriedade e do Estado*. Em 1893, um ano após o sociólogo italiano Dionisio Anzilotti ter publicado *A Filosofia do Direito e a Sociologia*, em que o termo sociologia jurídica surge pela primeira vez, M. Angelo Vaccaro publica a obra *Bases do Direito e do Estado*, na qual tece importantes considerações sobre a relação entre Estado, Direito e sociedade. Nessa profícua ambiência intelectual, coube a Durkheim o primeiro trabalho sistemático de aproximação entre Sociologia e Direito. Em *A divisão do trabalho social*, de 1893,

Durkheim assenta seus estudos sobre solidariedade/coesão social, explicitando as relações entre direito punitivo e direito restitutivo em face do grau ou padrão de desenvolvimento de cada sociedade.[11] No ano seguinte, em *As regras do método sociológico*, sua tese de doutoramento, após tecer pormenorizadas reflexões sobre a natureza dos fatos sociais, Durkheim evidencia o inelutável caráter social da norma jurídica, propondo, igualmente, o estudo do surgimento, da aplicação e das consequências da ineficácia da norma jurídica.

O alcance da relação entre direito e sociedade na obra de Durkheim, conquanto tenha consolidado a noção de que o Direito é fenômeno eminentemente social e contribuído para a consolidação da Sociologia Jurídica, não escudou essa nascente especialidade ou ramificação da Sociologia Geral de críticas provenientes de diferentes segmentos do mundo jurídico. Sob o impacto de suas formulações, a Sociologia Jurídica foi apresentada como ciência positiva que estuda o direito como fato social, ou seja, realidade externa, independente e coercitiva sobre os indivíduos. Tal formulação chocou-se com os cânones da Escola Histórica, então dominantes à época, e desagradou tanto aos adeptos do jusnaturalismo como aos do positivismo jurídico, já que concebia as normas de direito e os costumes como coerções impostas aos sentimentos e à conduta dos atores.

A aproximação entre Sociologia e Direito encontrou outra ampla e profícua expressão com a obra de Max Weber. O pensamento weberiano assinala, efetivamente, um momento teórico relevante na trajetória da Sociologia Jurídica, particularmente em função de suas formulações conceituais sobre dominação e autoridade. Esses conceitos perderam seus vínculos históricos com uma ordem natural, eterna e imutável, e passaram a ser compreendidos como partes de um sistema de orientação normativa, cuja validade não depende da tradição, da experiência ou da razão, mas de quem reconhece sua legitimidade intrínseca. Entre as grandes contribuições de Weber para o desenvolvimento da Sociologia Jurídica, podem-se destacar a compreensão do comportamento significativo dos indivíduos em face da legislação vigorante em determinada sociedade; a conceituação de Estado como ente que congrega o monopólio legítimo dos meios de coerção e violência; o papel destacado da burocracia nas sociedades modernas; o lugar e o papel da racionalização no mundo europeu, particularmente na produção econômica, na construção do conhecimento e na ordem jurídico-política; a determinação do sentido na crença na va-

---

11 Para Durkheim, nas sociedades ditas primitivas, onde predominam as formas mecânicas de solidariedade social, o direito tende a ser essencialmente punitivo; já nas sociedades de maior grau de desenvolvimento relativo, onde predominam as formas orgânicas de solidariedade, o direito tende a ser prioritariamente restitutivo. Dessa forma, o estudo pormenorizado do sistema jurídico é fator que permitiria identificar o grau de desenvolvimento de uma sociedade.

lidade do sistema jurídico e/ou na ordem que ele estabelece; os tipos de interpretação do fenômeno jurídico e sua fundamentação nas bases do direito (costume, carisma e as leis); a tipificação dos sistemas jurídico--normativos (mágico-religioso, tradicionais e secularizados); bem como a determinação dos tipos puros ou ideais de direito (irracional e racional). A riqueza da contribuição weberiana palmilha o percurso da Sociologia ao Direito, possibilitando que se possa avançar sobre a definição ou conceito de Sociologia Jurídica.

Na linha dos pensadores citados acima – particularmente Anzillotti, Durkheim, Weber e Lévy-Bruhl –, Gurvitch ensina que a Sociologia Jurídica "é a parte da sociologia do espírito humano que estrutura a plena realidade social do direito desde suas expressões tangíveis e exteriormente observáveis nas condutas coletivas efetivas (organizações cristalizadas, práticas costumeiras, tradições e inovações de conduta) e nas bases materiais (a estrutura social e a densidade demográfica das instituições jurídicas)" (Gurvitch, 1946: 88-89) e acrescenta que "a sociologia jurídica encara a variedade quase infinita das experiências de todas as sociedades e grupos, descrevendo o conteúdo concreto de cada tipo de experiência (na proporção em que se exprimem em fenômenos extremamente observáveis) e revelando a plena realidade do direito, cujos padrões e símbolos ocultam mais do que exprimem" (Gurvitch, 1946: 88-89). Coerente com essa definição, Celso de Castro define essa disciplina como "o estudo sociológico do direito como fato social, não só em suas manifestações morfológicas, mas também em suas significações funcionais" (Castro, 2001: 178). Desse modo, sem a necessidade de conceituações sucessivas, é fácil perceber que o estudo da Sociologia Jurídica importa tanto ao trabalho prático, operacional do direito, aqui estritamente concebido como arte ou técnica, quanto ao trabalho científico e dogmático, uma vez que, perquirindo o universo simbólico e os padrões sociais que delimitam e constituem o fenômeno jurídico, abre-se à compreensão de seu significado social, obrando para o estabelecimento de um sistema integrado e coerente de valores, práticas e significados.

O objeto da Sociologia Jurídica também pode ser determinado de acordo com formulações diferenciadas, encontradas de autor para autor. Para Durkheim, cabe à Sociologia Jurídica investigar como as regras jurídicas se constituem, do ponto de vista real e efetivo, seus padrões de funcionamento, bem como os resultados concretos da aplicação do sistema jurídico-normativo. No pensamento weberiano, segundo Julien Freund, discípulo de Carl Schmitt e um dos mais competentes intérpretes da obra de Weber, a "Sociologia Jurídica [...] tem por objeto compreender o comportamento significativo dos membros de um agrupamento quanto às leis em vigor e determinar o sentido da crença em sua validade ou na ordem que elas estabeleceram. Procura, pois, apreender até que ponto as regras de direito são observadas, e como os indivíduos orientam de acordo com elas a sua conduta" (Freund, 2000: 178). Para Gurvitch, o objeto da Sociologia Jurídica expressa "a variedade quase infinita das experiências de todas as sociedades e grupos, descrevendo o conteúdo concreto de cada tipo de experiência [...] e revelando a plena realidade do direito, cujos padrões e símbolos ocultam mais do que exprimem" (Gurvitch, 1946: 88-89). Já para Recaséns Siches, jurista espanhol radicado no México, "à Sociologia do Direito se deve atribuir duas séries de temas. A primeira, relativa ao estudo de como o Direito, enquanto fato, representa o produto de processos sociais; a segunda, referente ao exame dos efeitos que o Direito, constituído causa na sociedade, sejam eles positivos, negativos, de interferência com outros fatores, como os econômicos, religiosos e outros, produzindo combinações diversas e por vezes imprevistas; de reação etc." (Siches, 1968: 693).

O pensamento sociológico nas Américas também formulou importantes contribuições para a determinação do objeto da Sociologia Jurídica. No âmbito do pensamento estadunidense, um dos autores mais expressivos é Nathan Roscoe Pound. Na trilha firmada por Alf Niels Christian Ross, que em 1901 publicou *Social Control*, e William Graham Sumner, que em 1906 trouxe à baila o clássico *Folkways,* no qual, sob a égide do Direito Comparado, dedicou largo espaço à relação entre direito e sociedade, Pound ensina que cabe à Sociologia Jurídica estudar as instituições, os valores e as doutrinas que constituem o Direito; a legislação e seus efeitos sociais; as causas da eficácia ou ineficácia da lei; as modalidades de elaboração das normas jurídicas; bem como a história das ideias jurídicas sobre as configurações ou ordens jurídicas contemporâneas. Evaristo de Moraes Filho, um dos precursores da Sociologia Jurídica no Brasil, publicou em 1950 o clássico *O problema de uma sociologia do direito*, no qual as relações entre norma jurídica e sociedade, particularmente no que concerne às classes sociais, surge como objeto primaz da disciplina. Mais recentemente, Felipe Augusto de Miranda Rosa assinalou:

> como já foi dito, o enfoque sociológico desse fenômeno que é a normatividade jurídica se situa a par com os outros dois: o que tem como objeto a natureza mesma do Direito, em suas implicações ético-valorativas, e o que se refere especificamente às normas jurídicas em si, como fato dogmático-normativo, num sistema coerente e lógico (Rosa, 1984: 50).

Essas contribuições parecem suficientes para explicitar uma determinação rasa sobre o objeto da Sociologia Jurídica, qual seja, a análise científica, de cunho sociológico, do fenômeno jurídico, compreendido em sua expressão tridimensional, isto é, fato, valor e norma, na linha proposta por Miguel Reale.

No que concerne às técnicas e métodos de investigação da Sociologia Jurídica, não parece que a disciplina se afasta dos cânones ou paradigmas que orientam, a cada época, os trabalhos gerais da Sociologia. Entretanto, como possui o binômio direito/sociedade como objeto, é comum o recurso a procedimentos metodológicos mais afeitos ao campo da Ciência Jurídica. Nesse plano, especial destaque deve ser dado ao método comparativo, que, em Direito, assume o aspecto de Direito Comparado. Mais do que simples cotejamento de legislação, o Direito Comparado perquire sistemas jurídicos diferenciados, assimilando, em amplos aspectos, as dimensões sociais que necessariamente, como já se tentou demonstrar, envolvem todo e qualquer ordenamento jurídico-normativo.

Assim, parece claro que a Sociologia Jurídica possui *status* epistemológico próprio. Em sua natureza, ela se filia ao campo da Sociologia, do qual é um ramo ou uma especialidade. Na perquirição do seu objeto, não o faz à moda da Ciência do Direito, que enfoca o direito norma, como consignado por Hans Kelsen (e será visto a seguir), nem à moda da Filosofia do Direito, em que o caráter axiológico assume inegável primazia. No entender de Miranda Rosa,

> a Sociologia do Direito responde à necessidade de que o fenômeno jurídico seja olhado de um ponto de vista especial, como fato social ao qual se aplicam as regras gerais que dominam os demais fatos sociais, além de certas regras que lhe são próprias. Daí sua autonomia científica. É Sociologia, convém insistir: Sociologia especial, que cuida da realidade jurídica. E por esse motivo é desdobramento especial dos estudos sociológicos, ao mesmo tempo que modo especial de estudo do fenômeno que é o Direito (Rosa, 1984: 50).

1.3. SOCIOLOGIA JURÍDICA E CIÊNCIAS AFINS

No acalorado debate sobre a relação que a Sociologia Jurídica estabelece com ciências afins, particularmente a Ciência do Direito, a Criminologia e a Antropologia Jurídica, o primeiro grande desafio diz respeito ao estabelecimento do Direito como objeto do escrutínio científico. Segundo Lévy-Bruhl,

> longos séculos se passaram antes que se tivesse a ideia de que o direito poderia ser uma ciência. Montesquieu foi quem primeiro teve essa intuição e formulou-a na frase justamente célebre que abre *L´Espirit des Lois*: "As leis são [...] relações

necessárias que derivam da natureza das coisas." [...]. Na verdade, conquanto o caminho tenha sido aberto há duzentos anos, [...] muitos autores [...] ainda hoje hesitam em considerar o direito como algo que pode ser objeto de uma pesquisa científica [...]. Entre eles, alguns são meros práticos e nunca se colocaram a questão [...]. Mas, entre os próprios teóricos, existe um grande número para quem as normas de direito não obedecem a um verdadeiro determinismo. O que os impede de admiti-lo é a própria natureza dos preceitos jurídicos, seu caráter normativo. [...]. Esse caráter específico do fato jurídico coloca-o fora da investigação científica. [...]. Sem dúvida, os preceitos jurídicos são normativos, mas isso não é obstáculo à constituição de uma ciência que tomaria esses preceitos como objeto. [...]. O verdadeiro motivo pelo qual certos juristas – cada vez menos numerosos – ainda se recusam a ver no direito uma disciplina científica prende-se à sua formação individualista. Para muitos deles, o direito nada mais é do que uma manifestação de opinião, uma vontade que soube impor-se. [...]. Encarada sob esse ângulo, torna-se impossível, com efeito, qualquer ciência do direito: ele não é uma ciência do particular. Se, ao contrário, admite-se, como eu, que os fenômenos sociais, e entre eles, em primeiro lugar, os fenômenos jurídicos, têm causas sociais, que as normas do direito são a expressão não de indivíduos, mas de grupos, neles se reconhece, por isso mesmo, uma objetividade que os subordina a uma pesquisa científica (Lévy-Bruhl, 1988: 88-89).

No rastro dessa resistência, ainda não completamente superada, a mais controvertida posição é atribuída ao belga Edmond Jorion, para quem a Sociologia Jurídica e a Ciência do Direito constituem uma só e mesma disciplina. A tese, controvertida, tem como base a impossibilidade do Direito em dissociar-se da moral, plano axiológico, bem como dos múltiplos interesses (políticos, econômicos, religiosos etc.), que sistematicamente influem sobre a formulação da norma jurídica. Não reconhecendo a tradicional separação de domínios entre o ser (fato social conexo ao direito e que, por isso mesmo, é objeto da Sociologia Jurídica) e o dever ser (norma jurídica, positiva ou consuetudinária, objeto primaz da Ciência do Direito, como se verá a seguir), Jorion reivindica que, para além do Direito positivo, estatal, a Sociologia Jurídica deve acolher todas as formas de pressão e determinação de autoridade que, provenientes do meio social, exercem sobre esse mesmo meio poder coativo comparável às próprias sanções jurídicas (*v.g.*, o tabu do incesto).

Embora articulada, a tese de Jorion não se sustenta à análise da definição e do objeto da Sociologia Jurídica, vista no tópico anterior, bem como à investigação do conceito sociológico de Direito e do objeto próprio da Ciência do Direito, que se operará agora. Superestimando o papel dos valores na determinação das normas e dos princípios gerais do Direito, Jorion não acata a tese weberiana de que a objetividade das Ciências Sociais é relativa a valores, bem como ignora a lição de Reale, para quem

> não há ciência sem princípios, que são verdades válidas para um determinado campo de saber, ou para um sistema de enunciados lógicos. Prive-se uma ciência de seus princípios, e tê-la-emos privado de sua substância lógica, pois o Direito não se funda sobre normas, mas sobre os princípios que as condicionam e as tornam significantes (Reale, 1996: 62).

Esboçando uma definição para o Direito, Lévy-Bruhl considera-o como "fenômeno social específico, formado de normas variadas, mas não fantasistas ou arbitrárias, tendo, ao contrário, uma certa objetividade, pois que constituem o produto de um certo número de fatores que a análise permite conhecer" (Lévy-Bruhl, 1988: 87). E continua, em páginas seguintes, enfatizando a importância da distinção entre o direito e a técnica jurídica: "a natureza do direito, enquanto ciência, deve deter-nos por mais alguns instantes, e convém ressaltá-la tanto mais firmemente quanto existe, a esse respeito, uma grande confusão, dando-se frequentemente à prática jurídica o nome de ciência" (Lévy-Bruhl, 1988: 90).

Em direção análoga, para Gurvitch o direito

> representa uma tentativa para realizar, numa dada ambiência social, a ideia de justiça (que é, preliminar e essencialmente, a reconciliação e a variável dos valores espirituais em conflito, assimilados a certa estrutura social), através de um normativismo multilateral imperativo-atributivo baseado em laço determinado entre deveres e direitos; essa regulamentação extrai sua validez dos fatos normativos que dão uma garantia social de sua eficácia e podem em certos casos executar suas exigências – por coerção precisa e externa, porém não a pressupõem necessariamente (Gurvitch, 1946: 86).

Em outras palavras, podemos afirmar que, para esse autor, o Direito corresponde à possibilidade formal e prática de realização da ideia de justiça em uma dada sociedade. Essa observação nos conduz à reflexão de que o Direito, como fenômeno social, não é uma ciência, assim como a própria sociedade, da qual emana, também não é. Mas, assim como a sociedade, o direito também pode ser objeto da investigação científica, o que de fato é realizado pela Ciência Jurídica ou Ciência do Direito.

No que concerne ao objeto da Ciência do Direito, abalizada lição oferece-nos

Kelsen. Para esse iminente jurista austríaco,

> na afirmação evidente de que o objeto da ciência jurídica é o Direito, está contida a afirmação – menos evidente – de que são as normas jurídicas o objeto da ciência jurídica, e a conduta humana só o é na medida em que é determinada nas normas jurídicas como pressuposto ou consequência, ou – por outras palavras – na medida em que é determinada nas normas jurídicas. Pelo que respeita à questão de saber se as relações inter-humanas são objeto da ciência jurídica, importa dizer que elas também são objeto de um conhecimento jurídico enquanto relações jurídicas, isto é, como relações que são construídas através de normas jurídicas. [...] Apreender algo juridicamente não pode, porém, significar senão apreender algo como Direito, o que quer dizer: como norma jurídica ou conteúdo de uma norma jurídica, como determinado através de uma norma jurídica (Kelsen, 1984: 109).

Mas ainda que não se fixe exclusivamente na norma de Direito, tal como propugnado por Kelsen, nem assim desaparece a possibilidade de uma Ciência Jurídica ou Ciência do Direito. Essa assertiva é corroborada, entre outros, por Tercio Sampaio Ferraz Jr. quando, referindo-se ao caráter da Ciência do Direito, afirma: "falaremos dela como teoria da norma, como teoria da interpretação e como teoria da decisão jurídica" (Ferraz Jr., 1980: 49). Assim, nessa matéria, prevalecem as palavras de Reale: "O certo é que, tanto no Direito como nas demais ciências, o trabalho da inteligência se desenvolve através destas três ordenações, que são os tipos, as leis e os princípios, de cuja relação resulta a unidade de um sistema" (Reale, 1996: 63).

Tal como ocorre com a Ciência do Direito, estreitas são as relações que se estabelecem entre a Sociologia Jurídica e a Criminologia. Fato representativo dessa estreita relação é que Cesare Lombroso, fundador do positivismo criminológico e da própria Antropologia Jurídica, tem suas bases epistemológicas no darwinismo social e no positivismo comteano. Essa herança é evidente em *Tratado de antropologia experimental do homem delinquente*, de 1876, no qual o delito, objeto primaz da Criminologia, é concebido como fato real, histórico, e não como mera abstração jurídica. Nesses termos, o crime não se caracteriza pela contradição entre o ato humano e a lei, mas, basicamente, entre esse ato e os fundamentos da vida social. Na perspectiva lombrosiana, o que importa é a etiologia do crime, ou seja, a identificação de suas causas. Coerente com essa perspectiva, a norma jurídica, especificamente a lei penal, instrumento de combate ao crime, deve prestar-se à defesa da sociedade, e não simplesmente ao restabelecimento da ordem jurídica.

A Escola Positiva Italiana, iniciada por Lombroso, teve em Enrico Ferri não apenas sua continuação, mas, fundamentalmente, sua vertente estritamente sociológica (muito embora Ferri seja, em muitos aspectos, um crítico de Lombroso). Avançando sobre os estudos lombroseanos, Ferri propugna que o crime não decorre exclusivamente das patologias individuais, mas de uma combinação de fatores psicoindividuais, físicos e sociais. O crime – ou criminalidade – é considerado um fenômeno social, sujeito ao escrutínio da ciência. Desse modo, o combate a ele depende da análise científica de sua etiologia. Assim considerando, consagra a tese de que o combate ao crime não é, no campo epistemológico, um atributo do Direito, ou do Direito Penal, mas de uma Sociologia Criminal.

A influência do pensamento sociológico pode ser observada em diferentes escolas criminológicas entre a segunda metade do século XIX e o primeiro quinquênio do século XX, e continua a sê-lo hodiernamente. Na Itália, a Escola Positivista teve em Raffaele Garófalo, outro discípulo de Lombroso, seu mais notório perpetuador. Na Espanha, notabilizam-se Pedro Dorado Montero, Rafael Salillas e Constancio Bernaldo de Quirós. Na França, a crítica ao lombroseanismo, inaugurada com o pensamento de Ferri, deu origem à Escola de Lyon, que, embora fortemente influenciada pela Escola Química, de Pasteur, demonstrou grande conhecimento das causas sociais do crime. Na Alemanha, essa mesma vertente deu vazão à Escola Alemã de Política Criminal, de Franz von Liszt e Gerardus Antonius van Hamel, que postulava os seguintes propósitos fundamentais para a Criminologia: análise da etiologia do crime; determinação das penas e medidas de segurança no binômio culpabilidade-periculosidade; e defesa da sociedade como *ratio essendi* do Direito Penal. Na própria Itália, a vertente sociológica de Ferri origina a *Terza Scuola*, de Bernardino Alimena, Manuel Carnevale e Gabriel Tarde, que, apesar de afirmar que o Direito Penal não pode ser subsumido à Sociologia Jurídica, reconhece o Direito como fenômeno social complexo, cuja ciência não pode prescindir das Ciências Humanas e Sociais, bem como da Estatística, da Psicologia etc.[12] Importantes por suas próprias contribuições, essas escolas representam, genericamente, a transição entre a Criminologia Clássica, positivista, e as matrizes contemporâneas, multiformes, que compreendem, seletivamente, a Biologia Criminal, a Psicologia Criminal e a chamada Sociologia Criminal.

---

12 Embora o jusfilósofo francês Gabriel Tarde não seja, propriamente dito, um membro da *Terza Scuola*, seu nome é incluído aqui porque seu psicossociologismo decorre de Ferri e da *Terza Scuola*.

Compreendida "como ciência empírica e interdisciplinar, que se ocupa do estudo do crime, da pessoa do infrator, da vítima e do controle social do comportamento delitivo, e que trata de subministrar uma informação válida, contrastada, sobre a gênese, dinâmica e variáveis principais do crime – contemplado este como problema individual e como problema social –, assim como sobre os programas de prevenção eficaz do mesmo e técnicas de intervenção positiva no homem delinquente e nos diversos modelos ou sistemas de resposta ao delito" (Molina; Gomes, 2002: 39), a Criminologia não se confunde com a Sociologia Jurídica. Não obstante, sobre suas relações recíprocas nunca é demais lembrar as lições de Miranda Rosa, para quem "o fato delituoso penal, convém acentuar, é dos mais ricos em material para investigações de Sociologia do Direito. A isso é de acrescentar a circunstância de que a pesquisa sociológica em matéria criminal é muito facilitada, porque esse é um ramo do fenômeno jurídico bastante conhecido pela média das pessoas e porque os fatos a examinar são da mais nítida significação sociológica do que o comum dos fenômenos jurídicos" (Miranda Rosa, 1984: 52).

A relação entre a Sociologia Jurídica e a Antropologia Jurídica decorre, de um lado, da origem comum de ambas, e, de outro, das influências que os trabalhos sociológicos, em particular os dos teóricos do pluralismo jurídico, exerceram sobre os antropólogos. Com a publicação de *Ancient Law*, em 1861, Henry James Sumner Maine dá início não apenas à História da Sociologia do Direito, mas também à da Antropologia Jurídica (Rouland, 1988: 49; Rojo e Azevedo, 2005: 20). Sua mais importante contribuição para essas disciplinas foi a distinção que ele fez entre as sociedades cujos direitos e responsabilidades legais repousam sobre *status* social e aquelas nas quais repousam sobre acordos contratuais entre indivíduos. Segundo Raúl Enrique Rojo e Rodrigo Ghiringhelli de Azevedo, o trabalho de Maine teria influenciado de certa forma o de Durkheim. Dizem Rojo e Ghiringhelli, com relação a Maine: "sua teoria evolucionista da passagem da sociedade do estatuto à sociedade do contrato teria inspirado a Durkheim sua teoria da transformação das sociedades da solidariedade mecânica e do direito repressivo em sociedades caracterizadas pela solidariedade orgânica e pelo direito restitutivo" (Rojo e Ghiringhelli, 2005: 20)[13].

Embora a Sociologia Jurídica e a Antropologia Jurídica tenham origem comum, estas se separaram e ganharam autonomia ao longo dos anos. Apesar disso, o diálogo entre sociólogos e antropólogos foi mantido, sendo certo, inclusive, que há uma real influência da escola sociológica de Durkheim sobre a funcionalista de Bronislaw Kasper Malinowski e de Alfred Reginald Radcliffe-Brown.[14]

---

13 Raymond Boudon e François Bourricaud, por sua vez, apontam a influência das teorias evolucionistas de Herbert Spencer e de Charles Darwin sobre Durkheim (Boudon e Bourricaud, 1993: 180).

14 Boudon e Bourricaud afirmam que "o termo funcionalismo surgiu nos anos 30. Foi em-

Para Rouland, embora a orientação de Durkheim seja sociológica, seu livro *De la division du travail*, publicado em 1893, interessa ao estudo do direito das sociedades tradicionais, pois, nessa obra, Durkheim busca compreender como as sociedades passam da era primitiva à modernidade a partir de uma orientação que conjuga as tradições evolucionista e funcionalista (Rouland, 1988: 61). Em seu livro *A scientific theory of culture*, Malinowski reconhece a filiação de Durkheim à escola funcionalista: "A discussão de Durkheim sobre o tipo primitivo de divisão do trabalho social e sua análise da religião e da magia estão dentro do escopo do método funcional" (Malinowski *apud* Durham, 1986: 170).

Além de Maine, outro importante nome da Antropologia Jurídica é Malinowski.[15] Malinowski é citado por Pinto Ferreira como um dos representantes da escola funcionalista ou funcionalista-estruturalista juntamente com Radcliffe-Brown e Claude Lévi-Strauss, entre outros antropólogos (Ferreira, 1977:114). Segundo Eunice Ribeiro Durham, Malinowski pertenceu a uma geração de antropólogos que viveu em uma época de grande efervescência intelectual na Antropologia e que foi formada, de um lado, pela experiência dos pioneiros da Antropologia (Walter Baldwin Spencer, Francis James Gillin, Alfred Cort Haddon, William Halse Rivers Rivers, Charles Gabriel Seligman e Franz Boas) e, de outro, pela reflexão sociológica de Durkheim (Durham, 1986: 8). Por tudo o que foi dito, podemos afirmar a existência de um expressivo grau de influência da escola sociológica durkheimiana sobre o funcionalismo de Malinowski e, sobretudo, de Radcliffe-Brown.

Além do diálogo entre Malinowski e Durkheim, a relação entre Sociologia Jurídica e Antropologia Jurídica também se faz notar no campo do pluralismo jurídico. Rouland afirma que, embora a tradição comteana tenha separado a Sociologia Jurídica da Antropologia Jurídica, o pluralis-

---

pregado inicialmente por antropólogos e etnólogos, como Malinowski e Radcliffe-Brown. Cada um deles, aliás, tem sua doutrina própria, devendo-se as diferenças sobretudo ao caráter essencialmente normativo que Radcliffe-Brown vê na ordem, enquanto Malinowski nela vê essencialmente a satisfação de nossas 'necessidades' (em matéria de alimentação, de proteção contra a agressão do meio físico, de reprodução biológica, de gozo sexual)" (Boudon e Bourricaud, 1993: 250). Boudon e Bourricaud afirmam também que Radcliffe-Brown, ao contrário de Malinowski, admitia ter sido influenciado por Durkheim (Boudon e Bourricaud, 1993: 250). 13. Pinto Ferreira aponta Durkheim como o fundador da escola sociológica francesa (Ferreira, 1977: 114).

15 A obra *Crime and the Savage Society*, publicada em 1926 por Malinowski, é apontada como o ponto de origem da Antropologia Jurídica moderna. Esse é um dos muitos trabalhos do autor sobre a sociedade das Ilhas Trobriand (Nova Guiné). Malinowski critica, nessa obra, o evolucionismo de Maine por ser uma compreensão equivocada da natureza do governo e do controle social nas sociedades primitivas. De acordo com Rouland, suas principais contribuições à Antropologia Jurídica são tanto a defesa do trabalho de campo como metodologia para estudar pela observação direta as regras tal como estas operam na vida real quanto sua concepção da sociedade como um sistema cultural (Rouland, 1988: 68-69).

mo jurídico aproximou-as novamente.[16] De acordo com esse autor, foram os sociólogos Eugen Ehrlich e Gurvitch que estabeleceram os fundamentos teóricos do pluralismo jurídico,[17] enquanto os antropólogos chegavam até ele por meio do trabalho de campo (Rouland, 1988: 81-82). Rouland explica que sociólogos e antropólogos chegaram às mesmas ideias quase simultaneamente em decorrência do surgimento, nas sociedades modernas, da tendência ao dirigismo estatal, que se apoia nas concepções unitárias do Direito que nos foram legadas pelos pensadores do século XIX (Rouland, 1988: 82). Assim, para Rouland, a emergência simultânea do pluralismo nas duas disciplinas, Antropologia Jurídica e Sociologia Jurídica, foi uma das reações que opôs a sociedade às tentativas de extensão das competências do Estado (Rouland, 1988: 82).

1.4. CONCLUSÃO

A Sociologia Jurídica é, como vimos, uma especialização da Sociologia. O ensino dessa disciplina permite que o aluno não seja um mero operador do Direito e visa fornecer-lhe um conhecimento que permita uma reflexão crítica sobre a relação entre Direito e sociedade.

A Sociologia, assim como todas as Ciências Sociais, é fruto das grandes revoluções ocorridas no Ocidente – mais precisamente na Inglaterra, nos EUA e na França – entre os séculos XVII e XVIII, que marcaram a crise do Antigo Regime e a ascensão do Estado e da sociedade liberais. Mas, como foi dito, juntamente com essas revoluções, outro elemento importante para compreender a emergência da Sociologia são os movimentos sociais que, à época, convulsionavam a Europa.

A Sociologia, assim como o Direito, carece de uma definição universalmente aceita. A existência de inúmeras definições nos remete à discussão sobre se a Sociologia é ou não uma ciência. Em resposta àqueles que, a exemplo de Poincaré, negam que a Sociologia seja uma ciência, argumentamos que, embora, o sociólogo esteja efetivamente próximo de

---

16 Os teóricos do pluralismo jurídico se contrapunham ao monismo daqueles que consideeravam como direito apenas o sistema legal estabelecido pelo Estado. A tese pluralista é de que podem conviver em um mesmo ambiente espaço-temporal duas ou mais ordenações jurídicas dotadas de eficácia, tendo essa tese dado origem à Escola do Direito Livre. Esta foi iniciada por Hermann Kantorowicz com a publicação, em 1906, da obra *Der Kampf um die Rechtswissenschaft*, sob o pseudônimo de Gnaeus Flavius. Nesse trabalho, Kantorowicz defende a plena liberdade do juiz no momento de decidir os litígios, podendo, inclusive, confrontar o que reza a lei.

17 Segundo Luca Giuseppe Pes, as principais obras de Ehrlich e Gurvitch são respectivamente *Grundlegung der Soziologie des Rechts* (1913) e *L'expérience juridique et la philosophie pluraliste du droit* (1935). Gurvitch foi um severo crítico de Durkheim, mas, de acordo com Rodrigues, reconheceu que sua obra sociológica foi "o esforço mais bem-sucedido, até o presente [1959], de junção entre teoria sociológica e pesquisa empírica" (Gurvitch *apud* Rodrigues, 1978: 34).

seu objeto de estudo, o *status* de cientificidade da Sociologia, como de qualquer outra ciência, define-se não pelo maior ou menor afastamento do sujeito do conhecimento em relação ao seu objeto, mas pelo método, pela sistematicidade dos testes e pelo escrutínio da comunidade científica. Vimos que outra acusação que lhe é imputada é a de imprecisão do "saber sociológico". Novamente, recusamos essa acusação argumentando que, tanto entre outras Ciências Humanas como entre ciências físicas e biológicas, também há inúmeras divergências conceituais e metodológicas e que, além disso, são múltiplos os resultados obtidos pelos pesquisadores dessas áreas do conhecimento.

Além da Sociologia, inúmeras ciências sociais surgiram no século XIX. Definimos ciências sociais como o ramo das ciências humanas que tratam o ser humano como um ser vivendo em sociedade e mantendo múltiplas relações com seus semelhantes. Entre as ciências sociais encontram-se, além da Sociologia, a Antropologia e a Ciência Política. A Comunicação Social, a Criminologia, a Demografia, o Direito, a Economia, a Geografia Humana, a Linguística e a Psicologia Social devem ser entendidas como ciências humanas ou, em alguns casos – como o Direito –, como ciências sociais aplicadas.

Ao longo dos anos, como em outras ciências, a Sociologia ramificou-se e surgiram as especializações, sendo a Sociologia Jurídica uma delas. Quanto à questão da autonomia dessa subárea, afirmamos que Sociologia Jurídica e Sociologia do Direito são termos que se referem a realidades unas e indivisíveis. A Sociologia Criminal, contudo, nós a diferenciamos da Sociologia Jurídica, igualando-a com a Criminologia, uma vez que seu objeto de estudo são o crime e a criminalidade, e não a relação direito-sociedade.

A questão da autonomia da Sociologia Jurídica foi também discutida sob outra perspectiva. Defendemos a tese de que a investigação (ou mesmo a intervenção prática) do sistema jurídico-normativo não pode prescindir da análise das condições sociais objetivas às quais esse sistema pertence. As relações direito–sociedade existem, e impõem-se ao próprio universo jurídico. Essa assertiva põe em evidência a própria natureza social do fenômeno jurídico, de modo que, qualquer que seja sua configuração, o direito só pode ser compreendido como fato social, e não exclusivamente como conjunto de normas ordenadas de forma sistemática que visam disciplinar a realidade. Infelizmente, esse reconhecimento não impede que muitos profissionais do Direito continuem a rejeitar a Sociologia, em geral, e a Sociologia Jurídica, em particular.

Ao longo do século XIX, as condições sociopolíticas que favoreceram o desenvolvimento da Sociologia e das demais ciências sociais não estimularam, contudo, a aplicação dessas novas ciências ao Direito. De fato, Direito e Sociologia ignoraram-se mutuamente durante toda a primeira metade do século XIX. Mas, no final do século XIX, o distanciamento entre Sociologia e Direito foi reduzido pelo trabalho de diferentes autores que, múltiplos em suas perspectivas ideológicas, transitavam do marxismo ao darwinismo social. Atualmente, essa aplicação avança, embora ainda haja resistências.

Quanto ao objeto de estudo da Sociologia Jurídica, ele também pode variar, em que pesem formulações diferenciadas, de autor para autor. No que concerne à metodologia da Sociologia Jurídica, argumentamos que esta não se afasta dos paradigmas que orientam, a cada época, os estudos sociológicos. Dissemos ainda que é comum os estudiosos recorrerem aos procedimentos metodológicos da Ciência Jurídica, especialmente ao método comparativo. Mais do que simples cotejamento de legislação, o Direito Comparado perquire sistemas jurídicos diferenciados, assimilando, em amplos aspectos, as dimensões sociais que necessariamente envolvem todo e qualquer ordenamento jurídico-normativo.

Concluímos, então, que a Sociologia Jurídica possui *status* epistemológico próprio. Em sua natureza, ela se filia ao campo da Sociologia, do qual é uma especialização. Quanto à investigação do seu objeto de estudo, ela analisa o fenômeno jurídico como fato social ao qual se aplicam as regras gerais que dominam os demais fatos sociais, além de certas regras que lhe são próprias.

1.5. REFERÊNCIAS BIBLIOGRÁFICAS

ALVES-MAZZOTTI, A. J.; GEWANDSZNAJDER, F. *O método nas ciências naturais e sociais*. São Paulo: Pioneira, 1998.

BALANDIER, Georges. *Antropologia política*. São Paulo: Difel, 1969.

BARROS, Wellington Pacheco. *A interpretação sociológica do direito*. Porto Alegre: Livraria do Advogado, 1995.

BERGER, Peter; LUCKMANN, Thomas. *The social construction of reality*. Harmondsworth: Penguin Books, 1975.

BOBBIO, Norberto. *Teoria geral da política*: a filosofia política e as lições dos clássicos. Rio de Janeiro: Campus, 2000.

_____ . *Teoria do ordenamento jurídico*. Brasília: UnB, 1995.

_____ . Ciência política. In: Norberto Bobbio *et al*. *Dicionário de política*. 5ª ed. Brasília: UnB, 1993, p. 164 a 169.

BONAVIDES, Paulo. *Ciência política*. 10. ed. São Paulo: Malheiros, 1998.

BOUDON, Raymond e BOURRICAUD, François. *Dicionário crítico de sociologia*. São Paulo: Ática, 1993.

CARBONNIER, Jean. *Sociologia jurídica*. Coimbra: Almedina, 1979.

DANTAS, San Tiago. A educação jurídica e a crise brasileira. *Encontros da UnB, Ensino Jurídico*. Brasília: UnB, 1975.

DAVIS, Shelton H. Introdução. In: DAVIS, Shelton H. (Org.). *Antropologia do direito*. Estudo comparativo de categorias de dívida e contrato. Rio de Janeiro: Jorge Zahar, 1973.

DURHAM, Eunice Ribeiro. Introdução. Uma nova visão da Antropologia. In: FERNANDES, Florestan (Coord.). *Bronislaw Malinowski*: antropologia. São Paulo: Ática, 1986 (Grandes cientistas sociais, 55).

DUVERGER, Maurice. *Ciência política*. Rio de Janeiro: Zahar Editores, 1976.

EHRLICH, Eugen. *Fundamentos da Sociologia do Direito*. Brasília: UnB, 1986.

FARIA, José Eduardo; CAMPILONGO, Celso Fernandes. *A Sociologia Jurídica no Brasil*. Porto Alegre: Sergio A. Fabris, Editor, 1991.

FERRAZ JR., Tercio Sampaio. *A Ciência do Direito*. 2. ed. São Paulo: Atlas, 1980.

FERNANDES, Florestan. *Ensaios de Sociologia Geral e Aplicada*. 2. ed. São Paulo: Pioneira, 1971.

FERREIRA, Pinto. Escola sociológica. In: FRANÇA, R. Limongi (Coord.). *Enciclopédia Saraiva do Direito*. São Paulo: Saraiva, 1977. v. 33.

FREUND, Julien. *Sociologia de Max Weber*. 5. ed. Rio de Janeiro: Forense Universitária, 2000.

GALLIANO, Alfredo Guilherme. *Introdução à Sociologia*. São Paulo: Harbra, 1991.

GIDDENS, Anthony. *Sociologia*: uma breve porém crítica introdução. Rio de Janeiro: Jorge Zahar, 1984.

GURVITCH, George. *Sociologia Jurídica*. Rio de Janeiro: Kosmos, 1946.
_____. *Tratado de Sociologia*. 2. ed. Porto: Iniciativas Editoriais, 1964.

KELSEN, Hans. *Teoria Pura do Direito*. 6. ed. Coimbra: Arménio Amado, 1984.
_____. *Teoria Geral do Direito e do Estado*. São Paulo: Martins Fontes, 1992.

LÉVY-BRUHL, Henri. *Sociologia do Direito*. São Paulo: Martins Fontes, 1988.

LUHMANN, Niklas. *Sociologia do Direito*. Rio de Janeiro: Tempo Brasileiro, 1983.

MARTINS, Carlos Benedito. *O Que é Sociologia*. 38ª ed. São Paulo: Brasiliense, 1994 (Coleção Primeiros Passos, 57).

MIRAGLIA, Paula. Aprendendo a lição: uma etnografia das Varas Especiais da Infância e da Juventude. Novos estudos – CEBRAP, São Paulo, nº 72, julho de 2005. Disponível em: http://www.scielo.br/scielo.php?script=sci_arttext&pid=S0101330002005000200005&lng=en&nrm=iso. Acesso em: 10 fev. 2009.

MOLINA, Antônio García-Pablos de; GOMES, Luiz Flávio. *Criminologia.* 4. ed. São Paulo: Revista dos Tribunais, 2002.

NIXON, William. Legal anthropology, 1998. Disponível em: http://www.indiana. edu/~wanthro/ theory_pages/LEGAL.htm. Acesso em: 9 fev. 2009.

PES, Luca Giuseppe. Il pluralismo giuridico. 2003 Disponível em: www.dhdi.free.fr/recherches/theoriedroit/memoires/pesmemoir.pdf. Acesso em: 14 fev. 2009.

POPPER, Karl. *A falseabilidade.* A lógica da investigação científica. São Paulo: Abril Cultural, 1980 (Coleção Os Pensadores).

REALE, Miguel. *Filosofia do Direito.* 17. ed. São Paulo: Saraiva, 1996.

RIOS, José Arthur. Ciências sociais. In: Benedicto Silva. *Dicionário de Ciências sociais.* 2ª ed. Rio de Janeiro: Editora da FGV/MEC-FAE, 1987.

RODRIGUES, José Albertino. Introdução. A sociologia de Durkheim. In: FERNANDES, Florestan (Coord.). *Durkheim:* sociologia. São Paulo: Ática, 1978 (Grandes cientistas sociais, 1).

ROJO, Raúl Enrique e AZEVEDO, Rodrigo Ghiringhelli de. Sociedade, direito, justiça: relações conflituosas, relações harmoniosas? *Sociologias,* Porto Alegre, nº 13, jun. 2005. Disponível em: http://www.scielo.br/scielo.php?script=sci_arttext&pid=S1517452222005000100002&lng=en&nrm=iso. Acesso em: 11 fev. 2009.

ROULAND, Norbert. *Anthropologie juridique.* Paris: Presses Universitaires de France, 1988.

SCHRITZMEYER, Ana Lúcia Pastore. Antropologia jurídica. *Jornal Carta Forense,* ano III, nº 21, fev. 2005, p. 24 e 25.

SICHES, Recaséns Luiz. *Tratado de Sociologia.* Porto Alegre: Globo, 1968.

SILVA, Benedicto *et al. Dicionário de Ciências Sociais.* 2ª ed. Rio de Janeiro: Fundação Getulio Vargas, 1987.

SOUZA, Aluízio José Maria de *et al. Iniciação à lógica e à metodologia da ciência.* São Paulo: Cultrix, 1974.

VITA, Luíz Washington. *O que é filosofia?* São Paulo: Dese, 1965.

2 DIÁLOGO ENTRE OS SABERES ANTROPOLÓGICOS E JURÍDICOS

ALESSANDRA DE ANDRADE RINALDI.[18]
JULIANA BORGES DE SOUZA.[19]
THAINÁ ROSALINO DE FREITAS.[20]

2.1. O TÊNUE LIMITE ENTRE DOIS SABERES E A IMPORTÂNCIA DA ANTROPOLOGIA DO DIREITO

O objetivo deste texto é discutir os saberes do direito e da antropologia, suas distinções, aproximações, especificidades, buscando abordar como as duas áreas podem dialogar para uma compreensão da vida social. Mas, afinal, o que são as disciplinas de antropologia e de direito e o que elas buscam? De acordo com Cardoso de Oliveira, Miriam Gossi e Gustavo Lins Ribeiro (2012, p. 11), no que tange à compreensão sobre os fatos da vida social e sobre os direitos, a antropologia e o direito possuem perspectivas distintas.

A primeira disciplina busca entender a diversidade social, de um ponto de vista relativista, não dogmático, considerando a multiplicidade de sentidos das práticas sociais, de acordo com as diferenças temporais e espaciais. A antropologia, segundo Kant de Lima, (2012, p. 37), parte do pressuposto de que não há um conhecimento "verdadeiramente válido". Nas palavras do antropólogo citado, "[nesta ciência] o conhecimento é construído pela interlocução com os atores que participam do campo es-

---

18 Professora Adjunta em Antropologia Social – UFRRJ. Possui graduação em Ciências Sociais pela Universidade Federal de Juiz de Fora (1994), mestrado em Antropologia pela Universidade Federal Fluminense (1997) e doutorado em Saúde Coletiva pela Universidade do Estado do Rio de Janeiro (2004) e Pós-doutorado em Antropologia Social pelo PPGAS/MN-UFRJ. Desenvolve pesquisas sobre gênero, violência, família e parentesco. Desde o ano de 2010 tem pesquisado a filiação adotiva. Email: rinaldialedeandrade@gmail.com

19 Doutoranda em Ciências Sociais pelo Programa de Pós-Graduação em Ciências Sociais na Universidade Federal Rural do Rio de Janeiro. Mestra em Ciências Sociais pelo PPGCS-UFRRJ. Email: juliana_borges_souza@hotmail.com

20 Doutoranda em Ciências Sociais pelo Programa de Pós-Graduação em Ciências Sociais da Universidade Federal Rural do Rio de Janeiro. Mestra em Ciências Sociais pelo Programa de Pós-Graduação em Ciências Sociais da Universidade Federal Rural do Rio de Janeiro (2017). Email: thaina.r.freitas@gmail.com

tudado, coprodutores desse conhecimento científico" (KANT DE LIMA, 2012, p. 37).

Já o direito está suportado na ideia de que existe uma "verdade real" a ser confirmada nos corredores dos tribunais, assim como nos "autos" processuais. A partir da preocupação com um *devir e* baseada em corpus normativo predeterminado, essa disciplina conduz suas práticas jurídicas, analisando *fatos,* produzidos nesse cenário. Com base em leis e seguindo uma lógica do *contraditório,* o direito, através de seus profissionais (FERREIRA E LOWENKRON, 2020, p. 10) fabrica realidades, classifica, hierarquiza corpos, pessoas, afetos, famílias, produzindo efeitos sobre as vidas humanas e não humanas. No que tange à produção de conhecimento, o dogmatismo marca esse cenário.

À luz de reflexões de Kant de Lima (2012) há que se considerar a existência de obstáculos epistemológicos, ao ser pensado um diálogo entre a antropologia e o direito. Ao refletir sobre aproximações e limites de possibilidade de interlocução entre esses dois campos, o antropólogo Clifford Geertz (2001, p. 251) considera que o direito e a etnografia funcionam à luz de *saberes locais,* experiências sociais localizadas e/ou casos concretos, se entregando à tarefa "artesanal de descobrir princípios gerais"[21].

Apesar dessa aparente semelhança, os sentidos dados ao concreto e ao *saber local* seguem propósitos distintos. Ao passo que a antropologia busca as práticas sociais específicas de um dado grupo, com a intenção de apreender se as singularidades levam à possibilidade de apreensão de elementos universais; o direito, em contrapartida, analisa o caso concreto à luz de leis, simplificando os *fatos,* tornando as questões morais limitadas por meio de esquematizações e enquadramento da vida social aos planos normativos.

Parafraseando Geertz (2001. p. 251), tanto para a antropologia quanto para o direito, importa um debate capaz de "promover uma penetração da sensibilidade jurídica na antropologia, ou da sensibilidade etnográfica no direito [...]". Nesse sentido, analisar se legislações ocidentais possuem equivalência ou aplicabilidade em contextos não ocidentais ou investigar se populações sem Estado possuem algo comparável ao sistema de justiça são caminhos pouco úteis. A fim de promover o intercâmbio de perspectivas entre essas duas disciplinas, importa menos realizar uma antropologia jurídica, pautada nas comparações dos sistemas legais e mais uma antropologia do direito, visando a compreensão das regulações sociais em diferentes culturas e sociedades[22].

---

21 A Etnografia neste contexto convocado pelo autor é compreendido como sinônimo da antropologia. Trata-se de um método que analisa, por meio experiências de vidas a partir do encontro com o *outro, que* pode ser uma instituição, grupos sociais, documentos etc.

22 Há uma diversidade de categorias classificatórias (ver Kant de Lima, 2012). Para fins es-

Ainda com base em Geertz (2001) a possibilidade de uma interseção entre *sensibilidades jurídicas* e *antropológicas* podem ocorrer ao se conceber o direito como uma espécie de imaginação social. Dessa maneira, há possibilidade de relativização da oposição *fato/ lei* e da realização do estudo comparado do direito com base em uma tradução intercultural, levando em conta que existe um *pluralismo jurídico*[23].

2.1.1. Do universal ao particular: A construção dos olhares plurais sobre o direito

De acordo com Colaço e Damázio (2012), a ideia de que o direito ocidental deve ser transformado em modelo universal produz a anulação e o silenciamento de agrupamentos sociais e seus diferentes sistemas de obrigações e controle social. A compreensão de que estaria restrito às sociedades com formas de governo politicamente organizadas e com um aparato legal sistematizado gera, por vezes, a equivocada afirmativa de que *sociedades sem lei* são agrupamentos sem direito.

Segundo Ana Lúcia Pastores Schritzmeyer (2012) a antropologia do direito problematizou tais visões, pontuando a necessidade de uma compreensão mais abrangente dos múltiplos sistemas normativos. Nas palavras da antropóloga: "Tomar o direito nesse sentido mais abrangente obriga o analista a se voltar para o tecido das relações sociais e simbólicas de uma sociedade particular, a fim de buscar nesse próprio tecido mecanismos de produção de normas" (2012, p. 262).

À luz das questões esboçadas, faz-se necessário refutar o etnocentrismo[24] presente na ideia de que direito se refere aos procedimentos formalmente estabelecidos e ritualizados em sistemas judiciários. Além disso, há que se considerar que as sociedades modernas, aquelas com Estado, comportam

---

tritamente didáticos podemos compreender que a antropologia do direito visa diversas formas de regulação e controle social presentes em quaisquer organizações sociais. Já a antropologia jurídica se ocupa de acontecimentos e sistemas de regulações mais próximos da tradição moderna e pauta-se em uma matriz conceitual das Ciências Jurídicas (RUDE-ANTOINE; CHRÉTIEN-VERNICOS, 2009, p. 6).

23 Segundo Wolkmer (2019, p. 2714) "o pluralismo jurídico projeta-se como um paradigma para conceber e tratar o direito na própria estrutura social, descentralizando e erradicando o estatalismo universalista de colonialidade". Para Colaço e Damázio (2012), esse campo visa questionar a associação entre direito e Estado. Organizado por diferentes versões, este reflete sobre os efeitos do colonialismo na produção e entendimento do que é o direito, assim como visa ampliar seu sentido incorporando em seu conteúdo as diversas formas de regulação e controle social presentes em quaisquer organizações sociais.

24 O etnocentrismo é o ato que consiste em isolar uma característica da própria cultura e elevá-la à condição de "definidora da natureza humana". Sua consequência é a tentativa de anulação das diferenças sociais.

múltiplos sistemas de regulações, que não os exclusivamente organizados por meio de leis. Levando esses argumentos em conta, há possibilidade de formular a seguinte questão: Considerando que há populações que não se organizam através de um sistema normativo formal e há outras que, apesar de se pautarem em prescrições legais, produzem caminhos diversos aos traçados pelo Estado ao gestarem sua vida, como as pesquisas antropológicas podem contribuir para análises e práticas jurídicas?

2.2. AS PESQUISAS ANTROPOLÓGICAS E SUAS RELAÇÕES COM O DIREITO

As pesquisas antropológicas, em grande maioria, fazem uso da etnografia, um método comparativo (URIARTE, 2012), cujos interesses são as sociedades humanas, suas singularidades e /ou semelhanças, apreendidas por meio da experiência pessoal de pesquisadores em suas incursões em campo. Essa caracteriza-se como uma experiência de desarranjo das expectativas pessoais e culturais, capaz de produzir conhecimento a partir de um intenso envolvimento intersubjetivo (CLIFFORD, 2016) entre pesquisador e interlocutores. Sendo assim, esta forma de fazer pesquisa é baseada na empiria (PEIRANO, 2014), através da qual os cheiros, as emoções, os sabores, os textos, os eventos afetam as pessoas e seus campos conceituais teóricos. Parafraseando a antropóloga Mariza Peirano (2014), trata-se de uma "teoria vivida", por meio da qual teoria e prática são inseparáveis.

No começo do século XX a etnografia, à luz dos escritos de Bronislaw Malinowski, em *Argonautas do Pacífico Ocidental* (1976), esteve suportada na crença de que o trabalho de campo com observação participante era um empreendimento "neutro", pautado na descrição e apreensão do "ponto de vista do nativo". Passados mais de cem anos de produção e reflexão, antropólogos contemporâneos (CLIFFORD, MARCUS, 2016) dedicam-se a pensar "as verdades etnográficas" como parciais e incompletas, resultantes da posição dos observadores, da maneira como os indivíduos registram os fenômenos culturais e de como transformam-nas em textos escritos.

Segundo Favret-Saada (2005), a etnografia é menos um método capaz de levar ao entendimento do outro, e mais uma forma de fazer ciência, suportada em assumir o risco de quebrar certezas científicas. Além disso, esse método não é dirigido a um grupo "exótico", distantes geograficamente do pesquisador. O pesquisado pode estar próximo, inserido na sociedade do antropólogo, compondo uma unidade sem fronteiras definidas (VELHO, 1987). Sendo assim, os sujeitos de pesquisa podem ser tanto os grupos sociais que possuam um aparato legal e administrativo do sistema de justiça quanto aqueles que não o possuem e cujo direito "resulta da produção do controle social" (SCHRITZMEYER, 2012, p. 262).

À luz dessas ponderações é importante considerar a existência de um campo de pesquisa da antropologia do direito que versa não somente sobre os diversos sistemas de justiça, mas também sobre as múltiplas formas de regulações sociais, suas manifestações em diferentes espaços sociais e temporalidades. Sendo assim, esse campo de pesquisa visa apreender como aquelas sociedades que não têm lei e as que possuem um sistema normativo formal elaboram e vivem os sentidos de direito? No que tange a esse último grupo, como as populações situadas às margens do Estado (DAS E POOLE, 2004), se relacionam com o escopo das leis? Como moralidades diversas se fazem presentes nas malhas dos sistemas de justiça, ferindo e por vezes, alterando o sistema de promoção de direitos?

2.3. REFLEXÕES SOBRE AS PRÁTICAS ADOTIVAS NO BRASIL: CONSTRUÇÃO DE UM OBJETO DE PESQUISA NA INTERSECÇÃO DO CAMPO DA ANTROPOLOGIA E DO DIREITO

A título de exemplo de como compreender o direito à luz da antropologia, é possível citar as práticas adotivas no Brasil em contexto atual. Apesar de o Estatuto da Criança e do Adolescente (ECA)[25] – Lei 8.069/ 1990 prever que toda a trajetória, desde a decisão por esta filiação até o encontro com o filho adotivo, tem de ser regulada pelo poder Judiciário, ao contrário do que consta nesse dispositivo, a centralidade do processo adotivo, em âmbito do Poder Judiciário, não impede que pessoas e casais busquem os filhos almejados por caminhos diversos. Além disso, não limita que indivíduos e/ou casais estabeleçam vínculos com meninos e meninas por razões variadas, tornando-se seus guardiões "de fato" sem buscar, nea cessariamente, "regularizar" essa parentalidade em âmbito jurídico.

Nem todas as filiações adotivas ocorrem dentro do Poder Judiciário, tampouco nem todos os requerimentos adotivos seguem o que está previsto no Estatuto da Criança e do Adolescente. Essa lei prevê que uma adoção deve seguir alguns ritos jurídicos. Há que ser precedida por uma habilitação[26] que, de acordo com Rinaldi (2010, 2017, 2019; RINALDI et al., 2021) é um procedimento iniciado com uma petição, entregue pelos requerentes em cartório da Vara de Infância, da Juventude e do Idoso,

---

25 De acordo como Estatuto da Criança e do Adolescente, incluído pela Lei 13.509, de 2017.
26 A habilitação, após a promulgação da Lei 12.010/2009, conhecida como a Nova Lei da Adoção, foi transformada em etapa obrigatória para uma adoção, permanecendo atualmente na vigência da Lei 13.509/17

junto com certidões negativas de feitos cíveis e criminais e atestado de sanidade física e mental[27]. Depois de depositada, essa petição será remetida à equipe técnica (psicólogos e assistentes sociais das Varas) que, de acordo com as determinações administrativas locais, conduzirá a participação dos requerentes em programas de capacitação à parentalidade adotiva[28].

Posteriormente, a mesma equipe dará início ao trabalho pericial, feito por meio de entrevistas, de visitas domiciliares, de produção de parecer social e psicológico remetido ao Ministério Público e, posteriormente, ao Juiz da Vara. Todo este procedimento é composto por informações sobre os requerentes, dados sobre a criança e/ou adolescente pretendidos, relatórios psicossociais, ofício do Ministério Público e sentença do(a) Juiz(a).

Após a sentença de habilitação, é prevista a obrigatoriedade da inscrição de habilitados à adoção em cadastro nacional[29]. Em 2008 o Conselho Nacional de Justiça (CNJ)[30] criou o Cadastro Nacional de Adoção (CNA), ferramenta criada para otimizar procedimentos, tornando indivíduos aptos a adotarem em qualquer comarca[31]. Esse sistema passou a cruzar dados nacionais sobre crianças e adolescentes aptos a serem adotados e sobre os pretendentes à adoção. Essa plataforma foi, desde 2019, substituída por outra, denominada Sistema Nacional de Acolhimento e Adoção (SNA), reformulada com a proposta de tornar mais célere o trâmite legal. Segundo a Resolução 289 de 14/08/2019:

> Art. 1º trata-se de um instrumento cuja "finalidade é consolidar dados fornecidos pelos Tribunais de Justiça referentes ao acolhimento institucional e familiar, à adoção, incluindo as *intuitu personae*, e a outras modalidades de co-

---

27 Em caso de petição feita por um casal, basta a presença de um dos parceiros desde que todos os documentos estejam duplamente assinados e atestados.

28 A partir da Lei 13.509/17, essa capacitação é feita através da participação em cursos preparatórios e em encontros de Grupos de Apoio à Adoção conveniados com as Varas.

29 Segundo Bittencourt, "estes cadastros seguem o princípio da isonomia, usando a ordem cronológica de inscrição para definir a prevalência de um inscrito sobre os demais, quando interessados no mesmo perfil de criança" (BITTENCOURT, 2010, p. 130).

30 Uma vez tendo sido criado pelo CNJ, compete a esse órgão a prestação de apoio técnico, assim como a capacitação de membros dos Tribunais de Justiça e das Comissões Estaduais Judiciárias de Adoção Internacional sobre as formas de uso e de alimentação desse Sistema.

31 Segundo o Guia do usuário, do Conselho Nacional de Justiça, "1.4. O Cadastro Nacional de Adoção estabelece originalmente como critério de preferência a data da sentença de habilitação. Contudo, fica assegurada ao juiz a liberdade para, dentre os habilitados, escolher aquele que, na sua concepção, for o mais indicado para o caso concreto". Cadastro Nacional de Adoção. Guia do usuário. Maio de 2009, p. 4. Disponível em: <http://www.crianca.mppr.mp.br/arquivos/File/adocao/cna/manual_cna.pdf>. Acesso em: 15 maio 2010.

locação em família substituta, bem como sobre pretendentes nacionais e estrangeiros habilitados à adoção".

Com base nesta lei e ritos jurídicos, o Poder Judiciário operacionaliza uma *tecnologia de produção de parentesco adotiva*, sustentada na perspectiva de que toda a trajetória, desde a decisão por esta filiação até o encontro com o filho adotivo, tem de ser regulada pelo Estado. Entretanto, apesar dessas prescrições legais há caminhos diversos aos traçados pelos Poderes Legislativo e Judiciário no que tange à adoção.

Há formas diversas de produção de família e de parentesco e há maneiras variadas de filiar uma criança ou um adolescente. Há requerimentos adotivos que podem ocorrer seguindo os preceitos legais, sendo concretizados por meio do Poder Judiciário. Por outro lado, há proposições adotivas, produto do que a antropóloga Claudia Fonseca (1993, 2013) tem denominado *circulação de crianças*. A parentalidade, nesses casos, não decorre de um *projeto* (VELHO, 1981), mas de uma relação estabelecida entre essas pessoas e os meninos e as meninas dos quais "cuidaram" em razão de laços de solidariedade diversos. Durante grande período esses sujeitos, na qualidade de responsáveis pelas crianças e adolescentes, não tiveram a preocupação em legalizar a situação.

Mesmo aquelas adoções que ocorrem através do Poder Judiciário, podem não seguir precisamente os mesmos ritos jurídicos. A adoção pode acontecer, por exemplo, sem que o candidato tenha passado por uma habilitação prévia. Segundo Rinaldi (2017) uma ação dessa ordem pode ser ajuizada por pessoas que desejam perfilhar os(as) filhos(as) de seus parceiros, denominada "adoção unilateral". À luz do ECA, esta prática dispensa a intermediação prévia do Poder Judiciário[32].

Requerimentos adotivos também podem ser ajuizados quando alguém, na guarda de uma criança ou de um adolescente que lhe foi entregue ainda recém-nascido pelos "genitores", vai ao Judiciário e solicita a abertura da ação. Nesses casos, segundo Abreu (2002), as ações propostas são denominadas pelos juristas brasileiros como *intuitu personae*. Importante pontuar que essas formas de produção de parentalidade *não* são efetuadas com a intenção de burlar as previsões legais. Trata-se, antes, de "uma estrutura básica de organização de parentesco [...] vinculada a uma cultura popular urbana" (FONSECA, 1993, p. 116).

---

32 É comum que processos dessa ordem sejam iniciados como produto de um novo arranjo familiar em duas situações: em primeiro lugar, quando uma nova família começa com a mãe, sua prole e seu/sua parceiro(a); em segundo lugar, quando outro núcleo conjugal se constitui por meio do pai, sua prole e sua/seu nova(o) parceira(o). Dessas reestruturações familiares, pode originar a demanda pela adoção de crianças tanto pelo(a) parceiro(a) da mãe quanto pela(o) companheira(o) do pai.

Isso não significa que não existam pessoas e casais que querem filhos por adoção, mas que não desejam se submeter aos ritos previstos nos dispositivos legais. Nesses casos, os sujeitos, sozinhos ou como casais, buscam a intermediação de "terceiros" para chegar aos filhos. Esses percursos podem envolver troca de favores e cuidados para com a família doadora.

É importante, no entanto, considerar que nem todas as situações que envolvem a presença de "intermediários", significa uma mercantilização de bebês. Há mães de nascimento que almejam entregar seus filhos em adoção, mas que optam por só fazê-lo para uma dada pessoa ou família. Essas situações podem produzir parentalidades "fáticas", que só chegam ao Poder Judiciário muitos anos após a criança estar vinculada à essa família receptora.

Tais demandas geram dilemas éticos, jurídicos e morais nos integrantes do Sistema de Justiça que atuam nesses processos. Isso porque seguir o rigor da lei levaria à retirada da criança desse núcleo familiar, mas não garantiria o *melhor interesse* da criança. Garantir esse princípio significaria mantê-la nessa família e legalizar, em âmbito jurídico, práticas ilegais. O que leva a pensar que a condução de situações dessa natureza provoca as práticas de justiça funcionarem através da gestão entre o legal e o ilegal (DAS, POOLE, 2004).

Ressaltar a importância de relativizar a visão antes citada, não significa desconsiderar que há caminhos trilhados por pessoas e casais para constituir famílias por meio da adoção, que sejam ilegais. No entanto, uma das contribuições da antropologia para o direito formal é ampliar a possibilidade de compreensão das pluralidades de regulações e produções de relações de família e de parentesco.

2.4. À GUISA DE UMA CONCLUSÃO

As relações de parentesco e de família vem se transformando em contexto contemporâneo. Isso produz efeitos nas práticas jurídicas e nas práticas adotivas. As representações sociais e culturais sobre as crianças e as famílias sofreram transformações a partir dos anos de 1950 em cenário ocidental (LAURENCE CHARTON, DENISE LEMIEUX E FRANÇOISE-ROMAINE OUELLETTE. 2017). Houve a secularização de valores, a individualização e autonomização dos sujeitos e de seus direitos, assim como alteração dos projetos parentais e do imperativo de reprodução. Ter um filho deixa de ser uma prescrição moral cujo maior peso incidia sobre o universo feminino e é tornado uma escolha pessoal. A partir desse cenário a chegada de uma criança em uma família, seja pela via biológica ou adotiva, resulta não só de casamento, de uma escolha de um casal hete-roparental, mas pode ocorrer em razão de um desejo de pessoas sozinhas, pessoas transexuais ou de um casal do mesmo sexo de tornarem-se pais e mães.

Segundo Johson (2000), ao refletir sobre as razões do divórcio e de novos arranjos conjugais nos EUA após anos de 1980, reflete que o univer-so ocidental no que concerne aos arranjos familiares, tornou-se efeito da passagem de valores sociocêntricos para os egocêntricos. Ou seja, a cons-tituição das famílias passou a resultar não de prescrições de alianças, mas do status opcional do casamento, das transformações das relações entre os gêneros e da alternância de sentidos sobre o lugar da filiação.

De acordo com Fonseca (2004), a popularização da pílula anticoncep-cional, na década de 1960, e sua consequente promoção de ruptura entre sexualidade/reprodução, as novas tecnologias reprodutivas e a possibili-dade de mudança de gênero foram fatos que contribuíram para a alteras ção da visão ocidental sobre laços biológicos, família e parentesco. Nesse contexto, a biologia deixa de ser vista como um dado bruto ou anterior à cultura, ao mesmo tempo em que não é mais entendida como uma força que opera a partir de uma suposta natureza dada ou fixa.

No entanto, segundo a mesma autora, esse cenário é circunscrito por um paradoxo no que diz respeito à visão sobre elos biológicos e parentes-co. Ao mesmo tempo em que aumentam as intervenções sobre o corpo e as percepções acerca da importância das ações humanas na constituição da parentalidade, ocorre a disseminação da ideia de que parentesco é bio-lógico/genético. Neste contexto os exames de DNA surgem como meca-nismos científicos de demonstração empírica desta assertiva.

Assim sendo, todos esses fenômenos provocaram transformações nos modelos de famílias e nas relações entre os gêneros. A mecanização da reprodução humana possibilitou, por exemplo, que pessoas "inférteis" e mulheres virgens exercessem a parentalidade. A assistência médica tor-nou a vontade de ter filhos uma exigência fundamental a ser satisfeita por meio de terapias reprodutivas nem sempre "bem-sucedidas", que nem sempre resultam na esperada prole.

Salvo diferenças espaço-temporais algumas dessas transformações se fizeram presentes em contexto brasileiro, produzindo reflexos sobre as práticas adotivas. Em cenário nacional há pessoas sozinhas e há casais compostos por pessoas transexuais, por sujeitos de mesmo sexo e de sexo distinto que por algum motivo resolveram adotar. Assim como há as pes-soas que filiaram meninos e meninas, sem ter construído previamente a vontade de constituir uma família.

As ponderações antes citadas visam apontar que o direito, em sua prática, está sendo chamado a se pronunciar sobre essa série de arranjos. Uma vez que as relações sociais mudam mais rapidamente do que as leis, em sua prática, os profissionais são convocados a decidir sobre questões polêmicas, como por exemplo: O que é família? Quem pode constituir família? Como se configuram relações de parentesco? O que pode ser considerado adoção?

Há que ser considerado que a antropologia pode contribuir com este debate, por meio de suas pesquisas etnográficas, capazes de ressaltar os limites do dogmatismo jurídico. Com seu olhar relativista, sua crítica ao universalismo e ao etnocentrismo, a antropologia pode contribuir para que os profissionais da referida área problematizem tais "questões" entendendo que existem múltiplos contextos culturais e sociais que lhes dão sentido.

2.5. REFERÊNCIAS BIBLIOGRÁFICAS

ABREU, D. *No bico da cegonha: Histórias de adoção e da adoção internacional no Brasil*. Rio de Janeiro: Relume Dumará, 2002

BRASIL Lei. 8.069, DE 13 DE JULHO DE 1990. *Estatuto da Criança e do Adolescente*, 1990.

BRASIL, Lei. 12.010, de 29 de julho de 2009. *Dispõe sobre a Adoção*, 2009.

BRASIL. Lei nº 13.509, de 22 de novembro de 2017. *Dispõe sobre adoção e altera a Lei nº 8.069, de 13 de julho de 1990 (Estatuto da Criança e do Adolescente)*, 2017.

BRASIL. CONSELHO NACIONAL DE JUSTIÇA. *Diagnóstico sobre o Sistema Nacional de Adoção e Acolhimen*to. Brasília, 2020.

BITTENCOURT, Sávio. *A nova Lei de Adoção: do abandono à garantia do direito à convivência familiar e comunitária*. Rio de Janeiro: Editora Lúmen Juris, 2010.

CARDOSO DE OLIVEIRA, Riberto; GROSSO, MIRIAM GOSSI. LINS RIBEIRO, Gustavo. Introdução. In: SOUZA LIMA, Antônio Carlos. Antropologia e direito: temas antropológicos para estudos jurídicos. Rio de Janeiro/ Brasília: Contracapa/LACED/ ABA, 2012.

COLAÇO, Thais; DAMÁZIO, Eloise da Silveira. *Novas perspectivas para a antropologia jurídica na América Latina: o direito e o pensamento decolonial*. Florianópolis: Fundação Boiteux, 2012.

CLIFFORD, James; MARCUS, George. *A escrita da cultura: poética e política da etnografia. Tradução de Maria Claudia Coelho.* Rio de Janeiro: Papéis Selvagens, EdUFRJ, 2016.

CHARTON, Laurance; LEMIEUX; Denise;OUELLETTE; Françoise-Romaine "Lé désir d´enfant explores à travers les pratique de nomination". *Antropologie et Societés*, vol. 41, nº 2, p. 157-173, 2017.

CHARTON, Laurance; LÉVY, Joseph "Présentatin: désir d´enfant et désir de transmission: quelles influences sur la formation des familles". *Antropologie et Societés,* vol 41, nº 2, p. 9-37, 2017.

DAS, Veena; POOLE, Deborah. *State and Its Margins*. Comparative Ethnographies. In: DAS, V.; POOLE, D. (Org.). Anthropology in the Margins of the State. Santa Fé: School of American Research Press, 2004.

FAVRET-SAADA, Jeanne Ser afetado. *Cadernos de Campo*, nº 13, ano 14, São Paulo: USP, 155-161, 2005.

FERREIRA, Letícia; LOWENKRON, Laura. *Etnografia de documentos Pesquisas antropológicas entre papéis, carimbos e burocracias*. Rio de Janeiro: E-papers, 2020.

FONSECA, Claudia. Lucro, cuidado e parentesco: Traçando os limites do "tráfico" de crianças. *Civitas-Revista de Ciências Sociais*, v. 13, p. 269-291, 2013.

FONSECA, Cláudia. *Criança, família e desigualdade social no Brasil*. A criança no Brasil hoje: desafio para o terceiro milênio, v. 1, p. 113-131, 1993.

FONSECA, Cláudia. A certeza que pariu a dúvida: paternidade e DNA. *Revista Estudos Feministas*, Rio de Janeiro, v. 12, n. 2, p. 13-34, 2004.

GEERTZ, Clifford. *O saber local: novos ensaios de antropologia interpretativa*. Petrópolis, Vozes, 2001.

JOHNSON, C. (2000). La réorganisation de la parenté aux États-Unis après le divorce et le remariage. *Anthropologie et Sociétés*, Vol. 24, nº 3, p. 93-114, 2000.

KANT DE LIMA, Roberto. Antropologia Jurídica. In: SOUZA LIMA, Antônio Carlos. *Antropologia e direito: temas antropológicos para estudos jurídicos*. Rio de Janeiro/ Brasília: Contracapa/LACED/ ABA, 2012.

MALINOWSKI, Bronislaw. *Argonautas do pacifico ocidental*: Um relato do empreendimento e da aventura dos nativos nos arquipélagos da Nova Guiné melanesia. São Paulo: Abril Cultural, 1976.

OUELLETTE, Françoise-Romaine. Parenté et adoption. *Sociétés Contemporaines, n.* 38, p. 49-65, 2000.

PEIRANO, Mariza. Etnografia não é método. *Horizontes Antropológicos, Porto* Alegre, ano 20, n. 42, p. 377-391, jul./dez. 2014.

RINALDI, Alessandra de Andrade. Adoção: políticas para a infância e juventude no Brasil?. *Sexualidad, Salud y Sociedad* (Rio de Janeiro), p. 273-294, 2019.

RINALDI, Alessandra de Andrade. A nova cultura da adoção o papel pedagógico dos Grupos de Apoio à Adoção no município do Rio de Janeiro. *Jurispoiesis*, Rio de Janeiro, v. 13, p. 13-37, 2010.

RINALDI, Alessandra de Andrade.. Novos arranjos familiares e os múltiplos sentidos da adoção. Resumo. *ANTROPOLÍTICA: REVISTA CONTEMPORÂNEA DE ANTROPOLOGIA*, v. 43, p. 101-129, 2017.

RINALDI, Alessandra de Andrade.; COITINHO FILHO, Ricardo Andrade.; SOUZA, Juliana Borges.; SOUZA, Camila. Cristina. Experiências maternais de Geni: a trajetória de uma mulher transexual e sua relação com a Justiça da Infância e Juventude. *HORIZONTES ANTROPOLÓGICOS (UFRGS. IMPRESSO)*, 2021.

RUDE-ANTOINE, Edwige; CHRÉTIEN-VERNICOS, Geniève. *Anthropologie et droits*. État des savoirs et orientations contemporarine. Paaris. Éditions Dalloz, 2009.

SCHUCH, Patrice. *Práticas de justiça*: antropologia dos modos de governo da infância e juventude no contexto pós-ECA. EdUFRGS, 2009.

SCHRITZMEYER, Ana Lúcia Pastore. Introdução. Direito aos Direitos. In: SOUZA LIMA, Antônio Carlos. *Antropologia e direito: temas antropológicos para estudos jurídicos*. Rio de Janeiro/ Brasília: Contracapa/ LACED/ ABA, 2012.

URIARTE, Urpi Montoya. O que é fazer etnografia para os antropólogos. *Ponto Urbe*. Revista do núcleo de antropologia urbana da USP. n. 11, 2012.

VELHO, Gilberto *Individualismo e Cultura*: notas para uma antropologia da sociedade contemporânea, Rio de Janeiro, Jorge Zahar Editor, 1987.

WOLKMER, Antônio Carlos. Pluralismo jurídico: um referencial epistêmico e metodológico na insurgência das teorias no direito. *Revista Direito Práxis*, Rio de Janeiro, V. 10, n. 4, p. 2711-2735. 2019.

3 GRANDES TRADIÇÕES DA SOCIOLOGIA JURÍDICA

DENIS DE CASTRO HALIS[33]

3.1. INTRODUÇÃO: DIREITO COMO FENÔMENO SOCIAL

A "Concepção de direito como fenômeno social" é tema sobre o qual muito se escreveu, mas que ainda envolve certas dificuldades. Por um lado, sublinha-se veementemente que o "direito" não equivale à lei estatal, que ele é produto da sociedade ao mesmo tempo que a regula (informando como ela deve se estruturar). Por outro lado, e para além desse "aparente consenso", é possível encontrar um significativo número de estudantes e profissionais do direito que não consegue articular essas afirmações com suas práticas, esvaziando as potencialidades daquele discurso, que se transforma em mera "retórica". Ou seja, essa afirmação ("o direito é criado pela sociedade ao mesmo tempo que a regula e estrutura") espelha algo que parece ser óbvio e que, por isso, acaba encontrando uma "fácil" aceitação. Entretanto, quais são as efetivas implicações dessa atitude? Quais portas podem ser abertas? Quais são os instrumentais que podem ser acionados em função dessa concepção?

Encarar o direito sob esse prisma significa considerá-lo como algo não acabado, que só existe num processo contínuo de construção e retificação, e que interage, de forma complexa, com variados aspectos e instituições sociais (ideias religiosas, relação de forças entre grupos sociais, valores e padrões sociais majoritários, desigualdades etc.). É exatamente por isso que a análise do chamado "mundo jurídico" não pode alienar-se às considerações das outras ciências, tornando-se um instrumento capaz de averiguar a importância e o papel do direito numa sociedade.

---

33 Prof. do Doutorado e Mestrado em Direito–UNESA/RJ; Professor Associado Externo do Centre for European and Comparative Legal Studies (CECS) da Faculdade de Direito da Universidade de Copenhagen (Dinamarca); Professor convidado do Mestrado em *International Business Law* da Faculdade de Direito da Universidade de Macau (China), onde foi professor concursado por mais de uma década. Foi professor na *Shanghai University of Finance and Economics* e na *Jiaying University* (China). Membro do Conselho Executivo da *Asian Law and Society Association* e do CRN01 da *Law and Society Association*. Doutor em Direito e cursou o doutorado em Sociologia da Universidade de Macau (China); Mestre em Sociologia e Direito/PPGSD-UFF; Pós-Graduado em Filosofia Contemporânea--UERJ; Bacharel em Direito-FND/UFRJ e em Ciências Sociais-UERJ; Licenciado em Ciências Sociais-UERJ; Membro da Comissão de Direito Internacional da OAB-RJ. Entre outras obras, é co-editor do livro *"The BRICS-Lawyers' Guide to Global Cooperation"* (Cambridge University Press) e autor de *Por que Conhecer o Judiciário e os Perfis dos Juízes? O Pragmatismo de Oliver Holmes e a Formação das Decisões Judiciais* (Juruá). Desenvolve atualmente a sua "Teoria do Dissenso".

Essa interação com outros campos do saber, com outras ciências, representa, por exemplo, uma possível utilização de seus dados e teorias. Nesse caso, a ciência jurídica seria não uma suposta "ciência autônoma", mas, sim, uma ciência social de trama mais aberta que, apesar de possuir especificidades, forçosamente dialoga com as demais. Logo, o direito ou seus profissionais poderiam valer-se dos instrumentais proporcionados pela sociologia, pela economia, pela filosofia, pela história, pela psicologia. E, ainda, pela biologia, pela botânica, pela medicina, pela engenharia...

As maneiras pelas quais o direito é formulado, percebido, representado e aplicado produzem consequências sociais, econômicas e políticas mais ou menos variadas. Os chamados "operadores do direito" pertencem, de forma e em posições distintas, à sociedade e possuem, portanto, diferentes visões acerca da realidade. É coerente argumentar que esses profissionais devem trabalhar com o direito – interpretando-o e fazendo certas leituras da realidade –, de forma a potencializar uma função a ser cumprida, que, em linhas gerais, pode ser considerada como sendo a de atingir determinados "fins sociais". Esses "fins sociais" têm de possuir uma íntima relação com alguns valores e princípios mínimos, como aqueles definidos, por exemplo, nas declarações e nos tratados de direitos humanos.[34] Essa relação precisa ser não só formal, mas substancial, concreta. Entende-se, daí, o argumento de que a responsabilidade desses profissionais não se restringe a um exercício teórico-abstrato de aplicação de normas, segundo regras formais baseadas, em tese, em uma "lógica jurídica pura".

Além disso, pode-se argumentar que o aparato de administração judicial, o Judiciário, que, em tese, distribui "justiça" e "soluciona conflitos", não se confunde, automaticamente, com a própria noção de "justiça". Em outras palavras, não se deve identificar o mero funcionamento formal da "máquina judiciária" – e seus produtos – com qualquer concepção de "justiça" que não se restrinja a um viés estritamente formal. Logo, uma concepção de direito como fenômeno social tende a não admitir, por força desse argumento, que uma perspectiva única, de foco formal (ou oficial) da realidade, identifique-se, para efeitos de discussão do "justo", com o próprio "justo". A solução de um conflito chamada de "justa" apenas porque foi a solução produzida por um tribunal só pode ser assim qualificada segundo critérios formais ou procedimentais que não esgotam necessariamente outros critérios existentes que podem pôr à prova a "justiça" daquela decisão específica. Para se alcançar uma noção de justiça que seja aceitável, coerente e ampla, faz-se necessária uma percepção que contemple múltiplas dimensões do direito. É preciso, pois, encarar o direito como algo multidimensional, fruto de uma pluralidade de fatores que interagem.

---

34 Sobre um "mínimo ético" a ser garantido, em especial, quando do processo de aplicação do direito, cf. Edmundo Lima Arruda Jr.; Marcus Fabiano Gonçalves. *Fundamentação ética e hermenêutica – alternativas para o direito*. Florianópolis: CESUSC, 2002.

Vale dizer que, para se ter uma visão refinada do direito, é preciso entender, ao menos, os traços principais de uma sociedade e a correlação de forças entre os diferentes grupos sociais que a formam. No caso da sociedade brasileira, devem-se levar em conta os trabalhos que a apresentam como sendo uma sociedade ou um "universo relacional".[35] O termo relacional justifica-se na medida em que existem identidades sociais precisas em teias de relações sociais nascidas da família, da vizinhança, do apadrinhamento, da amizade, do local de origem, da torcida de futebol... Dependendo da posição que cada um possui nessas "teias", terá mais ou menos privilégios e mais ou menos benefícios e prejuízos na aplicação das leis. Leis que, segundo o discurso oficial, devem, a não ser em casos por elas previstos, tratar a todos de forma igual. Isto é, a vida dos brasileiros é muito mais orientada pelos papéis que cada um ocupa e pelas suas características do que pela identidade geral fabricada pelas leis. Isso pode redundar em choque entre o "impessoal" das leis e as características pessoais que remetem às relações acima mencionadas. Acaba havendo, pois, uma distorção de regras legais universais em nome de relações pessoais, quando da aplicação de tais regras. DaMatta valoriza e analisa, em suas obras, a máxima popular "aos inimigos a lei, aos amigos tudo".[36] Pode-se concluir dizendo que, até hoje, no Brasil, as relações e posições que alguém possui e ocupa talvez valham mais do que os direitos legais formais que esse alguém tem.

Essas ideias fazem pensar que as abordagens de direito que se preocupam apenas com a descrição e a apresentação estática do conjunto de normas estatais que formam um sistema conceitualmente lógico, que ainda parecem ser hegemônicas, podem ser questionadas. E podem ser questionadas até para que se entenda como as disposições estatais funcionam concretamente (ou se não funcionam de todo) e como elas concorrem com outras normas e referenciais sociais.

A perspectiva de **direito como fenômeno social** é primordial, assim, para se poder vislumbrar proposições para novos modelos institucionais de legalidade. Desde os primórdios da cultura jurídica brasileira – quando autoridades de portuguesas fixavam as leis, que visavam unicamente a garantia de seus interesses como metrópole – até hoje, há uma substancial dissociação entre o ordenamento jurídico oficial e a "justiça" informal praticada por grande parcela da população. Existe, portanto, um histórico distanciamento entre nossas práticas sociais, nosso agir cotidiano em sociedade – onde nos relacionamos intersubjetivamente –, e as normas

---

35 Cf., em especial, as obras de Roberto DaMatta, entre elas: *Carnavais, malandros e heróis* (1979), *O que faz o brasil, Brasil?* (1984) e *A casa e a rua* (1997).

36 Cf. nota anterior. Outros traços marcantes do brasileiro, como as questões do "jeitinho" e da "malandragem", são também estudados por DaMatta: "No Brasil (...) entre o 'pode' e o 'não pode', encontramos um 'jeito'" (2000: 100). A "malandragem" passa a configurar uma forma extremamente aceita de se proceder socialmente e, por consequência, debilita as normas formais (oficiais), por um lado, e, por outro, acaba contribuindo para a manutenção destas, mesmo que seja tão somente para existir no "papel".

legais com as quais se pretende determinar e dirigir as condutas dos "indivíduos". Esses "novos modelos de legalidade" precisam incorporar certas fontes não estatais de regras ou, ao menos, não "fechar os olhos" para elas.[37] Uma perspectiva de direito como fenômeno social, cujas linhas gerais são aqui delineadas, preocupa-se com fatores que, apesar de não estarem estritamente vinculados à legislação estatal, interferem na sua interpretação, bem como na compreensão das situações fáticas que envolvem comportamentos concretos e intenções das pessoas.

Diante de um modelo de legalidade estritamente formal, afastado da espontaneidade de uma obra em construção e, em muitos casos, dissonante de necessidades fundamentais das pessoas, podem-se perceber sentimentos contrários às instituições e às leis. Tais sentimentos adquirem o sentido de que "as leis só oprimem" ou de que "as leis nada valem ou valem só para alguns".

O fato é que não faltam teorias que, combinadas com a abordagem normativista (descritiva ou positivista) do direito, poderiam alcançar outros resultados, como sublinhado por Jeremy Bentham (1748-1832), na obra *Uma introdução aos princípios da moral e da legislação*:

O objetivo geral que caracteriza todas as leis – ou que deveria caracterizá-las – consiste em aumentar a felicidade global da coletividade; portanto, visam elas em primeiro lugar a excluir, na medida do possível, tudo o que tende a diminuir tal felicidade, ou seja, tudo o que é pernicioso (1974: 65).

Dessa forma, os efeitos sociais das normas passam a ser objeto de consideração, quando de sua aplicação. Normas essas que já não podem mais ser pensadas como "destacadas" da realidade do mundo em que surgiram. Sustentar esse argumento implica reflexão sob uma lógica de "previsão de probabilidades", cuja base seriam a averiguação e a ponderação dos efeitos prováveis dos diferentes métodos de aplicação das normas.

Na apresentação de algumas das grandes escolas do direito, feita neste capítulo, sinaliza-se para a importância do funcionamento efetivo dos fenômenos que circundam as regras legais estatais. Prefere-se uma abordagem que provoque o reencontro do sistema legal com as realidades sociais, uma vez que não estão de fato separados. Em outras palavras, sistema legal e realidade social não são estranhos entre si, nem são funcionalmente diferenciados, pois o conjunto de normas estatais comunica-se forçosamente com as diferentes estruturas organizacionais da sociedade, como a econômica, a política, a cultural, a afetiva etc.

---

37 Sobre a relação dos "formalismos jurídicos" com a preparação dos futuros profissionais do direito, vale conferir: Delton Ricardo Soares Meirelles, *Cursos jurídicos preparatórios*: "espaço de formação profissional, reflexo da deformação do ensino ou reprodução de ideais corporativos?" 2002. Dissertação (Mestrado). Programa de Pós-graduação em Sociologia e Direito (PPGSD), Universidade Federal Fluminense (UFF), Niterói.

Como parcial conclusão, vale sublinhar que as regras do direito estatal, longe de serem criação arbitrária da vontade estatal ou pura expressão da "racionalidade humana" mais avançada, derivam, primordialmente, das condições sociais e da forma das relações sociais dominantes em certo lugar e em determinada época. Isso independe do reconhecimento dos juristas, não se tratando de predileção por um enfoque analítico, mas sim de um vínculo real existente. Dessa forma, a "ordem", a "paz" e a "harmonia" que esse direito visa instituir em uma sociedade, em determinado momento, são um dos arranjos possíveis de condutas, pessoas e coisas que precisam ser discutidas, postas à prova, questionadas e, por vezes, combatidas.[38]

3.2. JUSNATURALISMO

O "jusnaturalismo", juntamente com o "juspositivismo" (positivismo jurídico), conforma um dos principais paradigmas explicativos do direito. Durante muito tempo, o debate central que dividiu juristas teve como cerne a adesão às doutrinas que defendiam algum modelo de direito natural (jusnaturalismo) ou, de outro lado, que defendiam o direito positivo ("o direito posto") tentando afastá-lo de juízos de valor moral.[39]

O "jusnaturalismo" pode ser compreendido tanto como uma doutrina relacionada às fontes de direito quanto como uma ideologia relativa ao conteúdo do direito. No primeiro caso, ele pode ser "monista" ou "dualista". Monista, quando se afirma que existe um único direito: o direito natural. Dualista, quando admite a possibilidade de um direito positivo que esteja ao lado ou abaixo do direito natural, devendo estar adequado a ele. Com relação ao seu conteúdo, o "jusnaturalismo" associa o direito a uma noção de "justo". Logo, essa abordagem diferencia normas e condutas consideradas justas das consideradas injustas. A ênfase das variadas tendências jusnaturalistas recai sobre o "direito natural", que, por sua vez, possui também uma pluralidade de definições. Em suma, o "jusnaturalismo" acaba por ser uma expressão da predominância do direito natural sobre o direito posto. Max Weber define o direito natural como sendo

> O conjunto das normas vigentes independentemente de qualquer direito positivo e que têm preeminência diante deste, normas que não devem sua dignidade a uma promulgação arbitrária, mas, ao contrário, legitimam o poder compromissório desta. Normas, portanto, que não são legítimas em

---

38 Sobre a questão da justificação da resistência e do combate às leis injustas, vale conferir: José Carlos Buzanello, *Direito de resistência constitucional*. Rio de Janeiro: América Jurídica, 2002.
39 O positivismo jurídico é abordado em seção posterior.

53

> virtude de sua criação por um legislador legítimo, mas sim em virtude de qualidades puramente imanentes (...) (Weber, 1999: 134).

Pode-se dizer que existem, basicamente, três grandes vertentes de direito natural, cada uma preponderando em uma época diferente. A primeira, de caráter teológico ou mágico, identificaria o direito natural como expressão dos desígnios divinos. Nesse caso, a observância das regras de direito seria necessária, uma vez que envolveria a obediência a "Deus" ou a quaisquer entes tidos como "divindades". Uma obra que pode exemplificar essa vertente é a tragédia grega *Antígona*,[40] escrita por Sófocles. Ela trata, em particular, do conflito entre o direito dos homens ("leis da cidade": direito posto por Creonte, rei de Tebas) e o direito divino (formado pelas leis divinas). No diálogo, é dito que as leis divinas são irrevogáveis, pois são eternas, e são elas, portanto, que fundamentam as efêmeras leis terrenas, pois possuem muito mais força (ou, caso se queira, "autoridade").

A segunda vertente pode ser considerada aquela segundo a qual o direito natural advém da natureza, do "cosmo" (universo). As leis naturais seriam as referentes à "forma de ser da natureza". Como exemplo podem-se mencionar as justificativas de Aristóteles para legitimar a escravidão.[41] Aristóteles pergunta o que seria do escravo sem o seu senhor para orientá-lo e tutelá-lo. Ele argumenta que a existência de senhores e escravos faz parte da ordem natural – portanto justa – das coisas. O mesmo argumento foi utilizado em toda espécie de submissão de povos, grupos e pessoas. "Ora", dizem os opressores, "se na natureza existem fortes e fracos, aquele que mata e aquele que é morto, na sociedade, da mesma forma, existem os que nasceram para comandar e serem servidos e os que nasceram para ser comandados e servir". Isto é, caso se obedeça às "leis da natureza", estar-se-á sendo justo. Muitos autores, de todas as inclinações, usaram argumento similar, buscando referendar suas preferências em uma suposta "ordem natural" eterna, *naturalizando* o que era fruto de um período e de um contexto históricos.

Já a terceira modalidade tem como base aquilo que seria específico, essencial ao homem: a razão, a inteligência. O direito natural seria, então, uma demonstração racional de preceitos obteníveis através do exercício metódico da inteligência. Pode-se dizer, por exemplo, que a Declaração dos Direitos do Homem de 1948 é fruto da razão humana visando à convivência harmônica e pacífica entre os povos e as pessoas.

---

40 Diversas são as edições dessa obra cujo título pode também aparecer grifado como *Antígone*, que é, em realidade, uma das personagens da história.

41 Não existe nenhuma obra de Aristóteles especificamente sobre o tema. Há, porém, amplas passagens em vários textos. O tratamento mais pormenorizado aparece no Livro I da *Política (passim)*. 3ª ed. Brasília: UnB, 1997.

Em suma, as doutrinas chamadas de jusnaturalistas são aquelas que esposam alguma concepção de direito natural e seus defensores creem que as normas jurídicas têm que estruturar uma organização das coisas regular e estável (uma ordem) que seja justa. Isto é, deve-se impor e obedecer às regras que sejam justas, classificando as condutas a partir da avaliação de ações como sendo boas ou más, de ações em conformidade ou não com as leis naturais, de sintonia ou dessintonia com uma noção de justiça escolhida.

É novamente Weber quem sugere que a função geral do direito natural é prover uma legitimidade às transformações do ordenamento jurídico e, como tal, é um fator necessário no desenvolvimento do direito. As ordens criadas revolucionariamente são legitimadas (processo de criação de aceitação, de consentimento) especificamente por essa forma de direito. Weber escreve que: "A invocação do 'direito natural' foi sempre de novo a forma em que as classes que se revoltavam contra a ordem existente conferiam legitimidade à sua reivindicação de criação de direito (...)" (1999: 134).

Tomando por base os critérios de distinção entre direito positivo e direito natural propostos por Bobbio (1995: 22-23), é possível perceber que, de modo geral, o direito natural relaciona-se com: um modelo de direito que crê universal, válido para todas as épocas e para todos os lugares; derivado do primeiro critério percebe-se que ele é imutável, independe das mudanças sociais; fontes do direito que não precisam estar formalizadas, "legalizadas". Dependendo da modalidade, a fonte pode ser (I) a(s) vontade(s) divina(s); (II) a natureza; (III) a razão humana; seja ela qual for, prevalecerá sobre o direito posto em caso de conflito; o fato de que ele é "revelado" através da razão, bastando ser "reconhecido"; um objeto que consiste nos comportamentos que são "bons" ou "maus" por si mesmos, independentemente da "rotulação" que as normas de direito positivo estabelecem; critérios de valoração das ações, enunciando aquilo que é bom, correto, equitativo ou justo.

Além dessas características, e com elas articuladas, vale acentuar que os homens possuiriam direitos naturais só por serem homens, isto é, a posse dos direitos é derivada de sua própria essência humana. Por consequência, eles preexistem à sua constatação, existindo, pois, objetivamente. Um sintoma de sua existência objetiva é sua independência dos termos nos quais estão expressos: deve-se obediência não a esses termos, não às formalidades, mas, sim, às "verdades eternas" e imutáveis que podem estar mais ou menos bem expressas.

Muitos autores qualificam as doutrinas jusnaturalistas de "metafísicas" (cf. a seção sobre o positivismo jurídico), sobretudo em função de seus representantes buscarem os chamados "universais", os "absolutos" ou a "essência das coisas". Isto é, a preocupação de muitos jusnaturalistas consiste na procura do "bem", da "verdade", da "justiça", da "virtude". Secundarizam os argumentos de que não existe "O Bem", "A Verdade", mas sim aquilo que é bom ou verdadeiro para uma pessoa e para grupos sociais em um dado momento e em um dado lugar. Ou seja, visões mais "relativistas", mais preocupadas com contingências temporais e espaciais, tendem a escapar de suas abordagens.

3.3. ESCOLA HISTÓRICA

Surgida e difundida na Alemanha entre o fim do século XVIII e o início do XIX, a escola histórica tem como um de seus traços característicos a refutação das abstrações em torno da noção de direito natural. Para seus membros, o direito não é estabelecido arbitrariamente pela vontade dos homens, nem é expressão da vontade divina ou da "Razão". Segundo os expoentes dessa escola, para que se compreenda o que é e como aplicar o direito, é preciso, antes de mais nada, analisar a "realidade histórica" de cada povo.

As bases dessa corrente foram lançadas pelo jurista alemão Gustavo Hugo. Em sua obra *Tratado do direito natural como filosofia do direito positivo*, de 1798, sua preocupação principal consistia na existência ou não de outras fontes do direito para além da lei. Visando obter uma resposta, Hugo debruçou-se sobre diversos processos históricos de formação do direito de vários países. Através desses estudos, ele verificou que o direito de Roma e o *common law* da Inglaterra se formaram com larga independência dos legisladores. Isso sinalizou, em sua interpretação, que o direito, tal como a linguagem, tende a se constituir naturalmente – impulsionado pelas necessidades de comunicação e pelos usos dos povos. Para Hugo, o direito positivo é o "direito posto pelo Estado". Porém, como lembra Bobbio, "(...) para Hugo, 'direito posto pelo Estado' não significa necessária e exclusivamente direito posto pelo legislador (como sustentará o positivismo jurídico no sentido estrito e estreito do termo)" (1995: 46-47).

Apesar da importância de Hugo como precursor dessa corrente, outro jurista alemão é quem é usualmente identificado com a escola histórica: Friedrich Carl von Savigny (1779-1861). No livro *Da vocação do nosso século para a legislação e a jurisprudência*,[42] Savigny propõe que a noção de direito esteja associada a elementos da história de uma sociedade, ao mesmo tempo em que esteja aberta às "leis da evolução" e dependendo da "consciência do povo". Com isso, combateu pretensões de codificação

---

42 Vale conferir alguns trechos dessa obra: F. C. von Savigny, *Da vocação do nosso século para a legislação e a jurisprudência*. In: Clarence Morris (Org.). *Os grandes filósofos do direito: leituras escolhidas em direito*. São Paulo: Martins Fontes, 2002, cap. 12, p. 288-299.

ou de construções de uma ordem jurídica fundada em deduções racionais lógicas.

Outro autor que compartilhou muitas dessas posições foi o alemão Georg Friedrich Puchta (1798-1846). Os argumentos de ambos ganham importância na medida em que distinguem *legislação* de *direito*. O direito envolve tendências, faculdades particulares, convicções comuns, costumes e a consciência de um povo. Há que ter uma ligação do direito com a existência geral de um povo. Ele é formado muito mais por uma convergência de fatores que "operam em silêncio" do que pela vontade arbitrária de um legislador. Já a legislação pode não ser orgânica com o "caráter e a essência do povo" e, portanto, não ser expressão do direito. A legislação "pura e verdadeira" é aquela que deve servir à preservação, complementação e aplicação acurada dos costumes e tendências populares, devendo, pois, ser a "própria vontade do povo". O fato de os costumes serem, para Savigny e Puchta, a expressão autêntica da consciência jurídica de determinado povo implica em sua superioridade em face da lei. Isto é, um costume pode sempre modificar ou revogar uma lei. Para Bobbio, "a escola histórica alemã, em homenagem à ideologia do *Volksgeist*,[43] via no direito consuetudinário o protótipo do direito positivo e, no plano da política legislativa, era decididamente hostil à codificação" (1995: 103-104).

No Brasil, apesar de as lições oficiais afirmarem que uma lei só pode ser revogada por outra lei posterior e ao menos na mesma posição hierárquica (expressa ou implicitamente), fica claro que muitas leis que já não têm muito contato com a realidade social deixam, na prática, de ser aplicadas pelos tribunais. Isso ocorre, porém, através de vários subterfúgios e quase nunca explicitamente.

Aproveitando-se de algumas lições de Bobbio (1995: 51-53), pode-se traçar um sumário dos elementos básicos da escola histórica: a) não existe um único direito (advindo, por exemplo, da razão) que seja igual em todas as épocas e lugares. Isto é, por ser produto histórico, passível da influência de circunstâncias históricas, varia no tempo e no espaço; b) o direito não é fruto de uma ação e de avaliações e cálculos pretensamente racionais, mas origina-se a partir de sentimentos de justiça; c) é preciso desconfiar de inovadoras instituições e novidades jurídicas que se estejam querendo impor, porque significam improvisações nocivas. Ao mesmo tempo, é preciso conservar os ordenamentos existentes, pois já foram postos à prova do tempo; d) revalorizou o antigo direito germânico (anterior à recepção do direito romano na Alemanha), através de estudos promovidos pelos "germanistas" (que se opuseram aos "romanistas"). Era preciso descobrir o direito adequado ao povo alemão e não adotar modelos alienígenas; e)

---

43 "Espírito do povo".

valorizou o costume, forma particular de produção jurídica que expressa uma tradição, formando-se e se transformando por lenta evolução social. Trata-se de fonte espontânea do direito, que nasce diretamente do povo e representa o *"Volksgeist"*

Pode-se dizer, por fim, que foi uma "(...) conquista definitiva da escola histórica a noção do caráter social dos fenômenos jurídicos, com seus dois elementos essenciais: continuidade e transformação" (Lima, 2002: 228). Além disso, "a escola mostrou que os fundamentos do direito se encontram na vida social" (Lima, 2002: 228).

3.4. ESCOLA DA EXEGESE

Trata-se de uma corrente originalmente francesa, estimulada pela promulgação do Código Civil francês (*Code Civil*) de 1804. Esse código, conhecido como "Código de Napoleão", teve grande força, durante quase todo o século XIX, em todos os países que sofreram a influência da codificação francesa, inclusive o Brasil.[44] Seus representantes principais foram Alexandre Duranton (*Curso de direito francês segundo o Código Civil*), Charles Aubry e Frédéric Charles Rau (*Curso de direito civil francês*), Jean Ch. F. Demolombe (*Curso do Código de Napoleão*), Troplong (*O direito civil explicado segundo a ordem dos artigos do Código*) (Bobbio, 1995: 84). Para além das fronteiras da França, a escola da exegese pode ser associada a escolas ou correntes de outros países: o *pandectismo* na Alemanha (no âmbito do direito codificado)[45] e a *jurisprudência analítica* na Inglaterra (no âmbito do *common law*).

O termo "exegese" (do grego *exegesis*) foi emprestado de tradições religiosas de interpretação dos Livros Sagrados (em especial a Bíblia), segundo as quais era preciso "revelar" ou "descobrir" o conteúdo "verdadeiro" das palavras e dos textos divinos. A "exegética" é a parte da teologia que trata da "exegese bíblica". Segundo Christophe Grzegorczyk, é nesse sentido que se fala da exegese judia ou da exegese cretense do Antigo Testamento (1992: 39). Ainda, segundo o mesmo autor, "a escolástica medieval, em particular, elaborou um método próprio de interpretação estritamente literário dos textos bíblicos, e é a esta abordagem que a denominação da escola jurídica homóloga faz alusão"[46] (Grzegorczyk, 1992: 39).

---

44 Sobre a influência e a importância desse Código e da tradição francesa no Brasil, vale conferir: Revista da EMERJ. *1804-2004: Bicentenário do Código Civil Francês*. v. 7, n. 26, 2004. Para maiores informações históricas cf., em especial, o cap. 1 (A escola de exegese) de: Chaïm Perelman. *Lógica jurídica*: nova retórica. São Paulo: Martins Fontes, 1998.

45 Os "pandectistas" resgataram, analisaram e valorizaram as antigas instituições do direito romano, visando extrair determinados conceitos – abstratos – para utilizá-los em diferentes épocas e em diferentes lugares.

46 No original em francês: *"En particulier, la scolastique médiévale a élaboré une métho-*

Os antecedentes dessa modalidade de pensamento podem ser percebidos nos chamados "glossadores" (ou, segundo outros, "glosadores") do direito romano, em especial os da escola de Bolonha dos séculos XI ao XIV (Grzegorczyk, 1992: 39). De modo geral, essa doutrina é identificada com um "literalismo" na aplicação das normas, ou em uma interpretação que se pretende "literalista" ou "normativista". Logo, ela consistiria, acima de tudo, na adoção de uma perspectiva textual ou formalista do direito – que prioriza o texto, a forma da lei. São comentários e explicações *sobre os textos* visando obter o que se julgue como a sua "melhor" interpretação. E daí advém o termo "exegeta", de certa forma usual em nosso país, como aquele que faz a exegese. Essa escola conformaria, pois, uma espécie de abordagem que desprestigia uma noção multidimensional do direito, que o entenda como obra em construção contínua. Logo, seus adeptos negam a existência de lacunas no ordenamento jurídico – até porque o silêncio do legislador é sinônimo de sua vontade expressa de regular negativamente (ou não regular) certo tipo de caso (Grzegorczyk, 1992: 40).

A exegese francesa constitui uma corrente essencialmente metodológica – valorizando a aplicação e a observância de determinados "protocolos" e utilizando métodos "científicos" (ou, em certo sentido, "positivos") nos esforços de interpretação e aplicação dos textos normativos. Vale destacar alguns comentários de Chaïm Perelman:

Vimos a propósito da Escola da exegese, como, sob a influência do racionalismo moderno, o direito foi assimilado a um sistema dedutivo, nos moldes dos sistemas axiomáticos da geometria ou da aritmética. Os defensores do positivismo jurídico, tal como se manifestou na Escola da exegese, opõem-se aos partidários do direito natural e da jurisprudência universal, porque os axiomas nos quais fundam sua dedução não são racionais, válidos sempre e em qualquer lugar, mas encontram-se nos textos legais, expressão da vontade do legislador (Perelman, 1998: 69).

Há que se destacar, porém, o argumento de Grzegorczyk de que nessa escola o apego ao texto das leis é, por vezes, suavizado na medida em que se pode modificar o "sentido literal das palavras", readaptando-o às exigências da vida social, em nome da vontade do legislador histórico (1992: 40). Dessa forma, acaba ocorrendo, de fato, uma variação entre dois postulados: a fidelidade ao texto e a fidelidade à vontade do legislador – cada um autorizando o emprego de métodos interpretativos diferentes (1992: 40). E isso não deve ser percebido como um dilema, tendo em vista que o texto legal nada mais é (ou deveria ser) que expressão da vontade do legislador.

---

de propre de l'interprétation strictement littérale des textes bibliques, et c'est à cette approche que fait directement allusion la dénomination de l'École juridique homologue" (Grzegorczyk, 1992: 39).

Esse artifício foi sendo cada vez mais utilizado, à medida que o *Code Civil* foi envelhecendo. Assim, para que não houvesse uma "traição" ao Código por parte de seus defensores, simultaneamente a uma tentativa de "salvá-lo", foram criadas técnicas interpretativas ditas científicas, visando "(...) escamotear totalmente o sentido inicial das disposições legislativas em benefício de sua adaptação às novas realidades sociais"[47] (Grzegorczyk, 1992: 40). Grzegorczyk escreve que o fundamento dessa corrente passa a ser muito menos "racionalista" e muito mais "emocional", e que as afirmações acerca da completude e da perfeição do código não passaram, pois, de afirmações retóricas "maquiadoras" (1992: 40).

O declínio dessa escola, em especial após as críticas da "livre pesquisa (*libre recherche*) do direito pelo juiz", de François Geny, de forma alguma pode ser considerado total. A ainda hoje forte crença e a defesa dos métodos lógico-linguísticos, silogísticos, dedutivos e textuais de interpretação, bem como o suposto caráter sistemático do ordenamento jurídico, são sintomáticos dessa afirmação.

3.5. POSITIVISMO JURÍDICO

Os chamados *"positivistas jurídicos"* são usualmente apresentados como defensores da noção de direito como um conjunto de normas coerentemente ordenadas, de forma que inexistam divergências e contradições internas (antinomias), sendo essas regras afastadas de considerações morais, pois, em princípio, de caráter estritamente lógico-formal ou de "direito puro" (sem considerações externas ao direito instituído). Contrapõem-se aos defensores de um direito natural (sob qualquer forma).

É preciso registrar, porém, que o termo "positivismo" tornou-se um rótulo muito utilizado, sem que esteja, entretanto, acompanhado de uma qualificação ou especificação mais rigorosa. Isso acarreta a utilização um tanto "fluida" e genérica da expressão. Criticando o modo indiscriminado de utilização desse termo, Giddens termina por dizer: "Nos últimos anos, 'positivismo' tornou-se antes uma expressão ofensiva do que um termo técnico de filosofia" (1998: 167).

Por outro lado, muitos teóricos tendem a "pessoalizar" o termo, fazendo parecer que há apenas *uma* modalidade de positivismo, um só entendimento ou uma só compreensão possível dele. Isso pode ser exemplificado em numerosos trechos de livros, onde se lê: "*o positivismo*" impede isso, promove aquilo etc. Com efeito, pode-se objetar que são *os teóricos* – ou *alguns* teóricos – ditos positivistas que, talvez, "impeçam", "promovam", "dogmatizem" etc. O cuidado metodológico que é aqui sublinhado envol-

---

47 No original em francês: "(...) *escamoter totalmente le sens initial des dispositions législatives au profit de leur adaptation aux nouvelles réalités sociales*".

ve o receio de que não se percebam eventuais nuances em "*o positivismo*" – tornado algo por excessivamente abstrato. No campo do direito, por exemplo, vários autores são considerados positivistas: John Austin, Hans Kelsen, Herbert Hart, entre outros. Isso conforme uma classificação que parece ser mais pacífica entre os doutrinadores. Pode-se perceber, porém, marcadas distinções entre todos eles. Isso justifica a utilização da expressão "movimento do positivismo jurídico", uma vez que que vários autores, de diferentes correntes, possuem traços "positivistas", esposando algumas vezes, porém, ideias muito heterogêneas.[48] Com uma visão semelhante, Grzegorczyk acredita que o "positivismo" não é tanto uma corrente do direito, mas muito mais um componente de certas teorias do direito: componente cuja intensidade pode ser muito variável (1992: 33). Logo, o que se propõe em primeiro lugar é a apresentação de alguns caracteres que seriam específicos e comuns a essa vertente usualmente dita "positivista".

Inicialmente, deve-se reiterar a advertência de Bobbio de que o "positivismo jurídico" é anterior ao positivismo filosófico (1995: 15). Segundo esse autor, "a expressão 'positivismo jurídico' deriva da locução *direito positivo* contraposta àquela de *direito natural*" (1995: 15). Isto é, o positivismo jurídico tem, em sua origem, maior relação com a noção de direito positivo (entendido como regras postas, quer esteja escrito ou não) do que com a concepção de Augusto Comte (1798-1857) – usualmente apresentado como o "pai" do positivismo. Serve, sobretudo, para diferenciar os autores que privilegiam o "direito positivo" daqueles outros que priorizam alguma versão de "direito natural".

É possível argumentar, no entanto, que é a partir da valorização da ciência, em especial no período histórico que se chama de "modernidade", que os variados "positivismos jurídicos", tal como são entendidos hoje, ganham força. Comte foi um dos protagonistas dessa época, e muito influenciou os pensadores que o sucederam.

Segundo o próprio Comte,[49] "positivo" é tudo aquilo que envolva: o real *versus* a quimera imaginada; o preciso *versus* o vago; o útil *versus* o supérfluo; o relativo *versus* o absoluto; e algo próximo do qual há pretensão de certeza *versus* aquilo em face de que há indecisão (Habermas, 1982: 95). Assim, "a contraposição do fatual ao meramente quimérico fornece o critério para uma separação rigorosa entre ciência e metafísica" (Habermas, 1982: 95). Nesse aspecto, o importante para Comte é o dever de excluir do objeto da ciência os "mistérios insondáveis", uma vez que são indecifráveis – ao menos enquanto não houver recursos ou um instrumental de investigação apropriado. Dessa forma,

---

48 Bobbio (1995) refere-se ao positivismo como um movimento. Além disso, acentua que "(...) é necessário não considerar esse movimento como um bloco monolítico, mas distinguir nele alguns aspectos fundamentalmente diferentes" (1995: 233).

49 A. Comte, *Cours de philosophie positive*. 2ª ed. Paris, 1964, t. IV, p. 360 et seq.

Limitando a esfera do objeto de uma análise científica possível aos "fatos", o positivismo pretende eliminar questionamentos carentes de sentido pelo fato de serem indecifráveis. (...) Fato é considerado tudo aquilo que pode vir a ser objeto de uma ciência rigorosa (Habermas, 1982: 95).

Em outras palavras, os "questionamentos carentes de sentido" são os "mistérios insondáveis", que são, por sua vez, as reflexões metafísicas sobre os "absolutos" ou "essências".

A filosofia de Augusto Comte tem origem em uma tentativa de "purificar" as modalidades de criação e admissão do conhecimento – que, como visto, acaba por se reduzir ao conhecimento tido como científico.[50] Comte cria, ou aprofunda, uma divisão entre conhecimentos provenientes de distintas fontes. O que passa a ser de interesse do cientista é aquele conhecimento que seguiu determinados parâmetros normativos predeterminados: denominados "científicos".

Habermas (1982) critica a pouca importância dada por Comte *ao sentido do conhecimento*, uma vez que, na base desse "cientificismo" (em que o conhecimento tido como científico tem primazia), encontra-se a crença de que é possível **descrever objetivamente a realidade,** isto é, sem qualquer significativa intervenção ou influência pessoal dos sujeitos. Dada essa crença ou pressuposto – de que é possível descrever objetivamente a realidade –, a ênfase "positivista" acaba por recair sobre questões metodológicas: *o conhecimento científico é aquele que observa um "protocolo científico" previamente determinado. É o conhecimento como um "modelo de armar", cujos "componentes" ou "elementos" têm de, necessariamente, estar ajustados uns aos outros.*

Vários desses aspectos do "positivismo" tiveram forte influência no campo do direito. Em primeiro lugar, os "positivistas do direito" acentuaram que era impossível demonstrar cientificamente a existência de um direito natural. Eles acabam por negar, portanto, a existência ou a validade de outro direito que não o direito positivo, que precisa ser descrito. Isso corresponde à tese da completude ou exaustividade do direito positivo (o direito positivo bastaria a si mesmo, não havendo necessidade de se recorrer a fatores extralegais). Isso converge, ainda, com os seus esforços na refutação de argumentos metafísicos (busca de absolutos, da essência das coisas) para o estudo do direito. Um conhecimento que não pudesse ser comprovado e demonstrado seria por demais impreciso e tornar-se-ia refém de especulações subjetivas. Uma teoria do direito "sufocada" no relativismo das subjetividades redundaria em pouca exatidão, confusão e variação arbitrária na sua aplicação, acabando com as expectativas em torno daquilo que se pode ou não fazer. Por consequência, não existiria

---

50 No campo do direito, Hans Kelsen vai falar, um pouco mais tarde, em *teoria pura do direito*, como será visto mais à frente.

segurança jurídica, uma vez que não haveria certeza sobre as normas a serem aplicadas e sobre as condutas a serem punidas ou louvadas. De modo geral, pode-se argumentar, portanto, que os "positivistas" diferenciam a noção de direito da noção de ciência do direito, priorizando esta última. Perelman reforça esses pontos ao dizer que:

> O positivismo jurídico, oposto a qualquer teoria do direito natural, associado ao positivismo filosófico, negador de qualquer filosofia dos valores, foi a ideologia democrática dominante no Ocidente até o fim da Segunda Guerra Mundial. Elimina do direito qualquer referência a valores, procurando modelar tanto o direito como a filosofia pelas ciências, consideradas objetivas e impessoais e das quais compete eliminar tudo o que é subjetivo, portanto arbitrário (Perelman, 1998: 91).

Com base em Bobbio (1995), pode-se dizer que três são os traços principais do que se pode considerar como positivismo jurídico. O primeiro se refere ao positivismo como uma perspectiva, um método de abordagem científico (ou positivo) do direito inspirado nos modelos das ciências da natureza. Em segundo lugar, o positivismo envolve uma teoria do direito segundo a qual o este é um conjunto de normas coativas advindas e garantidas pelo Estado através de sanções. Por fim, o positivismo seria uma ideologia segundo a qual o direito posto é justo (até porque não existe critério objetivo de justiça) e deve, portanto, ser obedecido.

Com relação aos chamados positivistas,[51] suas ênfases encontram-se muito mais associadas às realidades normativas, ou às normas consolidadas percebidas como válidas,[52] sejam elas escritas ou não, cumpridas ou não. Daí uma das razões de seu rótulo usual como "mantenedores da ordem posta". O direito positivo, objeto de suas análises, seria a expressão da vontade de uma autoridade competente,[53] qualquer que seja o seu conteúdo normativo.

A lógica analítica e descritiva é, entre eles, a predominante, ou mesmo a única. Em suas abordagens, eles se preocupam com o *dever ser*, com aquilo que *deveria* ocorrer *em consonância com* disposições normativas *formalmente* válidas. As formas e os procedimentos formais previstos nas *normas* têm grande centralidade em suas concepções. Podem-se, pois, chamar de positivistas jurídicos os autores que fundaram suas teorias

---

51 Para um panorama dos vários "positivistas jurídicos", cf.: Bobbio (1995).

52 "Válidas", uma vez consideradas pertencentes a um ordenamento sistemático-formal, e que tenham sido criadas observando um protocolo prévio, cujo objeto específico é o de definir o caminho pelo qual as normas ingressam e são reconhecidas como pertencentes a esse sistema. Kelsen (1998) chama a ciência do direito de ciência normativa, ou de ciência do direito positivo.

53 Competente no sentido de que a autoridade age em sintonia com as regras que especificam e, portanto, delimitam suas funções, seu poder.

com base em pressupostos metodológicos positivistas, como a neutralidade axiológica, a objetividade, a sistematicidade, a exatidão, a busca da certeza e da previsibilidade.[54]

John Austin (1790-1859), por exemplo, foi o fundador da "escola da jurisprudência analítica". Seguindo Hobbes, de certo modo, Austin refere-se ao direito positivo como *o comando do soberano*. Sua única obra foi *A determinação do campo da jurisprudência*.[55] Seu maior esforço consistiu na tentativa de elaborar uma "jurisprudência ordenada", uma "filosofia do direito positivo", visando minimizar a incerteza do *common law*. Segundo Bobbio, Austin "(...) via na lei (isto é, na ordem emanada do soberano) a forma típica do direito e o fundamento último de toda norma jurídica e, no plano da política legislativa, era defensor convicto da reforma do direito através da legislação (...)" (1995: 104).

Entre os autores considerados positivistas, o austríaco Hans Kelsen (1881-1973) foi quem ganhou maior destaque no Brasil. Para aquele que é muitas vezes considerado o maior expoente do "positivismo jurídico", a tarefa do jurista-filósofo consistiria na elaboração de uma *teoria do jurídico*, entendida tão somente como uma *descrição vinculada às prescrições do direito positivo*. Na sua obra principal, *Teoria pura do direito*, ele se esforça em livrar a *ciência* jurídica das imprecisões, da opacidade, da incerteza e da subjetividade. Em suma: da poluição por "impurezas" filosóficas, sociológicas, históricas etc. Tais "impurezas" precisam ser estudadas pelo filósofo, pelo sociólogo e pelo historiador, e não deixam de ser importantes: só não cabem, porém, no campo de estudo do "cientista jurídico".

Uma vez apropriada direta e superficialmente, a concepção de Kelsen pode respaldar visões de autonomia intocável do direito, de um mundo jurídico que existe à parte do "mundo da vida", o que pode levar à ausência de responsabilidade e indiferença por parte dos aplicadores da lei. Isso pode se justificar pelo argumento de Kelsen segundo o qual ética e ciência jurídica estão em províncias distintas. Ele pretendeu elaborar um conhecimento científico do direito positivo, respaldando-se no positivismo filosófico ou cientificismo de Comte. Os conceitos de "direito" e de "moral" envolvem, para ele, sistemas de normas distintos. Kelsen acentua que:

---

54 Para maiores comentários acerca dos pressupostos metodológicos positivistas, cf.: Michael Löwy. *As aventuras de Karl Marx contra o Barão de Munchhausen*: marxismo e positivismo na sociologia do conhecimento. 5ª ed. São Paulo: Busca Vida, 1991 [1987]. Para outra apresentação de alguns fundamentos do positivismo, além de seus desdobramentos no campo da política, em especial no Brasil, cf.: Roberto da Silva Fragale Filho. *A aventura política positivista*: um projeto republicano de tutela. São Paulo: LTr, 1998. Para esse autor, "o século XIX conheceu no positivismo uma vigorosa resposta à filosofia kantiana, uma resposta previsível e inevitável diante do exagero metafísico que insistia em se apresentar como 'os prolegômenos de toda a metafísica futura'" (1988: 15).

55 No original em inglês: *The province of jurisprudence determined*. Para maiores informações sobre Austin, cf. o cap. IV, em especial p. 101-118, de Bobbio (1995).

A necessidade de distinguir o Direito da Moral e a ciência jurídica da Ética significa que, do ponto de vista de um conhecimento científico do Direito positivo, a legitimação deste por uma ordem moral distinta da ordem jurídica é irrelevante, pois **a ciência jurídica não tem de aprovar ou desaprovar o seu objeto, mas apenas tem de o conhecer e descrever**. (...) a tarefa da ciência jurídica não é de forma alguma uma valoração ou apreciação do seu objeto, mas **uma descrição do mesmo alheia a valores** (*wertfreie*) [sem grifos no original] (Kelsen, 1998: 77).

Nessa passagem, fica claro o esforço de Kelsen na elaboração de um modelo de ciência jurídica "formalista", referente à *análise da estrutura formal do direito positivo*. No modelo kelseniano, "a ciência jurídica apenas pode descrever o direito; ela não pode, como o Direito produzido pela autoridade jurídica (através de normas gerais ou individuais), *prescrever* seja o que for" (Kelsen, 1998: 82). Por fim, Kelsen arremata: "Com efeito, a ciência jurídica não tem de legitimar o Direito, não tem por forma alguma de justificar – quer através de uma Moral absoluta, quer através de uma Moral relativa – a ordem normativa que lhe compete – tão somente – conhecer e descrever" (1998: 78).

Herbert L. A. Hart, também classificado como positivista, concorda com esse ponto. Em seu artigo *Positivismo e a separação do direito e da moral* (1958),[56] Hart insiste sobre a pertinência da distinção entre aquilo que o direito é e aquilo que o intérprete crê que ele *deveria ser*.

Não obstante esses esforços de busca de objetividade, o próprio Kelsen (1995) trata o ato judicial como um estágio do processo criador do direito. É "(...) um processo de individualização e concretização constante e crescente" (1995: 139). Sobre a função judicial, ele acentua que:

> Essa função não tem, de modo algum, como às vezes se supõe, um caráter meramente declaratório. Contrariamente ao que às vezes se afirma, o tribunal não formula apenas um Direito já existente. Ele não "busca" e "acha" apenas o Direito que existe antes da decisão, não pronuncia meramente o direito que existe, pronto e acabado, antes do pronunciamento. Tanto ao estabelecer a presença das condições quanto ao estipular a sanção, a decisão judicial tem um caráter constitutivo. A decisão, é verdade, aplica uma norma geral preexistente na qual certa consequência é vinculada a certas condições. Mas a existência das condições concretas em conexão com as consequências concretas é, no caso concreto, estabelecida primeiro pela decisão do tribunal. Apenas o preconceito,

---

56 No original em inglês: *Positivism and the separation of law and morals.*

> característico da jurisprudência da Europa Continental, de que o Direito é, por definição, apenas normas gerais, apenas a identificação errônea do direito com as regras gerais do Direito estatutário e consuetudinário, poderiam obscurecer o fato de que a decisão judicial continua o processo criador de Direito, da esfera do geral e abstrato para a esfera do individual e concreto (Kelsen, 1995: 139).

Em vários outros momentos, Kelsen também sinaliza para o fato de que existe um diálogo inevitável entre normas legais e contexto social ou subjetividade dos intérpretes:

> (...) por mais detalhada que tente ser a norma geral, a norma individual criada pela decisão judicial irá sempre acrescentar algo novo. (...) O juiz, portanto, é sempre um legislador também no sentido de que o conteúdo da decisão nunca pode ser completamente determinado pela norma preexistente de Direito substantivo (Kelsen, 1995: 149).

E os tribunais não criam apenas normas individuais: "A função criadora de Direito dos tribunais é especialmente manifesta quando a decisão judicial tem o caráter de um precedente, ou seja, quando a decisão judicial cria uma norma geral" (Kelsen, 1995: 152).

Deve-se dizer, por fim, que na busca por seus propósitos, Kelsen acabou por se debruçar sobre como as coisas deveriam ocorrer à luz da legislação, em vez de focar em sua ocorrência concreta. Isto é, enfatizou o dever-ser prescrito pelas normas (se A mata, A deve ir para a cadeia segundo o Código Penal), em detrimento do que efetivamente acontece (se A mata, A irá para a cadeia se, por exemplo, não tiver dinheiro para um bom advogado[57]). Essa era a sua intenção. A suficiência dela, relativa às

---

57 No Brasil, isso é comprovado por variadas pesquisas, cujo objeto são as discrepâncias nos julgamentos dos tribunais envolvendo, por exemplo, pessoas ricas/pobres, negras/brancas etc. O sociólogo Sérgio Adorno empreendeu algumas importantes análises, cf.: Adorno (1991) & (1994). Nesses trabalhos, ele reuniu dados e argumentos visando comprovar uma desigual distribuição de sanções punitivas. Em uma entrevista, Adorno apresenta um sumário dos dados obtidos nos seus estudos, entre eles: a) 98% dos condenados são pessoas que não puderam pagar um advogado (baseado num censo penitenciário); b) baseado num acompanhamento dos processos julgados entre 1984 e 1988 de um fórum do bairro da Penha, SP, chegou aos seguintes dados: apesar de os negros representarem 24% da população, eles participam com 48% das condenações; os nordestinos, que são 18% da população, respondem por 27% das condenações; já os chamados "biscateiros", ou "cidadãos sem profissão" ou "pessoas com ocupação mal definida" que são 5% da população, representam 35% dos condenados; c) em outra pesquisa, com universo de 500 processos criminais (de 1990) da cidade de São Paulo, os dados levantados são: 27% dos brancos respondem ao processo em liberdade, ao passo que 15% dos negros conseguem o mesmo; conclui, com base no conjunto das informações, que não existe igualdade de direitos entre negros e brancos, pois, mesmo que os primeiros usem exatamente os mesmos direitos que os brancos, o resultado não é igual. 27% dos negros com advogados são absolvidos, enquanto os brancos com advogados alcançam um percentual de absolvição

demandas e desafios que profissionais, estudiosos e população possuem, configura outro debate.

3.6. ÉMILE DURKHEIM

Considerado por muitos como o "pai" da sociologia jurídica propriamente dita, Émile Durkheim (1858-1917) inquietou-se particularmente com o problema da integração e coesão social. A preocupação principal desse francês, natural de Épinal e "herdeiro intelectual" de muitas das ideias de Augusto Comte, consistia nos modos pelos quais um conjunto de pessoas pode chegar a um consenso, vindo a constituir uma sociedade.

Em todas as suas obras, pode-se perceber o alinhamento aos padrões científicos de racionalidade de sua época. Fruto de seu tempo, Durkheim acreditava que era preciso ter "medidas" para demonstrar ou mensurar as teorias. Tinha por objetivo metodológico estender o racionalismo das outras ciências (rotuladas como "naturais") para as ciências cujo objeto seria a *conduta humana* em suas diferentes facetas (o que se pode chamar de "ciências humanas").

Por meio de ideias claras e distintas, aplicadas metodicamente através da divisão do trabalho intelectual-acadêmico, à procura de leis que fossem expressões precisas de relações empiricamente descobertas entre os indivíduos organizados, sua obra encaminhou-se no sentido de demonstrar a possibilidade de uma *ciência objetiva da sociedade*.

O cerne de suas teses passa pela relação entre o indivíduo e o grupo (formas de interação e sociabilidade) e pela importância da regulação da vida social por regras morais.

Segundo Durkheim, a explicação dos fenômenos sociais deve ser buscada no meio social e não nos indivíduos tomados isoladamente. Seu foco analítico parte de uma concepção coletivista, centrada na sociedade. Para ele, o indivíduo não vem historicamente em primeiro lugar. É o indivíduo que "nasce" da sociedade, e não esta que nasce daquele. Só o meio social – imperativo, exterior e anterior às consciências individuais – é relevante frente à existência de cada indivíduo, já que é ali que a interação das pessoas ocorre. Entendida dessa forma, a sociedade não é uma simples soma de pessoas: ela apresenta caracteres próprios, que não aparecem no indivíduo, nem na mera soma deles. Em outras palavras, um grupo social acaba adquirindo características peculiares que levam os indivíduos que dele participam a agir de maneira mais ou menos coordenada. Isso tudo conforma a crença de Durkheim no primado da sociedade sobre o indivíduo. O objeto de seus estudos recai, pois, na qualidade não subjetiva dos fenômenos sociais, ou seja, sobre os "fatos sociais":

---

de 60% (in: André Petry. O alvo está errado, Revista *Veja,* São Paulo, 3 maio 1995. Páginas Amarelas, p. 7-10).

> É um fato social toda a maneira de fazer, fixada ou não, suscetível de exercer sobre o indivíduo uma coação exterior, ou ainda, que é geral no conjunto de uma dada sociedade tendo, ao mesmo tempo, uma existência própria, independente das suas manifestações individuais (Durkheim, 1973: 394-395).

A origem dos fatos sociais encontra-se nas próprias inter-relações sociais. A peculiaridade principal do fato social, conforme entendido por Durkheim, é que ele exerce uma coerção sobre os indivíduos. Ao falar de coerção, ele queria referir-se ao fato de que as formas coletivas de agir ou pensar possuem realidade fora dos indivíduos, cujas consciências particulares são por aquelas influenciadas.

Os próprios atos das pessoas em sociedade – atos sociais – expressam a realização prática de valores morais coletivos. A "Moral", para Durkheim, envolve a noção de "consciência coletiva" que abarca e regulamenta, com maior ou menor intensidade, a vida social. Faz sentir sua ação nas relações diversas da sociedade, criando "laços" que prendem o indivíduo ao grupo e gerando, por conseguinte, uma maior "coesão social" ou "sociabilidade".

É possível nomear tais "laços" como "solidariedade social", que existe entre os membros de uma sociedade, propiciando certo grau de consenso e coesão no interior desse mesmo grupo. Deduz-se daí que a *solidariedade social* é um fenômeno completamente moral, e que essa "moral social" funda a vida social.

Essa preponderância do "corpo social", agindo sobre os indivíduos, deve permitir a socialização e realização das pessoas, uma vez que elas estejam integradas a essa estrutura.

Nessa lógica, caberia à sociologia o estudo dos fatos *essencialmente* sociais. É preciso lembrar que, segundo a concepção de Durkheim, a sociedade é uma realidade objetiva e específica, cujas estrutura, funcionamento e componentes obedecem a regularidades (observáveis) que se impõem aos indivíduos independentemente de suas vontades. A *coerência* da sociedade, da qual deriva a *coesão social*, implica a existência de crenças e sentimentos comuns que predominam nesse meio social dado.

Na obra *Da divisão do trabalho social*, de 1893, Durkheim revela o interesse pelo problema da sociabilidade e suas espécies de direito concernentes. Tendo em vista a importância que ele atribui às regras e aos valores morais, pode-se afirmar que a vida social é, para ele, derivada da regulamentação da sociabilidade. Na medida em que existe uma maior regulamentação, existiria uma maior condição de vida em sociedade. Sobre isso, Durkheim diz:

> Nada é mais falso do que este antagonismo que muito frequentemente se tem querido estabelecer entre a autoridade da regra e a liberdade do indivíduo. Muito ao contrário, a li-

berdade justa (nós entendemos a liberdade justa, aquela que a sociedade tem o dever de fazer respeitar) é ela própria o produto de uma regulamentação. Eu não posso ser livre senão na medida em que outro é impedido de se beneficiar da superioridade física, econômica ou outra da qual dispõe para submeter minha liberdade, e somente a regra social pode pôr obstáculo a esses abusos de poder (Durkheim, 1973: 306).

Dessa forma, enquanto a integração social está associada a um controle normativo, a *anomia,* ou falta de regulação normativa, associa-se à desintegração social.

Dito isso, é possível analisar o direito, a educação e todas as instituições como fenômenos produzidos na e pela sociedade, que acabam por afetar o grupo social em que se originaram.

Em seu livro citado (*Da divisão...*), Durkheim mostra como o direito acaba por reproduzir as duas formas principais de solidariedade social: a) mecânica e b) orgânica. Um dos aspectos desse trabalho que mais interessa ao campo do direito diz respeito à sua classificação das diferentes espécies de direito: a) repressivo e b) restitutivo; correspondentes às duas espécies de solidariedade social mencionadas.

A solidariedade mecânica é derivada das semelhanças de crenças, formas de agir e sentir dos indivíduos de um grupo social, decorrendo, portanto, da similitude sentida entre eles. Essa coerência ou razão de integração associa-se à coesão das sociedades "menos complexas" – que se originaram historicamente em primeiro lugar. Os membros dessas coletividades se assemelham porque têm os mesmos sentimentos, os mesmos valores e reconhecem os mesmos objetos como sagrados. Além disso, há pouca diferenciação social e pequena especialização funcional entre os indivíduos dessas sociedades.

Já a solidariedade orgânica, que predomina nas "sociedades industriais", surge primordialmente das diferenças entre os indivíduos e da sua compreensão destas. Nessas sociedades, que Durkheim chama de "mais complexas", são necessários outros elos que vinculem os indivíduos entre si. Logo, a unidade de coerência da coletividade se exprime por intermédio de uma *diferenciação funcional.* Essa diferenciação funcional entre os indivíduos só ocorreu por meio do aumento da *divisão do trabalho social,* exigido pela complexidade crescente da sociedade. Essa divisão permitiu uma melhor expressão das individualidades dos membros dos grupos.

Faz-se importante destacar que a diferenciação social, gerada segundo as diferentes ocupações atribuídas a cada membro do "corpo social" no âmbito da crescente divisão do trabalho, estrutura toda a sociedade, em seus múltiplos aspectos. A esfera técnica ou econômica dessa divisão é apenas uma de suas manifestações. O que determina a própria divisão do trabalho é um fenômeno anterior, a "Moral", entendido como imperativo interno (social e não individual), uma vez que implica satisfazer necessidades de ordem e de harmonia que, geralmente, são morais.

Entende-se, pois, que a divisão do trabalho possui predominantemente uma função social, qual seja, a de regular as instituições e promover a mediação da consciência moral (coletiva) na realização da cooperação entre os indivíduos. O "trabalho", portanto, só pode ser assim definido por um sentido moral, e não por uma natureza intrínseca. Da mesma maneira, não existe um ato que por si só seja essencialmente um crime. O "crime", para Durkheim, constitui uma ruptura com valores muito latentes na *consciência coletiva*, portadora de valores e crenças sociais internalizados nas pessoas. As punições dos atos definidos como crimes têm como função principal o fortalecimento e a manutenção dos padrões de agir socialmente aceitos, em detrimento de uma suposta "regeneração do criminoso".

Uma vez que o tipo de solidariedade varia segundo o grau de "desenvolvimento" da sociedade, a norma moral (coerção difusa) tende a tornar-se norma jurídica, já que nas sociedades com interações "mais complexas" torna-se primordial definir as regras garantidoras da cooperação entre os que participam do trabalho coletivo. Essas regras morais, quando reguladoras de formas de agir presentes em certas relações sociais cristalizadas (com grandes regularidades), em certos padrões de interação aceitos (ou exigidos), transformam-se em norma jurídica. Vale dizer que as normas jurídicas são aquelas normas que possuem certa relevância moral social. Segundo o entendimento de Durkheim, o direito consistiria, pois, no símbolo, ou na representação visível da solidariedade social. Sendo a expressão simbólica dos fatos sociais fundamentais.

A preocupação com o "visível" manifesta o viés metodológico positivista, segundo o qual só é possível conhecer, com "uma certeza científica", aquilo que está "dado". O "dado" é passível de "medição" e comprovação. O "instrumento de medida externo" usado por Durkheim para avaliar a moral social passam a ser, então, as normas jurídicas. Isto é, caso se deseje saber quais são os valores mais preciosos para um determinado grupo social, é preciso que se observe o direito posto daquele grupo. Se há uma norma determinando que matar alguém é crime e que isso implica, por exemplo, 20 anos de reclusão, deduz-se que a "vida" é um valor social fundamental, dado o rigor da eventual pena de restrição de liberdade.

As normas jurídicas, diferentemente de quaisquer outras, implicam *sanções organizadas*, uma vez que não tenham sido observadas. Tais sanções podem, no entanto, ser a) *repressivas* ou b) *restitutivas*. E é dessa classificação que derivam os dois tipos de direito para Durkheim (repressivo e restitutivo).

As "sanções repressivas" configuram uma expiação do criminoso. Já as "sanções restitutivas" visam muito mais a uma reposição das coisas ao seu estado original, buscando restituir uma situação na qual alguma parte tenha sido lesada. O direito correspondente a estas últimas diz respeito à forma de organização da regular e ordenada coexistência de indivíduos já diferenciados entre si.

A manifestação material desse direito "restitutivo" ou "corporativo" é o contrato firmado entre as partes. Esse contrato pressupõe que, por detrás das partes, há a sociedade pronta para intervir a fim de fazer respeitar os compromissos assumidos. É por essa razão que ela só "empresta" essa força obrigatória aos contratos que, por si mesmos, tenham um *valor social*. Daí percebermos que nem tudo aquilo que está formalizado deve ser respeitado como se fosse sagrado e que há, em certos casos, a possibilidade de flexibilizar o contratado.

Em suma, o direito é definido, segundo a concepção durkheimiana, como as regras dotadas de sanções socialmente organizadas. Isso em oposição à moral, cujas sanções são majoritariamente difusas. Em uma coletividade na qual prevaleça a solidariedade mecânica, o direito terá as sanções repressivas como um componente majoritário. Em outras, em que a solidariedade orgânica seja a principal, as sanções restitutivas caracterizarão o direito. No mais, preocupado com a "evolução histórica" desses tipos, Durkheim buscou demonstrar uma "tendência irremediável" de substituição do direito repressivo (direito penal) pelo direito restitutivo (como o direito civil e comercial).

3.7. KARL MARX E A ABORDAGEM MATERIALISTA E DIALÉTICA DO DIREITO

Talvez nenhum outro autor tenha produzido reações tão intensamente aversivas ou tão intensamente apaixonadas quanto o alemão Karl Marx (1818-1883). Suas ideias, juntamente com as de seu companheiro Friedrich Engels (1820-1895), servem até hoje como vigorosas bandeiras contra as mazelas, desigualdades e "desumanidades" produzidas pelo sistema que ambos tanto criticaram: o *capitalismo*. Marx foi, sobretudo, um autor que buscou promover um diálogo entre teoria e prática social transformadora, forjando a noção de "práxis" e criando uma filosofia prática (ou da práxis), visando uma transformação radical na organização das sociedades em benefício prioritário dos mais desfavorecidos.[58] Na verdade, pode-se dizer que essa transformação por ele proposta anularia o desenvolvimento do subdesenvolvimento de todas as pessoas: tanto dos mais ricos quanto dos mais pobres. Isto é, redundaria numa forma de vida mais livre, em

---

58 Vale destacar a sua famosa frase, presente na obra *A ideologia alemã*, de 1845, de que os filósofos se limitaram a interpretar o mundo de diferentes maneiras, o importante, porém, é transformá-lo.

que todas as pessoas, ricos e pobres, poderiam exercer e desenvolver suas capacidades e potencialidades sem estar "asfixiadas" por seus meios de vida, deteriorando sua saúde, deixando de aproveitar o tempo com seus amigos e familiares, estando temerosas umas com relação às outras, enfim, deixando de aperfeiçoar e ampliar suas humanidades.

Para isso, Marx tentou compreender a "vida real" das pessoas: sua existência através de determinadas formas de convivência e dependência mútua. Essa "vida real" (até e acima de tudo no capitalismo) vem sendo recheada de antagonismos de interesses, de manifestações da oposição de classes sociais (em particular trabalhadores, operariado ou proletariado *versus* patrões, burgueses ou donos dos meios de produção), de dominação, de exploração, de violência, de uso ilegítimo da força, de diferenças arbitrárias na qualidade da vida que se vive e as quais não se pode escolher... O esforço de Marx em explicar os problemas do modo de produção[59] capitalista a partir de uma compreensão "realista" forçou-o a esquivar-se de representações "idealistas" (com o sentido de idealizadas, em oposição à realidade experimentada) e meramente imagéticas (com o sentido de uma imagem ou representação do real). Utilizar essa abordagem "realista" significa entender as formas concretas de vida das pessoas e dos grupos sociais, saber como produzem e adquirem os bens materiais de que necessitam, dar-se conta da forma pela qual o relacionamento entre as pessoas acaba, segundo modelos econômicos que sacrificam pessoas em nome de coisas, sendo mediado por coisas. As pessoas acabam sendo mais ou menos valorizadas na medida em que possuem mais ou menos bens materiais de valor comercial (valor de troca), que podem ser trocados. Até no âmbito estético isso interfere: para Marx, uma pessoa feia, mas rica, não deixa de ser feia porque tem muito dinheiro; o efeito repulsivo da feiura é anulado, porém, em função do dinheiro que ela tem.

Em um de seus livros principais, *O capital*, Marx refuta os economistas clássicos defensores do liberalismo e do capitalismo criticando suas obras que, usualmente, mencionavam o personagem *Robinson Crusoé* para ilustrar seus pontos de vista: em particular, o suposto individualismo e o egoísmo "natural" dos seres humanos. O pensador alemão critica essa "naturalização" das coisas, baseada em abstrações de pouca envergadura, preferindo debruçar-se sobre os "homens reais", inseridos em *relações sociais específicas*, em suas *determinadas épocas* e *lugares*. Isso configura um de seus traços mais marcantes: a noção de "historicidade". Diz Marx, num estilo ácido e irônico muito particular:

> Deixemos a ilha de Robinson, cheia de sol, e penetremos na sombria Idade Média europeia. Nela não há o indivíduo independente; todos são dependentes: servos e senhores feudais, vassalos e suseranos, leigos e clérigos (Marx, 1999: 99).

---

59 Por modo de produção pode-se entender, simplificadamente, as formas de se produzir os bens de que a sociedade necessita para se manter existindo.

Essa face da epistemologia[60] marxiana[61] – íntima aproximação entre teoria e prática – apresenta-se de grande valor para a análise dos discursos mistificadores e ideológicos[62] sobre e do Direito.

Nesses discursos, presentes principalmente em alguns manuais de "introdução ao direito", a "vocação" do direito costuma aparecer como sendo "a pacificação e a manutenção da ordem social". Para Marx, no entanto, o direito não pode ser entendido em separado da sociedade que o criou e na qual ele interfere. Uma sociedade que seja acentuadamente desigual em seus traços básicos (oportunidades, educação, saúde, expectativa de vida etc.) tenderá a ter um direito (e o aparato institucional para criá-lo e aplicá-lo) também desigual, funcionando diferentemente em função das posições sociais e de classe das pessoas. Daí falar-se em direito ou instituições "classistas" como sendo aquelas cujo conteúdo e operação se dão em prol da manutenção de privilégios (privi*legem* – leis privadas) dos membros das classes mais abastadas, em detrimento da satisfação dos interesses e carências dos membros das posições inferiores da escala social. Como exemplo, pode-se citar uma sociedade cujo modo de produção seja baseado na escravidão: o direito civil, aí, estabelecerá quem tem a posse ou a propriedade dos escravos, os procedimentos para alugá-los, vendê-los, emprestá-los etc.; o direito penal estipulará sanções contra o escravo que lutar por sua liberdade e não contra o senhor que o subjuga etc. E, a partir desse exemplo, pode-se entender melhor a visão de Marx acerca

---

60 Pode-se dizer que a "epistemologia" envolve um campo do saber que se preocupa com a relação entre o sujeito que conhece (sujeito cognoscente) e o objeto a ser conhecido (objeto cognoscível). Em outras palavras, teoria ou ciência do conhecimento que se preocupa com as diferentes modalidades possíveis de se conhecer as coisas, além dos múltiplos fatores que interferem nesse processo. Alguns epistemólogos afirmam que a própria coisa a ser conhecida, compreendida, depende do "olhar", da interpretação do "conhecedor".

61 Utiliza-se o termo "marxiana" para se referir às ideias do próprio Marx. Em oposição, pode-se denominar de "marxista" a ideia pertencente ou defendida pelos autores que foram influenciados por Marx.

62 Apesar dos numerosos sentidos da palavra "ideologia", pode-se entendê-la, de maneira geral, como representação falsa ou invertida do real. Isto é, a representação, visão ou imagem que se tem do real, da experiência vivida, tende a aparecer "embaçada", opaca, invertida, "parcializada". Como exemplo pode-se mencionar um trabalhador que é intensamente explorado por seu patrão, mas que, apesar disso, é apresentado no discurso oficial como um "parceiro", como membro da "família" do patrão ou da empresa etc. Dessa forma, ao invés de buscar uma maior emancipação dessa condição de exploração, que o oprime e inibe suas potencialidades e rouba seu tempo de vida, o trabalhador acredita estar sendo ajudado pelo generoso patrão. Em suma, a ideologia faz com que uma realidade contraditória seja apresentada como coerente. Como exemplo: no Estado Constitucional Brasileiro a Constituição é recorrentemente descumprida em alguns de seus preceitos fundamentais; apesar de tudo, isso é justificado e/ou negado em muitos manuais de direito constitucional: a ideologia presente nesses manuais transforma uma contradição (Estado Constitucional que não respeita a Constituição) em coerência (existem normas de eficácia contida, que são programáticas e cujo momentâneo desrespeito não fere a Constituição etc.).

das relações existentes entre o *modo de produção predominante de uma sociedade* (o que se chama de base econômica ou infraestrutura) e *seu direito, suas ideias predominantes e sua estrutura política* (o que se chama de superestrutura). Para que essas relações possam ser entendidas, é preciso compreender, ao menos parcialmente, a noção de "materialismo".

Algumas razões levam os comentadores a qualificar os escritos de Marx de "materialistas". Uma delas se deve ao fato de ter ele privilegiado, em suas análises, o "real" *versus* o "ideal", a "matéria" *versus* o "espírito",[63] a "ideia". Marx percebeu que as próprias ideias que se têm das coisas dependem, sobremaneira, do tipo de vida que se leva (que no capitalismo não tende a poder ser livremente escolhido por significativa parcela das pessoas, mas sim imposto). O leitor deste livro tenderá a compreendê-lo, e a ter ideias a partir dele, apenas se estiver minimamente alimentado, se não estiver absolutamente preocupado com a sua própria existência imediata, se estiver aquecido, se não for um analfabeto funcional, se não estiver caindo de sono em função de 18 horas contínuas de trabalho etc. Ou seja, as ideias dependem, sobretudo, das condições concretas ou materiais em que se vive. Isso não significa que as ideias não podem interferir de modo algum na realidade vivida: essa relação é "dialética",[64] no sentido de que há um intercâmbio, uma influência mútua entre ambas as dimensões. Essas dimensões possuem forças e representam tendências que se chocam, que se contrapõem, fazendo surgir um novo produto por meio do contraste.

Vale observar que o materialismo dialético não envolve apenas uma interação recíproca entre "ideia" e "realidade". A "vida material" é precondição, condiciona ou determina sobremaneira a "vida espiritual". Logo, o morador muito pobre de uma comunidade carente num subúrbio brasileiro pode até pretender (*ideia*) ser médico, mas dificilmente "chegará lá" (*realidade*). É como se a realidade material interferisse muito mais no campo das ideias do que o contrário. Marx diz no *Prefácio à contribuição à crítica da economia política* que não é a consciência dos homens que determina o seu ser, mas, pelo contrário, o seu ser social é que lhes determina a consciência. Assim, apesar de o direito possuir relativa autonomia, ela é condicionada por elementos materiais concretos, pelo modo de produção hegemônico de uma sociedade. O direito é, tal como o restante do conjunto das ideias e da estrutura política, em maior ou menor grau, uma expressão do modo de produção. Essa relação é, porém, como se mencionou, dialética.

Marx foi um pensador radical (no sentido de querer atingir a *raiz* dos problemas) e crítico. Envolta nessa noção de "crítica" está a *atitude polê-*

---

63 O espírito deve ser aqui entendido como ideias, mente, mentalidade.
64 Para ter mais noções introdutórias sobre a dialética, cf. Leandro Konder. *O que é dialética*.

São Paulo: Brasiliense, 1981 (Coleção Primeiros Passos).

mica (questionadora): uma forma de superação da maneira de pensar precedente, que se consubstancia na única forma fecunda da pesquisa científica. Essa perspectiva crítica e dialética, ausente nas correntes dogmáticas, normativistas e, portanto, "reducionistas" do direito, foi incorporada por um grande número de autores do campo marxista.

O marxista italiano Antonio Gramsci, ao tratar das formas de conceber as coisas do mundo, enumera duas opções possíveis. A primeira refere-se ao alinhamento das pessoas com as *concepções ideológicas*, em que o conhecimento resulta de um pensar acrítico, "imposto" pelo ambiente no qual o indivíduo está inserido, em que ele meramente "participa" de concepções de mundo já existentes. Contra essa primeira opção, e ele pergunta ao leitor qual deve ser a alternativa correta, coloca:

> (...) é preferível elaborar a própria concepção do mundo de uma maneira consciente e crítica e, portanto, em ligação com este trabalho do próprio cérebro, escolher a própria esfera de atividade, participar ativamente na história do mundo, ser o guia de si mesmo e não mais aceitar do exterior, passiva e servilmente, a marca da própria personalidade? (Gramsci, 1999: 94)

Prosseguindo, Gramsci acentua que:

> O início da elaboração crítica é a consciência daquilo que é realmente, isto é, "um conhece-te a ti mesmo" como produto do processo histórico até hoje desenvolvido, que deixou em ti uma infinidade de traços acolhidos sem análise crítica (Gramsci, 1999: 94).

Essa postura crítica e dialética pode permitir que se perceba a interação de vários fatores na construção de um fenômeno social. Ela deve ser utilizada no estudo do direito para que se tenha a possibilidade de fazer aparecer o que está "invisível" nas introduções oficiais e, para que se busque uma base mais "sólida" de entendimento dos fenômenos jurídicos. Somente por meio de uma análise não conformista do que é usual e formalmente afirmado é que se pode perceber o espaço opaco que congrega as explicações naturalizadas das coisas, entre elas o direito.

Marx buscou interpretar o mundo retirando o véu que cerca o pensamento "domesticado" pela ideologia, compatibilizando a teoria com a prática social transformadora, a *práxis* em sua forma "realizada". Nesse sentido, o esforço teórico é uma necessidade permanente, construindo e interpretando o mundo segundo categorias que podem ser renovadas e alimentadas pelos elementos de realidade, partindo do pressuposto de que a totalidade é mutável *in extremis*, e o homem, mergulhado em sua historicidade, é sujeito ativo e participante da própria História, que sempre demanda tanto o desvendamento crítico quanto o discernimento interpretativo.

As ideias de Marx no Brasil tiveram forte influência no que veio a se chamar "movimento de direito alternativo".[65] Além das obras dos representantes desse movimento, vale conferir também as obras do brasileiro Roberto Lyra Filho[66] e do francês Michel Miaille,[67] todas de inspiração marxista.

Finalmente, devem-se indicar os nomes de dois outros juristas que também foram influenciados pelas ideias de Marx: os "soviéticos" Pachukanis e Stuchka.[68] Estes foram, talvez, os que mais buscaram desenvolver uma "teoria marxista do direito", apesar das muitas dúvidas em torno da existência ou não de tal teoria nos escritos do próprio Marx.

3.8. MAX WEBER E A TRADIÇÃO COMPREENSIVA

Dentre os estudos de sociologia de Max Weber (1864-1920) em que enfocou uma esfera específica da realidade – sociologia da religião, do Estado, do poder etc. – a sua "sociologia do direito" restou pouco tocada por comentadores. Isso se deu apesar de o direito – especialmente o direito moderno ocidental – constituir um aspecto central da sua análise da dominação. Além disso, o que Weber chama de "*ordem jurídica racional*"[69] configura um traço principal de sua abordagem acerca da *sociedade capitalista moderna*.

A exposição da sociologia do direito de Weber encontra sua maior expressão na obra *Economia e sociedade*,[70] em que ocupa uma seção inteira.[71] Além dessa, outras seções – desse mesmo trabalho – contêm uma extensa discussão sobre o direito.[72]

Os estudos jurídicos prévios de Weber[73] proporcionaram-lhe um contato íntimo com tradições jurídicas, em particular, devido ao seu interesse pela história das ideias jurídicas. Weber demonstra em seus es-

---

65 Onde se destacam as obras de Edmundo Lima de Arruda Jr., de Luis Fernando Coelho, de Roberto Aguiar, de Antonio Carlos Wolkmer, de Lédio Rosas, de Luis Alberto Warat etc.
66 Com destaque para: *O que é direito*. Brasília: Brasiliense, 1982; e *Para um direito sem dogmas*. Porto Alegre: Sergio Antonio Fabris, 1980.
67 Em especial: *Uma introdução crítica ao direito*. Lisboa, Portugal: Moraes Editores, 1979.
68 A grafia de seus nomes aparece, muitas vezes, de diferentes maneiras.
69 Para Weber, "um direito pode ser 'racional' em sentido muito diverso, dependendo do rumo que toma a racionalização no desenvolvimento do pensamento jurídico" (Weber, 1999: 11-12).
70 Essa obra foi editada no Brasil em dois volumes pela Universidade de Brasília.
71 Max Weber. *Economia e sociedade*. Brasília: UnB, 1999. v. 2, cap. VII.
72 *Vide* a primeira parte do v. 1 (1994), cap. I (*Conceitos sociológicos fundamentais*), especialmente as seções 5, 6 e 7 (*Conceito de ordem legítima; Tipos de ordem legítima: convenção e direito; e Fundamentos da vigência da ordem legítima: tradição, crença, estatuto*) e o cap. III (*Os tipos de dominação*). Além disso, ver também o cap. I (*A economia e as ordens sociais*) da segunda parte do mesmo volume.
73 Weber é jurista de formação.

critos que possui um fácil "trânsito" por várias áreas do saber jurídico.[74] O autor alemão faz um estudo histórico e comparativo tanto do direito ocidental (romano, anglo-saxônico, germânico e francês) como de tradições jurídicas orientais (direito judaico, islâmico, hindu, chinês e do consuetudinário polinésio).

O procedimento analítico de Weber geralmente parte de uma definição rigorosa de seu objeto. É assim em várias de suas obras, inclusive em *Economia e sociedade*, na qual começa apresentando sua elaboração a respeito dos *conceitos sociológicos fundamentais*.[75] Considerando esse seu método, inicia-se essa abordagem através da sua definição sociológica formal de direito:

> Uma ordem é denominada: (...) **direito**, quando está garantida externamente pela probabilidade da coação (física ou psíquica) exercida por determinado quadro de pessoas cuja função específica consiste em forçar a observação dessa ordem ou castigar sua violação (Weber, 1994: 21).

Apesar de Weber rejeitar a identificação da noção de "*direito*" com o "*direito estatal*",[76] ele não considera o "direito" de associações voluntárias como a causa determinante do direito estatal. Ele critica a ideia de que o direito se equipara à *convenção* e ao *costume* adotado.[77] Ele demonstra, porém, particularmente no seu estudo das companhias de comércio medievais (direito comercial), como as regras adotadas e desenvolvidas em associações voluntárias podem transformar-se e virem a ser adotadas como *direito estatal*.

É importante destacar, na sua definição de direito, a existência de um quadro especializado de pessoas cuja função é a imposição de uma "ordem" como uma condição necessária para a existência do direito. Weber realça que sua noção de "quadro de pessoas" é ampla, e inclui papéis "não profis-

---

74 Isso é atestado por Julien Freund, ao dizer que a sociologia do direito de Weber dá provas de seus conhecimentos enciclopédicos (1975: 178).

75 Cf. a primeira parte do v. 1, *Teoria das categorias sociológicas*, da obra citada (1994).

76 Weber reconhece a coexistência de diversos sistemas jurídicos, igualmente reconhecidos e legitimados pelos seus adeptos, em um mesmo espaço dado. Como exemplo pode ser citado o direito religioso quando ao lado do direito positivo, vigorando ambos com intensidades diferentes sobre a prática jurídica. Ocorre, nesses casos, "(...) a mistura especificamente teocrática de exigências religiosas e rituais com as jurídicas" (Weber, 1999: 101).

77 O *costume* seria, para Weber, os *usos* – práticas regulares de conduta social – dotados de certa antiguidade, pois já há muito recorrentes. Quanto à *convenção*, ela é definida como uma regularidade de conduta social que se acha garantida pela oportunidade dos indivíduos, pertencentes a um grupo qualquer, de exporem-se a uma reprovação geral quando dela se afastam. A coerção nesta última não está assentada sobre um aparelho especializado para aplicar uma sanção, ao contrário do direito.

sionais" e mesmo situações nas quais os indivíduos desempenham um papel "jurídico" socialmente reconhecido (por exemplo, no caso de um chefe tribal que põe uma veste ou uma touca antes de começar a "jurisdição").

Weber desenvolve uma tipologia do direito que possui a característica própria de ter sido construída sobre uma diferenciação do tipo de pensamento jurídico ou sobre os diferentes métodos adotados pelos "juristas". Ele volta a sua atenção para o percurso no qual os *componentes jurídicos*, na forma de normas substantivas, são desenvolvidos, e no percurso no qual eles, os componentes jurídicos, são aplicados na tomada de decisões. O seu modo de construção teórico desenvolvido é um exemplo do seu método do "tipo ideal". Ele concebe o tipo ideal como sendo uma construção teórica contra a qual o material empírico pode ser avaliado e testado. Com relação ao tipo ideal, diz ele:

> Trata-se de um quadro de pensamento, e não da realidade histórica, e muito menos da realidade "autêntica", e não serve de esquema no qual se pudesse incluir a realidade à maneira de exemplar. Tem antes o significado de um conceito limite puramente ideal, em relação ao qual se mede a realidade a fim de esclarecer o conteúdo empírico de alguns dos seus elementos importantes, e com o qual esta é comparada (Weber, 1991: 109).

Em seu texto *A objetividade do conhecimento nas ciências sociais*, Weber destaca – quanto ao seu conceito do tipo ideal – que não se trata de uma hipótese, "(...) mas pretende apontar o caminho para a formação de hipóteses"; e que, "(...) embora não constitua uma exposição da realidade, pretende conferir a ela meios expressivos unívocos" (Weber, 1991: 106).

O persistente interesse teórico de Weber na busca pelos traços peculiares da sociedade ocidental levou-o a utilizar o desenvolvimento da "*racionalidade*" como "ferramenta" analítica. Essa noção – racionalidade – associa-se à escolha dos meios apropriados para atingir determinados fins ou contemplar determinados valores eleitos. Logo, pode-se dizer que, usualmente, os juízos acerca da racionalidade estão limitados, para Weber, a uma adequação das relações entre meios e fins ou valores. Segue-se, então, que um sistema jurídico racional é aquele em que os meios mais efetivos são os selecionados para realizar os valores, ou fins, que são tratados por Weber como já dados. Ele sustenta que os juízos de valor, ou os juízes morais do observador, devem ser afastados quando da elaboração de um trabalho científico. Assim, ele não avalia se os valores ou fins escolhidos pelas pessoas são justos, bons, corretos etc. Ele tão somente os avalia em termos de serem ou não adequados para alcançar os fins ou valores que se escolheu.

A racionalidade é, pois, usada como suporte da sua "tipologia do direito".[78] Ele apresenta uma tipologia principal – "interna" – mas, além disso, ele propõe dois outros modelos substantivos, estritamente relacionados com o primeiro. Essa sua tipologia fundamental é construída em torno de dois eixos. Ele distingue, primeiramente, entre sistemas jurídicos *"formais"* e *"materiais"*. A essência dessa distinção está assentada no ponto em que o sistema é internamente autossuficiente, ou seja, onde todas as regras e procedimentos necessários para a tomada de decisões estão disponíveis no próprio sistema. Os *sistemas materiais* são caracterizados por sua referência a um *critério externo* no processo de tomada de decisões, em particular a valores religiosos, éticos ou políticos. Tais sistemas materiais podem ser ou *"empíricos"*, em que eles exprimem reações (ou respostas) a casos individuais, ou *"afetivos"* (de puros valores emocionais), isto é, exprimem reações baseadas na emoção, em crenças, ou ainda em sentimentos.

O segundo grupo de variáveis consubstancia-se nos tipos *"racional"* e *"irracional"*. Esses dois tipos estão relacionados à maneira pela qual os componentes do sistema – *as suas regras e os procedimentos* – são utilizados.

Uma das marcas de Weber é sua ênfase na "multi" ou "pluricausalidade". Ele se preocupou em ressaltar que o desenvolvimento jurídico – assim como todos os fenômenos sociais – é um produto da interação dinâmica, mais ou menos convergente, de vários fatores. No caso do direito, interação de vários fatores internos e externos aos sistemas jurídicos. Ele menciona em vários momentos o *"insolúvel conflito entre os princípios de justiça formais e os materiais"*. O modelo de direito mais vinculado com princípios de justiça formal (que se prende às formalidades, a procedimentos determinados) redunda naquilo que ele chama de um "direito de juristas". Nesse modelo não se está preocupado com o aprendizado ou o entendimento do direito pelos "leigos", não se coadunando, pois, com as "reivindicações sociais da democracia". Em outras palavras, um direito estritamente elaborado por juristas profissionais, apenas com conceitos formal-jurídicos, não pode atingir por parte do público em geral um verdadeiro conhecimento jurídico.

Outro traço importante de sua sociologia compreensiva (que busca compreender os sentidos e as intenções dos agentes nas ações sociais) é o foco na relação entre o sistema econômico e o sistema social mais amplo. Isso configura, de certa forma, uma resposta às análises e conclusões de seguidores de Marx. Essa preocupação manifesta-se em dois temas: 1) a importância do *"direito racional"* como fator causal no desenvolvimento dos traços distintos do capitalismo moderno, discussão essa subjacente

---

78 Assim como na sua sociologia da dominação, em que criou a célebre classificação dos três tipos de dominação legítima (tradicional, carismática e racional-legal), Weber também criou uma classificação dos diferentes modelos de direito e de pensamento jurídico.

ao assunto da racionalização do direito; 2) a amplitude na qual os fatores econômicos *determinam* o direito, isto é, se qualquer papel decisivo pode ser atribuído aos fatores econômicos no cômputo das causas do desenvolvimento dos sistemas jurídicos.

A posição de Weber pode ser sumarizada como o repúdio explícito a qualquer tentativa de explicação do direito como sendo o produto *direto* de forças econômicas. O direito constitui, para ele, uma esfera "autônoma" da realidade social, pois, ao passo que, é influenciado no seu desenvolvimento por forças econômicas, também influencia sucessivamente os processos econômicos (além de outros) no interior da sociedade. Essa "autonomia" é, dessa forma, mais relativa do que absoluta.

Weber rejeita a visão de que a mudança de qualquer traço de um sistema jurídico pode ser explicada como uma resposta a necessidades econômicas. Ele acentua que:

> (...) a ausência de um instituto jurídico, no passado, nem sempre pode ser explicada pela inexistência de uma necessidade econômica. Os esquemas racionais de relações técnico-jurídicas, aos quais o direito deve dar garantias, do mesmo modo que manipulações profissional-técnicas, primeiro têm que ser "inventados" para poder colocar-se a serviço de interesses econômicos atuais. (...) Situações econômicas não engendram, automaticamente, novas formas jurídicas, mas compreendem em si apenas a possibilidade de que uma invenção técnico-jurídica (...) também se divulgará (Weber, 1999: 31).

Em outro momento, afirma que:

> (...) o processo de diferenciação das concepções fundamentais de esferas jurídicas (...) depende, em alto grau, de fatores técnico-jurídicos e também, em parte, da estrutura da associação política. Em consequência, pode ser considerado, apenas indiretamente condicionado pela economia (Weber, 1999: 11).

A partir dessa afirmação da autonomia relativa do direito, Weber chega à conclusão de que, "de modo geral, o desenvolvimento da estrutura jurídica das associações não foi condicionado predominantemente por fatores econômicos" (1999: 58). Posteriormente, ele sublinha: "queremos somente lembrar que as grandes diferenças no desenvolvimento estavam (e ainda estão) principalmente condicionadas, em primeiro lugar, pelas diferenças nas relações de poder políticas (...)" (Weber, 1999: 144). Como exemplo, ele menciona os fortes contrastes entre o desenvolvimento medieval, o inglês moderno e o continental.

É possível argumentar que a forma da relação que subsiste entre o direito e a economia encontra o seu sentido nas noções de *"calculabilidade"* e *"previsibilidade"*. Os empreendimentos capitalistas modernos assentam-se, sobremaneira, no *"cálculo"*, pressupondo um sistema jurídico e administrativo cujo funcionamento deve ser, em tese, racionalmente previsível, em virtude das suas normas gerais fixadas e a sua consequente estabilização de expectativas entre os indivíduos (associados ou não) envolvidos.

> A calculabilidade do funcionamento dos aparatos coativos é, nas condições de uma economia de mercado em desenvolvimento, o pressuposto técnico e uma das forças motrizes da inventiva dos "juristas cautelares.[79] (...) (Weber, 1999: 70)

A conexão entre o *direito* e a *atividade econômica* não implica que esta última deva ser percebida como determinante causal daquele (direito). Não há dúvida, por parte de Weber, que essa área (direito), bem como as ciências e as técnicas, recebeu um forte estímulo dos interesses econômicos capitalistas quando das suas aplicações práticas. No entanto, a origem dessas áreas do saber não pode ser atribuída a esses mesmos interesses. Vale registrar suas próprias palavras:

> Entre os fatores de importância incontestável [para a configuração das peculiaridades do moderno capitalismo ocidental] estão as estruturas racionais das leis e da administração, pois que o moderno capitalismo racional não necessita apenas dos meios técnicos de produção, mas também de um sistema legal calculável e de uma administração baseada em termos de regras formais. (...) Tais tipos de sistemas legais e de administração, num grau relativo de perfeição legal e formal, têm sido disponíveis para a atividade econômica apenas no Ocidente. Devemos, pois, perguntar de onde se originou esse sistema legal. Entre outras circunstâncias, o interesse capitalístico, por sua vez, sem dúvida contribuiu para preparar a caminho à predominância do direito e à administração a de uma classe de juristas especialmente treinados na legislação nacional, embora não tenha sido o único nem o principal. Forças bem diferentes atuaram no seu desenvolvimento. (...) O problema é o racionalismo peculiar e específico da cultura ocidental (Weber, 2001: 29-30).

O direito é percebido, então, mais como **estando relacionado a** forças econômicas do que **determinado por** elas. Weber reconhece, porém, que a função do direito é concebida, em alguns casos, como sendo um meio de garantir a atividade econômica. Assim, por exemplo, o ato de "comerciar" conta com a probabilidade de que as partes irão cumprir com os

---

79 A "jurisprudência cautelar" relaciona-se aqui a uma ênfase no uso de decisões precedentes.

seus compromissos mútuos. Subjazendo, ainda, à reciprocidade da transação está a presença de instituições jurídicas, prontas a garantir aquela transação. A concessão de "*direitos*" jurídicos é simplesmente um meio de dar *durabilidade* e *certeza* a um poder preexistente de controle de fato. O direito é reconhecido, nesse caso, como estando *diretamente a serviço de interesses econômicos.*

Com relação a sua discussão em torno do conceito de "*liberdade de contrato*", Weber observa que o direito contratual moderno ampliou, sobremaneira, a possibilidade de partes livremente associadas exercerem suas vontades. Ao menos, segundo ele, na área do comércio e no setor de trabalho. Isso, no entanto, não redundou em benefícios para os não possuidores de propriedade, já que:

> (...) nem a maior variedade possível, formalmente existente, de esquemas contratuais permitidos, nem a autorização formal de criar à vontade conteúdos contratuais independentes de todos os esquemas oficias garantem que essas possibilidades formais, de fato, sejam acessíveis a todo mundo (1999: 65).

Como consequência, ele reconheceu que o direito acaba servindo, por vezes, a interesses particulares de classe. Mais à frente, ele analisa o mesmo tema:

> (...) aquela liberdade máxima, concedida pela justiça formal, dos interessados na defesa de seus interesses formalmente legais, já em virtude da desigualdade na distribuição de poder econômico que por ela é legalizada, necessariamente leva sempre de novo ao resultado de que os postulados materiais da ética religiosa ou da razão política parecem violados. (...) Assim, particularmente a possibilidade de uma diferenciação crescente da situação de poder econômica e social pode ser aumentada mediante a transformação do processo numa luta de interesses pacífica. Em todos esses casos acabam violados ideais materiais de justiça, pelo caráter inevitavelmente abstrato desta forma (Weber, 1999: 102-103).

Referindo-se especificamente às relações de trabalho, é assinalado que o direito formal de um trabalhador de contratar e negociar com qualquer empresário pouco lhe serve na realidade. A parte mais poderosa no mercado (o empresário) acaba por fixar as condições de trabalho à sua discrição, que acabam por ser impostas pelas necessidades materiais do postulante ao emprego.

> O resultado da liberdade de contrato é, portanto, a criação da possibilidade de usar a propriedade de bens, mediante a hábil aplicação dela no mercado, como meio para adquirir,

sem encontrar barreiras jurídicas, poder sobre outras pessoas (Weber, 1999: 65).

Na continuação, há uma passagem que poderia ser atribuída a Marx, em que Weber reconhece a seguinte situação de fato:

> Os interessados em adquirir poder no mercado são os interessados de tal ordem jurídica. Principalmente no interesse deles, ocorre, sobretudo, o estabelecimento de "disposições jurídicas autorizadoras", que criam esquemas de acordos válidos, aos quais, apesar da liberdade formal de todos para fazer uso deles, têm de fato acesso somente os donos de propriedades e que, portanto, fortalecem somente a autonomia e a posição de poder destes, e de mais ninguém (Weber, 1999: 65-66).

Essas passagens sugerem que pode ser errado rotulá-lo, simplesmente, como um "apologista dos interesses econômicos burgueses", ou, ainda, afirmar que ele negue o significado dos interesses econômicos em geral.

Pode-se concluir que Weber vislumbra o alcance em que a ordem jurídica encontra-se diretamente subserviente aos interesses econômicos, sendo determinado pela força relativa de interesses econômicos privados, equiparados com os interesses fomentadores da conformidade geral com as normas de direito. Ele argumenta que a organização capitalista transforma as relações de subordinação pessoais e autoritárias em uma simples "interação no mercado de trabalho". Com um toque de realismo ele diz que "o desaparecimento de todos os conteúdos sentimentais, normalmente inerentes às relações autoritárias, não impede que o caráter autoritário da coação continue existindo e eventualmente se intensifique" (1999: 67).

3.9. A "ESCOLA NORTE-AMERICANA": OLIVER WENDELL HOLMES JR., A JURISPRUDÊNCIA SOCIOLÓGICA E O REALISMO JURÍDICO

O objetivo desta seção é apresentar um panorama das ideias defendidas por Oliver Wendell Holmes Jr. e pelos adeptos da "jurisprudência sociológica" e do realismo jurídico norte-americano.[80] Apresentam-se, então, algumas ideias centrais de seus principais representantes.[81] Surgi-

---

80 Outro movimento distinto e posterior veio a se chamar "Realismo Jurídico Escandinavo". Para uma apresentação desses dois movimentos, ver: André-Jean Arnaud; Maria José Fariñas Dulce. *Introdução à análise sociológica dos sistemas jurídicos*. Rio de Janeiro: Renovar, 2000, p. 102 et seq.

81 Essa seção foi desenvolvida a partir de comunicação feita pelo autor no Congresso Internacional de Direito, Justiça Social e Desenvolvimento, realizado entre 07 e 10 de agosto de 2002, em Florianópolis, Santa Catarina. Mais tarde, foi ampliada e publicada, cf.: Denis de Castro Halis. A problematização do processo decisório dos juízes: a contribuição de Benjamin Nathan Cardozo. *Direito federal: Revista da Associação dos Juízes Federais do*

das nos EUA no final do século XIX e início do século XX, essas ideias possibilitaram um questionamento da prática decisória dos juízes e uma parcial negação da "doutrina oficial" do *common law*. A referida prática era supostamente orientada, segundo as doutrinas clássicas, pelas regras da lógica pura e da razão consciente. Essas ideias foram, portanto, responsáveis por engendrar uma verdadeira crise no pensamento jurídico norte-americano ortodoxo então vigente.[82]

Havia muitas peculiaridades e divergências entre os adeptos desses movimentos, ressaltando-se, portanto, que era grande a diversidade interna entre esses "revoltosos" contra as escolas analíticas do direito ou contra o "positivismo jurídico". O enquadramento de todos esses autores sob um só rótulo resulta em uma ocultação de sua pluralidade. Eles não configuram uma escola ou corrente de ideias tão homogêneas como, geralmente, se quer mostrar nos trabalhos acadêmicos nacionais.[83] Nas obras desses estudiosos fica latente a incorporação de certas doutrinas filosóficas e teorias das ciências sociais. Eles se insurgiram contra afirmações usuais de que o direito deveria ser visto de forma insulada, uma vez que configurava um "sistema autônomo".

Preliminarmente, há que se registrar a importância das ideias de Oliver Wendell

Holmes Jr. (1841-1935).[84] Holmes é identificado por muitos como o fundador da "jurisprudência sociológica" (*sociological jurisprudence*). No entanto, pelo fato de ele haver influenciado também, de maneira significativa, as ideias realistas, crê-se aqui que ele deve estar acima das qualificações tanto de uma quanto da outra corrente.

Holmes foi juiz da Suprema Corte norte-americana por **três décadas** – de 1902 a 1932. Suas ideias, reunidas em livros ou consignadas nos seus votos, provocaram verdadeiro questionamento crítico e reflexão entre os

---

Brasil, v. 23. n. 81 (jul./set. 2005). Brasília: AJUFE, p. 53-74.

82 As obras de juristas nacionais como Evaristo de Moraes Filho, Roberto Lyra Filho e Oliveira Vianna sofreram a influência desses autores. Em Oliveira Vianna, considerado um autor "autoritário", suas ideias "liberais" foram apropriadas o que vem dando margem a um debate em torno de seu real caráter. Sobre isso, vale cf.: Nilton Soares de Souza Neto, *Oliveira Vianna saído dos infernos*: a utopia de um Brasil com o direito e a justiça do trabalho. 2002. Dissertação (Mestrado). Programa de Pós-graduação em Sociologia e Direito (PPGSD), Universidade Federal Fluminense (UFF), Niterói.

83 Cf. Denis de Castro Halis. *Manuais que informam ou manuais que desinformam?* O caso da jurisprudência sociológica e do realismo norte-americano nos livros de direito do Brasil. Comunicação e artigo apresentados no XI Congresso Brasileiro de Sociologia, GT 12 – Ocupações e profissões. 1 a 5 set. 2003, Unicamp, Campinas.

84 Para maiores informações sobre a trajetória de Holmes, bem como suas ideias e decisões judiciais, cf. HALIS, Denis de Castro. *Por Que Conhecer o Judiciário e os Perfis dos Juízes? O Pragmatismo de Oliver Holmes e a Formação das Decisões Judiciais*. Curitiba: Juruá, 2010.

juristas acerca das representações e práticas consideradas hegemônicas em sua época.

Seu grande mérito foi o de ter sido um dos primeiros juristas norte-a-mericanos a colocar em xeque os paradigmas de objetividade e "pureza" no processo de aplicação do direito pelos juízes. Foi Holmes quem primeiro expôs o que veio a ser chamado de ***teoria da racionalização***, segundo a qual a sentença ou o acórdão não expressava as razões "reais" da decisão, mas apenas aquelas socialmente aceitáveis. Daí ser possível sustentar, coerentemente, acerca da irrelevância ou do *relativo* desvalor das razões declaradas pelos juízes nas suas decisões. *Isso não significa rejeitar a obrigação de fundamentar as sentenças* – o que é de vital importância –, mas, apenas, de argumentar que, na maior parte dos casos, deve-se desconfiar dos motivos ali declarados. Em síntese, pode-se dizer que ele sublinha, para o bem ou para o mal, o papel ativo preponderante exercido pela subjetividade do julgador, mesmo que de forma inconsciente.

Além da argumentação de que o juiz é um agente ativo e, de certa forma, deve sê-lo, afirma ser o direito um fenômeno social e não uma mera produção teórico-intelectual – ou, como poderíamos acrescentar, expressão máxima da racionalidade de uma época. Fortemente influenciado pelo ambiente filosófico de sua época nos EUA, em que as ideias do pragmatismo filosófico[85] tinham grande força, foi amigo de William James (1842-1910), um dos principais pragmatistas. Daí a afirmação que veio a se tornar sua marca registrada:

> **A vida do direito não foi a lógica; foi a experiência.** As necessidades sentidas em cada época, as teorias morais e políticas predominantes, intuições de ordem pública declaradas ou inconscientes, até os preconceitos que os juízes compartilham com os seus semelhantes, tiveram participação bem maior que o silogismo na determinação das normas que deveriam dirigir os homens. O direito incorpora a história do desenvolvimento de uma nação no curso de muitos séculos e **não pode ser tratado como se apenas contivesse axiomas e corolários de um livro de matemática.** Para saber o que é o direito, temos de saber o que foi e o que tende a ser. (...) Em qualquer tempo, **a substância do direito**, enquanto esteja ele em vigência, **corresponde**, de modo bem aproximado, **ao que se tem então por conveniente**; sua forma, entretanto, e seu mecanismo, e o grau em que é capaz de produzir resultados desejados, dependem muito do seu passado [sem grifos no original] (Holmes, 1963: 29).

---

85 Entre os pragmatistas que possuem maior importância entre as doutrinas dos juristas aqui estudados estão: William James, John Dewey (com sua lógica da previsão) e Charles Sanders Peirce.

Holmes argumentava que a preocupação do direito deveria estar nas *realidades empíricas* da vida social. Tinha em vista solapar as certezas do chamado positivismo lógico e da escola analítica – da qual John Austin (1790-1859) foi um dos expoentes. Apesar de não ser um "realista" em sentido estrito, tal como adotado mais tarde, foi exatamente tal forma de pensar *realisticamente* que levou Holmes a "contaminar" as concepções dos que vieram a se chamar *"realistas norte-americanos"*, impulsionando a formulação de suas ideias.

Até Holmes, segundo Lêda B. Rodrigues, o pensamento jurídico nor-te-americano ainda estava absorvido no pressuposto, dito ingênuo, de que o direito escrito nas tábuas sagradas, era um sistema completo e perfeito e de que os juízes apenas descobriam a lei (Rodrigues, 1992: 103). Tanto quis mostrar o papel ativo do juiz que chegou a argumentar que possuir um direito formal, legalmente garantido, pode nada significar. Isso já que o direito nada mais significa do que uma "profecia" de virtual sentença: "as profecias acerca do que os tribunais de fato farão, e nada mais preten-sioso, é o que eu entendo por direito [tradução do autor]" (Holmes, 1897: 460-461).

A defesa dogmática do chamado *"laissez-faire"* econômico foi comba-tida em várias manifestações de Holmes, quando de seus julgamentos. A *interpretação* da palavra *"liberdade"* – consignada na Constituição norte--americana – que mais inquietou, e contra a qual se levantou Holmes, foi aquela que conformava a negação de qualquer intervenção governamen-tal no funcionamento do mercado econômico. Em outras palavras, era contra a interpretação que identificava a *liberdade* constitucional, redu-zindo-a, com a liberdade contra qualquer intervenção estatal na vida eco-nômica, que ele se insurgia em numerosos votos que foram inicialmente vencidos.

3.9.1. Jurisprudência sociológica: Benjamin Cardozo e Roscoe Pound

Entre os autores que podem ser considerados representantes dessa tendência,[86] opta-se por priorizar as ideias de Benjamin Nathan Cardozo (1870-1938) e Roscoe Pound (1870-1964). O primeiro, Cardozo, foi o su-cessor de Holmes na Suprema Corte norte-americana. O segundo, Pound, foi um importante jurista e decano da "Law School" de Harvard. Em sua época, Cardozo se viu em posição semelhante à de Holmes, declarando que:

---

86 Vários juízes da Suprema Corte (EUA) podem ser inseridos nessa doutrina, como Louis Dembitz Brandeis e Felix Frankfurter. Considerando os propósitos deste trabalho, a apresentação de algumas ideias de Cardozo e Pound é suficiente para se entender as preocupações centrais que assaltavam esses juristas.

> Holmes percebeu vividamente o que quis dizer Tocqueville há um século: uma espécie de liberdade pode cancelar e destruir outra; ainda mais forte que o amor da liberdade é a paixão por algo diferente, diferente no nome, mas no fundo idêntica, que é a paixão pela igualdade. Restrições, vexatórias se vistas isoladamente, podem "ser vistas como necessárias a longo prazo para estabelecer a igualdade de posição" na qual a verdadeira liberdade começa. **Muitos apelos à liberdade são o disfarce de privilégios ou desigualdades que buscam entrincheirar-se atrás do lema de um princípio** [sem grifo no original] (Cardozo, 1947: 82).[87]

Dessa forma, em nome de uma suposta "liberdade", ou da defesa da dita "livre" negociação, ou ainda, da defesa acrítica da máxima autonomia individual, poder-se-ia redundar na maior capacidade dos economicamente fortes de impor seus interesses aos, de fato, sem condições de barganha. Em outras palavras, como sugere Rodrigues, isso poderia promover a liberdade da "opressão econômica".

Com suas decisões, Cardozo contribuiu com a conformação do *"common law"* às condições sociais da sua época. Sua carreira na Corte Suprema ocorreu em paralelo com as inovações na sociedade advindas da política do *New Deal*. Nos seus pareceres, Cardozo buscou fornecer um forte suporte jurídico a essa política de proteção social.

Preocupado com os efeitos reais das suas decisões, com a sua influência para com as condições atuais e futuras da vida política e social norte-americana, buscou fundamentar suas decisões visando à validação das ações governamentais que tinham por objeto a regulação da economia de mercado. Enfrentou conflitos novos – derivados de novas condições políticas, sociais e econômicas – de maneira exemplar, sendo reconhecido por possuir um grande senso de oportunidade e justiça.

Após um longo período de prosperidade e ascensão econômica, em 1929 ocorreu nos Estados Unidos o início da "Grande Depressão". A Corte Suprema possuía, na época, um bloco hegemônico que era "conservador" – no sentido de não contribuir para uma reformulação da jurisprudência até então existente, mesmo em face das mudanças da sociedade. Cardozo, juntamente com Louis Dembitz Brandeis e Harlan Fiske Stone, contrapôs-se a essa maioria conservadora, integrando o grupo dissidente que, até cerca de 1937, foi sistematicamente vencido. Essas derrotas davam-se, em especial, nas matérias sobre as funções e competências dos órgãos de governo. Porém, como sublinha Rodrigues, as "suas opiniões constituem hoje (...) o fundo do direito constitucional americano" (1956: XXV).

---

87 Rodrigues percebeu também a importância dessa passagem, citando-a parcialmente (1956: XVIII).

Em suas obras, percebe-se a vasta influência de autores como Ihering, Savigny, Roscoe Pound, Gabriel Tarde, Durkheim, Eugen Ehrlich, François Geny, O. W. Holmes Jr., Herbert Spencer, John Dewey, William James... As decisões majoritárias dos juízes, na época em que Cardozo atuava, reforçavam o entendimento de que "tanto melhor é um governo quanto menos ele intervém na sociedade". Da mesma forma que Holmes, insurgiu-se Cardozo contra essa doutrina que acabava por impedir as ações da Administração e do Congresso que visavam a regulação dos grandes negócios e do chamado "mundo do trabalho".[88] As interpretações jurídicas predominantes validavam, então, a restrição dos órgãos governamentais, legislativos e executivos (estaduais e nacional), em face dos grandes negócios e a quase impossibilidade de regulamentação das condições de trabalho.

Cardozo prestava, com isso, sua homenagem a Holmes, alinhando-se ao seu pensamento de que a pura "liberdade de mercado" poderia, muitas vezes, corresponder à liberdade da opressão do mais fraco pelo mais forte, dadas as suas desiguais capacidades de defender e viabilizar interesses. É nesse contexto que se inicia a percepção da necessidade de uma nova compreensão dos preceitos e definições legais, das responsabilidades dos atores jurídicos e das práticas recorrentes face às ditas necessidades e fins sociais dos membros da sociedade.

Vale, ainda, recuperar o *método e os propósitos da jurisprudência sociológica*, que foram mais sistematicamente – e sinteticamente – expostos por Pound, em artigo publicado em 1912:

> 1 – Estudar os efetivos efeitos sociais das instituições e doutrinas jurídicas e, consequentemente, atentar mais para o funcionamento do direito do que para o seu conteúdo abstrato;
> 2 – promover estudos sociológicos em conexão com estudos jurídicos na preparação da legislação e, consequentemente, perceber o direito como uma instituição social que pode ser melhorada por meio de um esforço inteligente, descobrindo os melhores meios para aprofundar e conduzir tais esforços;
> 3 – estudar os meios de tornar as regras efetivas, e enfatizar os propósitos sociais auxiliados pelas leis ao invés de enfatizar a sanção; 4 – o estudo da história sociológico-jurídica, ou seja, quais os efeitos sociais produzidos pelas doutrinas do direito no passado e como elas os produziram; 5 – defender o que tem sido chamado de aplicação equânime do direito e exortar que os preceitos jurídicos sejam percebidos mais como guias para resultados que sejam socialmente justos e menos como moldes inflexíveis; 6 – finalmente, o fim, na direção do qual

---

88 Em especial no que diz respeito às relações patrão-empregado e à regulação das condições de trabalho e das formas de admissão e de dispensa dos trabalhadores.

todos os pontos precedentes são apenas meios, de se esforçar mais efetivamente para alcançar os propósitos do direito [tradução do autor] (Pound, 1912: 513).[89]

Roscoe Pound tornou-se conhecido por considerar o direito uma "*engenharia social*". Com isso queria dizer que se pode usar o direito para conseguir determinados resultados mediante a regulação das relações humanas e, para tal, necessita ser aperfeiçoado. Esses resultados estão relacionados ao fato de o direito ser considerado um instrumento para a melhoria da condição social e econômica das pessoas.

Sempre perseguindo esse propósito, Pound ressalta os interesses sociais (já não mais priorizando somente os interesses individuais, como no século XIX), considerando-os como pretensões ou desejos atrelados à *vida social* na "sociedade civilizada" e afirmados em nome dessa vida. Pode-se, em síntese, dizer que o direito é visto então como um motor de transformação social, entendendo-se, daí, uma das razões da jurisprudência sociológica ser considerada como uma "*escola funcionalista*" do direito.[90]

Pode-se, então, dizer que essa "escola" jurisprudencial se preocupava menos com a descrição das normas oficiais e dos precedentes (ao contrário das perspectivas normativistas e formalistas) e mais fornecer aos julgadores novas formas – ampliadas – de trabalhar com essas mesmas normas e precedentes judiciais.

Em síntese, opunha, de certa forma, a descrição à prescrição, conformando os moldes de uma teoria prescritiva. Teoria essa que designaria ao direito a realização de estratégias a serviço de fins sociais que lhe eram exteriores, utilizando-se, para tanto, da chamada "construção do direito pelo juiz".

3.9.2. Movimento realista norte-americano

Adverte-se, de início, que a conveniência de registrar diversos estudiosos sob um mesmo termo não deve levar a crer tratar-se de um gru-

---

89 No original em inglês: "*1 – To make study of the actual social effects of legal institutions and legal doctrines, and consequently, to look more to the working of the law, than to its abstract content; 2 – To promote sociological study in connection with legal study in preparation of legislation, and consequently to regard law as a social institution which may be improved by intelligent effort discovering the best means of furthering and directing such effort; 3 – To make study of the means of making rules effectives and to lay stress upon the social purposes which law subserves rather than upon sanction; 4 – The study of sociological legal history, that is of what social effect the doctrines of law have produced in the past and how they have produced them; 5 – To stand for what has been called equitable application of law and to urge that legal precepts are to be regarded more as guides to results which are socially just and less as inflexible moulds; 6 – Finally, the end, toward which the foregoing points are but some of the means, is to make effort more effective in achieving the purposes of law*".

90 Cf. Moraes Filho, 1997, p. 166 et seq.

po com ideias homogêneas, não despojadas de contradições. Exatamente pelo fato de o "realismo" estar longe de configurar uma escola científica coerente e coesa que se justifica a preferência de não denominá-lo por escola ou corrente, mas sim por "movimento". Esse movimento desenvolveu-se a partir dos anos de 1920, e contou, entre seus representantes mais conhecidos, com Karl N. Llewellyn (1893-1962) e Jerome Frank (1889-1957). Segundo Llewellyn, não existe uma escola realista, o que existe são homens que, individualmente, refletem sobre o direito e seu lugar na vida social. A maneira pela qual eles atacam os problemas jurídicos é impregnada de um viés militante (Llewellyn, 1931: 1233).

Tal como a jurisprudência sociológica, o realismo é fundamentalmente antiformalista. Os adeptos desse movimento tinham por principal objetivo desmistificar o processo de aplicação do direito positivo pelos juízes, tentando pensar "realisticamente" os problemas legais. Por "realisticamente" deve-se entender uma preocupação em pôr à prova os dogmas legais que "camuflavam" uma defasagem entre as formas prescritas de atuação, as justificativas declaradas, e os comportamentos que eram de fato adotados pelos juízes.

Rejeitavam, por isso, qualquer especulação filosófica sobre o significado do direito, o que redundaria, segundo eles, em definições excessivamente "metafísicas".[91] O atributo "realista" significava, ainda, uma refutação da teoria oficial do *common law*, no que diz respeito, principalmente, ao dogma de não construção do direito pelo juiz. Este deveria, segundo o entendimento doutrinário predominante, limitar-se a aplicar as regras preexistentes (os precedentes ou os estatutos). Os realistas fazem naufragar essa doutrina, demonstrando que ela é impossível na prática, sendo necessário, portanto, abandonar as ficções doutrinais e reconhecer abertamente o papel decisivo do juiz no funcionamento do sistema jurídico.[92]

No plano filosófico os realistas foram, também, influenciados pelas ideias do pragmatismo. Percebe-se essa associação no objeto que foi privilegiado pelos estudos realistas: o funcionamento concreto dos órgãos judiciários e as regras efetivas de sua organização. Além disso, eles se debruçaram sobre os motivos reais que orientam os comportamentos pessoais tendo em vista decisões judiciais. Isso tem forte relação com o pressuposto pragmatista segundo o qual as coisas são definidas de acordo com

---

91 Essa noção – "metafísica" – é empregada por eles para qualificar toda proposição à qual não se pode demonstrar com certeza, ou que trata de qualidades não empíricas das coisas.

92 Para uma pesquisa publicada que respeita essa perspectiva "realista" e que, tal como Llewellyn, trilhou a senda entre o direito e a antropologia, tentando perceber e descrever como o princípio jurídico da oralidade funciona efetivamente no "mundo prático" dos tribunais, cf.: Bárbara Gomes Lupetti Baptista. *Os rituais judiciários e o princípio da oralidade*: construção da verdade no processo civil brasileiro. Porto Alegre: Sergio Antonio Fabris, 2008.

aquilo que elas fazem, segundo os seus resultados – ao contrário de definições envolvendo *a priori* ditos especulativos e deduções supostamente lógico-formais.

Advém daí uma tendência ceticista bastante presente em vários realistas. Ceticista porque questionam, por exemplo, a dependência do processo decisório dos juízes – cujo resultado é a sentença – das normas oficiais e da "lógica jurídica". Declaram que essas regras formais serviam realmente para propiciar um verniz de legitimidade ou um álibi justificativo ao juiz, que, de fato, decide com base em motivos amplamente subjetivos e pessoais, ou ainda por meio de verdadeiras intuições (*"hunches"*). Assim, o recurso declarado às regras oficiais, quando da justificativa da sentença, consistiria apenas numa forma de "racionalização"[93] das decisões tomadas intuitivamente. Em outras palavras, as sentenças dos juízes são fruto de suas preferências pessoais e das perspectivas escolhidas subjetivamente. E o que determina as preferências pessoais dos juízes? Aí entra a dimensão do inconsciente, dizem os realistas. Seriam os juízes aqueles que tomam as decisões – optam entre uma série de alternativas dadas – ou seriam eles tomados por elas?

Certos realistas chegam mesmo a manifestar um ceticismo com relação à "razão humana" como organizadora da sociedade e definidora de uma noção de justiça. Pode-se dizer, quanto a isso, que o intuito dos realistas era a radical revisão do método de decisão judicial, tal como fora apresentado na tradição clássica.

Desenvolvidas essas noções, chegou-se à típica oposição entre o direito formal – aquele que oficialmente deve prevalecer, expresso nos textos legais e nas compilações jurisprudenciais –, chamado de *"law in books"*, e o direito vivo, que se constrói, na prática, o *"law in action"*. Uma vez que analisar o primeiro é perder de vista a realidade (as formas pelas quais as coisas são efetivamente feitas), ou, ao menos, boa parte dela, é preciso entender esse último, e não renegar sua existência de maneira fictícia. Daí o discurso de que a atenção deve estar dirigida aos fatos e não mais tanto às doutrinas.

Privilegiando os fatos e os mecanismos reais (nem sempre confessos) que influenciavam as decisões, os estudos realistas acabaram por privilegiar descrições fiéis das práticas concretas dos tribunais, em vez de empreender descrições acerca do direito positivo. A partir desses resultados, eles reforçaram e embasaram suas posições de que é o juiz quem cria o direito, merecendo o atributo de "jurídicas" somente aquelas normas instituídas pelos tribunais quando de suas decisões.[94] Assim entende Jerome Frank:

---

93 Entendida no mesmo sentido de Holmes: motivos irracionais reais *versus* racionais fictícios.

94 Daí a importância de estudar o perfil dos juízes e os modos de funcionamento concretos dos tribunais. Poucas são as obras no Brasil que promovem esse estudo. Vale cf.: Eliane

"ninguém conhece o direito relativo a nenhum assunto ou situação, transação ou acontecimento dados até que tenha havido uma decisão específica a respeito" (Frank[95] *apud* Moraes Filho, 1971: 179). Daí a acusação proferida por Pound de que eles são adeptos de "um culto da decisão concreta".

3.10. CONSIDERAÇÕES FINAIS

Encarar o campo do direito sob um prisma alargado por teorias sociais significa considerá-lo como algo não acabado, que existe em um processo contínuo de construção e retificação, e que interage, de forma complexa, com vários "vetores" e instituições sociais (ideias religiosas, relação de forças entre grupos sociais, valores e padrões sociais majoritários, desigualdades variadas, Estado, corporações, família...). A análise do chamado "mundo jurídico" não pode, portanto, alienar-se às considerações de outros saberes. Tais considerações podem ser incorporadas como ferramentas para a distinção das regras jurídicas das demais, na avaliação de sua importância, de seu reconhecimento e adesão pela população; para reconhecer o papel que tais regras desempenham na sociedade e para a ampliação do catálogo de recursos disponíveis aos profissionais do direito no exercício de suas atividades. Este capítulo, cuja versão final foi escrita do outro lado do mundo, delineia e apresenta particularidades de algumas tendências clássicas de pensamento, que favorecem a promoção de diálogos entre teorias sociais e o "campo do direito", obtendo resultados relevantes. Não obstante, parecem ainda secundarizadas, quer seja nas faculdades de direito, quer seja nas faculdades de ciências sociais. Tais tendências, além de ideias específicas de autores como Émile Durkheim, Karl Marx e Max Weber, melhor qualificam e compõem a noção de direito como fenômeno social. O texto faz uma apresentação sequenciada de escolas, movimentos e autores que, dado o seu valor, mereceram um tratamento mais exclusivo.

O conjunto de argumentos exposto faz pensar que as abordagens do direito que se preocupam apenas com a descrição e a apresentação estática do conjunto de regras estatais que, supostamente, formam um sistema conceitualmente lógico podem ser questionadas. Questionadas até para que se entenda como as disposições estatais funcionam concretamente (ou se não funcionam de todo), e como elas concorrem com outras normas e referenciais sociais. Espera-se que o leitor, ao final, perceba que a "ordem", a "paz" e a "harmonia" que se visa instituir em uma sociedade, em um dado momento, é apenas um dos arranjos possíveis de condutas, pessoas e coisas que precisam ser discutidos, postos à prova, questionados e, não raramente, combatidos.

Botelho Junqueira; José Ribas Vieira; Maria Guadalupe Piragibe da Fonseca. *Juízes*: retrato em preto e branco. Rio de Janeiro: Letra Capital, 1997.

95 Are judges human? *University of Pennsylvania Law Review*, v. 80, 1931, p. 41.

3.11. REFERÊNCIAS BIBLIOGRÁFICAS

ADORNO, Sérgio. Crime, justiça penal e desigualdade jurídica: as mortes que se contam no tribunal do júri. *Revista USP*, Dossiê Judiciário, nº 21, mar.-maio 1994, p. 132-151.

_____ . In: PETRY, André. O alvo está errado. Revista *Veja*, São Paulo, 3 maio 1995. Páginas Amarelas, p. 7-10.

_____ . Sistema penitenciário no Brasil. *Revista USP*, Dossiê Violência, nº 9, mar.-maio 1991, p. 65-78.

ARISTÓTELES. *Política*. 3ª ed. Brasília: UnB, 1997.

ARNAUD, André-Jean; DULCE, Maria José Fariñas. *Introdução à análise sociológica dos sistemas jurídicos*. Rio de Janeiro: Renovar, 2000.

ARRUDA JR., Edmundo Lima; GONÇALVES, Marcus Fabiano. *Fundamentação ética e hermenêutica* – alternativas para o direito. Florianópolis: CESUSC, 2002.

BAPTISTA, Bárbara Gomes Lupetti. *Os rituais judiciários e o princípio da oralidade*: construção da verdade no processo civil brasileiro. Porto Alegre: Sergio Antonio Fabris, 2008.

BENTHAM, Jeremy. *Uma introdução aos princípios da moral e da legislação*. São Paulo: Abril Cultural, 1974 (Coleção Os Pensadores).

BOBBIO, Norberto. *O positivismo jurídico*: lições de filosofia do direito. São Paulo: Ícone, 1995.

_____ . *Teoria do ordenamento jurídico*. 4ª ed. Brasília: Universitária de Brasília, 1994.

BUZANELLO, José Carlos. *Direito de resistência constitucional*. Rio de Janeiro: América Jurídica, 2002.

COMTE, Auguste. *Cours de philosophie positive*. 2ª ed., Paris, 1964.

DAMATTA, Roberto. *A casa e a rua*. Espaço, cidadania, mulher e morte no Brasil. 5ª ed. Rio de Janeiro: Rocco, 1997.

_____ . *Carnavais, malandros e heróis*. Para uma sociologia do dilema brasileiro. Rio de Janeiro: Jorge Zahar, 1979.

_____ . *O que faz o brasil, Brasil?* Rio de Janeiro: Rocco, 1984.

DURKHEIM, Émile. *As regras do método sociológico*. São Paulo: Abril Cultural, 1973 (Coleção Os Pensadores).

_____ . *Da divisão do trabalho social*. São Paulo: Abril Cultural, 1973 (Coleção Os Pensadores).

FRAGALE FILHO, Roberto da Silva. *A aventura política positivista*: um projeto republicano de tutela. São Paulo: LTr, 1998.

FRANK, Jerome. Are judges human? *University of Pennsylvania Law Review*, v. 80, 1931, p. 17-53.

FREUND, Julien. *Sociologia de Max Weber*. Rio de Janeiro: Forense Universitária, 1975.

GIDDENS, Anthony. Comte, Popper e o positivismo. In: *Política, sociologia e teoria social*: encontros com o pensamento social clássico e contemporâneo. São Paulo: Unesp, 1998, cap. 5, p. 169-239.

GOYARD-FABRE, Simone. *Os princípios filosóficos do direito político moderno*. São Paulo: Martins Fontes, 1999.

GRAMSCI, Antonio. *Cadernos do cárcere*. Rio de Janeiro: Civilização Brasileira, 1999. v. 1.

GRZEGORCZYK, Christophe. Introduction: la dimension positiviste des grands courants de la philosophie du droit. In: _____; MICHAUT, Françoise; TROPER, Michel (dir.). *Le positivisme juridique*. Paris, Bruxelles: LGDJ, Story-Scientia, 1992.

HABERMAS, Jürgen. Positivismo, pragmatismo e historismo. In: *Conhecimento e interesse*: com um novo pósfacio. Rio de Janeiro: Jorge Zahar, 1982, cap. II, p. 898-210.

HALIS, Denis de Castro. Teoria do direito e "fabricação de decisões": a contribuição de Benjamin N. Cardozo. *Revista Brasileira de Direito Constitucional*, Teoria da Constituição, n$\underline{o}$ 6 (jul./dez. 2005). São Paulo: Escola Superior de Direito Constitucional (ESDC), p. 358-374.

_____ . Manuais que informam ou manuais que desinformam? O caso da jurisprudência sociológica e do realismo norte-americano nos livros de direito do Brasil. Comunicação e artigo apresentados no XI Congresso Brasileiro de Sociologia, GT 12 – Ocupações e profissões. 1 a 5 set. 2003, Unicamp, Campinas.

_____ . Por Que Conhecer o Judiciário e os Perfis dos Juízes? O Pragmatismo de Oliver Holmes e a Formação das Decisões Judiciais. Curitiba: Juruá, 2010.

HART, Herbert L. A. Positivism and the separation of law and morals. *Harvard Law Review*, v. 71, n$\underline{o}$ 4, fev. 1958, p. 594-629.

_____ . *O direito comum*: as origens do direito anglo-americano. Rio de Janeiro: O Cruzeiro, 1963.

_____ . The path of the law. *Harvard Law Review*, v. 10, n$\underline{o}$ 8, 25 mar. 1897, p. 457-478.

JUNQUEIRA, Eliane Botelho; VIEIRA, José Ribas; FONSECA, Maria Guadalupe Piragibe da. *Juízes*: retrato em preto e branco. Rio de Janeiro: Letra Capital, 1997.

KELSEN, Hans. *Teoria geral do direito e do estado*. 2ª ed. São Paulo: Martins Fontes, 1992 [reimpr. 1995].

_____ . *Teoria pura do direito*. 6ª ed. São Paulo: Martins Fontes, 1998.

KONDER, Leandro. *O que é dialética*. São Paulo: Brasiliense, 1981 (Coleção Primeiros Passos).

LIMA, Hermes. *Introdução à ciência do direito*. 33ª ed. Rio de Janeiro: Freitas Bastos, 2002.

LLEWELLYN, Karl N. Some realism about realism: responding to Dean Pound. *Harvard Law Review*, v. 44, 1931, p. 1222-1263.

LÖWY, Michael. *As aventuras de Karl Marx contra o Barão de Munchhausen*: marxismo e positivismo na sociologia do conhecimento. 5ª ed. São Paulo: Busca Vida, 1991 [1987].

LYRA FILHO, Roberto. *O que é direito*. Brasília: Brasiliense, 1982.

_____ . *Para um direito sem dogmas*. Porto Alegre: Sergio Antonio Fabris, 1980.

MARX, Karl. *O capital*: crítica da economia política. Livro I. Rio de Janeiro: Civilização Brasileira, 1999. v. 1.

MARX, Karl; ENGELS, Friedrich. *A ideologia alemã*. 10ª ed. São Paulo: Hucitec, 1996.

MEIRELLES, Delton Ricardo Soares. Cursos jurídicos preparatórios: "espaço de formação profissional, reflexo da deformação do ensino ou reprodução de ideais corporativos?" Dissertação (Mestrado). Programa de Pós-graduação em Sociologia e Direito (PPGSD), Universidade Federal Fluminense (UFF), Niterói, 2002.

MIAILLE, Michel. *Uma introdução crítica ao direito*. Lisboa, Portugal: Moraes Editores, 1979.

MORAES FILHO, Evaristo de. *Estudos de direito do trabalho*. São Paulo: LTr, 1971.

_____ . *O problema de uma sociologia do direito*. Ed. fac-similar. Rio de Janeiro: Renovar, 1997 [1950].

PERELMAN, Chaïm. *Lógica jurídica*: nova retórica. São Paulo: Martins Fontes, 1998.

POUND, Roscoe. The scope and purpose of the sociological jurisprudence. *Harvard Law Review*, v. 25, 1912, p. 513-516.

RODRIGUES, Lêda Boechat. *A Corte Suprema e o direito constitucional americano*. 2ª ed. Rio de Janeiro: Civilização Brasileira, 1992.

_____ . Notícia bio-bibliográfica de Benjamin N. Cardozo. In: CARDOZO, Benjamin Nathan. *A natureza do processo e a evolução do direito*. São Paulo: Nacional de Direito, 1956.

SOUZA NETO, Nilton Soares de. Oliveira Vianna saído dos infernos: a utopia de um Brasil com o direito e a justiça do trabalho. 2002. Dissertação (Mestrado). Programa de Pós-graduação em Sociologia e Direito (PPGSD), Universidade Federal Fluminense (UFF), Niterói.

VON SAVIGNY, F. C. Da vocação do nosso século para a legislação e a jurisprudência. In: MORRIS, Clarence (Org.). *Os grandes filósofos do direito*: leituras escolhidas em direito. São Paulo: Martins Fontes, 2002, cap. 12, p. 288-299.

WEBER, Max. *A ética protestante e o espírito do capitalismo*. São Paulo: Martin Claret, 2001.

_____ . *A objetividade do conhecimento nas ciências sociais*. São Paulo: Ática, 1991 (Coleção Grandes Cientistas Sociais).

_____ . *Economia e sociedade*. Brasília: UnB, 1999. v. 2, cap. VII.

_____ . *Economia e sociedade*. Brasília: UnB, 1994. v. 1.

4 SOCIALIZAÇÃO E CONTROLE SOCIAL

RODRIGO GHIRINGHELLI DE AZEVEDO[96]

4.1. ORGANIZAÇÃO E ESTRUTURA SOCIAL

PODEMOS DEFINIR uma organização, do ponto de vista sociológico, como o arranjo das partes constitutivas de determinada sociedade, a organização de posições sociais e a distribuição de indivíduos nessas posições, levando em conta elementos como a classe social, o *status* social, o papel social desempenhado pelo indivíduo. Uma determinada organização social pode ser institucionalizada, ou seja, passar a funcionar a partir de um conjunto de padrões de atividade reproduzidos através do tempo e do espaço, de forma regular e contínua. As instituições tratam geralmente dos arranjos básicos de vivência que os seres humanos elaboram nas interações uns com os outros e por meio dos quais a continuidade através das gerações é alcançada.

Para Boudon e Bourricaud (1993: 411), todas as organizações têm em comum alguns traços fundamentais. Um deles é a existência de estruturas diferenciadas, ou seja, os agentes que atuam no interior de uma organização ocupam *status* hierarquicamente diferentes, e distinguem-se pela formação que recebem, pela maneira como ocupam seu tempo, pelo meio familiar de origem etc. Em se tratando de uma burocracia, isto é, um tipo de organização que se caracteriza pelo rigor do sistema de coordenação e pela definição de suas finalidades por uma do pressuposto de que a produção da sociedade é levada a cabo pelas capacidades constitutivas e ativas dos seus membros, mas utilizando recursos e dependendo de condições de que esses membros não estão cientes ou de que se apercebem apenas levemente. Resgata, assim, a afirmação segundo a qual "os homens fazem sua própria história, mas não

---

96 Bolsista de Produtividade em Pesquisa nível 1C do CNPq, Doutor (2003) em Sociologia pela UFRGS, com estágios de pós-doutorado em Criminologia na Universitat Pompeu Fabra (2009), e na Universidade de Ottawa (2013). Atualmente é professor titular da Escola de Direito da Pontifícia Universidade Católica do Rio Grande do Sul, atuando nos Programas de Pós-Graduação em Ciências Criminais e em Ciências Sociais. É líder do Grupo de Pesquisa em Políticas Públicas de Segurança e Administração da Justiça Penal (GPESC), e membro do Fórum Brasileiro de Segurança Pública. É pesquisador associado e membro do Comitê Gestor do Instituto Nacional de Estudos Comparados em Administração Institucional de Conflitos (INCT-INEAC). Membro do Grupo de Trabalho Violências, Políticas de Seguridad y Resistências, da CLACSO, coordenador do Comitê de Pesquisa em Violência e Sociedade da Sociedade Brasileira de Sociologia e associado sênior do Fórum Brasileiro de Segurança Pública.

a fazem como querem; não a fazem sob circunstâncias de sua escolha e sim sob aquelas com que se defrontam diretamente, ligadas e transmitidas pelo passado" (Marx, 1961: 203).

A ideia de uma dualidade estrutural é central, uma vez que a estrutura aparece como condição e consequência da produção da interação. A estrutura é considerada como sendo o conjunto de regras e recursos implicados na reprodução de sistemas sociais. Existe no mundo como traços de memória, a base orgânica da cognoscitividade humana, e como exemplificada na ação. Há, portanto, uma dualidade da estrutura, como meio e resultado da conduta que ela recursivamente organiza, o que significa que as propriedades estruturais de sistemas sociais não existem fora da ação, mas estão permanentemente envolvidas em sua produção e reprodução. Em virtude dessa dualidade, ocorre a estruturação de relações sociais ao longo do tempo e do espaço.

O sociólogo francês Pierre Bourdieu adota perspectiva semelhante para abordar as relações entre estrutura e ação individual. Segundo ele, o social é constituído por campos, microcosmos ou espaços de relações objetivas, que possuem uma lógica própria, não reproduzida e irredutível à lógica que rege outros campos. O campo é tanto um "campo de forças", uma estrutura que constrange os agentes nele envolvidos, quanto um "campo de lutas", em que os agentes atuam conforme suas posições relativas no campo de forças, conservando ou transformando a sua estrutura. Na concepção do que se intitula Estruturalismo Construtivista, existem no mundo social estruturas objetivas que podem dirigir, ou melhor, coagir a ação e a representação dos indivíduos, dos chamados agentes. No entanto, tais estruturas são construídas socialmente assim como os esquemas de ação e pensamento, chamados por Bourdieu de *habitus* (Bourdieu, 1989).

Nessa perspectiva, as estruturas e as mudanças estruturais são propriedades emergentes que resultam das ações recorrentes e reiterativas dos atores que ocupam um determinado espaço social; a consciência desses atores (estilos de pensamento, valores e sensibilidades) é um elemento chave na produção da mudança e na reprodução da rotina. Os atores e agências que ocupam um determinado campo, com suas experiências, formação, ideologias e interesses particulares, são os sujeitos humanos através dos quais se desenvolvem os processos históricos. Uma nova configuração não emerge definitivamente até que se conforme nas mentes e nos hábitos de quem faz funcionar o campo – o que Bourdieu denomina *habitus*. O *habitus* é um sistema de disposições, modos de perceber, de sentir, de fazer, de pensar, que nos leva a agir de determinada forma em uma circunstância dada.

4.2. SOCIALIZAÇÃO: INTEGRAÇÃO E ADAPTAÇÃO AO MEIO SOCIAL

Socialização é o processo através do qual os indivíduos passam a adotar os valores e padrões de comportamento do seu entorno social. Esses processos se iniciam na infância e prosseguem ao longo da vida, através de mecanismos formais e informais de aprendizagem social, e a sua maior ou menor eficácia varia de acordo com uma série de fatores individuais e sociais. O estudo dos mecanismos de socialização relaciona-se com o debate mais amplo nas ciências sociais sobre a natureza da ordem social e sobre os mecanismos de poder utilizados para garantir a adequação dos comportamentos humanos aos costumes, regras e normas institucionalizadas.

Para Durkheim, a socialização assumia uma importância considerável, por ser responsável pela transmissão das normas e valores da sociedade às gerações seguintes. Ele foi o primeiro sociólogo a preocupar-se explicitamente com o fenômeno da socialização, a partir de uma abordagem funcionalista, segundo a qual os mecanismos de socialização assumem uma função integradora, responsável pela manutenção da ordem social.

Ainda na tradição do estrutural-funcionalismo, Talcott Parsons define a socialização como o processo pelo qual as pessoas aprendem a cumprir os papéis que lhes são prescritos pelo sistema social. Parsons incorpora um componente normativo, de resto característico da tradição funcionalista, que é a ideia de que a socialização realizada em um dado sistema social é sempre positivamente avaliada. Nesse sentido, mais interessante é a contribuição de Robert Merton, que, em sua teoria da anomia, reconhece que a socialização para os objetivos de sucesso dominantes em uma sociedade (objetivos culturais) é disfuncional para os indivíduos aos quais são negados os meios institucionais adequados para a obtenção destes objetivos (Jahoda, 1993: 713).

A noção de socialização como processo interativo de construção social da realidade encontra expressão em diversos trabalhos, como na obra *Mind, self and society* (1934), de George Mead, o primeiro a descrever a socialização como construção de uma identidade social. Para ele a socialização se constitui através da construção progressiva da comunicação do *self* como membro de uma comunidade, participando ativamente de sua existência e, portanto, de sua transformação (Dubar, 2005: 116). Como uma construção social, a socialização se dá em um processo que passa por três fases distintas: a assunção de papéis desempenhados por seus próximos, por imitação; a passagem do "jogo sem regras" para o "jogo com regras", em que as crianças passam a respeitar regras externamente elaboradas e garantidas; e uma terceira etapa que consiste em ser reconhecido pelo grupo como membro da comunidade, partícipe do processo de construção normativa.

Dessa forma, não se pressupõe uma mera "adaptação" do indivíduo a uma organização, sistema ou estrutura social, como defendiam as abordagens funcionalistas; é necessária uma identificação com o papel social interiorizado, o que implica que o indivíduo não seja somente um integrante passivo que interiorizou os valores gerais do grupo, mas também um ator que desempenha no grupo um papel útil e reconhecido.

4.3. NÍVEIS DE SOCIALIZAÇÃO (PRIMÁRIA E SECUNDÁRIA)

Para Luckmann e Berger (2004), todo indivíduo, ao nascer, ainda não é considerado membro de uma sociedade, mas possui uma predisposição para fazer parte dela. Para que ocorra essa inclusão, é necessário que ele se socialize. A socialização pode ser definida como a introdução do indivíduo no mundo objetivo de uma sociedade e ocorre a partir do momento em que ele passa por um processo de interiorização que constitui a base da compreensão dos seus semelhantes, no qual os acontecimentos objetivos são interpretados como dotados de sentido.

O processo de socialização, mesmo que constante na vida do indivíduo, nunca se encerra e está dividido em duas partes: a primeira, chamada socialização primária, na qual o indivíduo incorpora os elementos de sua estrutura social básica; e a segunda, conhecida como socialização secundária, referente à aquisição do conhecimento de funções específicas, no interior de certas instituições.

Os valores significativos interiorizados pela criança na socialização primária lhe são impostos, e as definições que lhe são dadas através desses valores compõem a realidade objetiva. A partir daí a criança passa a participar do mundo social objetivo, e as suas características são percebidas de acordo com a localização da criança na estrutura social e também com a disposição do seu temperamento para sentir, de um modo especial e específico dela, a influência de diversos fatores.

Durante o processo de socialização primária, não há escolha por parte da criança a respeito das significações as quais irá absorver: um mundo lhe é imposto e ela é obrigada a aceitá-lo. A criança, além de absorver papéis e atitudes dos pais (ou responsáveis por sua socialização primária), também passa a tomar o mundo deles como seu. A interiorização só se realiza quando há identificação, ou seja, quando a criança absorve os papéis, tornando-os seus. Se a criança não tem escolha ao selecionar seus outros significativos, identifica-se automaticamente com eles. Por isso, a interiorização da realidade particular em que está inserida é quase inevitável. "A criança pode participar do jogo com entusiasmo ou com mal-humorada resistência, mas infelizmente não há outro jogo à vista" (Berger e Luckmann, 2004: 180).

Dessa forma, a criança não interioriza um mundo como um dos muitos possíveis para ela, mas como a única possibilidade que se apresenta. Por isso o mundo interiorizado na socialização primária torna-se muito mais firmemente arraigado na consciência do que os mundos interiorizados nos processos de socialização secundária. Além disso, a interiorização da realidade durante a socialização primária não se dá de uma vez para sempre, é um processo contínuo: a socialização nunca é total e nem está jamais acabada.

4.4. A SOCIALIZAÇÃO SECUNDÁRIA: A APREENSÃO DE UM NOVO UNIVERSO SIMBÓLICO

A socialização secundária consiste na incorporação de "saberes profissionais", através da qual o indivíduo interioriza certas normas ou técnicas para a realização de um trabalho ou profissão. O processo de socialização secundária torna-se necessário à medida que a divisão social do trabalho ocasiona a distribuição social do conhecimento e, portanto, passa a ser necessária a aquisição de capacidades para o desempenho de funções específicas, com raízes na própria divisão do trabalho e do consequente aumento da complexidade social.

Ao contrário do que ocorre na socialização primária, na qual os pais são responsáveis pela interiorização de valores apreendidos pelo indivíduo, a socialização secundária compreende o contexto das instituições responsáveis pela interiorização dos novos conceitos, através de funcionários institucionais, como professores. Esse "programa especializado", conjunto de valores, "mundo simbólico" é então construído com base em novas referências, e exige a aquisição de um vocabulário específico, de funções que estruturam interpretações e condutas de rotina em uma área institucional, e de um aparelho legitimador, acompanhado de símbolos rituais ou materiais.

O cotidiano institucional que caracteriza, nesse caso, um processo de socialização secundária é dotado de uma organicidade e uma normatização sistemática que visa a incorporação das normas e valores propostos. Como argumentam Berger e Luckmann (2004: 185), "os submundos interiorizados na socialização secundária são geralmente realidades parciais, em contraste com o 'mundo básico' adquirido na socialização primária. Contudo, eles também são realidades mais ou menos coerentes, caracterizadas por componentes normativos e afetivos assim como cognoscitivos."

Mas a aquisição desses novos saberes também pressupõe uma socialização primária, ou seja, já existe um mundo interiorizado e uma personalidade formada. Os novos conteúdos precisam, de certo modo, sobrepor-se a essa realidade já presente, o que pode resultar em um problema de coerência entre as interiorizações primeiras e as novas, com um prolongamento ou complementação da socialização primária ou a total ruptura com ela.

Ao contrário da socialização primária, que não pode ser realizada sem identificação, carregada de emoção da criança com seus outros significativos, a socialização secundária pode dispensar esse tipo de identificação e ocorrer somente com a identificação mútua que se dá em qualquer comunicação entre os indivíduos (Berger e Luckmann, 2004: 188). Nesse sentido, são necessários vários "choques biográficos" para desintegrar a realidade massiva interiorizada na primeira infância, ao passo que é preciso muito menos para destruir as realidades interiorizadas mais tarde, ou seja, é relativamente fácil anular as interiorizações secundárias.

Há, de acordo com Berger e Luckmann (2004: 195), sistemas muito diferenciados de socialização secundária em instituições complexas, que se realizam através de um programa formal que comporta uma série de técnicas com objetivo de gerar uma identificação com o novo papel. Para que tal transformação tenha êxito, são necessárias algumas condições, como o distanciamento de papéis anteriores; técnicas que assegurem uma forte identificação com o novo papel; a ação de um aparelho de conversação, para reconstruir, manter ou modificar a realidade subjetiva. Nos casos de elevada complexidade, é necessário criar órgãos especializados para a viabilização da socialização secundária, com pessoal em tempo integral, especialmente para as tarefas educacionais. Dessa forma, quando é necessário que os processos de interiorização secundária tenham maior grau de persistência na vida do indivíduo, os procedimentos de socialização terão de ser intensificados e reforçados.

Há, entretanto, uma distinção importante feita por Berger e Luckmann (2006: 208), que se refere a uma variação do grau de modificação da realidade subjetiva do indivíduo. Se a realidade subjetiva nunca é integralmente socializada, ela também não pode ser totalmente transformada por processos sociais. Porém, existem casos de transformações que parecem totais quando comparadas a mudanças menores, e essas transformações mais profundas são chamadas "alternações". Elas exigem um processo de "ressocialização", que se assemelha à socialização primária. A ressocialização é distinta da socialização primária, uma vez que ela necessita desmantelar o que foi construído nos primeiros processos de socialização. O exemplo histórico da alternação é a conversão religiosa. O indivíduo que passou por uma "eficaz" alternação reinterpreta sua biografia passada através de exemplos como "então eu pensava... agora sei"; "quando eu ainda vivia numa vida de pecado"; "quando eu ainda tinha uma consciência burguesa" (Berger e Luckmann, 2004: 212).

4.5. MECANISMOS E AGENTES DE SOCIALIZAÇÃO

Boudon e Bourricaud (1993: 518) identificam nos trabalhos de Piaget sobre a formação do julgamento moral em crianças uma aplicação exemplar do paradigma da interação, que entendem como o mais adequado para a compreensão do funcionamento dos mecanismos de socialização. Para Piaget, a formação do julgamento moral na criança, assim como o domínio progressivo das operações lógicas, depende de um processo de desenvolvimento das estruturas cognitivas, mas também da natureza do sistema de interações no qual a criança está inserida. Quando as interações se limitam aos pais, a criança tende a reificar as regras morais e comportar-se de maneira egocêntrica. A interiorização do sentido da reciprocidade e da justiça provém do confronto com situações em que a criança só pode obter o respeito de seus próprios direitos manifestando seu respeito pelo direito dos outros.

O paradigma da interação permite compreender o processo de socialização como um processo adaptativo que, em face de uma situação nova, leva o indivíduo a lançar mão de seus recursos cognitivos, assim como das atitudes normativas resultantes do processo de socialização. Essa concepção permite incluir a hipótese da otimização, ou seja, em uma dada situação, o sujeito/agente social busca ajustar seu comportamento ao conjunto de suas preferências e interesses, o que não significa que escolherá a melhor opção, mas sim a que lhe pareça melhor em função de seus recursos e atitudes, bem como da forma como concebe a situação. A socialização produz a interiorização de normas, valores, estruturas cognitivas e conhecimentos práticos, e leva à aquisição de aptidões específicas e ao domínio de procedimentos operatórios mais ou menos adaptáveis à diversidade das situações concretas.

Além da família, podemos considerar como mecanismos e/ou agentes de socialização nas sociedades contemporâneas a escola e os grupos de pares, o ingresso na vida profissional e econômica, a atuação dos meios de comunicação de massa, a participação na vida comunitária, e até mesmo os requisitos e condições de aposentadoria. Conforme Marie Jahoda (2003: 712),

> Uma vasta quantidade de estudos tratou da influência de cada uma dessas agências. Outros estudos partiram do produto final da socialização, por exemplo, a motivação para a realização pessoal em uma sociedade competitiva (McClelland, 1961) ou a identidade de gênero, e procuraram descobrir as agências mediadoras que pudessem produzir tais resultados. Ainda outros estudos observaram os receptores de pressões de socialização como agentes ativos que efetuam escolhas deliberadas. Willis (1977), por exemplo, demonstrou que a resistência ativa, inteligente e racional às metas da socialização escolar levou um grupo de escolares subprivilegiados a contribuir ativamente para a sua socialização em empregos não especializados e insatisfatórios.

Para Boudon e Bourricaud (1993: 522), "as incertezas dos estudos relativos aos fenômenos de socialização resultam, em boa parte, do fato de que eles se vinculam ao que Wrong chama de *oversocialized view of man*, literalmente: 'visão supersocializada do homem'". É preciso considerar que os efeitos da socialização são apenas um entre outros parâmetros para a ação, e que, como o conceito de socialização secundária indica, a própria socialização está sujeita a efeitos de retroação produzidos pelos processos de interação social em que o indivíduo se acha imerso.

4.6. CONTROLE SOCIAL: UMA DEFINIÇÃO INSTRUMENTAL

O conceito de controle social está presente, de forma indireta, desde os clássicos da filosofia política. Encontra-se, por exemplo, na teoria do Estado de Hobbes, entendido como a limitação do agir individual na sociedade. Embora já estivesse presente, portanto, desde os primórdios do pensamento social moderno, o tema do controle social adquire lugar de destaque na teoria sociológica dentro da perspectiva do estrutural-funcionalismo.

Para Talcott Parsons, principal representante dessa corrente, continuidade e consenso são as características mais evidentes das sociedades. Assim como um corpo biológico consiste em várias partes especializadas, cada uma das quais contribuindo para a sustentação da vida do organismo, Parsons, seguindo Durkheim, considera que o mesmo ocorre na sociedade. Para que uma sociedade tenha continuidade ao longo do tempo, ocorre uma especialização das instituições (sistema político, religioso, familiar, educacional, econômico), que devem trabalhar em harmonia. A continuidade da sociedade depende da cooperação, que, por sua vez, presume um consenso geral entre seus membros a respeito de certos valores fundamentais (Giddens, 1993: 721).

Parsons define a teoria do controle social como a análise dos processos do sistema social que tendem a se contrapor às tendências desviadas e das condições em que operam tais processos (Parsons, 1966: 305). O ponto de referência teórico para essa análise é o equilíbrio estável do processo social interativo. Uma vez que os fatores motivacionais desviados estão atuando constantemente, os mecanismos de controle social não têm por objetivo a sua eliminação, apenas a limitação de suas consequências, impedindo que se propaguem além de certos limites. Existe grande relação, para Parsons, entre os processos de socialização e de controle social. Ambos consistiriam em processos de ajustamento a tensões.

A partir da década de 1960, o conceito de controle social foi reinterpretado pelo pensamento sociológico, no interior das novas teorias do conflito (Darendhorf, 1994), e da obra de Michel Foucault (1977), para quem a sociedade é vista como um campo de forças conflituais, em que se enfrentam diferentes estratégias de poder. A partir de uma perspectiva conflitual da ordem social, o controle social é conceituado como sendo a estratégia tendente a naturalizar e normalizar uma determinada ordem social, construída pelas forças sociais dominantes (Pavarini e Pegoraro, 1995: 82), atuando em dois níveis distintos: o ativo ou preventivo, mediante o processo de socialização; e o reativo ou estrito, quando os mecanismos de controle atuam para coibir as formas de comportamento não desejado ou desviado.

Mas foi no âmbito do debate sociocriminológico, com o desenvolvimento da Teoria do Etiquetamento (*Labeling Approach* – Becker, 1991; Goffman, 1974), baseada no interacionismo simbólico, ao concentrar a atenção sobre os aspectos definicionais da conduta humana e indagar como influi sobre ela a reação que provocam os distintos gestos significantes, que se produziu uma verdadeira "revolução científica", que substituiu o paradigma etiológico pelo paradigma do controle social (Bergalli, 1991). O interesse dos estudos criminológicos e da sociologia criminal se desloca da criminalidade para os processos de criminalização.

O complexo de momentos em que se fragmenta a justiça penal, articulada através da intervenção do legislador, da polícia, dos tribunais e dos cárceres, recebeu da perspectiva interacionista a denominação de **processos de criminalização** (DIAS e ANDRADE, 1992: 342), colocando no centro de suas análises o tema do conflito no interior dessas instituições, a partir das motivações sociais e políticas que pautam a atuação dessas instâncias de controle social reativo formal.

O direcionamento da **questão criminal** para os processos de criminalização é reforçado pelas análises da Nova Criminologia ou Criminologia Crítica (Taylor, Walton, Young, 1990; Baratta, 1998), que lançou mão do instrumental metodológico marxista para compreender até que ponto a velha criminologia positivista e seus distintos objetos de conhecimento transmitiam uma visão ideologizada da criminalidade, e como o direito penal era o principal irradiador de ideologias sobre todo o sistema de controle penal.

Esses estudos deram origem a diversos movimentos, orientados uns para a erradicação do sistema penal tal como hoje se conhece, para voltar a formas privadas de solução de conflitos (Hulsman e De Celis, 1982), outros para uma restrição do sistema, através de estratégias de descriminalização e de elevação das garantias individuais (Ferrajoli, 2002), e outros ainda voltados para a utilização do sistema para atender precisamente à proteção dos setores sociais vulneráveis (Young e Matthews, 1992).

4.7. DIREITO E CONTROLE SOCIAL

O nível reativo constitui o terreno concreto da sociologia do controle social e se expressa por meios informais e formais. Os meios informais são de natureza psíquica (desaprovação, perda de *status* etc.), física (violência privada), ou econômica (privação de emprego ou de salário). Nesse caso, as normas jurídicas atuam como limite para excluir alguns em determinadas circunstâncias. Já os meios formais de controle social reativo são constituídos por instâncias ou instituições especialmente voltadas para este fim (a lei penal, a polícia, os tribunais, as prisões, os manicômios etc.), caracterizando o uso da coerção por instâncias centralizadas para manter a ordem social, legitimado pelo discurso do direito. Teoricamente sua atuação está prévia e estritamente estabelecida pelo direito positivo, nos códigos penais e leis processuais.

O direito penal objetivo constitui-se do conjunto de normas a partir das quais a conduta das pessoas pode ser valorada em relação a certas pautas de dever e cujo descumprimento acarreta a aplicação de uma punição institucionalizada. As normas penais constituem-se, portanto, em um aspecto central ao estudo do sistema de controle jurídico-penal, sem esquecer as descontinuidades, interrupções ou interferências quanto à sua aplicação, que se manifestam nas estratégias dominantes de controle social.

A chamada "ciência do direito penal" dedicou-se à análise lógico-formal das normas e do ordenamento, procurando tornar previsível a conduta do juiz que aplicará a norma e, com isso, alcançar o máximo de segurança jurídica, base legitimadora do Estado de Direito. Não conseguiu, no entanto, dar respostas decisivas sobre a origem ou gênese das normas penais, na medida em que a presença de uma norma penal em um momento concreto de uma sociedade dada deve ser buscada na individualização dos interesses sociais que impulsionaram a criação da norma e continuam sustentando sua presença no ordenamento jurídico respectivo. Uma compreensão metanormativa do direito que vá além da dogmática jurídica deve, portanto, partir da investigação sobre a gênese e o conteúdo da norma, para em seguida investigar o seu impacto nas relações sociais.

A emergência de um controle social do tipo jurídico expressa a autonomização do direito em relação à esfera cultural (principalmente em relação à religião), vindo suplementar as carências dos costumes na orientação das condutas sociais, e desempenhando um papel indispensável na interpretação das normas sociais e na resolução e/ou administração dos conflitos em sociedades marcadas pelo pluralismo cultural. Tanto os processos de criação quanto de aplicação das normas jurídicas em geral, e das normas penais em particular, respondem a certas orientações que não coincidem sempre com aquelas que parecem enunciar as normas. Além disso, é preciso levar em conta as consequências imprevistas da entrada em vigor de novas normas jurídicas, que muitas vezes não correspondem àquele que era o objetivo do legislador ao aprová-la. Assim, os estudos não dogmáticos e metanormativos, centrados na origem, no conteúdo e na incidência das normas jurídico-penais sobre a sociedade, passaram a constituir o campo empírico de reflexão da sociologia do controle penal.

A partir de uma abordagem pluridisciplinar, que incorpora a contribuição da antropologia cultural, da psicologia social, da sociologia, da teoria do Estado e da economia política, surgem as diferentes facetas daquilo que Bergalli (1991: 31) reconhece como um objeto de conhecimento complexo e articulado, a questão criminal. O interesse científico é definitivamente deslocado das causas individuais do comportamento criminal em direção aos processos de definição e de seleção dos comportamentos sobre os quais incide o controle penal, e é em torno desse objeto que se desdobram os principais embates nas arenas políticas de elaboração, decisão e execução do poder estatal.

No Brasil, com a redemocratização, a demanda pela prestação de justiça pelo Estado, tanto no âmbito do direito civil como no do direito criminal, elevou-se significativamente, em parte pela atuação de entidades da sociedade civil e movimentos sociais interessados em colocar em prática as conquistas legislativas alcançadas. A prestação estatal de justiça passou a ser questão prioritária, e diminuiu progressiva e significativamente o grau de tolerância com a baixa eficiência do sistema judicial. No entanto, segundo relatório do BID a respeito da América Latina, em 1994 o setor judiciário de toda a região apresentava ainda enorme atraso em relação a outras áreas da atividade pública, enfrentando problemas como a obsolescência dos procedimentos legais, a escassez de recursos, a crescente litigiosidade nas relações sociais e a progressiva congestão dos serviços, implicando crescente perda de confiança da opinião pública (Sadek, 1995).

No âmbito da justiça penal, a situação é dramática, já que a defasagem do sistema judicial e prisional para dar conta do aumento da criminalidade urbana violenta leva ao aumento do arbítrio policial e à expansão dos mecanismos informais de atuação da polícia (Adorno, 1994), colocando em questão a própria existência de um Estado de Direito para amplos setores da população. A atuação das instâncias judiciais penais como uma "linha de montagem" (Sapori, 1995) relaciona-se diretamente com o aumento da demanda por controle social e a crescente criminalização de condutas. Com o debilitamento dos mecanismos de controle social informal, o sentimento social de desordem amplia a demanda para que o poder judiciário restaure a ordem mesmo em domínios como a vizinhança e os conflitos de família ou de trânsito.

Para assegurar a consistência das expectativas normativas existentes na sociedade, o mecanismo eleito é a pena ou sanção, e o sistema penal passa a ter de responder a uma demanda crescente por resolução de conflitos privados. O aumento das condutas criminalizadas e a exigência de um maior controle sobre delitos antes resolvidos no âmbito da comunidade reforçam os estereótipos que apontam para a rotinização do controle social formal e a consequente seletividade. Assim, são criados estereótipos de crimes mais frequentes, de criminosos mais recorrentes e de fatores criminogênicos mais importantes, paralelamente à minimização ou distanciamento em relação aos crimes que extravasam desse perfil.

Os padrões de funcionamento da Justiça Criminal passam a sofrer alterações significativas, fruto tanto de mudanças legislativas que criminalizam certas condutas, descriminalizam outras e modificam a dinâmica processual, como da atuação das agências policiais e da própria máquina judiciária. Nesse sentido, compete a uma sociologia da administração da justiça verificar que indicadores expressam esses movimentos de política criminal, identificando a existência de mudanças sincrônicas ou diacrônicas nos mecanismos de prestação de justiça penal institucionalizados.

Diante da evidência dos sinais de uma crise no funcionamento da Justiça, com processos que se avolumam, excessiva lentidão, imprevisibilidade de decisões e inacessibilidade para a maioria, paralelamente ao expressivo aumento da demanda por Justiça, a sociologia da administração da justiça, entendida como um grupo temático no interior da sociologia jurídica, tem adquirido maior relevância, pela investigação de temas como o acesso à justiça, a administração da justiça enquanto instituição dirigida à produção de serviços especializados, e a litigiosidade social e os mecanismos da sua resolução existentes nas sociedades contemporâneas (Santos, 1986).

4.8. AGENTES DE REALIZAÇÃO DA ORDEM JURÍDICA (FORÇAS POLICIAIS, ADVOGADOS, MAGISTRADOS, MINISTÉRIO PÚBLICO E DEFENSORIA)

As pesquisas empíricas da sociologia do direito, a partir dos anos 1960, orientam-se pelo estudo da complexidade que está por trás da relação entre normatividade estatal e orientação dos comportamentos individuais, através dos diversos níveis de realização do sistema de controle penal. O resultado é a imposição de uma noção relativista e pluralista a respeito das normas jurídicas, pelo reconhecimento de que sua autoridade nem sempre estaria baseada na legitimidade do consenso. A precisão e a generalidade das regras de direito, preocupação da dogmática jurídica, revelam-se mais formais do que reais, sendo permanentemente submetidas a uma reinterpretação dinâmica e variável pelos responsáveis pela sua aplicação, e objeto de uma permanente negociação.

Do ponto de vista teórico, duas posições concorrentes emergem após esse período de estudos empíricos. De um lado, a relação entre regra e conduta continua a ser percebida na perspectiva de uma relação causal, seja no sentido de que a conduta é um fator determinante da regra (hipótese cultural), ou, pelo contrário, a regra é um fator determinante da conduta (hipótese política).

Em outra perspectiva, as relações entre regra e conduta teriam a natureza de uma relação simbólica, em que o controle social formal seria o local da produção, da manutenção e da imposição de um imaginário social carregado de valores ou ideologias, e as normas jurídicas participariam intimamente do processo incessante através do qual os indivíduos produzem e negociam cotidianamente a ordem social.

Entre as instâncias de controle social regulamentadas pelas normas jurídicas, o controle penal é aquele exercido com o auxílio de instrumentos coercitivos definidos pelo ordenamento jurídico-penal, através de um processo e em função dos princípios e garantias previstos pela ordem constitucional correspondente. Compete ao poder legislativo, nas sociedades modernas constitucionalmente regulamentadas, delimitar os casos, as formas e os meios através dos quais o Estado pode intervir coercitivamente, no momento em que um interesse ou um conjunto de interesses é atacado ou infringido.

Encarregados de aplicar a lei e julgar os casos concretos, os juízes são atores centrais do sistema de justiça. Os magistrados têm sido objeto de estudos a respeito do conteúdo e motivação de suas decisões. As pesquisas sobre o comportamento profissional, a mentalidade dos juízes, a origem social dos magistrados, colocaram em evidência a falácia do mito da neutralidade, abrindo um campo de indagações sobre as reais motivações das decisões judiciais.

As investigações empíricas sobre o perfil da magistratura e da atividade judicial têm servido para indicar que as decisões judiciais são influenciadas por uma série de variáveis, entre as quais são relevantes a situação e a ideologia política, a formação e a posição na hierarquia social e profissional dos magistrados (Viana *et al.*, 1997). As conclusões em geral apontam para a existência de uma dupla seletividade na atividade judiciária: seletividade na aplicação da lei, com maior probabilidade de punição para os setores sociais desfavorecidos econômica e culturalmente, e de favorecimento para as classes superiores, e seletividade na interpretação da lei, com a utilização pelo juiz de seu poder discricionário segundo suas opções políticas e ideológicas.

O Ministério Público é a instituição responsável pelo oferecimento da denúncia nos delitos de ação pública e pelo controle externo da atividade policial. Avaliando o impacto das mudanças legais e institucionais ocorridas a partir dos anos 1980 no Brasil, alguns estudos foram empreendidos por pesquisadores ligados ao IDESP (Instituto de Estudos Econômicos,

Sociais e Políticos de São Paulo), ressaltando a importância da nova arquitetura institucional e das novas atribuições adquiridas, especialmente a titularidade da defesa dos direitos difusos e coletivos, e a atuação do Ministério Público no contexto da judicialização crescente da atividade política e de juridificação da sociedade brasileira.

O reconhecimento de novos direitos na década de 1980 e a criação de novos instrumentos jurídicos para sua defesa combinaram-se com um processo de reestruturação institucional, tornando o Ministério Público o mais importante agente na defesa de direitos coletivos pela via judicial, produzindo um alargamento do acesso à justiça no Brasil. Para Arantes (2002), o novo quadro institucional representa uma possibilidade de judicialização dos conflitos políticos e uma crescente politização da instituição, que se torna um ator relevante no processo político. Segundo o autor, "a razão principal da atuação desenvolta do Ministério Público, como agente político da lei, é indubitavelmente a independência funcional de seus membros, conquistada por meio de uma sucessão de alterações pontuais, mas cumulativas, da legislação ordinária e constitucional" (Arantes, 2002: 304-305).

O autor também destaca o predomínio de uma visão conservadora da política e da sociedade brasileira, que segundo ele seria sustentada por grande parte dos integrantes do Ministério Público (84% de seus entrevistados), para os quais o papel de um órgão público na defesa dos direitos de cidadania é fundamental em razão da fraqueza da organização da sociedade civil brasileira, a qual se caracteriza por sua "hipossuficiência". Na visão dos integrantes da instituição, alguém teria de tutelar os direitos fundamentais do cidadão, até que ele mesmo tenha condições de desenvolver autonomamente a defesa de seus interesses, e esse "alguém" seria o próprio Ministério Público, preferencialmente pelas vias judiciais, já que a esfera da política estaria definitivamente pervertida pela fraqueza da sociedade civil e pela hipertrofia do Estado, tornando viciadas as instituições políticas.

Em levantamento de literatura nas ciências sociais brasileiras sobre o Ministério Público, Jacqueline Sinhoretto (2007) conclui que têm sido enfatizadas, majoritariamente, as mudanças no perfil profissional e no ideário institucional provocadas pela incorporação de novas atribuições na defesa dos direitos transindividuais, em que pese a visão conservadora sobre o papel da sociedade civil, e em contraste com as pesquisas que apontam para uma valorização das práticas exclusivamente retributivas na área penal e a falta de investimento institucional no controle e persecução à violência policial.

Por fim, com relação à atuação da polícia judiciária, o trabalho policial de investigação criminal é confrontado cotidianamente com a imensurável cifra oculta de delitos praticados. É sabido que uma pequena parcela dos casos que chegam até a polícia judiciária são transformados em processo penal, explicitando a incapacidade institucional para apurar a maior parte dos eventos criminais. Conforme Zaluar,

> Uma porcentagem incrivelmente elevada de homicídios não é objeto de inquérito policial, e seus autores não são jamais identificados. Um estudo do sistema criminal de Justiça em São Paulo revelou que as maiores porcentagens de condenação estão entre os acusados de tráfico de drogas ou de roubo, e não entre os acusados de homicídios e assalto à mão armada, os dois crimes que mais apavoram as pessoas. Ainda um outro provou que, de 4.277 boletins de ocorrência de homicídios, apenas 4,6% tiveram o autor e o motivo conhecidos e registrados. No Rio de Janeiro, mais um estudo mostrou que 92% dos casos de homicídio foram devolvidos à polícia porque não tinham as provas necessárias para serem julgados (Zaluar, 2007: 43-44).

No Rio Grande do Sul, estado cuja taxa de elucidação de delitos está entre as melhores do País, dados disponibilizados pela Secretaria de Segurança Pública referentes ao ano de 2007 dão conta de que, do total de inquéritos iniciados, 55% são finalizados e remetidos ao Ministério Público, e, destes, apenas 15% dão origem a uma denúncia e chegam, então, ao Poder Judiciário. Em decorrência disso, o processo penal, que é instaurado em relativamente poucos casos, passa a ser utilizado como um mecanismo de punição antecipada, já que a prisão imediata e todos os demais ritos processuais podem oferecer uma falsa sensação de eficácia do poder punitivo do Estado.

4.9. O USO DA FORÇA E SEUS LIMITES

Desde o retorno à democracia, com a promulgação da Constituição Federal de 1988, tem se tornado cada vez mais explícita a dificuldade do sistema de justiça penal e segurança pública para, dentro da legalidade, lidar com a crescente taxa de criminalidade, acarretando a perda de legitimidade do Estado e a falta de confiança nas instituições de justiça e segurança.

No período que vai de 1980 a 2003, a taxa de mortalidade por homicídio no país subiu de 11,4 homicídios/100 mil habitantes para 29,1 homicídios/100 mil habitantes, acumulando mais de 1 milhão de mortes por homicídio doloso nas três últimas décadas. A ampla maioria dos mortos é economicamente desfavorecida, com baixa escolaridade, jovem, masculina, negra e residente na periferia dos grandes centros urbanos. Em números absolutos, o pico das taxas de homicídio ocorreu em 2003, com 51.043 assassinatos no ano, iniciando-se a partir de 2004 uma trajetória descendente (Waiselfisz, 2007).

O problema não é apenas brasileiro. Estudo elaborado por Waiselfisz (2008), utilizando como fonte principal para a construção dos indicadores o Sistema de Informação Estatística da Organização Mundial da Saúde – OMS, em que analisa 83 países, 16 deles latino-americanos, revela que o continente tem a maior taxa de homicídios do mundo e, nesse contexto, os jovens são as principais vítimas. De acordo com o relatório – lançado em parceria pelo Instituto Sangari, pelo Ministério da Justiça do Brasil e pela Rede de Informação Tecnológica Latino-Americana (RITLA) –, a taxa de homicídios entre jovens de 15 a 24 anos na América Latina é de 36,6 para cada 100 mil habitantes. Na América do Norte, essa taxa é de 12, e, na Europa, de 1,2. Entre os 83 países analisados, os cinco primeiros colocados no ranking que mede a taxa de homicídio juvenil são da América Latina. A lista é liderada por El Salvador, com 92,3 homicídios para cada 100 mil habitantes. O Brasil é o quinto colocado, com taxa de 51,6 por 100 mil. Levando em conta a população em geral, o Brasil também ocupa o quinto posto, situado na faixa dos cinco países com altas taxas de homicídios na região, com 25,2 por 100 mil habitantes, tomando como base o ano de 2005. Os demais, por ordem de classificação, são El Salvador (48,8), Colômbia (43,8), Venezuela (30,1) e Guatemala (28,5).

Há hoje uma consciência crescente de que a lei e os direitos ainda desempenham um papel menor na determinação do comportamento dos indivíduos e instituições no Brasil e na América Latina como um todo. De acordo com o Relatório do Latinobarômetro 2005, há uma grande desconfiança na capacidade do Estado de implementar sua legislação imparcialmente e apenas 21% dos brasileiros afirmam respeitar as leis (Vilhena, 2007: 42).

Para O'Donnel, a maioria dos países da América Latina não foi capaz de consolidar sistemas de Estados de Direito depois da transição para a democracia. Para ele, a desigualdade extrema na região é um dos maiores empecilhos para uma implementação mais imparcial do Estado de Direito. O Brasil, como um dos mais desiguais países do continente, pode ser caracterizado como um sistema de **não Estado de Direito**. Segundo O'Donnel:

> Na América Latina há uma longa tradição de ignorar a lei ou, quando ela é acatada, de distorcê-la em favor dos poderosos e da repressão ou contenção dos fracos. Quando um empresário de reputação duvidosa disse na Argentina: "Ser poderoso é ter impunidade [legal]", expressou um sentimento presu-

mivelmente disseminado de que, primeiro, cumprir voluntariamente a lei é algo que só os idiotas fazem e, segundo, estar sujeito à lei não é ser portador de direitos vigentes, mas sim um sinal seguro de fraqueza social. Isso é em particular verdadeiro, e perigoso, em embates que podem desencadear a violência do Estado ou de agentes privados poderosos, mas um olhar atento pode detectá-lo também na recusa obstinada dos privilegiados a submeter-se a procedimentos administrativos regulares, sem falar da escandalosa impunidade criminal que eles costumam obter (O'Donell, 2000: 346).

As taxas de criminalidade têm crescido pelo menos desde os anos de aumento da pobreza e hiperinflação que marcaram a transição da ditadura militar para a democracia em meados da década de 1980. O retorno à democracia efetivou-se com a intensificação sem precedentes da criminalidade. Embora muitos considerem que alguma coisa deve ser feita em relação ao crime, a confiança no sistema de justiça criminal é muito baixa. Ele é visto como lento, ineficaz, e parcial em favor dos ricos e poderosos. Os brasileiros raramente encaminham seus conflitos ao sistema formal de justiça, dependendo mais de redes de relações interpessoais para a sua resolução. Uma das consequências é o isolamento das classes média e alta em condomínios fechados com muros e portões eletrônicos e seguranças privados. A indústria da segurança privada emprega mais gente do que o sistema de segurança pública. Em várias regiões do país não é incomum o recurso a matadores profissionais para eliminar supostos assaltantes ou mesmo políticos rivais, e nos últimos anos surgiram as "milícias" urbanas em favelas do Rio de Janeiro, controladas por policiais, que cobram dos moradores para garantir a segurança da comunidade frente aos grupos de traficantes e pequenos assaltantes.

Em que pesem todos os esforços voltados à redução das violações aos direitos humanos e a reformar a polícia para minimizar a violência e as execuções sumárias, o crescimento da criminalidade, associado com a crise econômica, as dificuldades de gestão e a falta de um programa consistente de segurança pública com objetivos de médio e longo prazo resultou em uma grande resistência contra as reformas, e a defesa dos direitos humanos foi responsabilizada, por agora oposicionistas e por boa parte da opinião pública, pelo crescimento da criminalidade. Os esforços por construir uma política de segurança pública comprometida com a defesa dos direitos humanos têm sido desde então bloqueados pelo populismo punitivo, pelas sucessivas crises econômicas, pelo endividamento público e pelas resistências corporativas de estruturas policiais corruptas e violentas.

4.10. COSTUME E OPINIÃO PÚBLICA

Para Max Weber, a tarefa da sociologia consiste em entender as "formas sociais", para além da simples determinação de suas conexões e leis funcionalistas, através da compreensão da conduta dos indivíduos partícipes. Na ação social, podem ser encontradas regularidades de fato, isto é, o desenvolvimento de uma ação repetida pelos mesmos agentes ou estendida a muitos, cujo sentido mentado é tipicamente homogêneo. São os usos e costumes.

Por uso entende-se a probabilidade de uma regularidade na conduta, quando e na medida em que essa probabilidade, dentro de um círculo de homens, está dada unicamente pelo exercício de fato. O uso inclui, por exemplo, a moda, que, em contraposição ao costume, existe quando o fato da novidade da conduta em questão é o ponto orientador da ação.

O uso deve ser chamado costume quando o exercício de fato se baseia em uma prática duradoura. Por costume o sociólogo alemão entende, portanto, o caso de uma conduta tipicamente regular que, graças unicamente ao seu caráter usual e à imitação irreflexiva, se mantém de forma habitual; o próprio do costume segundo Weber é tratar-se de uma ação puramente habitual, cuja característica reside na regularidade de sua prática. Para Weber, os costumes se observam voluntariamente, sem pensar ou por comodidade, e não têm uma garantia externa, como a convenção ou o direito, não podem ser considerados como uma ordem obrigatória.

A ação social, assim como as relações sociais, pode orientar-se também pela representação de existência de uma ordem legítima. Uma ordem é um conteúdo de sentido que orienta a ação por máximas que podem ser identificadas. Uma determinada ordem tem validade quando a orientação de fato por aquelas máximas ocorre porque em algum grau significativo aparecem como válidas para a ação, isto é, como obrigatórias ou como modelos de conduta (ex.: horário de trabalho de um funcionário).

Para que uma ordem seja legítima, é necessário que não se sustente apenas em motivos racionais voltados a fins, mas em função da tradição, de uma crença afetiva, de uma crença racional com vistas a valores ou por estar legalmente estatuída (Weber, 1996: 25). Essa legalidade pode valer como legítima em virtude de um pacto entre os interessados, ou em virtude da outorga por uma autoridade considerada como legítima, e do submetimento correspondente.

Uma ordem pode ser uma convenção, quando sua validade está garantida externamente pela probabilidade de que, dentro de um determinado círculo de homens, uma conduta discordante enfrentará uma relativa reprovação geral e praticamente sensível; ou um direito, quando está garantida externamente pela probabilidade de coação física ou psíquica exercida por um quadro de indivíduos instituídos com a missão de obrigar à observância dessa ordem ou de castigar sua transgressão (Weber, 1996: 27). Para Weber, portanto, o decisivo no conceito de direito é a existência de um quadro coativo.

O direito é visto por Weber como uma ordem com características específicas a respeito de sua validade empírica. O sociólogo alemão entende o **direito objetivo garantido** como a situação em que as garantias consistem na existência de um aparato coativo, composto de muitas pessoas dispostas de modo permanente a impor a ordem por meio de medidas coativas, especialmente previstas para tal fim.

Como alerta o criminólogo David Garland (2003), contemporaneamente a comunicação simbólica entre o poder judiciário e o conjunto da sociedade se dá por meio da forma como as sentenças são pronunciadas e/ou publicizadas. Garland enfatiza a importância da linguagem específica utilizada pelos agentes jurídicos, pois esta rapidamente passa a ser utilizada pelo público em geral para classificar os indivíduos e as suas ações na esfera pública.

A mídia é um intermediário fundamental nessa comunicação de valores e significados entre Estado e cidadãos, pois é ela quem apresenta os embates e decisões judiciais para a sociedade, influenciada por interesses comerciais e editoriais que restringem e selecionam os símbolos a serem comunicados. É preciso, portanto, tomar as ideias e os discursos do direito como categorias efetivas, produtoras de verdade, que proveem as condições discursivas para práticas sociais concretas.

O direito, como ato de palavra e instrumento de conhecimento e comunicação, contribui para criar a realidade que define: o direito não é simplesmente um esquema de organização da sociedade, mas sim arquitetura projetiva, engenharia construtiva dotada de grande poder e autonomia. Como afirma Bourdieu (1989), o direito é a forma por excelência do poder simbólico de nominação que cria as coisas, em particular os grupos, e confere a essas realidades surgidas de suas operações de classificação toda a permanência que uma instituição histórica é capaz de conferir a instituições desse tipo. Ao ordenar a realidade de acordo com um esquema, o direito consagra esse mesmo esquema como ordem estabelecida, normalmente ordenando o que já foi ordenado socialmente, e lhe confere a garantia da força do Estado.

4.11. CONSIDERAÇÕES FINAIS

Este capítulo inicia com a apresentação dos conceitos de organização social, instituições e estrutura social, e a partir deles propõe o debate sobre a relação entre estrutura e ação individual. Em seguida são discutidos os conceitos de socialização primária e secundária, e apresentados os mecanismos, processos e agentes responsáveis pela socialização. Também é exposto o conceito de controle social, a partir do histórico de sua construção pela sociologia, confrontando a perspectiva estrutural-funcionalista com a perspectiva conflitual.

A partir desse desenvolvimento teórico dos conceitos de organização, estrutura, socialização e controle social, passa-se a discutir o lugar do direito no contexto social, enquanto mecanismo de controle institucionalizado. Discute-se ainda a natureza do controle exercido por meio das normas jurídicas e instituições judiciais, e a atuação dos agentes jurídicos responsáveis pela sua aplicação. Também se analisa a utilização da força pelos agentes públicos, e a dificuldade para estabelecer limites à violência estatal em sociedades marcadas por profundas desigualdades sociais. Por fim é identificada a relação entre costumes e direito, e o papel do direito na formação da opinião pública nas sociedades contemporâneas.

4.12. REFERÊNCIAS BIBLIOGRÁFICAS

ADORNO, Sérgio. Violência, controle social e cidadania: dilemas da administração da justiça criminal no Brasil. *Revista Crítica de Ciências Sociais*, nº 41, Coimbra, dez. 1994, p. 101-127.

ARANTES, Rogério Bastos. *Ministério Público e política no Brasil*. São Paulo: Ed. Sumaré, 2002.

BARATTA, Alessandro. *Criminologia crítica e crítica do direito penal*. 2ª ed. Rio de Janeiro. Ed. Revan.

BECKER, Howard. *Outsiders* – Studies in the sociology of deviance. New York: Free Press, 1991.

BERGALLI, Roberto. *Sociology of penal control within the framework of the sociology of law*. Oñati Proceedings nº 10, 1991, p. 25-45.

BERGER, Peter e LUCKMANN, Thomas. *A construção social da realidade*: Tratado de sociologia do conhecimento. 24ª ed. Petrópolis: Vozes, 2004.

BOUDON, R. e BOURRICAUD, F. *Dicionário Crítico de Sociologia*. São Paulo: Ática, 1993.

BOURDIEU, Pierre. *O poder simbólico*. Lisboa: Difel, 1989.

DAHRENDORF, Ralf. *Ley y orden*. Madrid: Ed. Civitas, 1994.

DIAS, Jorge de Figueiredo e ANDRADE, Manuel da Costa. *Criminologia* – o homem delinquente e a sociedade criminógena. Lisboa: Almedina, 1992.

DUBAR, Claude. *A socialização*: construção das identidades sociais e profissionais. São Paulo: Martins Fontes, 2005.

FERRAJOLI, Luigi. *Direito e razão* – teoria do garantismo penal. Trad. Ana Paula Zomer *et al.* São Paulo: Ed. Revista dos Tribunais, 2002.

FOUCAULT, Michel. *Vigiar e punir*. Rio de Janeiro: Ed. Vozes, 1997.

GARLAND, David. *La cultura del control*. Barcelona: Gedisa Ed., 2001.

GIDDENS, Anthony. *Sociology*. 2ª ed. Cambridge: Polity Press, 1994.

GOFFMAN, Ervin. *Manicômios, prisões e conventos*. São Paulo: Perspectiva, 1974.

JAHODA, Marie. Socialização. In: William Outhwaite et al. *Dicionário do Pensamento Social do Século XX*. Rio de Janeiro: Jorge Zahar Ed., 1993, p. 710-713.

HULSMAN, Louk e DE CELIS, Jacqueline Bernat. *Penas perdidas* – o sistema penal em questão. Trad. Maria Lúcia Karam. Niterói: Luam, 1993.

MARX, Karl e ENGELS, Friedrich. *Obras escolhidas*. 2ª ed. Rio de Janeiro: Vitória, 1961. v. I.

O'DONNELL, Guillermo. Poliarquias e a (in)efetividade da lei na América Latina: Uma Conclusão Parcial. In: MÉNDEZ, Juan, O'DONNELL, Guillermo e PINHEIRO, Paulo Sérgio (Org.). *Democracia, violência e injustiça* – o não estado de direito na América Latina. São Paulo: Paz e Terra: 2000.

PARSONS, Talcott. *El sistema social*. Madrid: Editorial Revista de Occidente, 1966.

PAVARINI, Massimo e PEGORARO, Juan. *El control social en el fin del siglo*. Buenos Aires: Ed. Univ. de Buenos Aires, 1995.

SADEK, Maria Tereza (Org.). *Uma introdução ao estudo da justiça*. São Paulo: Idesp/Sumaré, 1995.

SAPORI, Luís Flávio. A administração da justiça criminal numa área metropolitana. *Revista Brasileira de Ciências Sociais*, nº 29, out. 1995, p. 143-158.

SINHORETTO, Jacqueline. *Ir aonde o povo está* – etnografia de uma reforma da justiça. Tese de Doutorado. São Paulo: USP/FFLCH, 2007.

SOUSA SANTOS, Boaventura. Introdução à sociologia da administração da justiça. *Revista Crítica de Ciências Sociais*, nº 21, 1986, p. 11-37.

TAYLOR, Ian; WALTON, Paul e YOUNG, Jock. *La nueva criminología* – contribución a una teoría social de la conducta desviada. Trad. Adolfo Crosa. Buenos Aires: Amorrortu Ed., 199

VIANNA, Luiz Wernneck *et al. Corpo e alma da magistratura brasileira*. Rio de Janeiro: Ed. Revan, 1997.

VILHENA, Oscar. A desigualdade e a subversão do estado de direito. *Revista SUR*, nº 6, ano 4, 2007.

WAISELFISZ, Julio Jacobo. *Mapa da violência*: os jovens da América Latina. Brasília: Ritla/Instituto Sangari/Ministério da Justiça, 2008.

WAISELFISZ, Julio Jacobo. *Mapa das mortes por violência*. Estudos avançados, v. 21, n. 61, 2007, p. 119-138.

WEBER, Max. *Economia y sociedad*. Trad. José Medina Echavarría *et al.* 2ª ed. México: Fondo de Cultura Económica, 1996.

YOUNG, Jock e MATTHEWS, Roger (Ed.). *Rethinking criminology*: the realist debate. London: Sage Publications, 1992.

ZALUAR, Alba. *Democratização inacabada*: fracasso da segurança pública. Estudos Avançados,v. 21,n. 61,São Paulo,set./dez.2007.

5

DIREITO E INSTITUIÇÕES SOCIAIS

PAULO ANTONIO DE MENEZES ALBUQUERQUE[97]

5.1. DIREITO E INSTITUIÇÕES SOCIAIS

APÓS SITUARMOS as características gerais do direito como processo social, examinaremos agora como ele se manifesta no plano organizacional em suas formas societárias mais comuns, levando-se em conta que a diversidade da vida moderna em sociedade faz com que haja uma coexistência de vários modos de produção do direito. Para isso, deve-se levar em conta a complexidade atingida pelas sociedades, sua experiência acumulada na resolução e administração de conflitos, grau de consistência na busca de objetivos em comum e capacidade de mobilização e organização de seus membros. Tudo isso, por sua vez, reflete-se na forma como o direito "vê a si próprio" (linguagem e técnicas jurídicas) ao lidar com as diversas expectativas de indivíduos e grupos, interesses, modos de viver, crenças e costumes.

A tecnologia moderna influenciou fortemente esse cenário ao criar novos espaços sociais de convívio e sofisticados códigos de comunicação, contrastando com os espaços de criação restritos e resistentes a mudanças das chamadas comunidades tradicionais. Para tanto contribuíram, além da intensificação do comércio e do surgimento da indústria, o impacto das tecnologias da informação, o desenvolvimento das telecomunicações e a chamada revolução dos transportes entre os continentes. Por outro lado, as sociedades contemporâneas continuam a ter no direito uma importante estrutura normativa que responde por sua estabilização, uma vez que mesmo a facilidade de comunicação trazida pela tecnologia também

---

97 Atua desde 1991 como advogado público na área de consultoria (Procurador Federal) e também é professor da Faculdade de Direito da Universidade Federal do Ceará (UFC) desde 1993, ministrando disciplinas na área de Teoria do Direito. Foi responsável pela criação da disciplina Direito e Literatura na mesma Faculdade (2019). Tem Especialização em Processo Civil (1990); Mestrado em Direito Público (1994), ambos pela UFC. Doutorou-se em Direito pela Westfälische-Wilhelms Universität Münster (Alemanha – 1999), com nota *summa cum laude*, tese contemplada com o prêmio Harry Westerman (1999) e destaque especial pelo Decanato da mesma Faculdade, sendo publicada em 2001 pela editora Dunker & Humblot, de Berlim. Além de publicações jurídicas em revistas especializadas e coletâneas, tem publicações literárias, selecionadas em concursos locais e nacionais. Em 2022 sua crônica De ser desiderata foi escolhida dentre as trinta a serem publicadas como livro impresso em Crônicas da Fome, por júri nacional composto pelas escritoras Conceição Evaristo, Eleonara Lucena e pelo escritor Frei Betto.

trouxe novos conflitos que o direito deve resolver, sobretudo por não mais existir consenso universal em torno dos modos tradicionais de normatizar a experiência societária (moral, religião, costumes).

Esse desdobramento de significados desafia a "imaginação sociológica"[98] a compreender o modo de atuação das instituições sociais como "fórmulas" por meio das quais indivíduos e grupos constroem relações estáveis entre seus integrantes, nos vários âmbitos da vida social: afeto, educação, religião, poder, criação de riquezas, trocas econômicas, produção de normas etc. Também o meio cultural específico onde estão inseridas as instituições abriga confluências e desencontros de padrões normativos ("atopias", "anomias" etc.), alternando efeitos de controle e mudança sociais que repercutem na percepção do direito e no exercício das profissões jurídicas.

5.1.1. Instituições sociais

Os sociólogos inicialmente buscaram explicar a "matéria" de que a realidade social era feita, à semelhança do que se fazia nos campos de estudos científicos como a matemática, a física e a astronomia. No século XIX, essa busca serviu para legitimar a pretensão da Sociologia de explicar e ordenar, a partir do que seria um ponto de vista "superior", o próprio desenvolvimento da sociedade. Desse modo, os adeptos do positivismo científico – corrente de grande prestígio à época – expressavam a crença em uma correspondência objetiva de sua doutrina com a realidade, de maneira semelhante ao que imaginavam existir nas ciências ditas "exatas", tidas como "puras" pelo fato de trabalharem com o auxílio de fórmulas matemáticas, noções espaciais de cálculo e um aparato tecnológico para medir, pesar e descrever as propriedades dos objetos.

Essa busca de padrões de "funcionamento" da sociedade – e aqui a lembrança da lógica das máquinas não é mera coincidência – partia da concepção de que os indivíduos-societários se organizavam de modo orgânico e racional, ainda que muitas vezes não tivessem uma consciência clara a respeito, tal qual uma marionete não tem em relação à manipulação de seu movimento pelos fios (invisíveis) que partem de seu corpo. Desse modo, haveria uma "consciência coletiva" (como a batizou Émile Durkheim) para além do mero resultado da soma das consciências individuais, expressa por meio de uma identidade social baseada em vínculos interpessoais e intergrupais (solidariedade), dotados de uma lógica normativa própria: laços de afetividade e assistência mútua (família), interesses profissionais e crenças de uma "missão" por realizar (exército, igreja,

---

98   Expressão criada por Mills (1959) para designar a capacidade de interligar a experiência individual imediata com os laços institucionais do meio social.

polícia etc.), em contraposição aos agregados sociais de existência efêmera (multidões) e às associações dos chamados "quase grupos", de precária ou inexistente normatividade.

Apesar desses vínculos pessoais e transpessoais existentes entre os indivíduos,[99] responsáveis por uma densificação dos padrões de pensamento e ação ("representações coletivas"), existirá sempre um limiar onde não será possível conseguir a adesão unânime à socialização e ao controle estabelecido pelas normas sociais, nem mesmo no que se refere às reações mais elementares, reativo-imitativas, de empatia ou autopreservação. Somente em sentido metafórico é que se pode falar, portanto, de um "comportamento coletivo" ou "consciência coletiva", indicando a adesão a padrões muito gerais de comunicação, como o das estruturas da linguagem e determinados ritos comportamentais, conhecidos ou potencialmente conhecidos dos membros de um grupo ou coletividade. Uma fórmula institucional capaz de traduzir a identificação perfeita entre indivíduo e o todo grupal ou social, portanto, nunca foi encontrada, e é mesmo duvidoso que possa vir a sê-lo, justamente porque esse "todo" não existe como uma "entidade" capaz de anular as diferenças existentes entre os seus "componentes": tudo o que sabemos sobre a sociedade deriva de informações advindas de um meio social com características específicas e que está sujeito, por sua vez, a novas conformações.

Foi com essas ressalvas contra visões idealistas sobre o homem e a sociedade que correntes teóricas da sociologia desenvolveram o estudo das instituições como instrumento para descrever a realidade social de forma adequada, passando a estudá-las no conjunto de lógicas sociais complementares entre si, o que acabou por favorecer, também, a percepção de concomitantes mecanismos "anti-institucionais". Essa dicotomia aparece já na obra pioneira do sociólogo francês Émile Durkheim, na qual as instituições sociais foram vistas inicialmente como "representações coletivas" que se imporiam com "força" própria aos indivíduos, fazendo parte das "formas de viver, pensar e sentir", compondo assim uma realidade "dada", não construída pelo homem. Em outro momento de sua obra, porém, ao abordar as instituições como um conjunto de normas e padrões sociais que modelam comportamentos e atitudes, relacionando-os de forma contínua no espaço e no tempo, Durkheim abre espaço para que sejam vistas como algo mais do que "paredes de nosso encarceramento na história" (Berger, 2002: 105).

As instituições atuam assim não somente para disciplinar impulsos ditos "primitivos" ou potencialmente desagregadores, mas também para moldar uma outra "natureza humana", reflexiva acerca de sua própria sociabilidade e baseada na reciprocidade de expectativas. As instituições são nesse viés uma espécie de "instinto" social, responsável pelo funciona-

---

99 Sobre o conceito de *transpessoalidade*, ver Piaget (1980).

mento da ordem existente, sem que os indivíduos que dela participam tenham necessariamente que assumir os riscos e contingências de escolha (função redutora da complexidade). De outro lado mantêm grande capacidade de adaptação ao meio social e às mudanças ao longo do tempo, refletindo tais tendências de acordo com o cenário histórico da correlação de forças sociais em jogo.

Embora estejamos longe de conhecer em detalhes o funcionamento das estruturas mentais da consciência humana, sabemos – pelos dados epistemológicos, pscioanalíticos e neurogenéticos disponíveis – que muito do que somos capazes de perceber como indivíduos se deve às circunstâncias e à ambiência social nas quais nossa percepção se desenvolveu. As instituições têm participação nesse processo pelo fato de envolverem-nos desde o nosso nascimento – ou até mesmo antes dele –, introduzindo--nos nos pequenos e grandes rituais da vida social, no modo como somos socializados no conhecimento das regras de etiqueta, estilo, cortesia; no aprendizado e orientação acerca da escolha e exercício de formas de trabalho e lazer; nos ritos de passagem e adaptação a ambientes que exigem de nós determinadas atitudes e submetem-nos a formas de controle próprias, recompensas ou punições, formas específicas de moral (família, religião, profissões etc.); como também para o aprendizado e desenvolvimento da sensibilidade e percepção de formas de expressão artística, estética, de padrões de consumo etc.

As instituições estão, portanto, tão presentes que afetam até mesmo a constituição psíquico-emocional dos indivíduos, influenciando aspectos como qualidade de vida, possibilidades de ascensão social e mesmo longevidade (como demonstram as estatísticas de acesso à educação e condições de emprego, posição na estrutura de classes e gênero, local de nascimento, moradia etc.). Por outro lado, como já foi dito, as instituições são também um "produto" da sociedade, não podendo ser compreendidas sem o exame das referências históricas e do contexto social em que "nascem", desenvolvem-se ou até mesmo "morrem" (Douglas, 1990).[100] Isso faz com que haja momentos em que as instituições tendem a confundir-se com os próprios processos normativos que geram, como no caso da propriedade, da família, do casamento, da competição individual como regra de mercado etc., que de tão presentes tornam quase impossível pensar-se em formas que lhes possam substituir, ao menos no horizonte histórico imediato.

---

100 Nesse sentido a moderna antropologia trouxe relevantes contribuições, ao desmentir a "certeza" que havia em torno de uma evolução linear e universal das instituições sociais (esquema família-horda-clã-Estado), abalando a crença autojustificadora (ideológica) de que todas as sociedades atingiriam, em determinado momento, um grau de complexidade civilizacional equivalente ao do modelo europeu-ocidental. Verificou-se o contrário: muitas dessas instituições "universais" ou não existiam como tais ou tiveram processos evolutivos diferentes, às vezes mais sofisticados e mais complexos que seus "congêneres" ocidentais.

5.1.2. Instituições políticas

Sempre que alguém agir levando em conta a repercussão de sua conduta junto a outros – ou seja, o modo como reagirão à exteriorização de suas (dele/dela) intenções, seus desejos, sentimentos, expectativas, objetivos táticos ou estratégicos –, de imediato estará, mesmo que não o saiba, na órbita da política. Expressão mais elaborada da vida humana em sociedade, a política tem o significado fundamental da busca de objetivos em comum a partir da construção de consensos práticos e/ou normativos, para o que pode se tornar necessário fazer concessões, aceitando eventualmente o que não se pretendia ou gostaria de fazer em nome de uma racionalidade mais abrangente; com frequência implica também a ruptura com posturas consolidadas e mentalidades, para criar novos padrões de convivência. Atuar politicamente significa, portanto, desenvolver habilidades e competências para superar interesses egoísticos de indivíduos ou grupos, de modo a atingir objetivos gerais – ou no mínimo evitar consequências indesejadas, optando por um dano menor (as chamadas "escolhas trágicas"), de modo a preservar bens e valores sociais consideradas básicos.

Esse constante exercício de escolha que a política impõe está profundamente ligado a intrincados processos sociais de produção e reprodução de consenso – o que não exclui, por outro lado, a influência de circunstâncias históricas localizadas (conceito maquiaveliano de *fortuna*) nem a força das paixões, influências pessoais e preferências vividas pelos indivíduos. Do mesmo modo, na política estará sempre presente a possibilidade de conflito em diversos níveis e graus de intensidade, desde a coexistência plural e democrática de opiniões diferentes até o limite de formas mais radicais de disputa (revolução, rebelião, guerra – esta tida como "continuação da política por outros meios", segundo a famosa síntese de Von Clausewitz). Certo é que a desigualdade entre talentos, inteligência, condição social, ambições, acesso à educação, *status* econômico e social etc. existente entre os indivíduos tende a refletir-se no modo como a política irá expressar-se em uma determinada sociedade – daí o aforismo de que "cada sociedade tem o governo (leia-se política) que merece", para significar a maior ou menor consciência sobre a capacidade de influir nas decisões.[101]

---

101 Isso não nega a importância das habilidades e competências individuais como parte do "jogo político", na busca de influenciar o comportamento dos demais. Por isso a política pode ser vista também como uma "arte" capaz de ser aprendida e aperfeiçoada pelo estudo teórico e pela (con)vivência prática (v. Laswell, 1984). Dado, porém, o fato de que os interesses e os objetivos de indivíduos, grupos, categorias e coletividades sociais nem sempre coincidem, existirá a necessidade de regular a convivência política, de modo a evitar que as diferenças individuais e sociais de riquezas, talentos e habilidades resultem em situações que reforcem o sentimento de insegurança, potencializador de conflitos.

Na medida em que as sociedades alcançam um maior desenvolvimento econômico, tecnológico, militar e científico, as instituições políticas tendem a deixar de ser particularistas (como no modelo clássico das tribos, grupos de família, clãs e hordas) e assumem formas institucionais mais elaboradas, dotadas de regras abstratas e generalizadoras. Religião e costumes cedem espaço regulador a um direito formal, com regras de utilização definidas publicamente (o chamado direito positivo), formando um âmbito político altamente organizado – o Estado, pensado como "núcleo duro" da sociedade, para tanto dotado de forte capacidade de mobilização e organização, dispondo de pessoal especialmente treinado para preservar a ordem social existente, utilizando-se da força, se necessário. Além da polícia e das forças armadas, das instâncias de administração pública e de governo – dotadas de órgãos de controle político, técnico-legislativo, judiciário e financeiro –, o Estado dispõe ainda de serviços secretos de informação, centros de estudos estratégicos e de pesquisas etc., visando sua autopreservação.

Não é possível, portanto, desconhecer o papel histórico que o uso – efetivo ou simbólico – da força exerceu no processo secular de formação do Estado, tal como o conhecemos atualmente. Na Antiguidade essa característica se manifestava pelo fato de as instituições políticas estarem preponderantemente ligadas à necessidade de defesa coletiva contra agressões de outros povos e para expandir territórios, defender colheitas e mercadorias, aprisionar escravos etc. Nesse sentido, o medo parece ter sido sempre um importante fator de mobilização política, como destacou um dos mestres do pensamento político do século XVII, o inglês Thomas Hobbes. Segundo Hobbes, o Estado representa uma forma de superação (ainda que provisória e relativamente precária) desse medo: ao disciplinar o exercício da força e concentrá-la nos instrumentos à sua disposição, substitui o Estado o seu uso por todos em favor do monopólio do uso da força para si (Estado), encontrando no direito um importante apoio para regular, resolver, arbitrar e prevenir conflitos; proteger e conferir direitos, tutelar situações de particulares, bem como promover a observância de determinados comportamentos tidos como desejáveis.

Além da função de conferir direitos mínimos de garantia e assegurar a autonomia privada, na passagem do século XIX para o XX, o Estado de modelo centro-europeu ganhou outras atribuições, ampliando sua atuação no planejamento da vida social e econômica, interferindo não somente em conflitos de interesses privados, mas também antecipando-se em relação a problemas que poderiam advir da desorganização natural dos mercados. A isso somaram-se, de um lado, o conhecimento acumulado pela experiência secular de sofrimento coletivo em longas guerras civis, intolerância e guerras religiosas e, de outro lado, as contribuições da reflexão crítica sobre as instituições políticas; tudo isso favoreceu a elaboração de fórmulas institucionais sofisticadas, capazes de atuar na prevenção de conflitos e redistribuição do exercício do poder entre funções do Estado (legislativo, executivo, judiciário, administração pública) e na promoção de direitos até então exclusivos de algumas classes sociais ou de existência precária, como é o caso dos direitos sociais e coletivos. Por outro lado, o perigo de manipulação ideológico-propagandística dos meios de comunicação e o surgimento de forças parasitárias ou desafiadoras ao poder do Estado (crime organizado, coalizões de interesses privados etc.) continuam a se fazer presentes como desafio permanente às formas democráticas de controle do poder.

Particularmente a questão da representação política tem sido discutida na teoria política contemporânea, pela tensão que existe entre interesses políticos e a capacidade de traduzi-los institucionalmente, principalmente quando se levam em conta as condições de funcionamento do aparato eleitoral, sujeito à interferência e abusos do poder econômico. Essa questão ficou clara após a criação dos partidos políticos modernos, inicialmente pensados como espécie de "grêmios" para gerir interesses de grupos e intermediar posições de poder, e que foram ganhando progressivamente espaço social mais amplo para tornarem-se verdadeiro centro do sistema político, assumindo papel como veículos de reivindicações e de negociação de setores influentes da sociedade perante os processos decisórios da administração e do governo. Por outro lado, não se pode esquecer nesse processo a grande importância da capacidade de pressão e mobilização da opinião pública, bem como o grau de organização política dos eleitores para a determinação dos interesses em jogo.

A tendência para a diferenciação entre os indivíduos, representada pela desigual distribuição dos recursos e oportunidades, bem como o uso de habilidades e características pessoais na busca de prestígio, poder e segurança (Laswell, 1984), constitui um dos fatores que explicam o surgimento e alternância ("circulação") de grupos de elite, seja na forma de grupos de interesse, grupos de pressão ou *lobbies*.[102] As elites são minorias políticas organizadas (embora haja elites econômicas, culturais e ocupacionais acomodadas ou desmobilizadas politicamente), dotadas da capacidade de articularem-se para ampliar ou reduzir o campo das ações políticas, a favor ou contra a vontade da maioria, influenciando a opinião pública e o comportamento dos dirigentes. Daí a importância do debate em torno da criação de mecanismos de participação direta e semidireta, bem como a busca de aperfeiçoamento de mecanismos de vigilância do exercício do poder – seja de forma preventiva ou repressiva, envolven-

---

102 Termo norte-americano referente aos saguões do congresso, onde representantes de interesses privados circulam e tentam influenciar os congressistas em suas votações. Nos Estados Unidos o *Lobbying* é reconhecido oficialmente, e o registro dos ativistas está regulamentado por lei desde o ano de 1946.

do maior controle dos recursos, utilização de procedimentos jurídicos de publicização e prestação regular de contas, criação de órgãos mistos de fiscalização etc., capazes de ampliar o espectro democrático.

É importante destacar o papel desempenhado pelo direito na gestão das instituições políticas na contemporaneidade. A maioria dos Estados é hoje dotada de uma Constituição escrita, pela qual são traçados os princípios básicos da vida política, os limites do exercício das funções estatais, os direitos fundamentais e as garantias reservadas aos indivíduos – formando um conjunto funcional regido por uma principiologia de aplicação das normas que leva o nome de **Estado de Direito**. Nessa organização jurídico-política, o instrumento de controle normativo mais comum é a lei, que prescreve os procedimentos e exigências formais exigidas para a modificação do direito vigente, dispondo sobre os direitos, deveres e obrigações. Por outro lado, o Estado de Direito, ao valorizar a igualdade formal e a contenção do indivíduo em prol da coletividade, não se mostra suficiente para dar conta da variedade da vida sócio-política, sendo desejável sua complementação pela ideia de **democracia**, que implica um procedimento ativo de convivência entre as diferentes correntes de pensamento social e político e a aceitação do conflito como parte integrante da disputa de ideias e expressão dessas diferenças.

5.1.3. Instituições econômicas

Fator dos mais decisivos para a sobrevivência da espécie humana foi o desenvolvimento da capacidade de cooperar, pelo impacto que teve na resolução de problemas vitais como a busca de alimentos e a necessidade de adaptação a uma natureza hostil; pode-se afirmar que a cooperação instituiu formas de interação que permitiram à humanidade superar dificuldades as mais diversas, desde as limitações físicas do corpo humano até aquelas cuja solução individual aparecia como precária ou insatisfatória (fome, frio, desastres naturais e inconstâncias do clima, ameaças de animais selvagens, ataques de outros grupos, doenças, pragas etc.). Essa qualidade contribuiu também para um enorme potencial de aprendizado da espécie e o desenvolvimento de capacidades socioafetivas que reforçaram o sentimento de grupo perante uma situação de relativa passividade diante da natureza, quando os primeiros humanos se limitavam a coletar frutos caídos e animais encontrados mortos como fonte de alimento, posteriormente aprendendo a criar ferramentas que prolongavam a força do corpo, a domesticar animais e a dominar a prática da agricultura.

Nessa perspectiva pode-se afirmar que toda sociedade humana pressupõe o atendimento das necessidades materiais de seus integrantes – desde o vestuário e a alimentação até necessidades mais sofisticadas que vão surgindo, tão logo aquelas carências elementares sejam contempladas e o nível de riqueza e conhecimento produzidos crie um novo padrão de exigências e de expectativas – ao menos para os setores dominantes. O modo específico como cada coletividade se organiza para atender a essas questões recebe o nome de **modo de produção**[103] e consiste em um complexo conjunto formado pelos padrões de relações sociais existentes e os recursos tecnológicos disponíveis em um dado momento histórico de configuração da economia – palavra de origem grega que designava, originariamente, o ambiente doméstico (*oikos*) como lugar de organização das tarefas e distribuição de bens e direitos decorrentes da posse e propriedade de riquezas. Falar das instituições econômicas, portanto, significa reconhecer padrões de funcionamento e formas de organização e de regulação da vida econômica em sociedade, responsáveis pela produção de riquezas, repartição de bens e instituição de valores de preferência.

Por sua vez, o termo **divisão social do trabalho** designa a lógica pela qual a sociedade se organiza para produzir bens e acumular riqueza, o que frequentemente implica também a implantação de hierarquias sociais classificadoras de capacidades, habilidades e competências dos indivíduos. Na visão de Durkheim (2008) a divisão social do trabalho responde pela intensidade e confiabilidade dos laços sociais estabelecidos entre os seus membros (**solidariedade social**): uma divisão social do trabalho mais elementar tende a estimular uma moral mais unitária de seus integrantes dentro de uma sobreposição das normas econômicas e jurídicas, com sanções de ordem predominantemente punitiva (solidariedade **mecânica**); uma divisão social do trabalho mais elaborada tenderá a se apoiar cada vez mais no papel de controle desempenhado pelas profissões, instituindo regras formais do direito como orientação da vida socioeconômica, de forma genérica e abstrata, ao tempo em que cria um espaço social de autonomia para as manifestações de individualidade, com sanções impessoais e forte acento na premiação/promoção de condutas (solidariedade **orgânica**).

Como as relações sociais de produção se constituem historicamente, ocorrem mudanças no modo de produzir ao longo da formação das sociedades, motivadas por alterações tecnológicas e/ou das relações sociais de produção. Desse modo registra-se um repertório que vai desde a existência de um **modo coletivista** de produção, típico de sociedades onde a propriedade da terra é compartilhada, até formas extremamente complexas de trocas econômicas e variantes de situações de poder e prestígio. Nesse sentido observa-se em sociedades onde predomina a **propriedade privada** dos meios de produção (terra, indústria), uma maior distância

---

103 Expressão conhecida a partir do texto *O manifesto comunista*, de Karl Marx e Friedrich Engels (1848) (Engels, Marx, s/d).

relativa em relação ao trabalho manual, o que tende a situar os indivíduos proprietários no "topo" da hierarquia social; no extremo inferior ficam os trabalhadores comuns, destinados às atividades manuais e dependentes daqueles. Entre os dois extremos, porém, encontra-se toda uma série de categorias e classes sociais – desde associados das classes proprietárias até categorias intermediárias como trabalhadores autônomos e comerciantes, artistas e artesãos.[104]

Em função disso as instituições econômicas mais importantes tendem a ser as que regulam o acesso à propriedade, ao sistema de trocas econômicas e às ocupações propriamente ditas. No caso do direito de propriedade, como observa Durkheim (2002: 198) a sua característica mais típica consiste justamente na capacidade de impor regras capazes de restringir o acesso de outros indivíduos a determinados bens. No modelo central--europeu do modo capitalista de produção, caracterizado por ser voltado à produção de bens para o mercado (mercadorias) como forma de gerar o acúmulo de riquezas, esse controle esteve inicialmente em mãos de uma classe proprietária nobre, passando depois a setores ascendentes da chamada burguesia, que obteve sua riqueza com base no comércio e, mais tarde, na indústria. Diferentemente da propriedade da terra, que durante muito tempo foi vista como fonte de preservação de uma riqueza já existente, a propriedade comercial e industrial instituiu novas modalidades de acumulação de riqueza baseadas no caráter abstrato da representação do valor econômico como dinheiro, impondo ao processo produtivo maior celeridade e maior capacidade de investimento. As próprias relações de troca deixam de ser meramente baseadas no valor de utilidade dos bens, passando a ter seu valor na própria capacidade do bem de ser expresso como mercadoria. Por fim, até o dinheiro passa a ser, também ele, uma mercadoria.

Fica claro, portanto, por que o **contrato** torna-se uma instituição econômica (e também jurídica) de fundamental importância, na medida em que estabelece um código social pelo qual as trocas econômicas de bens, serviços e mercadorias tornam-se previsíveis, permitindo um planejamento da alocação de recursos. Abstraindo-se das pessoas participantes como indivíduos históricos e socialmente localizados, a instituição os recria como figuras abstratas – os "contratantes" –, tornando assim possível dispor sobre vontades que em princípio estariam contrapostas entre

---

104 Por essa razão o conhecimento de técnicas de trabalho foi por muito tempo mantido em segredo, em corporações de ofício ou guildas, sendo o seu acesso controlado por regras rígidas. Nas sociedades antigas, era comum que o trabalho manual ficasse a cargo de homens e mulheres tornados escravos geralmente após guerras e invasões de territórios ou por conta de dívidas. Também se reservou o trabalho manual a servos que não podiam deixar a terra onde nasceram, devendo trabalhar para o senhor feudal.

si (daí a origem do termo **contra-ato**), ajustando-as em relação a regras previamente disponíveis, passíveis de serem interpretadas segundo usos, costumes e práticas comerciais tidos como aceitáveis. O contrato estabelece assim um mundo "à parte", autônomo em relação a outros aspectos da vida social, o que permite uma relativa proteção contra variações da política, intimidade, relações de proteção mútua e trocas de favores etc. Esse processo se dá dentro de um cenário econômico de desenvolvimento do mercado, no qual as mercadorias são intercambiáveis e mensuráveis entre si por mecanismos comparativos de valor.

As **ocupações profissionais**, por sua vez, guardam íntima relação com o processo produtivo, na medida em que disciplinam, instituem mentalidades e repercutem além da cosmovisão do mundo do trabalho, formatando o uso do tempo livre e o lazer. Daí a vinculação também com os processos de estratificação social, na medida em que a dependência de um **salário** da maior parte dos que estão inseridos no processo produtivo determina uma restrição de uma série de outras possibilidades de escolhas perante outros segmentos da sociedade. Como fomentadoras por excelência da identidade nas sociedades contemporâneas, as ocupações dispõem de processos de controle social mais eficientes do que muitas outras instâncias de controle, porque diretamente ligadas à reputação dos indivíduos e à reciprocidade de valores cotidianamente experimentados por eles em seus grupos de referência, que não os grupos estritamente de ordem afetiva, de alcance mais limitado. Quanto aos fatores que condicionam o nível de *status* e o poder de que desfrutam as diversas ocupações, pode-se observar que guardam relação com o tempo exigido de formação, as dificuldades para o seu exercício e o nível de responsabilidades que implicam, além da capacidade de articulação política e o senso de oportunidade de seus integrantes.

A afirmação da **empresa** como unidade produtiva marca presença no capitalismo moderno, pela capacidade organizacional que tem de reunir pessoas em torno de um objetivo comum por largos espaços de tempo. Ao estabelecer regras de pertencimento ao grupo, restará ao indivíduo submeter-se à empresa ou então exercer a sempre possível opção de retirar-se – podendo a exclusão econômica significar a exclusão social absoluta, pela incapacidade de prover individualmente o próprio sustento. Por outro lado, as grandes empresas contemporâneas[105] registram uma relativa separação entre propriedade, gerenciamento e usufruto da pro-

---

105 Alguns sociólogos veem como critério decisivo das instituições o fato de estarem voltadas para o comportamento humano, em especial alterações de comportamento. Desse modo, o casamento seria uma instituição, enquanto um empreendimento econômico, em princípio, não o seria.

priedade (capital transnacional; cooptação de investidores minoritários de classe média; mecanismos de controle contábil e fiscal etc.), embora essa separação não seja nunca radical (Bottomore, 1987: 140), dado haver uma certa "gravidade em favor da concentração de renda". Por fim registre-se a capacidade das grandes empresas de estabelecer padrões de consumo pelo estímulo constante a novas necessidades de bens e serviços de que são capazes.

5.1.4. Instituições sociais: família, educação e religião

A socialização realizada no âmbito da família é de importância primordial, vez que molda as reações emocionais do indivíduo dentro de um padrão históricobiográfico, constituindo-se em uma base de confirmação de sua personalidade, ao tempo em que oferece garantias de estabilidade e recompensa afetiva. É essa experiência de acolhimento, proteção e cuidados que irá fundamentar na consciência individual a existência de laços de confiança, respeito aos bens de outros e cumprimento da palavra dada, imprescindíveis para consolidar atitudes que repercutirão em instituições como o contrato e a propriedade, a cujo descumprimento correspondem, normalmente, sentimentos de culpa e vergonha (Boudon, 1995: 306). Por outro lado, a internalização de tais normas e valores tem como correlato a instrumentalização repressiva sobre a vontade e os desejos dos projetos individuais, limitando alternativas de mudança (função repressiva).

Correntes sociológicas existem que evitam tratar a família como instituição, por entenderem como obstáculo a essa classificação o predomínio de aspectos organizacionais. O fato, porém, é que não se pode desconhecer a profunda ligação que existe entre esses aspectos: além de manter tradições e valores vigentes e de responder pela reprodução física de seus membros, a família atua em relação próxima com o modo de organização da sociedade, refletindo-a em sua própria visão de mundo. Desse modo é que se nota nas sociedades antigas uma centralização da função econômica da família, pela qual os seus integrantes apoiavam-se uns aos outros nas tarefas de subsistência, enquanto nas sociedades contemporâneas existe a tendência de superação do modelo nuclear de família (pais e filhos), surgindo modelos de famílias unoparentais, informais (coabitações, uniões estáveis) ou polimórficas (como as famílias constituídas por afinidade, comunitárias etc.), exatamente pelo fato da função econômica ficar em segundo plano, em prol de outras que lhe são acrescidas.

Não se pode falar, portanto, de um mesmo modo único de apresentação da família, mas sim de adaptações e variações historicamente situadas. A família extensiva ou nuclear, como modelo mais universal, por exemplo, é complementada em sua versão tradicional por um **sistema de**

parentesco que pode ser ampliado ou restrito, conforme a rede de contatos estabelecida socialmente seja capaz de se manter relativamente desvinculada de necessidades elementares de sobrevivência e ajuda recíproca. Já nas sociedades contemporâneas nota-se uma mudança estrutural do papel da família, na medida em que o papel tradicional do pai provedor foi substituído pela participação da mulher no mercado de trabalho – o que, juntamente com o fenômeno da concentração de renda, levou a uma tendência de diminuição do número de filhos por casal e a períodos de tempo mais intercalados entre os nascimentos. Também é lembrada a tendência dos filhos de maior permanência com os pais como um dos efeitos da crise estrutural de empregos, assim como a incorporação das gerações mais velhas (avós) na responsabilização pela criação dos membros mais novos, dada uma maior expectativa de vida, de um lado, e o aumento relativo da carga de trabalho dos pais, de outro.

Podem-se ainda reconhecer outras funções sociais desempenhadas pela família, como a política, a religiosa e a jurídica. Esta última função teve sua autonomia bastante reduzida, na medida em que o Estado assumiu a tutela de uma série de poderes antes reservados à figura do pátrio poder do varão "chefe de família", que na Antiguidade dispunha inclusive do direito sobre a vida dos seus familiares (o termo origina-se de *fâmulo*, subordinado). Enquanto atualmente somente nas camadas mais altas da estratificação social a família permanece com um certo papel de influência, em sociedades não organizadas em Estado o parentesco constitui ainda uma das formas primárias de autoproteção do indivíduo e de superação de dificuldades econômicas. Da mesma forma, a unidade familiar perde sua função política e religiosa, superada pelo processo de centralização política nas mãos do Estado. Com isso surge todo um espaço de disponibilidade de deveres mútuos e de vivência afetiva antes não existente, resultando em uma configuração familiar tipicamente caracterizada como "família burguesa".

Também as formas de matrimônio determinam o alcance de ação dos indivíduos no âmbito familiar: seja pelo vínculo à família da esposa, do marido, ou pela determinação da linhagem (materna ou paterna) pela qual são transmitidos os recursos materiais, espirituais ou culturais disponíveis. Nesse sentido pode-se detectar a existência de uma família no sentido ampliado, em certas épocas abarcando não somente os filhos diretos, mas também os ilegítimos, adotados e protegidos, formando uma vasta unidade sob proteção de um chefe ou patrono. Por outro lado, em que pese a permanência de lembranças ou mesmo de um mito do matriarcado, verifica-se que arranjos poligâmicos tendem a ser limitados no tempo e no espaço, dadas as dificuldades econômicas que apresentam para a manutenção de um estilo de vida de matrimônio coletivo, bem como pela distorção que gerariam na correlação de pares masculino/feminino como formas estáveis dentro de uma comunidade.

A sociedade moderna esvaziou a família de uma série de poderes de que dispunha, delegando-os a outras instituições. Dessa maneira, ao contrário do que geralmente diz o senso comum, é sociologicamente inadequado falar da família como *base* da sociedade contemporânea, na medida em que ela passa a representar um grupo social dentre outros, embora continue de importância fundamental para os indivíduos em sua formação moral e afetiva. Além disso, fazer a sociedade depender da tutela familiar implicaria a supressão de instâncias sociais responsáveis por processos de decisão política, técnica e administrativa. Não é por acaso, portanto, que governos de tendência totalitária assumiram em seu discurso a família como uma das suas plataformas de doutrinamento político, pretendendo exercer através dela um controle sobre toda a sociedade, na medida em que pregavam a necessidade de mobilização em favor do Estado, mimetizando-se este por meio do empréstimo das figuras familiares (notadamente a paterna), assimilada à pessoa do "líder".

Em sua função de controle social a família não somente reproduz os valores sociais tidos como aceitáveis, promovendo a motivação e capacidades dos mais jovens, mas também atua no sentido de construir uma sólida **rede social** e de aprendizado cuja influência se faz sentir até mesmo nas gerações seguintes. Por outro lado, ao refletir referências e assimilar valores de outras instâncias da sociedade, a família tende a sofrer a influência de códigos morais e religiosos particularistas, absorvendo assim suas tensões dentro da cultura familiar específica. Daí a importância das instituições educacionais como geradoras de uma cultura cívica em comum, capaz de disciplinar a vida sociopolítica como palco de deliberações sobre os interesses mais gerais da sociedade.

Seja como processo formal ou informal, a educação é o processo pela qual a aprendizagem das novas gerações é conduzida de modo a gerar determinados estados de reação padronizados (Durkheim). Além da informação propriamente dita, a educação está associada a procedimentos e "ritos de passagem", pelos quais se demarcam a entrada no mundo dos adultos e o reconhecimento da conquista de determinados graus de respeitabilidade. Em si mesma a educação não tem, no entanto, nenhum poder de alterar a estrutura social, visto que a manutenção de fortes desigualdades torna o sistema educacional reprodutor das distâncias entre as classes sociais (Bottomore, 1987: 246). Reverter tais tendências é tarefa que exige um esforço continuado de compensação e que depende da intensidade com que as famílias sejam levadas a integrarem-se na sociedade como um todo; nesse sentido pode-se afirmar que a educação formal é capaz de criar novos meios de socialização e regulação comportamental, ao promover a divulgação sistemática dos resultados da pesquisa científica. A chamada "era da educação" traduz assim a percepção de uma dinâmica de interdependência de investimentos, qualificação de pessoal e construção de políticas públicas.

A religião como instituição social, por sua vez, refere-se à experiência de delimitar o sagrado em oposição ao cotidiano, promovendo um estado de deslocamento em relação ao mundo real como uma experiência de "entusiasmo" (do grego "estar com os deuses") vivida pelos indivíduos. Para Durkheim (2000), a religião expressa sentimentos e símbolos de adesão a uma comunidade, reafirmando de forma solene valores partilhados com os demais. Superam-se assim antigos preconceitos que viam a religião somente como instrumento de fabricação de ilusões, ideologia ou mecanismo de contrafação. Assim é que Weber (1985) estabelece a religião como parte da experiência subjetiva da realidade social vivida pelos indivíduos, classes e grupos sociais e que, por sua vez, molda a própria realidade social. Desse modo, a religião busca reinterpretar a atuação do sagrado no mundo, atribuindo uma direção às obras e realizações divinas em meio às contradições e dicotomias existentes (teodiceia), enquanto o mundo moderno move-se em sentido contrário, rumo a uma secularização ou processo de "desencantamento". Não muito distante dessa percepção, Berger (1997) explica as estratégias de sobrevivência da religião na sociedade contemporânea por meio de "minorias cognitivas", que se colocam resistentes à secularização. Essa busca provoca, no entanto, por vezes o contrário do intencionado, o que significa dizer que a institucionalização da religião em sociedades complexas depende muito mais do reforço de mecanismos de resistência (contracomunidades) e de uma ideologia permanente de autojustificação, que mais afastam do que tornam próxima a possibilidade de a religião um dia voltar a governar o mundo em tais condições.

5.1.5. Direito, controle social e anomia

Se o sagrado contrapõe-se ao cotidiano, o par negativo da instituição é a contrainstituição, entendida esta como formas de expressão opostas ao estabelecido, seja com potencial construtivo ou destrutivo. Partindo da noção de que nenhuma sociedade consegue estabelecer um consenso permanente acerca da ordem social, a dicotomia entre ordem e desordem (anomia) pode ser vista como polos contraditórios que estão em fricção permanente entre si. De outro lado a ordem precisa ser sempre confirmada, por meio de projeções da realidade na ação dos homens, pelo que existirá sempre o risco de "descolamento" e perda da própria realidade: "participar da sociedade é participar de seu 'saber', ou seja, coabitar o seu *nomos*" (Berger, 1985: 34). Portanto, se o indivíduo, por alguma razão, tem abalado esse contato permanente de conversação que dá sentido ao seu mundo, para ele será, para todos os efeitos, como se sua própria subjetividade fosse posta em questão. Daí a centralidade do controle social como forma de monitoramento e delimitação da realidade, o que ressalta a importância da anomia como sua negação e, portanto, reafirmação como contraexemplo.

Sabemos da tendência humana de imitar o comportamento dos demais e de seguir padrões reiterativos de conduta: é isso que permite uma certa previsibilidade das ações, de modo que as diversas expectativas dos indivíduos possam ser ajustadas entre si. A norma (que não se confunde com o texto normativo, sendo mais abrangente que este) é, portanto, ao mesmo tempo um produto e um fator ativo de controle social, na medida em que – na forma de lei, costumes, regras técnicas etc. – fixa os limites de interpretação da conduta em sociedade. Do ponto de vista psicossocial, portanto, diz-se que o direito nada mais é que uma estrutura de reiteração **contrafática** de expectativas de condutas, mutuamente referentes e expressas de forma transpessoal ou **generalizável** (Luhmann, 1983/1985). Significa dizer, portanto, que o que distingue a linguagem do direito da de outros campos normativos é o fato de se expressar de forma abstrata em relação às vivências imediatas, elaborando modelos extensíveis a diversos campos de regulação, seja em relação à matéria, às pessoas, lugar etc., permanecendo válido ainda quando tais normas sejam desmentidas pelos fatos (contrafaticidade), enquanto as normas da moral e da religião são veículos de preferências e vivências localizadas, não universalizáveis formalmente além desses limites.

O conceito de anomia expressa portanto um sentido de crise, desorientação e falta de sentido, gerado pela ausência de normas ou seu excesso, que resulta em uma falta de perspectiva da parte dos indivíduos.[106] Pode ter diversas formas de manifestação, implicando sempre, porém, um distanciamento ou desencontro entre objetivos e os meios necessários para obtê-los, tal como na ideologia do individualismo como ideal de consumo na sociedade contemporânea ou no ideal de trabalho produtivo como forma de opressão de outras vocações e de supressão do lazer. A mera busca de satisfação individual, portanto, pode ser socialmente desestabilizadora, na medida em que induz ao comportamento de risco e inconsequente; daí o seu uso por Durkheim (2007b) para descrever uma das formas tipológicas de suicídio, pela qual o indivíduo mostra-se incapaz de se reconhecer nos vínculos normativos (solidariedade social) da sociedade a que pertence. Por outro lado, como visto anteriormente, a

---

106 Como obras literárias que ilustram situações de anomia, podem-se citar *O estrangeiro* (Albert Camus), *Esperando Godot* (Samuel Beckett) e *Dois perdidos numa noite suja* (Plínio Marcos).

possibilidade de desobediência está inserida mesmo internamente à constituição social das normas.

Controle e mudança relacionam-se de forma íntima e móvel, como demonstra Souto (2003) ao analisar a exteriorização das comunicações de cunho normativo nos processos sociais de interação: a situação que confirma os padrões de uniformidade do grupo em um determinado momento poderá vir a ser reinterpretada, à luz de conhecimentos novos, e tornar-se impulso para mudança (e vice-versa). Da mesma forma, não há garantia universalmente válida de que a percepção mesma acerca do controle social não possa ser manipulada em favor de interesses particulares, sendo esse um dos significados do termo **ideologia**, que indica o processo de "mascaramento ou encobrimento" da realidade em favor de interesses, práticas sociais e visões de mundo que se beneficiam do *status quo*. O que a visão limitada ou distorcida mantida pela ideologia faz é impedir a percepção de outras perspectivas, cristalizando situações históricas determinadas como se fossem "naturais", e não criadas pela ação do homem.

De maneira geral, quanto mais restrito for o universo abrangido, mais especifica será a instituição e maior o controle que terá sobre seus integrantes. Entre a coerção e o sentimento de espontaneidade, porém, existe um vasto espaço de legitimação pela qual os indivíduos podem ser levados a aceitar a imposição de uma determinada ordem, sem nem mesmo perceber a força a que estão submetidos ou os mecanismos sancionatórios que os envolvem: há, portanto, mecanismos de controle social que reforçam sentimentos de agradabilidade, em vez de recorrer imediatamente a punições ou uso da coerção, como ocorre, por exemplo, nos processos ideológicos, pelos quais é internalizada a ordem existente como a única possível, excluindo alternativas de ação. Por outro lado, o fenômeno da "servidão voluntária" explica formas de submissão e autogratificação de condutas úteis à perpetuação de formas autoritárias de poder.

As instituições protegem a sociedade do comportamento arbitrário de seus integrantes, na medida em que se utilizam de mecanismos sancionatórios como forma de influenciar as expectativas, decisões e comportamentos dos indivíduos e, com isso, produzir efeitos coletivos. Não se devem confundir as sanções normativas com o exercício da coação em si mesma, tendo em vista o uso predominantemente simbólico que a força ocupa nos processos sociais de controle, mais do que o uso efetivo da força, de permanência precária e potencialmente desestabilizador. Instituições existem, porém, que têm um tal poder de controle sobre seus integrantes que são chamadas de **instituições totais**: é o caso das instituições psiquiátricas, prisões, ordens de navegação, mosteiros e internatos. O espaço do indivíduo pode ser restrito a ponto de vedar-lhe um maior desenvolvimento social.

Como exemplos do variado raio de ação do controle social no direito podem ser citados o direito penal, a Constituição, o direito regulador de cartéis, os contratos, os costumes e as tradições. Esse controle pode dar-se de modo formal ou informal (Souto, 2003), envolvendo processos espontâneos de auto-organização de interesses. Embora não haja uma relação direta entre formalidade e eficiência do controle normativo, pode-se dizer que o controle formal tem uma abrangência maior, pela capacidade de aplicar-se a cenários, pessoas e objetos mais diversos entre si, dando conta da variedade dos contatos e da heterogeneidade das relações sociais contemporâneas. Por fim, também os ritos, símbolos e crenças comuns pertencem a esse universo, ao sustentar procedimentos de legitimação (Weber, 1991), pelos quais o exercício do poder é confirmado. Não existindo formas puras de legitimação social, porém, nem mesmo o direito será capaz de dirigir a aplicação de suas normas de modo uniforme, necessitando frequentemente de informações e subsídios extrajurídicos – daí falar-se de um certo sentido "instrumental" do direito.

As profissões constituem o elo entre o mero conhecimento das regras existentes e o conhecimento dos mecanismos de sua aplicação (Romano, 1999). No caso particular das profissões jurídicas, está-se falando de indivíduos participantes de grupos com grande poder de informação e acesso aos mecanismos de funcionamento do poder.

De outro lado trata-se de setores que costumam reivindicar o domínio da metodologia técnica, a prática de um certo uso exclusivo e excludente da linguagem (poder simbólico), além da exclusividade na administração dos resultados da investigação científica do direito. É importante, porém, não confundir a autoridade científica com autoridade político-institucional, embora tendam elas a confluírem-se no discurso ideológico acerca do direito (Borges, 2007): a autoridade científica, como militância da busca de saber, tende a ser precária institucionalmente, constituindo-se à força de seus argumentos teóricos, usufruindo, por outro lado, de maior liberdade de questionamento acerca de seus próprios pressupostos. Isso não ocorre nas atividades de aplicação normativa dentro da maior parte das profissões jurídicas, onde muitas vezes é necessária uma "imunização" cognitiva (Luhmann, 1980) contra críticas, de modo que a decisão possa ser levada a efeito.

As diversas profissões jurídicas têm reconhecidamente uma função de intermediação da atividade estatal com a sociedade: advogados, juízes, promotores, procuradores, defensores públicos, técnicos jurídicos, agentes públicos, professores, todas eles partilham o dever de obedecer aos mandamentos éticos e observar os limites jurídico-políticos do exercício de sua profissão tendo em vista esse fim, embora tendam a ter pontos de vista e sentido corporativo próprios, ao mesmo tempo concorrentes e complementares entre si. Na medida, porém, em que os indivíduos se inserem por diferentes critérios na sociedade, distinguindo-se por poder aquisitivo, classe a que pertencem, afinidades ideológicas, gênero, interesses políticos etc., haverá tantas visões de atuação profissional quantos foram os modos de lidar com aqueles conflitos, aspirações, objetivos etc. em uma determinada sociedade. Nesse sentido, o direito será sempre o "outro" lado complementar das possibilidades de construir socialmente o mundo humano – entre o possível e o desejável, o direito pode nos ajudar, portanto, a fazer a escolha sensata pelos dois.

5.2. CONSIDERAÇÕES FINAIS

As instituições são formas sociais de condensação de modelos normativos de agir, pensar e sentir. Por fixarem padrões de comportamento individual e coletivo, simplificam as opções disponíveis, introjetando-se na percepção dos indivíduos como se fossem uma espécie de "instinto", abrangendo os diversos campos sociais de comunicação existentes: daí falar-se de instituições sociais (em sentido estrito), políticas, econômicas, jurídicas, religiosas etc. As instituições refletem, portanto, a história da evolução das sociedades e o desenvolvimento das especificidades de sua cultura, abrangendo desde formas mais coletivistas, que estabelecem normas de conduta indiferenciadas entre direito/moral/religião/economia/política, até formas sociais mais complexas, com normas abstratas e generalizáveis, típicas de um direito formalmente organizado.

Diferentemente dos outros animais, o homem pode alterar ativamente as condições de sua existência, ainda que nem sempre possa ter domínio completo dos resultados. Nesse sentido fala-se da função de controle social exercida pelas instituições como abrangendo um duplo aspecto: 1) reprodução dos limites da realidade e das formas tradicionais de sua compreensão (função ideológico-justificadora); 2) adaptação a novas necessidades sociais e, no limite, a transformação da própria instituição e da sociedade (função adaptativa-evolutiva ou de mudança). Tanto em um sentido como em outro, o direito estará presente, notadamente na sociedade contemporânea, pela amplitude de sua atuação na organização normativa das expectativas sociais de conduta.

5.3. REFERÊNCIAS BIBLIOGRÁFICAS

BERGER, Peter L. *Perspectivas sociológicas*. 25ª ed. Petrópolis: Vozes, 2002.

_____ . *A construção social da realidade*. 26ª ed. Petrópolis: Vozes, 2006.

_____ . *Rumor de anjos*. 2ª ed. Petrópolis: Vozes, 1997.

_____ . *O dossel sagrado*. Elementos para uma teoria sociológica da religião. São Paulo: Paulinas, 1985.

BORGES, Souto Maior. *Ciência feliz*. 3ª ed. São Paulo: Quartier Latin, 2007.

BOTTOMORE, T. *Introdução à Sociologia*. 9ª ed. Rio de Janeiro: Jorge Zahar, 1987.

BOUDON, Raymond: *Dicionário Crítico de Sociologia*. São Paulo: Ática, 1993.

_____ . *Tratado de Sociologia*. Rio de Janeiro: Jorge Zahar, 1995.

DOUGLAS, Mary. *Como pensam as instituições*. Lisboa: Instituto Jean Piaget, 2005.

DURKHEIM, Émile. *Lições de sociologia*. São Paulo: Martins Fontes, 2002.

_____ . *As formas elementares da vida religiosa*. 3ª ed. São Paulo: Martins Fontes, 2003.

_____ . *As regras do método sociológico*. 3ª ed. São Paulo: Martins Fontes, 2007a.

_____ . *O suicídio*. 6ª ed. Lisboa: Editorial Presença, 2007b.

_____ . *Da divisão do trabalho social*. 3ª ed. São Paulo: Martins Fontes, 2008.

ENGELS, Friedrich; MARX, Karl. *Obras escolhidas*. São Paulo: Alfa-Ômega, s/d. v. 1.

LASWELL, Harold. *Política*: quem ganha o que, quando, como. Brasília: Unb, 1984.

LUHMANN, Niklas. *Sociologia do Direito*. Rio de Janeiro: Tempo Brasileiro, 1983 (v.1) e 1985 (v. 2).

_____ . *Legitimação pelo procedimento*. Brasília: Unb, 1980.

PIAGET, Jean. As relações entre moral e direito. In: SOUTO, Cláudio; FALCÃO, Joaquim (Org.). *Sociologia e direito*. Leituras básicas de Sociologia Jurídica. São Paulo: Pioneira, 1980, p.169-178.

ROMANO, Rugiero (Dir.). *Enciclopedia Einaudi*. Direito – Classes. Lisboa: Casa da Moeda, 1999. v. 39.

SOUTO, Cláudio. *Sociologia do direito*. Uma visão substantiva. 3ª ed. Porto Alegre: Sergio A. Fabris Editor, 2003.

_____ . *Introdução ao direito como ciência social*. Rio de Janeiro: Tempo Brasileiro, 1971. WEBER, Max. *A ética protestante e o espírito do capitalismo*. 4ª ed. São Paulo: Pioneira, 1985.

_____ . *Economia e sociedade*. Fundamentos da sociologia compreensiva. Brasília: Unb, 1991 (v. 1) e 1999 (v. 2).

WRIGHT-MILLS, Charles. *The sociological imagination*. London: Oxford Press, 1959 (ed. brasileira: *A imaginação sociológica*. Rio de Janeiro: Jorge Zahar, 1962).

6 | FUNÇÃO DO DIREITO SOCIAL

GISELE SILVA ARAÚJO[107]

TODAS AS sociedades estabelecem normas de convívio e sanções associadas ao seu descumprimento, mas o fazem de maneiras muito distintas. Uma rápida passada pela antropologia demonstra a enorme variedade de organizações sociais que o ser humano já criou e pode vir a criar, sem que entre elas se possa reconhecer um processo de evolução que as classifique como primitivas ou civilizadas.[108] O Direito, destarte, muda no tempo e no espaço conforme os tipos sociais e, por isso, conferir a ele uma definição universal negligencia sua inevitável historicidade. Como pensar então a *função social* do Direito se o próprio fenômeno não possui uma conceituação unívoca?

O Direito tem sido estudado a partir de diversas perspectivas. Há, entretanto, uma divisão clássica – que é também fruto de determinado momento histórico – entre a abordagem **interna** e a **externa**. Estudá-lo internamente significaria desenvolver uma

Teoria do Direito que desconsiderasse os aspectos sociais, políticos, psicológicos, organizacionais, entre outros, que o circundam. Essa proposta tem origem nas especializações científicas que se desenvolveram no século XIX, e, no Direito, seu maior expoente é Hans Kelsen (1881-1973).[109] Esse estudo sistemático dos elementos jurídicos tem importância inequívoca; Kelsen é leitura obrigatória no campo do Direito. No entanto, o próprio jurista austríaco aventurou-se nas searas filosóficas, políticas e sociológicas, embora marcasse que, quando o fazia, saía da **teoria pura**

---

107 Professora da Universidade Federal do Estado do Rio de Janeiro – UNIRIO, Psicanalista, Mestre e Doutora em Ciências Humanas: Sociologia pelo Instituto Universitário de Pesquisas do Rio de Janeiro – IUPERJ (atual IESP/UERJ), Bacharel em Ciências Sociais pela Universidade Federal do Rio de Janeiro – UFRJ, Bacharel em Direito pela Universidade do Estado do Rio de Janeiro – UERJ, Bacharel em Psicologia pelo Instituto Brasileiro de Medicina de Reabilitação – IBMR. Pesquisa teoria social – política, direito, sociologia, psicanálise –, e pensamento social brasileiro.

108 Um livro introdutório e didático sobre o paradigma antropológico do relativismo cultural contra o evolucionismo é Laraia, Roque de Barros. *Cultura*: um conceito antropológico. Rio de Janeiro: Zahar, 1981.

109 As razões desse isolamento da ciência do Direito como um campo próprio de conhecimento serão vistas adiante, quando o paradigma kelseniano for analisado.

para adentrar o âmbito subjetivo da **política jurídica** ou das questões éticas e morais acerca da justiça.[110]

Contemporaneamente, vários juristas têm assinalado a incompletude do esforço de tomar o Direito exclusivamente pelo viés **interno**, demonstrando inclusive o caráter ideológico que se esconde sob uma ciência pretensamente objetiva e neutra.[111] Investigar as raízes sociais dos vários tipos de Direito que correspondem às diferentes sociedades é, pois, o objeto primeiro da **sociologia jurídica**. Se o próprio Direito não admite uma definição universal – isto é, a-histórica –, menos ainda será possível encontrar uma sua função social válida para todo tempo e todo lugar. Embora algumas análises proponham uma conceituação conclusiva sobre o tema, esse não será, pelas razões aludidas acima, o percurso deste capítulo. A **função social** do Direito varia não apenas conforme os tipos sociais e suas mudanças históricas, mas também de acordo com aquele que as investiga, seu viés de análise e o cânon interpretativo e científico que adota.

É tentador enveredar por um discurso que conclame o Direito a assumir uma função de transformação social, de promoção da igualdade, da liberdade e da justiça. A polissemia de termos como esses – o que é afinal, igualdade, liberdade e justiça? – e a historicidade do fenômeno jurídico e de suas análises vedam tal direção. Ademais, ela não reflete o desenvolvimento do tema da forma como se deu na tradição do pensamento ocidental, como se pretenderá expor adiante. Se a principal tarefa do Direito nas sociedades contemporâneas pode vir a ser a de avançar na redução das desigualdades, a de proteger os mais desfavorecidos na estrutura econômica capitalista, ou quiçá a de fazer caminhar para o estabelecimento de uma outra ordem, mais justa e igualitária, isso depende de opções e decisões teóricas e políticas dos atores sociais. O objetivo central do texto que se segue é, pois, qualificar tais tomadas de posição a partir de uma exposição das disputas teóricas que pretenderam afirmar uma ou outra **função social** para o Direito.

O capítulo se estrutura a partir das premissas acima enunciadas. Antes de tudo, é preciso verificar qual o significado do conceito de **função**, surgido numa sociologia específica desenvolvida no século XIX, e apresentado na primeira parte. Em seguida, na seção intitulada "Direito e Poder Constituído", faz-se um retorno a teorias políticas e jurídicas que antecederam

---

110 Kelsen, Hans. *Teoria pura do direito*. São Paulo: Martins Fontes, 1997.

111 Cf. Campilongo, Celso Fernandes. Magistratura, sistema jurídico e sistema político. In: Idem (Org). *Direito e justiça*: a função social do Judiciário. São Paulo: Ática, 1989, p. 112. O artigo cita G. Tarello, "para quem a separação [entre o ponto de vista interno e o externo] é 'politicamente inoportuna' porque reforça a 'tendência, existente em setores hoje minoritários dos juristas, de desacreditar como metajurídicas ou extrajurídicas as considerações sociológicas, de teoria geral, históricas, das quais derivem conclusões jurídiconormativas; e, consequentemente, a reforçar também a tendência a eliminar as disciplinas sociológicas, históricas ou de teoria geral do *curriculum* de estudos apropriados do jurista'".

a sociologia, nas quais os autores se referiram não à função, mas à **ação** do Direito, identificada ou prescrita, na resolução dos problemas políticos e sociais que surgiram com os processos de modernização da Europa ocidental. Em seguida, o foco recai sobre os estudos do Direito no século XX, notando que seus fundamentos, suas funções e efeitos se distinguem de acordo com as mudanças históricas, do Estado liberal, para o Estado Social e para a atualidade. O Estado contemporâneo, resultante histórico ainda indefinido e incerto, aponta simultaneamente para pelo menos duas direções: a **função social** do Direito volta-se para a punição e exclusão da população marginalizada pelo mercado, configurando um Estado Penal, ao mesmo tempo em que a sociedade procura emprestar-lhe uma **função promocional** através de uma reorganização dos três poderes.

6.1. A ORIGEM DO CONCEITO DE FUNÇÃO: A TEORIA SOCIOLÓGICA DE ÉMILE DURKHEIM

É do francês Auguste Comte (1798-1857) a primeira utilização do termo **sociologia**, antes nomeado por ele **física social**, para designar um novo ramo da investigação científica. Tratava-se, na esteira do Iluminismo, de encontrar, através da razão, as leis que ordenavam as sociedades e suas mudanças ao longo do tempo. Não obstante essa paternidade, costumou-se atribuir a Karl Marx (1818-1883), Émile Durkheim (1858-1917) e Max Weber (1864-1920), o estabelecimento dos paradigmas clássicos da sociologia. Marx construiu a teoria do materialismo histórico dialético, argumentando que as estruturas econômicas são decisivas para o entendimento e a mutação das demais características sociais, dentre elas, a política e o direito.[112] Durkheim desenvolveu a teoria funcionalista segundo a qual todas as coletividades devem suprir, cada uma a sua maneira, funções essenciais para sua sobrevivência e continuidade.[113] Já a sociologia compreensiva de Weber concebe como tarefa própria dessa nova ciência a interpretação do sentido das ações humanas e do andamento das grandes mudanças sociais.[114]

O conceito de **função** tem origem na teoria durkheimiana e, nessa abordagem, ele designa aos componentes sociais um papel sempre "positivo", qual seja, o de contribuir para a manutenção da ordem. Caso as

---

112 Para uma visão inicial do materialismo histórico dialético, ver Marx, Karl e Engels, Friedrich. *A ideologia alemã*. São Paulo: Martins Fontes, 2002. Para uma discussão do Direito de acordo com esse paradigma, Cf. Marx, Karl. *Crítica da filosofia do direito de Hegel*. São Paulo: Boitempo, 2005, em especial a Introdução.

113 Cf. Durkheim, Émile. *As regras do método sociológico*. São Paulo: Martin Claret, 2002. Como se antevê pelo título, trata-se de uma obra metodológica que expõe a abordagem funcionalista, sem analisar diretamente os tipos de sociedade e o Direito subjacente. Essa análise será objeto de outros trabalhos do autor, mencionadas adiante.

114 Cf. Weber, Max. *Economia e sociedade*. Brasília: Editora UnB, 1999 e *Metodologia das ciências sociais*. São Paulo: Cortez; Campinas: Editora da Unicamp, 1999.

várias funções sociais não estejam sendo executadas a contento, diz-se que há uma **disfuncionalidade** social, e o grau de conflito daí decorrente pode ser tal que toda a coletividade fica ameaçada de destruição. **Função**, portanto, é um conceito eminentemente conservador: ele está embutido numa teoria social que, a despeito de outras características que não são aqui levantadas, preocupa-se em primeiro plano com a preservação da sociedade tal como ela é, lançando mão dos instrumentos tidos como necessários e eficazes para redução do conflito. Não há no horizonte qualquer perspectiva de mudança social ou de pôr em questão a justiça ou injustiça das instituições e estruturas sociais.

De posse dessa definição de **função**, a sociologia durkheimiana avançará o tema do Direito nos diferentes tipos de sociedade.[115] Para fins de simplificação, o sociólogo francês concebe dois modelos: o das sociedades não modernas e o das modernas. No primeiro caso, os homens que vivem numa mesma coletividade mantêm entre si vários elementos comuns, como religião, costumes, visão de mundo, princípios éticos, normas de convívio. A essas semelhanças, Durkheim chama de **consciência coletiva**. Sendo pouco diferenciados, os seres humanos não são propriamente **indivíduos**, mas pessoas coletivizadas. Por causa das normas de vida compartilhadas que os homens adquirem ao longo do processo de socialização, eles não precisam negociar *a posteriori* os termos da vida em comum: para Durkheim, equivocam-se fortemente os jusnaturalistas que pensaram os homens em estado de natureza como indivíduos desgarrados que, para constituírem a sociedade, precisariam estabelecer um contrato.

Nessas sociedades não modernas, em que não é preciso formular explicitamente as regras de convívio, o Direito não é **posto** por uma instituição especificamente destinada para tal. Ele existe imerso na religião, nos costumes, na tradição que é compartilhada pelos membros do grupo social. Como, para Durkheim, toda sociedade tende funcionalmente à reprodução da ordem, o Direito nas sociedades não modernas tem a função fundamental de preservar a consciência coletiva que é a garantia do baixo grau de conflito e impede a desagregação. Por isso, o Direito é aqui principalmente **repressivo**, excluindo e eliminando toda e qualquer ameaça à manutenção da ordem tradicional. Dito de outra maneira, a função do Direito é impedir, mediante sanções, que a sociedade não moderna se destrua pela diversificação do trabalho, da religião, dos costumes e das tradições comuns, que desuniria os homens a ponto de impedir a reprodução social.

Outra será a função do Direito na modernidade. Um longo processo de diferenciação, cujas causas supostas por Durkheim não são relevantes

---

115 Cf. Durkheim, Émile. *Da divisão do trabalho social*. São Paulo: Martins Fontes, 1999 e *Lições de sociologia*. São Paulo: Martins Fontes, 2002.

aqui, teria feito com que as sociedades ocidentais eliminassem, progressivamente, a consciência coletiva. Entre os membros das sociedades modernas não há mais, como outrora, poucas especializações de trabalho, religião comum, costumes e tradições compartilhadas. Ao contrário, como as pessoas realizam distintas atividades cotidianas, absorvem ideias e normas variadas, sendo socializadas como **indivíduos** diferenciados entre si. Portanto, é somente com o avançar desse estágio do desenvolvimento societal, de acordo com a visão evolucionista da teoria durkheimiana, que as pessoas necessitam do estabelecimento explícito de normas de convívio sob a forma de contratos. Essas normas, construídas intencionalmente, deveriam ser capazes de impedir que o encontro entre diferentes produzisse conflitos insolúveis que distendessem o tecido social.

A caracterização das sociedades modernas como um agregado de indivíduos diferenciados entre si tornou-se conhecida, contemporaneamente, sob o nome de **pluralismo**. Diante desse diagnóstico, Durkheim pensará o Direito não mais como predominantemente **repressivo**, mas sim **retributivo**: em vez de excluir do convívio social o elemento que ameaça as normas coletivas embutidas na tradição, o Direito terá a função principal de regular as trocas entre indivíduos que têm interesses e visões de mundo distintos e que, sem os acordos jurídicos ou a imposição de uma unidade normativa, entrariam em choque frontal. É com esse arrazoado que Durkheim compreende a formação do Estado, esse órgão tipicamente moderno: ele só teria passado a existir nas sociedades que necessitam de uma normatização explícita de suas relações sociais, isto é, de instituições especializadas no estabelecimento de regras de convívio, evitando a **anomia**, isto é, a ausência de normas comuns, onde não há mais a unidade conferida pela tradição.

No século XIX, quando escreve Durkheim, o principal desafio à ordem era o conflito capital-trabalho. Por isso, o Direito moderno tem, na sua sociologia, a função urgente de garantir acordos entre patrões e empregados, evitando greves e falências que ameaçam a sociedade de desagregação e destruição. O Estado deveria estabelecer as regras gerais, e outros mecanismos de autorregulação societal, como as corporações, definiriam os termos dos acordos setoriais. Não se trata, note-se, de sindicatos que são ou patronais ou de trabalhadores, mas de entidades que os institucionalizariam de forma conjunta, para a definição de normas compartilhadas. Além dessas associações intermediárias, os indivíduos devem reconhecer que a satisfação desmedida de seus interesses privados em conflito com os demais lhes é também prejudicial. Um vigoroso sistema educacional que os faça saber que pertencem a um todo, incluindo nos espíritos egoístas o sentimento do nacionalismo, completa o remédio durkheimiano para o problema da ordem numa sociedade plural.

Há que se ter sempre em conta que a teoria funcionalista de Durkheim não se ocupa com a justiça ou a transformação social. Como estudo que se pretende científico sob os cânones do positivismo epistemológico, essa sociologia almeja se abster de proferir qualquer juízo acerca das estruturas sociais, embora o faça inevitavelmente quando prescreve soluções. Dentro desse paradigma, as sociedades são vistas como um conjunto de elementos necessários que têm a função de conservar a ordem através da minimização do conflito, garantindo a continuidade da coletividade. Nesse sentido, qualquer que seja o tipo social em questão, a **função** do Direito será a de conter as ameaças ao *status quo* vigente. Na modernidade, isso se faz, para Durkheim, pela acomodação dos interesses divergentes através do nacionalismo, da educação, da regulação das trocas sociais pelo Estado e pelas associações intermediárias, notadamente, as corporações. Como se verá adiante, o Estado moderno combinará, de formas diferenciadas, as **funções repressivas** e **retributivas** e, em algumas análises, criticará a instrumentalização do Direito para fins de conservação de uma ordem injusta.

As transformações históricas e teóricas das instituições jurídico-políticas ao longo do processo de modernização oferecerão respostas distintas para o *pluralismo*, já problematizado, desde antes de Durkheim, no âmbito da filosofia político-jurídica. No entanto, a tradição do pensamento ocidental até o século XIX não dispunha de uma teoria funcionalista, nascida somente com a especialização da ciência social. A análise do Direito então, não se privava de fazer remissão a conceitos tais como justiça e liberdade, além de dialogar, como no caso da patrística e da escolástica,[116] com dogmas católicos. Não é o caso aqui de remontar à tradição grega ou medieval para fazer uma história do Direito, mas de investigar como, para alguns autores fundamentais desde o século XVI, as normas jurídicas deveriam organizar a **modernidade**. Essa breve visão sobre a formação teórica do Direito moderno e seu campo de ação é, portanto, o objeto da próxima seção. Verificar-se-á, então, que o Direito também ali se prestava a garantir a ordem, embora com arranjos distantes da solução corporativa e antiliberal durkheimiana.

6.2. DIREITO E PODER CONSTITUÍDO: DA FILOSOFIA JURÍDICO-POLÍTICA À SOCIOLOGIA

O Direito assumiu um lugar essencial na construção da ordem moderna. As regras de conduta inseridas na religião ou nas tradições cultu-

---

116 Patrística e Escolástica são as denominações às escolas do pensamento católico da Idade Média, a primeira referindo-se aos sete séculos iniciais conformados pelos fundadores da Igreja Católica, e a segunda, cujo término se marca normalmente no século XVI, indicando a filosofia cristã subsequente.

rais – como aquelas vistas por Durkheim nas sociedades não modernas – perdem a unidade que lhes emprestava força normativa e poder de conformação social. O individualismo foi visto, inicialmente, como ameaça à coesão das sociedades: se as visões de mundo e interesses são plurais e conflitivos, a obediência ao poder constituído que se legitimava pela tradição pode ser posta em questão, abrindo espaço às sedições internas. Thomas Hobbes (1588-1679), um dos maiores autores da teoria política moderna, desenvolve o seu *Leviatã* ocupando-se essencialmente do **problema da ordem**,[117] ou seja, de como legitimar a autoridade do Estado numa sociedade que se destradicionalizava, ou seja, que se tornava burguesa, na qual as relações sociais não são regidas por costumes comuns, mas pelas posições econômicas impessoais ocupadas por indivíduos. Sua solução passará, necessariamente, pela reconfiguração do Direito: de algo enraizado na história particular das comunidades ou que se referia ao plano transcendental, para um produto da razão universal, posto pela vontade humana.

Não podendo mais referir-se à autoridade tradicional dos príncipes, Hobbes ancora a ordem política na caracterização do homem como volitivo, tendente a buscar a satisfação dos seus próprios desejos e entrando em rota de colisão com os interesses dos demais. Diante de tal natureza – que evidentemente espelhava as relações burguesas que começavam a se estabelecer na Inglaterra –, os indivíduos teriam uma única alternativa viável para fugir da autodestruição, qual seja, a constituição do Estado através de um pacto fundacional, concentrando nessa pessoa artificial o poder de definir as normas de convívio. Ao Estado, pois, caberia exclusiva e soberanamente pôr o Direito e, por meio dele, definir o justo e o injusto que, no estado de natureza não têm nenhuma definição. Em Hobbes, portanto, a finalidade do Direito é afastar os homens de seus próprios impulsos naturais individualistas, através da educação e da repressão, para manter a ordem e a paz social.

No alvorecer da teoria política moderna, como se vê, o Direito presta-se a organizar a vida social, liberando os indivíduos para as atividades privadas, desde que não ameacem o poder constituído com rebeliões intestinas. Embora Hobbes seja com frequência identificado como autor que justifica o poder absoluto em contraposição ao liberalismo de John Locke (1632-1704), em ambos o Direito estatal visa a garantia da estabilidade e regularidade sociais necessárias para a preservação das condições de funcionamento dos mercados: a liberdade de comércio e a propriedade. Há, decerto, diferenças marcantes entre os dois autores. Em Locke, a natureza humana não é conflitiva como em Hobbes: os homens reconhecem-se

---

117 Hobbes, Thomas. *Leviatã ou matéria, forma e poder de um Estado eclesiástico e civil.* São Paulo: Abril, 1979 (Coleção Os Pensadores).

mutuamente pelos direitos que possuem aos bens fundamentais, a vida, a liberdade e a propriedade. O Estado que se constitui através do contrato social lockeano, então, destina-se a administrar a justiça, garantindo esses **direitos naturais** contra os seus infratores.[118] Não obstante as relevantes distinções, o papel do Direito posto se mantém: a conservação da ordem constituída como pressuposto para o comércio pacífico entre indivíduos possessivos.[119] O final do século XVIII trará deslocamentos importantes no que se refere ao Direito, principalmente a partir do movimento europeu de ideias que ficou conhecido como Iluminismo. Renovadas as aspirações renascentistas de que o homem pode dominar racionalmente a natureza e a sociedade, passará à ordem do dia o tema da liberdade sob a perspectiva da **autonomia pública**, isto é, da necessidade moral de que os homens produzam para si mesmos as normas sob as quais vão viver. Em *O contrato social*, o tema de Rousseau (1712-1778) é mais a exigência de se identificar a **vontade geral** comum a todos, sendo ela o núcleo fundamental do Direito, e menos o problema da obediência à ordem estabelecida. Para esse autor, a bondade natural dos homens foi corrompida pela propriedade privada e a civilização erguida nessas bases substituiu a **liberdade natural** pela dominação. Na impossibilidade histórica de se retornar a um idílico estado de natureza, a **liberdade civil** poderia ser construída através do Direito, e os homens obedeceriam às normas porque seriam seus próprios autores, já que elas coincidiriam com sua vontade coletiva.[120]

Apesar da ênfase rousseauniana na autonomia pública, esse não será o tom dominante no Iluminismo. As revoluções burguesas do século XVIII não terão desfechos propriamente democráticos, mas sim liberais. O tema privilegiado é, portanto, a **autonomia privada**, ou seja, a garantia de um espaço de arbítrio e exercício da vontade individual, e o principal filósofo do Direito a combinar racionalidade e individualismo é Immanuel Kant (1724-1804). À diferença de Hobbes, o Direito kantiano não se fundamenta numa natureza humana passional e possessiva, remediada por um contrato de tipo mercantil estabelecido entre pessoas privadas. Todavia, tampouco extrai sua legitimidade do igual concurso da vontade coletiva dos destinatários da norma, como pretendia Rousseau. Em Kant, os homens são propensos tanto à sociabilidade quanto aos antagonismos e, para deixar o estado de natureza onde julgam segundo seus critérios

---

118 Locke, John. *Segundo tratado sobre o governo*. São Paulo: Abril, 1973 (Coleção Os Pensadores).

119 McPherson, Crawford Brough. *A teoria política do individualismo possessivo*: de Hobbes até Locke. Rio de Janeiro: Paz e Terra, 1979.

120 Rousseau, Jean Jacques. *O contrato social*. São Paulo: Abril, 1978 (Coleção Os Pensadores). A discussão sobre a propriedade privada e a perda da liberdade natural está em Rousseau, Jean Jacques. *Discurso sobre a desigualdade entre os homens*. São Paulo: Abril, 1978 (Coleção Os Pensadores).

particularísticos, constroem o Direito público, cuja finalidade essencial é a garantia do Direito privado. O objetivo precípuo da ordem normativa moderna deve ser, portanto, o de preservar o igual direito subjetivo de todos à liberdade privada.[121]

Rousseau e Kant distanciam-se do jusnaturalismo de Hobbes e Locke em vários aspectos. Para o tema da **função social do Direito**, é importante salientar que ambos se afastam do foco principal das teorias anteriores, ou seja, da justificação do poder constituído com vistas à manutenção da ordem, embora o façam com proposições distintas. Rousseau vê no Direito a possibilidade de remediar a **liberdade natural** perdida construindo a **liberdade civil** através da positivação da **vontade geral**. Kant, mais afinado com a teoria lockeana, tomará o contrato social não como instrumento da formação de um espaço de atuação pública, mas como garantia da autonomia privada. As diferenças entre Rousseau, de um lado, e Locke e Kant, de outro, serão interpretadas como fundantes da tensão entre democracia e liberalismo. Uma afirmará a soberania popular na definição dos seus destinos; a outra, limitará essa potência reservando prerrogativas ao indivíduo contra as decisões da coletividade. No século XX, a tensão entre democracia e liberalismo, autonomia pública e privada, soberania popular e constitucionalismo, será tratada por diversos autores, dentre eles Hans Kelsen, Norberto Bobbio e Jürgen Habermas.[122]

A passagem do século XVIII para o XIX – a antessala da sociologia a partir da qual se pode falar propriamente em **função social** – trará ainda uma perspectiva filosófica afeita ao organicismo no que se refere ao papel do Direito na ordem moderna. A formulação mais contundente nesse paradigma deve-se a Georg Wilhelm Friedrich Hegel (1770-1831). Em sua concepção, o Estado moderno racional é uma totalidade ética universal que recolhe em seu interior as famílias e a sociedade civil, abstraindo seus particularismos potencialmente conflitivos. Visto dessa forma, o Estado não pode ser resultado de um contrato entre indivíduos, como pretendeu o jusnaturalismo de Hobbes, Locke e Kant: o todo é maior do que as partes, e sua unidade se dá pelo **espírito do povo**. É pelo devir dialético da história que se constitui o Direito moderno: sua finalidade continua sendo a de estabilizar as relações sociais diante do pluralismo, mas a racionalidade dele advinda seria capaz de superar os particularismos confi-

---

121 Hastie, W. (Ed.). *Kant's principles of politics, including his essay on perpetual peace*: a contribution to political science. Edinburgh: Clark, 1891. Disponível em: http://oll. libertyfund.org/index.php?option=com_ staticxt&staticfile=show.php%3Ftitle=358&I-temid=27. Acesso em: 15 out. 2009.

122 Cf. Bobbio, Norberto. *Liberalismo e democracia*. São Paulo: Brasiliense, 2000; Kelsen, Hans. *Escritos sobre la democracia y el socialismo*. Madrid: Editorial Debate, 1988; Habermas, Jürgen. *Direito e democracia*: entre facticidade e validade. Rio de Janeiro: Tempo Brasileiro, 1997.

gurando uma espécie de povo universal. O Direito público, nesse caso, é, em oposição a Locke e Kant, necessariamente superior ao privado.[123]

A perspectiva hegeliana, se não escapa à proposição de que o papel do Direito é manter a ordem estável, afasta-se do individualismo típico das filosofias modernas, nas quais a preocupação fundamental é garantir um espaço pacífico para o livre exercício de interesses privados díspares entre si. Em Hegel, a unidade espiritual faria superar as disparidades individuais, conformando os homens a objetivos comuns. Embora esse movimento se produza pela história, há decerto o risco de que a supremacia orgânica do Direito Público se imponha de forma autoritária. A relevância de suas formulações, para além das características aqui resumidas, se expressa pela repercussão ulterior – muito influente no Brasil –, da ideia de que a finalidade do Direito é a consecução do interesse público, do bem comum, ou da vontade da nação. Ela será, ainda, ponto de partida para a crítica sociológica empreendida por Karl Marx à possibilidade de uma superação meramente espiritual das cisões sociais e, portanto, para o questionamento do papel do Direito como instrumento de ocultação e conservação da dominação burguesa inscrita na ordem material, como se verá adiante.

O século XIX, da perspectiva do mundo jurídico, foi ainda um período conhecido pelas grandes codificações, esforços de construção do Direito racional adequado às relações burguesas. A começar pelo Código Napoleão de 1805, até o BGB (Burgerliches Gesetzbuch) – o Código Civil alemão de 1900 –, o Direito seguiu a sua tarefa moderna de regular prioritariamente as relações privadas de comércio e propriedade. Karl von Savigny (1779-1861), da chamada Escola Histórica do Direito, opunha-se à formação de um corpo legislativo abstrato, distante das transformações lentas dos costumes e tradições da futura Alemanha. Contra ele escreve Rudolf von Ihering (1818-1892), conhecido como autor da Escola da Jurisprudência dos Conceitos. Em A finalidade do direito, ele sustenta uma definição teleológica da norma jurídica, segundo a qual ela deve ser interpretada pelo fim ao qual se destina. Alguns juristas irão se apropriar dessa teoria para sustentar supostas funções do Direito relacionadas a objetivos propositivos de mudança social. Para Ihering, entretanto, tais fins continuam a coincidir com a proteção de uma esfera de interesses codificada sob a forma de direitos subjetivos individuais.

Como se pode perceber, a contenda entre Savigny e Ihering situa-se no interior da constituição da ordem burguesa então em ascensão, embora suas diferenças não sejam insignificantes: o primeiro advoga um método historicista, conservando a tradição a ser modernizada de forma gradati-

---

123 Hegel, Georg Wilhelm Friedrich. *Princípios da filosofia do direito*. São Paulo: Martins Fontes, 2003.

va; o segundo pretende uma codificação conceitual, de matriz intelectual e abstrata, a ser aplicada finalisticamente. É somente com a sociologia de Marx que se questionará de maneira contundente essa função do Direito de promover a paz social pela repressão, ocultamento ou educação, numa ordem social desigual e injusta. Na modernidade, analisa Marx, os indivíduos são tornados iguais apenas formalmente através do Direito, enquanto no plano material permanece a cisão entre proprietários e não proprietários dos meios de produção. Desse modo, sob as abstrações realizadas pelo Direito moderno, mantém-se e se oculta a dominação real entre os homens, já anunciada anteriormente por Rousseau. Não é possível, portanto, como pensava Hegel, suplantar os particularismos no plano jurídico, mas somente pela transformação da realidade concreta da distribuição dos meios de vida.

Marx, autor de meados do século XIX, é já considerado um dos fundadores da ciência social. Ao lado de Durkheim, procurará compreender os fenômenos coletivos não como decorrentes de uma suposta natureza humana universal, nem tampouco como obra da livre vontade, abordagens da filosofia jurídico-política que tem lugar até então. De acordo com seu método materialista-histórico-dialético, os conflitos sociais não nascem de um individualismo **natural** que pluraliza os interesses e as visões de mundo, mas da realidade econômica que sempre dividiu os homens entre senhores e escravos, proprietários feudais e servos, patrões capitalistas e empregados assalariados. A política, a cultura, as artes e o Direito, sendo componentes não materiais da sociedade, isto é, ideacionais, têm a função de legitimar o *status quo*, fazendo com que a dominação material e historicamente produzida **pareça natural**. Tanto em Durkheim quanto em Marx, portanto, o Direito tem a **função** de manter a ordem; no último, entretanto, trata-se de uma denúncia: seu objetivo é, no final das contas, destruir a ordem injusta, no afã de que a roda da história leve os homens a uma superação real e concreta da dominação.

Vale insistir na perspectiva marxiana, já que algumas das mais contundentes formulações contemporâneas acerca da **função social do Direito** devem a ela a sua fundamentação. As revoluções burguesas dos séculos XVIII e XIX afirmaram os direitos humanos em oposição aos medievais deveres dos súditos para com o príncipe, movimento fortemente elogiado por Marx pela sua capacidade avassaladora de derrubar antigos mitos que legitimavam a dominação.[124] Para esse autor, entretanto, a moderna igualdade de direitos cria um cidadão abstrato, negligenciando as condições de vida dos homens concretos que permanecem qualitativamente

---

124 Cf. Marx, Karl e Engels, Friedrich. *Manifesto do Partido Comunista*. Petrópolis: Vozes, 1993.

desiguais.[125] Sob a capa de uma suposta natureza humana universal, tal como postulada por Hobbes e Locke, o Direito que prescreve a liberdade e a igualdade burguesas esconde uma dura realidade de privação dos meios de sobrevivência para a maioria trabalhadora, não proprietária dos meios de produção da própria vida, obrigada então a se submeter aos mandos e desmandos da classe proprietária.

Dito em outras palavras, Marx entende que, em qualquer sociedade, o Direito organiza o mundo tal como ele é, já que reúne as regras fundamentais de produção e repartição dos bens, institucionalizando, de acordo com elas, a distribuição do poder. Na modernidade, sua **função** é perpetuar a economia capitalista, legitimando a dominação disfarçada pela igualização **abstrata** e **formal** dos indivíduos. No entanto, e contra o jusnaturalismo, Marx não aceita a essencialização do homem: ele é necessariamente um produto da história e o indivíduo possessivo é somente uma **versão** do ser humano, socializada sob a modernidade capitalista. É Hegel quem realiza o diagnóstico da forma mais acurada: é preciso superar os interesses divididos para que se construa uma unidade universal. Na perspectiva marxiana, no entanto, a solução de Hegel não é suficiente: pensada exclusivamente no plano ideacional, refletida nas instituições políticas e na positivação do Direito, ela opera de fato uma sublimação dos ideais de emancipação e autonomia, simulando uma satisfação realizada apenas espiritualmente, enquanto os homens continuam de fato desiguais na realidade material.

Para Marx, a superação desse estado de coisas passa, necessariamente, pela transformação da infraestrutura econômica, ou seja, pelo desenvolvimento histórico de uma nova forma de propriedade que não privilegie os interesses privados de uma classe em detrimento de outra. Não satisfeita essa hipótese, não pode haver unidade real entre burgueses, proprietários dos meios de produção, e proletários, desprovidos da possibilidade de prover autonomamente seu sustento. O Direito formal moderno produz uma falsa unificação, declarando uma igualdade ilusória, e acobertando, através dessa ideologia, sua **função** fundamental de manter a desigualdade real. É a partir dessa crítica ao Direito como reprodutor da divisão de classes da ordem capitalista – donos do capital de um lado, e trabalhadores assalariados, de outro – que se pensarão, ao longo do século XX, novas **funções** promocionais e redistributivas para os institutos jurídicos e sua operação. Embora não se vá reeditar a revolução comunista nos termos do século XIX, a análise contemporânea de viés marxista buscará emprestar ao Direito um papel positivo na transformação social, lutando por afastá-lo do conservadorismo burguês.

---

125 Cf. Marx, Karl. *A questão judaica*. São Paulo: Moraes, 1991.

Ao lado de Durkheim, para quem as normas jurídicas modernas cumprem a tarefa positiva de manter a ordem social, e de Marx, que diagnostica e critica essa mesma **função**, estará Max Weber, autor de importância inequívoca para a ciência social e para autores clássicos da teoria do direito. Sua sociologia da modernidade, da dominação e do direito servirá de base para o desenvolvimento da principal contenda jurídico-política do século XX, protagonizada por Hans Kelsen e Carl Schmitt, além de embasar o trabalho da chamada Escola de Frankfurt, com Theodor Adorno, Max Horkheimer e, contemporaneamente, Jürgen Habermas.[126] Reverberará no funcionalismo estadunidense, com o arranjo entre Durkheim e Weber realizado por Talcott Parsons, seguido por Robert Merton. No Brasil, Weber se fará ouvir fartamente, de pronto por Sergio Buarque de Hollanda e, mais adiante, por Raymundo Faoro, entre outros.[127]

Não há propriamente uma proposição explícita sobre a **função** do Direito em Weber: ele refuta a perspectiva funcionalista de Durkheim e o materialismo crítico de Marx. No âmbito da sociologia, entretanto, sua teoria da modernização põe no centro do debate o tema dos limites da razão e, em consequência, das possibilidades e impossibilidades de o Direito ordenar a vida social. Para Weber, os conflitos entre valores e visões de mundo diferentes não são passíveis de soluções racionais, já que, por serem referidos a questões éticas, estéticas e de justiça, são por definição matéria de adesão costumeira ou emocional. A razão presta-se somente a determinar os meios eficientes, mas não a definir os fins que **devem** ser perseguidos pela ação humana. Fazendo alusão ao pluralismo religioso, Weber ironiza a condição do homem moderno como uma situação de "guerra dos deuses", isto é, de uma disputa entre finalidades incomensuráveis entre si. Trata-se de um paradoxo para a herança iluminista que pretendia resolver todas as questões através do esclarecimento: racionalizando o mundo, os homens perderam o lugar de onde podiam extrair o sentido de sua existência.

Nesse contexto, o Direito moderno é uma estrutura formal e racional, esvaziada de toda substância valorativa. Ele não positiva princípios e máximas, inexistentes de fato como laços comuns numa sociedade plural. Sua legitimidade, isto é, sua capacidade de obter obediência voluntária, deve-se ao procedimento impessoal que preside a sua elaboração e a sua

---

126 Cf. Araújo, Gisele Silva. Habermas e a democracia como antídoto à irracionalidade. *Boletim Cedes* – Centro de Estudos em Direito e Sociedade – IUPERJ/Outubro 2009. Disponível em: http://cedes.iuperj.

br/. Acesso em: 30 out. 2009.

127 Para uma larga e contundente apreciação da influência de Weber no Brasil, cf. Vianna, Luiz Werneck. Weber e a interpretação do Brasil. Disponível em: http://www.artnet. com.br/gramsci/arquiv35.htm. Acesso em: 7 nov. 2009.

aplicação, normatizadas as devidas competências e definidos os atores com base no mérito individual. Dito de outra maneira, a racionalidade e o pluralismo de valores das sociedades modernas exigem um Direito formal, impedindo a positivação de um conjunto ético em detrimento de outros, sob pena de perda de legitimidade. Por isso, Weber rejeita qualquer tentativa de **materialização** do Direito, isto é, de admitir no ordenamento jurídico institutos de cunho substantivo. Qualquer tendência do Direito para esse ou aquele objetivo, fundado num ou noutro rol de valores, significaria uma adesão afetiva, emocional e irracional, cujos rumos são incontroláveis. Se se pudesse falar em **finalidade** do Direito em Weber, esta seria a de manter-se distante da irracionalidade das adesões valorativas.

Uma última palavra sobre o século XIX e a relação entre Direito e poder constituído cabe aqui. Fez-se um percurso da filosofia política do século XVII à sociologia desenvolvida no oitocentos. Viu-se que, guardadas as diferenças significativas entre os autores, o Direito se destina à manutenção da ordem burguesa, às vezes pondo sobre os conflitos particulares a mão forte do Estado, e noutras naturalizando de forma mais sutil a igualdade apenas formal entre indivíduos concretamente desiguais. É com Durkheim, como se anunciou de início, que o tema da **função** do Direito se tornará explícito no inventário da teoria ocidental. Não obstante, desde antes, seu papel precípuo é o de conservar ou promover a paz social. Com Marx, entretanto, essa atividade de conformação dos homens ao *status quo* será desvelada como obstáculo ideológico à efetiva transformação social. A partir dessa teoria, e em diálogo crítico com a concepção formal do Direito em Weber, se desenrolará a querela própria ao tema, desenvolvida por juristas, durante o século XX.

6.3. FUNDAMENTOS, FUNÇÕES E EFEITOS DO DIREITO NO SÉCULO XX

Após as Revoluções Burguesas dos séculos XVIII e XIX, estabeleceu-se majoritariamente, no mundo ocidental, o Estado Liberal. Ao Direito que lhe correspondeu cabia proteger a esfera individual das liberdades privadas, limitando aos proprietários, principalmente pelo censo eleitoral, a participação na vida pública. A **função do Direito** na prática, portanto, seguiu aquelas formuladas pelas teorias que predominaram nos três séculos precedentes: garantir o funcionamento da ordem econômica capitalista e reprimir os movimentos dissonantes. Na esteira da crítica de Marx e tendo em vista o desenrolar concreto da história ocidental, Ferdinand Lassalle afirmará que as Constituições são meras **folhas de papel**, desprovidas de autoridade normativa. O que teria eficácia na conformação do mundo social são as chamadas **forças reais de poder**, isto é, os grupos sociais que, portando interesses concretos, fazem valer politicamente sua superioridade econômica e social.[128] Sob o liberalismo, no qual os atores disputam e contratam entre si com suas armas desiguais livremente empregadas, as leis só valem quando assim o querem os dominantes.

O Estado Liberal se caracteriza por um Direito conforme a racionalidade formal descrita por Weber. Seu traço primordial é a afirmação da igualdade abstrata dos indivíduos e de sua liberdade negativa, vedando a ação do poder político nas esferas consideradas de âmbito privado, notadamente a família, as relações de trabalho, os contratos comerciais, as manifestações da opinião que não desafiam a ordem estabelecida.[129] A **função** do Direito é, destarte, garantir a segurança jurídica para o funcionamento do mercado livre, e o formalismo encobre e neutraliza qualquer questionamento relativo aos conteúdos substantivos das normas:

> O direito é assim reduzido a um simples sistema de normas, o qual se limita a dar sentido jurídico aos fatos sociais à medida que estes são enquadrados no esquema normativo vigente. Por isso, ao determinar o uso das normas e dos instrumentos jurídicos exclusivamente em função das categorias e dos conceitos legais, esta concepção torna desnecessário o questionamento do conteúdo de seus dogmas, isto é: a discussão relativa à função social das leis e à identificação dos nexos ocultos que vinculam o direito às estruturas (e vice-versa).[130]

No primeiro quartil do século XX, entretanto, o conflito capital-trabalho, e os movimentos operários e socialistas traziam à tona as relações

---

128 Lassalle, Ferdinand. *Que é uma Constituição?* São Paulo: Edições e Publicações Brasil, 1933. Versão digital: eBooksBrasil.com, 2001.

129 "Na perspectiva do 'império do direito', a comunicação entre o legislador e os legislados revela-se assim hierarquizante e subordinante: toda regra jurídica tem um caráter obrigatoriamente dogmático e, à medida que uma de suas funções é assegurar a reprodução dos padrões de dominação vigentes, garantindo formalmente um mínimo de certeza nas expectativas e uma certa margem de segurança nas decisões, ela não pode ser desafiada e descumprida. Ao mesmo tempo, como a efetividade das instituições de direito depende da internalização dos valores de obediência, as leis são revestidas da aparente neutralidade – o que é possível graças à perversão ideológica que dissimula as funções diretivas, operativas e fabuladoras da normas, sob a máscara de suas funções informativas" (Faria, José Eduardo. O modelo liberal de direito e Estado. In: Idem (Org). *Direito e justiça*: a função social do Judiciário. São Paulo: Ática, 1989, p. 28).

130 Faria, José Eduardo. Ordem legal x mudança social: a crise do Judiciário e a formação do magistrado. In: Idem (Org). *Direito e justiça*: a função social do Judiciário. São Paulo: Ática, 1989, p. 99. "A noção de 'sujeito de direito', enquanto 'homem médio', é um caso paradigmático do processo de abstração generalizante acima descrito. Por meio dessa estratégia de generalização indeterminada, as normas podem organizar relações formalmente 'igualitárias' entre os 'sujeitos de direito'; organização essa que, privilegiando a autonomia (formal) da vontade e a liberdade (formal) de disposição contratual, condições básicas para a satisfação das necessidades por meio do mercado, também torna previsíveis e controláveis os atos de autoridade emanados dos diferentes órgãos decisórios do sistema normativo" (idem, p. 100-101).

do Direito Liberal com a permanência de uma ordem capitalista injusta. A Constituição Mexicana de 1917 e a Constituição de Weimar de 1919 inseriram no ordenamento jurídico as funções antiliberais de acomodação dos interesses conflitantes prenunciadas por Durkheim, embora sob formas incipientes. Naqueles diplomas, pensou-se poder garantir alguns direitos para as **forças reais** menos potentes, isto é, proteger os trabalhadores contra a liberdade de contrato que tendia, inequivocamente, a favorecer a parte mais robusta da relação, isto é, o capital. México e Weimar não se afastam da finalidade de organizar o funcionamento do capitalismo, mas expressam a compreensão de que o liberalismo *tout court* não vinha conseguindo manter a ordem a salvo de contundentes contestações. Já se prenuncia, desde aí, o Estado Social que será construído principalmente no Pós-2ª Grande Guerra e que significará uma mudança relevante nas **funções sociais** do Direito.

Antes da configuração do Estado Social propriamente dito, entretanto, o cenário da crise do Estado Liberal das primeiras décadas do século XX dará ensejo a um clássico debate político-jurídico, em cuja origem está o diagnóstico de Weber sobre Alemanha da Constituição de Weimar. O cenário era o de disputa entre várias finalidades políticas: a manutenção da tradição, a construção de uma ordem capitalista liberal, a garantia de direitos trabalhistas, a mobilização para a revolução. O parlamento alemão, dotado do moderno instrumento dos procedimentos racionais, não conseguia chegar a bom termo já que, segundo a análise de Weber, os conflitos referiam-se a valores, interesses e visões de mundo – concepções éticas e de justiça – incomensuráveis entre si. Para criar unidade decisória capaz de fazer a Alemanha se engrandecer na ordem capitalista internacional, Weber não encontrará outra solução senão propor um líder carismático para obter adesão emocional das massas, com o cuidado de mantê-lo sob estrita vigilância e controle do parlamento racional.[131]

No âmbito especificamente jurídico, o tema será enfrentado no debate entre Hans Kelsen e Carl Schmitt que tentarão, de maneiras opostas, lidar com o pluralismo de valores e a racionalidade formal do Direito liberal. Em Kelsen, o fundamento da norma jurídica **em geral** não pode ser inquirido pela **ciência do Direito** e sua sustentação última reside numa determinação sociológica, isto é, na constituição real das sociedades. Na modernidade, caracterizada pela diversidade de interesses, valores e visões de mundo, o Direito reflete o relativismo político: a pluralidade de concepções axiológicas e a impossibilidade de determinar uma verdade ou valor superior têm como corolário um Direito destinado a garantir a

---

131 Weber, Max. *Parlamento e governo na Alemanha reordenada*: crítica política do funcionalismo e da natureza dos partidos. Trad. Karin Bakke de Araújo. Petrópolis: Vozes, 1993.

igualdade entre os diversos pontos de vista e a liberdade de expressá-los em público para constituir as normas de vida. Assim, o fundamento do Direito em sociedades plurais é, para Kelsen, a democracia procedimental: a garantia de direitos individuais e de procedimentos de manifestação da opinião. Nesse caso, o Direito não é um fato social, como em Durkheim, nem tampouco a positivação de valores específicos: é norma formal esvaziada de substância.[132]

Diagnosticando de forma radical a falência do romantismo político liberal, Carl Schmitt (1888-1985) refutará tanto a racionalidade formal do direito quanto o pluralismo, reputando-os incapazes de dirimir os conflitos de interesse. Reconhecido corretamente como teórico do regime nazista, Schmitt compreende o fenômeno político como elemento existencial, ou seja, como o laço substantivo mais forte entre os homens e que os faz pertencer a um Estado. O Direito subjacente a essa concepção não pode lidar com uma sociedade absolutamente heterogênea e plural: ele deve ter como estrutura mestra a afirmação dos valores que conferem unidade à Nação. Ele se manifesta prioritariamente pela relação de identidade entre o povo e o **Fuhrer**, representante máximo daquela coletividade. Em Schmitt, o fundamento do Direito é a substância axiológica que faz existir a comunidade política. O Direito não é norma formal, como em Kelsen; é valor, e sua **função** primordial é garantir a continuidade desse núcleo substantivo entre os membros da coletividade.[133]

A crise de superprodução – ou subconsumo – de 1929 marca a emergência do chamado Estado Social, em contraposição ao Estado Liberal das décadas anteriores. O fim da guerra mundial de 1939-1945 engendra o chamado **constitucionalismo democrático**, dando vitória a Kelsen na contenda com Schmitt. Entretanto, sob o receio das potencialidades irracionais das massas, as Constituições do pós-guerra passaram também a positivar princípios éticos e políticos como forma de evitar a legitimação popular a regimes de exceção, como o nazismo e o fascismo. O **constitucionalismo democrático** tem, inequivocamente, uma matriz política liberal: tratava-se de proteger direitos individuais contra os abusos da democracia. Evidentemente, os limites à soberania popular não são fixos, e, se podem significar o respeito ao pluralismo de valores, podem igualmente restringir o poder da maioria em promover reformas estruturais tendo

---

132 Cf. Araújo, Gisele Silva. *Direito, política e legitimidade*: fundamentos da democracia e do constitucionalismo contemporâneo. Rio de Janeiro: Lumen Juris, 2010, no prelo.

133 Cf. Araújo, Gisele Silva e Santos, Rogerio Dultra. O constitucionalismo antiliberal de Carl Schmitt: democracia substantiva e exceção versus liberalismo kelseniano. In: Ferreira, Lier Pires; Guanabara, Ricardo; Jorge, Vladimyr Lombardo (Orgs.). Curso de ciência política. Rio de Janeiro: Campus-Elsevier, 2008, v. 1, p. 371-400. No Brasil, a teoria tridimensional do Direito de Miguel Reale reunirá as três definições do Direito, afirmando-o como fato social, norma e valor. De fato, perdem-se com isso as dimensão das oposições radicais entre estas perspectivas.

em vista a redução ou superação da dominação capitalista.[134] De fato, o **constitucionalismo democrático** teve que se combinar, de início, com o Estado Social.

Ao mesmo tempo em que se desenvolvem as Constituições liberais do pós-guerra, a crise capitalista e o "perigo" da revolução comunista provocam o reconhecimento da necessidade de minimizar os conflitos sociais, positivando direitos reclamados pelos movimentos sindicais e operários da época.[135] Recuperam-se, em alguma medida, as proposições durkheimianas, segundo as quais a **função do Direito** moderno de manter a ordem tinha que atentar muito enfaticamente para o conflito capital-trabalho. Seus respectivos interesses próprios deveriam ser acomodados mediante regulações estatais e/ou corporativas, obrigando as partes a aquiescer em determinadas concessões tendo em vista a pacificação da sociedade. O Estado Social – ou do Bem-Estar Social; em inglês, *welfare state*; em francês, *État-Providence* – mitiga a absoluta autonomia privada típica do Estado Liberal, **materializando** o Direito:

> No atual Estado-Providência, com seus diferentes e complexos papéis como provedor de serviços básicos, como promotor de novas relações sociais, como planejador de atividades econômicas e até mesmo como agente diretamente produtor de bens e serviços, muitas de suas leis caracterizam-se por suas funções promocionais – o que exige de seus aplicadores, nos tribunais, um amplo esforço de compreensão valorativa de suas regras, mediante procedimentos mais abertos e flexíveis do que os previstos pela hermenêutica comum ao Estado liberal.[136]

O Direito assume novos contornos e se pode então afirmar, com propriedade, que ele passa a ter uma **função** ativa no mundo social. Não se

---

134 A oposição entre liberalismo e democracia é tratada de forma bastante didática por Norberto Bobbio, na obra Liberalismo e democracia. São Paulo: Brasiliense, 1988.

135 "Desde que o Estado se transformou num Estado-providência os direitos sociais e econômicos passaram a integrar a pauta de direitos da cidadania sob a custódia da magistratura. Esta função política surge, pois, em razão do desenvolvimento dos chamados direitos sociais e econômicos dos cidadãos, que de maneira clara só podem ser entendidos como conquistas do trabalho frente ao capital. As constituições mais recentes, do segundo pós-guerra para cá, são cada vez menos sintéticas; isto não se deve à falta de técnica ou conhecimento jurídico de quem as faz. Podemos afirmar que elas vão se tornando mais extensas à medida que são elevados à categoria de direitos tutelados constitucionalmente aqueles conquistados progressivamente pelos trabalhadores" (Lopes, José Reinaldo de Lima. A função política do Poder Judiciário. In: Idem (Org). *Direito e justiça*: a função social do Judiciário. São Paulo: Ática, 1989, p. 138).

136 Faria, José Eduardo. As transformações do Judiciário em face de suas responsabilidades sociais. In: Faria, José Eduardo (Org.). *Direitos humanos, direitos sociais e justiça*. São Paulo: Malheiros, 1994, p. 62.

trata, todavia, de uma virada radical; o Direito não deixa de ser um instrumento de reprodução da ordem para tornar-se uma arma de transformação qualitativa da estrutura econômica. A principal mudança no ordenamento jurídico é a inserção de aspectos *substantivos,* **valorativos** e **materiais** no interior de uma institucionalidade **formal**, isto é, que pretendia manter-se weberianamente afastada de propósitos, finalidades e valores. Renova-se, destarte, o objetivo do Direito: trata-se, uma vez mais, da organização da ordem capitalista, mas agora em novos termos não liberais, capazes então de dar resposta à crise política e econômica que cresce a partir dos anos 1930. Esses termos incluíam concessões à parte fraca do contrato social através de **funções promocionais do Direito**, que reduziam os ímpetos revolucionários por meio de direitos sociais e garantiam a retomada do consumo e da produção.

A inserção do conflito social no mundo do Direito implicou o crescimento do poder regulatório e discricionário do Executivo, para além das normas gerais e abstratas tradicionalmente produzidas pelo Legislativo no Estado Liberal. Esse processo de **administrativização do Direito** permitiu a implantação de políticas públicas que desmercantilizaram a força de trabalho, isto é, deixaram-na menos dependente do mercado capitalista: o direito à saúde e educação, os direitos trabalhistas, previdenciários, entre outros. Promoveu no mesmo passo a recomposição da ordem capitalista, financiando a retomada da produção e do consumo. O Estado Social se caracterizou, portanto, pela verticalização e burocratização do processo normativo, retirando da representação política legislativa a prerrogativa da produção das normas.[137] O Direito ganha **funções sociais redistributivas**, mas o instrumentalismo jurídico que lhe é inerente apresenta riscos de fugir por completo ao controle democrático.

O Estado Social respondeu por um período histórico específico de crise econômica e conflitos políticos, cenário que se modificou por volta da década de 1960:

> A regulação jurídico-estatal dos direitos individuais e sociais veio acompanhada pelo processo que T. Geiger e, depois, R. Dahrendorf designaram por "institucionalização do conflito". Os antagonismos de classe encontrariam no leito institucional, isto é, nos procedimentos normatizados pelo direito estatal, a fórmula capaz de evitar a desagregação social. Porém,

---

137 "Afinal, se por um lado as leis não podem deixar de ser genéricas, abstratas e impessoais, por outro, a sua formulação, em razão do próprio caráter programático e corporativo da ação regulatória do Estado intervencionista, é cada vez mais verticalizada, abrindo caminho para a profusão de instruções normativas, resoluções administrativas e decretos-leis" (Faria, José Eduardo. O modelo liberal de direito e Estado. In: Idem (Org.). *Direito e justiça*: a função social do Judiciário. São Paulo: Ática, 1989, p. 32.

a multiplicação de "novos atores sociais" envolve também o alargamento dos objetos de tutela jurídica e, mais do que isso, a explosão de uma conflituosidade social que, sem perder de vista o confronto trabalho/capital, assume muitas vezes facetas multipolares e dificilmente enquadráveis na rígida moldura normativista. Fala-se mesmo num processo de "desinstitucionalização do conflito", capaz de conferir dinamismo às convenções, especificidade às regulações sociais e proteção contra os "efeitos perversos" da legislação estatal. Expandem-se, nesse prisma, os ares de autorregulamentação, privada, muitas vezes às custas da suspensão da eficácia das políticas públicas.[138]

A crise do *welfare state* das últimas três décadas do século XX possui as causas mais variadas. Apontam-se razões de cunho econômico, como a dificuldade de financiar as prestações estatais diante das crises da década de 1970, até os questionamentos da legitimidade do executivo na regulação social diante do surgimento de novos atores e demandas sociais. Em vários cantos do mundo ocidental, políticas **neoliberais** de redução do Estado se fizeram implementar de formas diferenciadas, marcando o chamado **desmonte** do Estado Social. Esse movimento de "desinstitucionalização do conflito" se fez através de reformas desreguladoras que frustraram o poder de ação do Estado na vida social e econômica. O Estado contemporâneo, portanto, como resultante da conjunção entre o constitucionalismo democrático do pós-2ª Grande Guerra e desse movimento de construção e demolição do Estado Social, tem uma configuração ainda incerta. Nesse contexto, a **função social do Direito** é hoje um forte objeto de luta política. Movimentos sociais, partidos políticos, magistrados, tribunais, teóricos do direito, entre outros atores, avançam cotidianamente em seus espaços de atuação interpretações e ações relativas que disputam as versões Liberal, Social, e/ou Democrática do Direito.[139]

Pelo menos dois caminhos distintos são observados de forma contundente pela literatura especializada. Por um lado, as Constituições mais recentes positivaram direitos sociais e criaram novos mecanismos de acesso à justiça, destacando-se principalmente aqueles que garantem o direito

---

138 Campilongo, Celso Fernandes. Os desafios do Judiciário: um enquadramento teórico. In: Faria, José Eduardo (Org.). *Direitos humanos, direitos sociais e justiça*. São Paulo: Malheiros, 1994, p. 37.

139 Autores contemporâneos da teoria política e da teoria do direito propõem modelos distintos de Estado, como se vê pelas abordagens distintas de John Rawls, Ronald Dworkin e Jürgen Habermas, para citar apenas alguns. Cf. Rawls, John. *Uma teoria da justiça*. Lisboa: Presença, 1993 e *O liberalismo político*. São Paulo: Ática, 2000; Dworkin, Ronald M. *O império do direito*. São Paulo: Martins Fontes, 1999; Habermas, Jürgen. *Direito e democracia*: entre facticidade e validade. Rio de Janeiro: Tempo Brasileiro, 1997.

subjetivo **coletivo**, questionando o caráter individualista da ordem jurídica liberal. Nesse sentido, setores da sociedade civil têm tentado fazer valer seus direitos sociais – não mais atendidos pelo Estado Social capitaneado pelo Executivo – através do recurso ao Judiciário. A hermenêutica jurídica se transforma na direção de legitimar interpretações menos legalistas e mais principiológicas, afeitas a valores substantivos. Persegue-se assim, por outras vias, a **função promocional** do Direito. Por outro lado, entretanto, o desmonte das políticas públicas do Estado Social têm significado um retorno ao Estado Liberal, isto é, a desregulamentação da economia e do trabalho e a privatização de serviços públicos tais como saúde e educação. As mazelas da desigualdade da ordem capitalista liberal são resolvidas, nesse caso, pelo reforço exponencial do Estado Penal.

6.4. CONCLUSÃO: O ESTADO CONTEMPORÂNEO E A DISPUTA PELA FUNÇÃO SOCIAL DO DIREITO

A **função social do Direito**, como se viu na exposição precedente, não admite uma definição universal. Ela depende, fundamentalmente, de concepções acerca do que é o próprio Direito, e estas variaram teórica e historicamente ao longo da modernidade ocidental. No típico Estado Liberal, a **função** do Direito racional é conservar uma ordem em que os indivíduos regulam livremente suas trocas privadas, abstendo-se de qualquer ação positiva na vida econômica e social. Na crítica marxiana, esse Direito iguala os homens de maneira exclusivamente abstrata e formal, encobrindo as desigualdades reais que existem no plano material. O Estado Social, por sua vez, tomou o Direito como instrumento de prestações sociais emprestando-lhe uma **função promocional** e remediando, através da **materialização**, o alto grau de conflito no interior da economia capitalista. O constitucionalismo democrático do pós-2ª Grande Guerra é um componente essencial do Estado contemporâneo, bem como a desestruturação do Estado Social e a "desinstitucionalização do conflito". Essa realidade complexa faz com que hoje a **função social do Direito** seja ainda mais matéria de disputa política, dividindo-se entre a configuração de um Estado Democrático e Social de Direito e/ou de um Estado Penal.

O resultado generalizado do desmonte do Estado Social e das políticas neoliberais de redução das prestações sociais – e não só nos Estados Unidos ou na Inglaterra, mas em toda a Europa e América Latina – foi o aumento da exclusão social, da criminalidade e da xenofobia:

> É verdade que os Estados Unidos – e depois deles o Reino Unido e a Nova Zelândia – reduziram fortemente seus gastos sociais, virtualmente erradicaram os sindicatos e podaram vigorosamente as regras de contratação, de demissão (sobre-

tudo), de modo a instituir o trabalho assalariado dito flexível como verdadeira norma de emprego, até mesmo de cidadania, via a instauração conjunta de programas de trabalho forçado (*workforce*) para os beneficiários de ajuda social. Os partidários das políticas neoliberais de demantelamento do Estado-providência gostam de frisar como essa "flexibilização" estimulou a produção de riquezas e a criação de empregos. Estão menos interessados em abordar as consequências sociais devastadoras do *dumping social* que elas implicam: no caso, a precariedade e a pobreza de massa, a generalização da insegurança social no cerne da prosperidade encontrada e o crescimento vertiginoso das desigualdades, o que alimenta segregação, criminalidade e o desamparo das instituições públicas.[140]

Na proporção inversa da redução das **funções promocionais** típicas do Estado Social, crescem as **funções penais** do Direito. Sem proteção social, produzem-se mais "delinquentes". Para manter a ordem com baixo grau de conflito – função essencial do Direito tal como, com sinais distintos, teorizavam Durkheim e Marx – o Estado contemporâneo infla as estruturas de isolamento e punição. Expande-se vertiginosamente o sistema penal: encarceramento dos pobres, estrangeiros e imigrantes; hiperinflação carcerária; construção de penitenciárias federais nunca suficientes; proliferação das delegacias locais e das pessoas "nas mãos da justiça" sem paradeiro e andamento processual. A **função do Direito**, nesse caso, é controlar uma população econômica e politicamente supérflua, atendendo as "exigências orçamentárias" do Estado mínimo neoliberal. Noutras palavras, o Direito no Estado Penal tem a *função* de regular o mercado de trabalho pela via repressiva.

No momento de sua institucionalização na América de meados do século XIX,

> "a exclusão era antes de tudo um método visando o controle das populações desviantes dependentes" e os detentos, principalmente pobres e imigrantes europeus recém-chegados no Novo Mundo. Em nossos dias, o aparelho carcerário americano desempenha um papel análogo com respeito aos grupos que se tornaram supérfluos ou incongruentes pela dupla reestruturação da relação social e da caridade do Estado: as frações decadentes da classe operária e os negros pobres das cidades. Ao fazer isso, ele assume um lugar central no sistema dos instrumentos de governo da miséria, na encruzilhada do

---

140 Wacquant, Loïc. *As prisões da miséria*. Rio de Janeiro: Jorge Zahar, 2001, p. 77.

mercado de trabalho desqualificado, dos guetos urbanos e de serviços sociais "reformados" com vistas a apoiar a disciplina do trabalho assalariado dessocializado.[141]

Os estudos de criminologia recentes afirmam através de dados contundentes a inexistência de relação entre o aumento do encarceramento e a redução da criminalidade. Ao contrário, a correspondência que se estabelece se dá entre a deterioração do mercado de trabalho e o crescimento das pessoas presas, em geral pobres, negros, imigrantes ou latinos, como no caso dos Estados Unidos, todos marginalizados pelo mercado de trabalho e sem o amparo da proteção social. Outros sintomas do avanço de um efetivo Estado Penal são o crescimento da legislação punitiva; o agravamento das penas de prisão; a ideologia e política criminais da defesa social; e o aumento da vigilância social pública e privada.[142] Além disso, a associação entre o Estado neoliberal e o Estado penal abre para o capital mais um ramo de negócios: o encarceramento com fins lucrativos, promovido pelo fim do monopólio público dos serviços carcerários e pela privatização do sistema penitenciário, além do promissor mercado da segurança privada. Mais do que neutralizar e ocultar o desamparo, o Estado penal produz seu próprio alimento: a prisão é ela mesma uma fábrica de miséria.

Máquina varredora da precariedade, a instituição carcerária não se contenta em recolher e armazenar os (sub)proletários tidos como inúteis, indesejáveis ou perigosos, e, assim, **ocultar** a miséria e **neutralizar** seus efeitos mais disruptivos: esquece-se frequentemente que ela própria contribui ativamente para estender e perenizar a insegurança e o desamparo sociais que a alimentam e lhe servem de caução. Instituição total concebida para os pobres, meio criminógeno e desculturalizante moldado pelo imperativo (e o fantasma) da segurança, a prisão não pode senão empobrecer aqueles que lhe são confiados e seus próximos, despojando-os um pouco mais dos magros recursos de que dispõem quando nela ingressam, obliterando sob a etiqueta infamante de "penitenciário" todos os atributos suscetíveis de lhes conferir uma identidade social reconhecida (como filho, marido, pai, assalariado ou desem-

---

141 Wacquant, Loïc. *As prisões da miséria*. Rio de Janeiro: Jorge Zahar, 2001, p. 96. "O deslizamento do social para o penal na Europa, por fim, é mais do que evidente nas *inflexões recentes do discurso público* sobre o crime, os distúrbios ditos urbanos e as 'incivilidades' que se multiplicam à medida que a ordem estabelecida perde sua legitimidade para aqueles que as mutações econômicas e políticas em curso condenam à marginalidade" (idem, p. 127).

142 Cf. Foucault, Michel. *Vigiar e punir*. Petrópolis: Vozes, 1995.

pregado, doente, marselhês ou madrilenho etc.), e lançando-
-os na espiral irresistível da pauperização penal, face oculta
da "política social" do Estado para com os mais pobres, que
vem em seguida naturalizar o discurso inesgotável sobre a re-
incidência e sobre a necessidade de endurecer os regimes de
detenção (com o obsessivo tema das "prisões três estrelas"),
até que finalmente se comprovem dissuasivos.[143]

Ao lado do Estado Penal, entretanto, as Constituições promulgadas
desde o pós-2ª Grande Guerra começaram a gerar efeitos que apontam
para outra direção. Em países que saíram de períodos autoritários nas décadas de 1970 e 1980, como o Brasil, Portugal e Espanha, o processo de
redemocratização deu ensejo a Cartas constitucionais qualificadas como
"dirigentes", na expressão do jurista português José Joaquim Gomes Canotilho, distanciando-se, portanto, do racionalismo formal liberal.[144] As
respectivas cartas constitucionais positivaram direitos sociais e princípios
de justiça e igualdade, além de definirem **finalidades** por meio das normas ditas "programáticas", isto é, que estabelecem objetivos a serem alcançados pelo Estado. Em boa parte do mundo ocidental, desenvolveu-se
uma hermenêutica jurídica voltada para o tema da justiça e da equidade,
promovendo novos padrões de interpretação das leis e precedentes judiciais. Produziram-se novos instrumentos processuais de acesso à justiça e
garantia de direitos, destacando-se aqueles que reconhecem representantes coletivos e alargam o rol de competências para a propositura de ações
judiciais.

Essa transformação no mundo do direito é bastante recente: pesquisas
empíricas sobre os novos usos que os atores sociais vêm dando aos institutos jurídicos são ainda incipientes. Algumas delas indicam que há uma
apropriação do discurso dos direitos pelas classes populares, minorias
marginalizadas, movimentos sociais e partidos políticos de esquerda. Originalmente, tal como na concepção liberal de Locke, os direitos humanos
restringiam-se a vida, liberdade e propriedade, tendo a **função** primordial de garantir a paz social para o funcionamento do mercado capitalista.
Reinterpretados hoje de forma extensiva para abarcar os típicos direitos
sociais, eles se prestam à disputa política por igualdade e inclusão.[145] Além

---

143 Wacquant, Loïc. *As prisões da miséria*. Rio de Janeiro: Jorge Zahar, 2001, p. 143-144.

144 Canotilho, José Joaquim Gomes. *Constituição dirigente e vinculação do legislador*.
Coimbra: Coimbra Editora, 2001.

145 "Na medida em que, face à polarização ideológica, a erosão dos laços de arraigamento
social até então prevalecentes, as novas formas de participação política e os conflitos
constitucionais delas resultantes, as classes populares conseguiram apropriar-se política e discursivamente dos direitos humanos para convertê-los em sinônimo de direito
das maiorias marginalizadas, a ampliação de seu poder de luta e confrontação coletiva
abriu caminho para uma questão importante: a de reavaliação do papel do Judiciário 163

disso, e como um de seus desdobramentos, tem-se produzido legislação ordinária cumprindo o **programa** desenhado pelas Constituições. No Brasil, por exemplo, novos diplomas conferem ao Direito **funções** que vão além das repressivas, típicas do Estado Liberal e Penal:

> Consagrando esses novos tipos de normas, alguns textos legais mais recentes, como o Código de Defesa do Consumidor, a legislação de proteção do meio ambiente, a Lei de Execuções Penais, o Estatuto da Criança e do Adolescente e o advento da ação civil pública, não têm mais as funções exclusivamente restitutivo-repressivas típicas do Estado liberal, que exigem dos seus aplicadores, no âmbito do Judiciário, pautas hermenêuticas bastante restritas para a captação do sentido do conteúdo das normas, por meio de interpretações lógico-sistemáticas baseada no princípio da legalidade.[146]

No entanto, os novos meios processuais – no Brasil, Ação de Declaração de Inconstitucionalidade, Ação de Declaração de Inconstitucionalidade por Omissão, Mandado de Injunção, Ação Civil Pública etc. – podem ser mobilizados para fins os mais variados, servindo também para impedir a produção de políticas públicas do Executivo ou diplomas legislativos mais progressistas. Levar o constitucionalismo democrático numa direção liberal ou social, portanto, é uma questão de disputa política, que redunda cotidianamente em interpretações distintas do Direito e de quais **devem ser** suas funções sociais. A aplicação da lei interpretada de certa maneira pode significar, muitas vezes, a violação dos direitos humanos compreendidos de forma ampla:

> Este paradoxo está explícito por exemplo nos casos de ocupação de terrenos não produtivos por populações urbanas marginalizadas nas grandes capitais brasileiras. Nestes casos, o Código Civil que regula e protege o direito de propriedade se opõe frontalmente ao direito humano que reconhece a todos os cidadãos o direito de moradia. É o direito legal à propriedade contra o direito não suficiente legalizado à moradia. Está explícito também, na maioria dos países, quando aplicar e respeitar a restritiva lei de greve significa quase abrir mão do direito de greve.[147]

---

em contextos de transformação social e democratização política" (Faria, José Eduardo. Ordem legal x mudança social: a crise do Judiciário e a formação do magistrado. In: Idem (Org.). *Direito e justiça*: a função social do Judiciário. São Paulo: Ática, 1989, p. 95).

146 Faria, José Eduardo. As transformações do Judiciário em face de suas responsabilidades sociais. In: Faria, José Eduardo (Org.). *Direitos humanos, direitos sociais e justiça*. São Paulo: Malheiros, 1994, p. 62.

147 Falcão, Joaquim de Arruda. Democratização e serviços legais. In: Faria, José Eduardo

O constitucionalismo democrático, tal como vem se desenvolvendo nas últimas décadas do século XX e início do XXI, tem provocado a reorganização dos três poderes – Executivo, Legislativo e Judiciário –, ainda também com efeitos indefinidos e passíveis de avaliações diversas.[148] Na esteira do desmonte do Estado do Bem-Estar Social, o Executivo perdeu o poder regulatório e de ação que possuía sobre a vida econômica, e a crescente complexidade social desafia a capacidade representativa do Legislativo como *locus* único de manifestação da soberania popular. Com esses deslocamentos, o Judiciário, "o muro de lamentações da cena contemporânea",[149] é também chamado a rever suas **funções**:

> O processo de "institucionalização do conflito" nas sociedades avançadas apresenta sinais nítidos de exaurimento. A incapacidade de representação dos interesses coletivos pelos canais da democracia representativa e as dificuldades de defesa e garantia dos direitos sociais pelos mecanismos de adjudicação da dogmática jurídica colocam a magistratura diante de um problema sem precedentes: seu instrumento de trabalho, o direito positivo, torna-se um dos principais objetivos do conflito social. (...) Os tribunais deixam de ser a sede de resolução das contendas entre indivíduos e passam a ser uma nova arena de reconhecimento ou negação de reivindicações sociais.[150]

No Brasil, os estudos sobre o deslocamento dos três poderes como efeito das transformações recentes do Estado, da estrutura social do país e do mundo do direito têm sido enfatizados pelo sociólogo e cientista político Luiz Werneck Vianna. Segundo sua análise, a judicialização da política e das relações sociais não têm tido **majoritariamente** um caráter restritivo e conservador, nem tampouco resultam prioritariamente do ativismo judicial, ou seja, da magistratura extrapolando, por iniciativa própria, suas atribuições tradicionais. O Direito tem sido, via de regra,

---

(Org.). *Direito e justiça*: a função social do Judiciário. São Paulo: Ática, 1989, p. 147.

148   "O Estado liberal organizou-se sob a égide de uma *concepção individualista* da sociedade. A forma política que o sucedeu – o Estado social – transferiu esse eixo para as *classes sociais*. Os atores privilegiados por esses momentos foram os partidos e os sindicatos. O debate atual sobre o esvaziamento da democracia representativa e a crise do Estado social reflete uma situação de deslocamento dos poderes" (Campilongo, Celso Fernandes. Os desafios do Judiciário: um enquadramento teórico. In: Faria, José Eduardo (Org.). *Direitos humanos, direitos sociais e justiça*. São Paulo: Malheiros, 1994, p. 32).

149   Garapon, Antoine. *O juiz e a democracia*: o guardião das promessas. Rio de Janeiro: Revan, 1999.

150   Campilongo, Celso Fernandes. Magistratura, sistema jurídico e sistema político. In: Idem (Org.). *Direito e justiça*: a função social do Judiciário. São Paulo: Ática, 1989, p. 117-118.

mobilizado pela sociedade – movimentos sociais, associações, partidos políticos –, e é a partir dela que tem nascido a demanda por uma nova hermenêutica e um novo papel político para o Poder Judiciário. Evidentemente, as sentenças judiciais variam conforme o jogo de forças, sendo às vezes progressistas, e às vezes conservadoras. Tampouco promovem a igualdade e a liberdade pensadas pela crítica marxista do Direito, não se propondo superar a ordem capitalista. Apesar disso, elas têm se baseado em princípios de equidade e justiça que avançam a garantia de direitos para além das restrições da concepção liberal e do Estado Penal.[151]

Da mesma forma que no Estado Social havia o perigo de esvaziamento do Legislativo em favor dos atos discricionários do Executivo, com a **administrativização do Direito**, no Estado Social e Democrático de Direito, o risco é o da supremacia do Poder Judiciário, definindo ele, em última instância, quais normas e políticas públicas **devem** ser implementadas. Ambas as configurações político-institucionais parecem produzir um défice democrático, ou seja, um golpe contra o poder da maioria: o primeiro, pela absorção pelo Poder Executivo das funções da soberania popular do Legislativo; e o segundo, pelo controle do Poder Judiciário sobre os atos dos dois outros poderes. Para Luiz Werneck Vianna, entretanto, a pretensão de que as demandas de uma sociedade plural se façam ouvir exclusivamente pela representação política legislativa insiste equivocadamente num monismo representativo que já se mostrou ineficaz: a democracia poderia ser exercida por múltiplos canais através dos quais a sociedade conquistaria e faria valer seus direitos, estabelecendo uma soberania complexa, dotada de representação política *e* funcional.[152]

A disputa sobre a **função social** do Direito no Estado contemporâneo – entre um Estado Penal e um Estado *Social* e Democrático de Direito – explicita, portanto, quão ligados estão o mundo jurídico e o mundo da política. Como interpretar o Direito, como aplicá-lo, quais serão as posturas dos três poderes, que atores sociais mobilizarão o arsenal jurídico, como as divergências da dogmática serão selecionadas para embasar decisões judiciais... tudo isso depende das **forças reais de poder**, tal como diagnosticava Lassalle. A **força normativa da Constituição**, para utilizar a expressão de Hesse, depende da luta real entre grupos que a levem numa ou noutra direção. Entre esses grupos, certamente, estão aqueles que trabalham diretamente com o Direito – estudantes, juízes, promotores, de-

---

151   Vianna, Luiz Werneck (Org.). *A democracia e os três poderes no Brasil.* Belo Horizonte: Editora UFMG; Rio de Janeiro: IUPERJ/FAPERJ, 2002.

152   Cf. Araújo, Gisele Silva. Participação através do direito: a judicialização da política. Disponível em: http://www.ces.uc.pt/lab2004/pdfs/GiseleSilvaAraujo.pdf. Acesso em: 11 nov. 2009. O artigo resume a ideia de representação complexa de Pierre Rosanvallon, aplicando-a às transformações do direito no mundo contemporâneo conforme a análise de Luiz Werneck Vianna.

fensores públicos, advogados, teóricos e doutrinadores. De sua operação cotidiana emergem e oscilam **funções sociais** diferenciadas, que tratam o conflito social ora como caso de polícia e cárcere, ora como justos reclames por igualdade.

Por essas razões, não se pode falar numa **função social do Direito** em si, científica e racionalmente estipulada. Ao longo do desenvolvimento da modernidade ocidental, várias foram as teorias afeitas ao tema e elas mesmas foram instrumentos de disputa por configurações político-jurídicas distintas. No Estado contemporâneo, a contenda sobre a **função social do Direito** tem duas direções primordiais: a repressão aos marginalizados pelo mercado neoliberal concretizada pelo Estado Penal ou a afirmação de direitos sociais coletivos num Estado Social e Democrático de Direito. Assim, e novamente retomando as afirmações iniciais, o conhecimento jurídico não pode pretender bastar-se, seguindo uma abordagem estritamente **interna** que negligencia a composição dos grupos sociais, seus recursos econômicos, suas visões axiológicas e sua força política. Fazer com que o Direito tenha uma **função social** voltada para a promoção da igualdade e da justiça depende dos atores sociais que "encampam" esse projeto e que embasam suas posições políticas nas investigações de vários ramos do conhecimento.[153]

6.5. REFERÊNCIAS BIBLIOGRÁFICAS

ARAÚJO, Gisele Silva. *Participação através do direito*: a judicialização da política. Disponível em: http://www.ces.uc.pt/lab2004/pdfs/GiseleSilvaAraujo.pdf. Acesso em: 11 nov. 2009.

_____ . Habermas e a democracia como antídoto à irracionalidade. Boletim Cedes – Centro de Estudos em Direito e Sociedade – IUPERJ/ Outubro 2009. Disponível em: http://cedes.iuperj.br/. Acesso em: 30 out. 2009.

_____ . *Direito, política e legitimidade*: fundamentos da democracia e do constitucionalismo contemporâneo. Rio de Janeiro: Lumen Juris, 2010, no prelo.

_____ e SANTOS, Rogerio Dultra. O constitucionalismo antiliberal de Carl Schmitt: democracia substantiva e exceção *versus* liberalismo kelseniano. In: FERREIRA, Lier Pires; GUANABARA, Ricardo; JORGE,

---

153 "No direito civil, os debates sobre a função social da propriedade, as transformações no direito obrigacional, os novos tipos de contratos, a responsabilidade civil vista como instrumento de redistribuição de recursos etc., apenas para ilustrar, são significativos da tentativa de reconstrução de instrumentos jurídicos a partir de conceitos tomados de empréstimo da Economia, da Sociologia e de outros ramos do conhecimento" (Campilongo, Celso Fernandes. Os desafios do Judiciário: um enquadramento teórico. In: Faria, José Eduardo (Org.). *Direitos humanos, direitos sociais e justiça*. São Paulo: Malheiros, 1994, p. 46).

Vladimyr Lombardo. (Orgs.). *Curso de ciência política*. Rio de Janeiro: Campus-Elsevier, 2008, v. 1, p. 371-400.

BOBBIO, Norberto. *Liberalismo e democracia*. São Paulo: Brasiliense, 1988.

CAMPILONGO, Celso Fernandes. Magistratura, sistema jurídico e sistema político. In: FARIA, José Eduardo (Org.). *Direito e justiça*: a função social do Judiciário. São Paulo: Ática, 1989.

_____ . Os desafios do Judiciário: um enquadramento teórico. In: FARIA, José Eduardo (Org.). *Direitos humanos, direitos sociais e justiça*. São Paulo: Malheiros, 1994.

CANOTILHO, José Joaquim Gomes. *Constituição dirigente e vinculação do legislador*. Coimbra: Coimbra Editora, 2001.

DURKHEIM, Émile. *Da divisão do trabalho social*. São Paulo: Martins Fontes, 1999.

_____ . *As regras do método sociológico*. São Paulo: Martin Claret, 2002.

_____ . *Lições de sociologia*. São Paulo: Martins Fontes, 2002.

DWORKIN, Ronald M. *O império do direito*. São Paulo: Martins Fontes, 1999.

FALCÃO, Joaquim de Arruda. Democratização e serviços legais. In: FARIA, José Eduardo (Org.). *Direito e justiça*: a função social do Judiciário. São Paulo: Ática, 1989.

FARIA, José Eduardo. O modelo liberal de direito e Estado. In: FARIA, José Eduardo (Org.). *Direito e justiça*: a função social do Judiciário. São Paulo: Ática, 1989.

_____ . Ordem legal x mudança social: a crise do Judiciário e a formação do magistrado.

In: FARIA, José Eduardo (Org.). *Direito e justiça*: a função social do Judiciário. São Paulo: Ática, 1989.

_____ . As transformações do Judiciário em face de suas responsabilidades sociais. In: FARIA, José Eduardo (Org.). *Direitos humanos, direitos sociais e justiça*. São Paulo: Malheiros, 1994.

FOUCAULT, Michel. *Vigiar e punir*. Petrópolis: Vozes, 1995.

GARAPON, Antoine. *O juiz e a democracia*: o guardião das promessas. Rio de Janeiro: Revan, 1999.

HABERMAS, Jürgen. *Direito e democracia*: entre facticidade e validade. Rio de Janeiro: Tempo Brasileiro, 1997.

HASTIE, W. (Ed.). *Kant's principles of politics, including his essay on perpetual peace*: a contribution to political science. Edinburgh: Clark, 1891. Disponível em: http://oll.libertyfund. org/index.php?option=com_ staticxt&staticfile=show.php%3Ftitle=358&Itemid=27. Acesso em: 15 out. 2009.

HEGEL, Georg Wilhelm Friedrich. *Princípios da filosofia do direito*. São Paulo: Martins Fontes, 2003.

HOBBES, Thomas. *Leviatã ou matéria, forma e poder de um Estado eclesiástico e civil*. São Paulo: Abril, 1979 (Coleção Os Pensadores).

KELSEN, Hans. *Escritos sobre la democracia y el socialismo*. Madrid: Editorial Debate, 1988.

_____ . *Teoria pura do direito*. São Paulo: Martins Fontes, 1997.

LARAIA, Roque de Barros. *Cultura*: um conceito antropológico. Rio de Janeiro: Jorge Zahar, 1981.

LASSALLE, Ferdinand. *Que é uma Constituição?* São Paulo: Edições e Publicações Brasil, 1933. Versão digital: eBooksBrasil.com, 2001.

LOCKE, John. *Segundo tratado sobre o governo*. São Paulo: Abril, 1973 (Coleção Os Pensadores).

LOPES, José Reinaldo de Lima. A função política do Poder Judiciário. In: FARIA, José Eduardo (Org.). *Direito e justiça*: a função social do Judiciário. São Paulo: Ática, 1989, p. 138.

MARX, Karl. *A questão judaica*. São Paulo: Moraes, 1991.

_____ . *Crítica da filosofia do direito de Hegel*. São Paulo: Boitempo, 2005.

_____ . e ENGELS, Friedrich. *Manifesto do Partido Comunista*. Petrópolis: Vozes, 1993.

_____ . *A ideologia alemã*. São Paulo: Martins Fontes, 2002.

McPHERSON, Crawford Brough. *A teoria política do individualismo possessivo*: de Hobbes até Locke. Rio de Janeiro: Paz e Terra, 1979.

RAWLS, John. *Uma teoria da justiça*. Lisboa: Presença, 1993.

_____ . *O liberalismo político*. São Paulo: Ática, 2000.

ROUSSEAU, Jean Jacques. *Discurso sobre a desigualdade entre os homens*. São Paulo: Abril, 1978 (Coleção Os Pensadores).

_____ . *O contrato social*. São Paulo: Abril, 1978 (Coleção Os Pensadores).

VIANNA, Luiz Werneck. Weber e a interpretação do Brasil. Disponível em: http://www. artnet.com.br/gramsci/arquiv35.htm. Acesso em: 7 nov. 2009.

_____ . (Org.). *A democracia e os três poderes no Brasil*. Belo Horizonte: Editora UFMG; Rio de Janeiro: IUPERJ/FAPERJ, 2002.

WACQUANT, Loïc. *As prisões da miséria*. Rio de Janeiro: Jorge Zahar, 2001.

WEBER, Max. *Parlamento e governo na Alemanha reordenada*: crítica política do funcionalismo e da natureza dos partidos. Trad. Karin Bakke de Araújo. Petrópolis: Vozes, 1993.

_____ . *Economia e sociedade.* Brasília: Editora UnB, 1999.

_____ . *Metodologia das ciências sociais.* São Paulo: Cortez; Campinas: Editora da Unicamp, 1999.

7 | LEGALIDADE E LEGITIMIDADE

PEDRO H. VILLAS BÔAS CASTELO BRANCO[154]

7.1. CONCEITO SOCIOLÓGICO DO DIREITO *VERSUS* CONCEITO JURÍDICO DO DIREITO

POR QUE homens exercem poder sobre homens?[155] Por que obedecemos às normas jurídicas? De onde o direito extrai a sua obrigatoriedade? Quais são os fundamentos de validade da ordem jurídica? A ordem jurídica é uma forma de exercício do poder? É possível distinguir entre poder (*Macht*) e dominação (*Herrschaft*)? O ponto de partida para a compreensão do motivo pelo qual obedecemos consiste no fato de que nenhuma forma de poder é forte o suficiente para garantir sua estabilidade somente através do controle de um meio externo de coerção.[156]

Todo exercício de poder de caráter duradouro e estável necessita de uma autojustificação capaz de atingir corações e mentes daqueles que são dominados. Não há agrupamento humano que exerça o poder de forma contínua e regular sem retirar o seu fundamento da legitimidade, preci-

---

154 Doutor em Ciência Política pelo IESP-UERJ, antigo IUPERJ. Mestre em Direito pela PUC--RJ. Professor do IESP-UERJ e do PPGD-UVA. Coordenador do Laboratório de Estudos Políticos de Defesa e Segurança Pública (LEPDESP), centro de pesquisa firmado em regime de colaboração entre o IESP-UER e a ESG. Autor ou organizador, dentre outras obras, de "Retratos da Pandemia" e "O Rio sob Intervenção Federal".

155 Tais questionamentos são tão antigos quanto a filosofia política clássica, mas nem por isso perdem sua atualidade, sobretudo devido às distintas respostas que são dadas pelas diferentes correntes de pensamento. Aristóteles (384 a.C.-322 a.C.), por exemplo, examina, no livro *A Política* a natureza das relações de poder e da obediência entre seres humanos. Partindo de um critério imanente à natureza humana, observa que: "não é apenas necessário, mas também vantajoso que haja mando por um lado e obediência por outro; e todos os seres, desde o primeiro instante do nascimento, são, por assim dizer, marcados pela natureza, uns para comandar, outros para obedecer" (Aristóteles, 2002: 12). O fundamento da autoridade e da obediência seria determinado pela própria natureza de modo que a espécie humana não seria exceção ao reino animal, sendo "o macho superior à fêmea", o senhor em relação ao servo (Aristóteles, 2002: 13). Veremos que Weber discorda desse ponto de vista de Aristóteles em virtude de entender que a forma de exercer a dominação ou autoridade se funda, não na natureza, mas na crença dos homens.

156 Max Weber provavelmente concordaria com a observação de Jean-Jacques Rousseau (1712-1778): "o forte nunca é suficientemente forte para ser sempre o senhor, senão transformando força em direito e a obediência em dever" (Rousseau, 1973: 31).

samente, da crença e do reconhecimento daqueles que obedecem ao comando dos dominadores.

Poucos autores apresentaram uma reflexão tão explícita e profunda sobre o problema da legalidade e legitimidade quanto Max Weber (1864-1920). Para alguns,[157] o tratamento conferido pelo sociólogo alemão à legitimidade teria desencadeado uma "reviravolta copernicana" nos campos da sociologia, do direito e, sobretudo, da teoria política. Os estudos de Weber sobre a Sociologia da Dominação teriam modificado o modo de ver as relações de mando por meio de uma mudança de paradigma: o deslocamento do eixo de análise do dominador – a exemplo da literatura que se debruça sobre as técnicas de aquisição e manutenção do poder pelo príncipe – para os motivos de submissão dos dominados. O tema da legalidade e legitimidade não pode ser dissociado das investigações que Weber realizou no âmbito de sua Sociologia do Direito, da Dominação, da Religião, do Estado e da Economia. O exame dos tipos de legitimidade, sobretudo a crença na legitimidade da legalidade, está intimamente ligado a um dos principais interesses da Sociologia do Direito weberiana: a racionalização do direito moderno. A notável erudição de Weber, seu método comparativo e a mobilização de um conhecimento de caráter enciclopédico a serviço de sua preocupação central com o fenômeno da racionalização – não apenas do direito, da economia, da religião, mas de diversos outros âmbitos da vida social – revelam uma obra de fôlego inesgotável. Todavia, a profusão de termos técnicos, de eventos históricos e a comparação de diversos modos de pensamento jurídico de épocas e civilizações distintas, dirigidos à investigação do processo de racionalização do direito, não pode ser reproduzida aqui.

A fim de elucidar alguns aspectos da sociologia do direito de Weber cabe, antes de tudo, expor a distinção feita pelo autor entre o que o âmbito de conhecimento sociológico e o jurídico entendem por direito, norma e ordem jurídica. Tal distinção entre o conceito sociológico do direito e o conceito jurídico do direito mostra como as relações de legalidade e legitimidade no plano das formações sociais – a exemplo do Estado, da família, do feudalismo – não podem ser compreendidas fora da unidade básica de seus conceitos sociológicos fundamentais: a ação social.

O núcleo central em torno do qual gravitam os diversos temas, abordados pela sociologia de Weber, encontra-se na ação social. A ação social do indivíduo seria o ponto de partida do sociólogo alemão. Contudo, como explicita Gabriel Cohn, vale notar que o *sentido* se constitui na unidade elementar da sociologia compreensiva de Weber da qual o indivíduo é apenas um portador (Cohn, 1979: 29). Dessa forma, o interesse sociológico pelo que *de fato ocorre* não pode ser reduzido ao elemento

---

157 Reinhart Koselleck, citado por Maurizio Bach em *Einfuhrung in der Gesellschaftstheorie* (Introdução à teoria da sociedade) (2009: 88).

psíquico do indivíduo ou a qualquer contato entre indivíduos[158] da parte do mesmo (Weber, 2000: 4). A sociologia weberiana volta-se para o sentido criado por um fluxo de ações cuja apreensão é possível. Os portadores seriam pontos de conexão de sentidos constituídos por um curso possível de ações humanas cuja convergência significativa poderia ser investigada em determinadas situações consideradas relevantes para o pesquisador (Cohn, 1979: 29). Desse modo, o Estado, o desenvolvimento do direito moderno, o feudalismo não podem ser esclarecidos senão do ponto de vista da compreensão do curso da ação de homens concretos cuja orientação da conduta se dá pelo *sentido* que atribuem às diferentes formações sociais que exercem dominação sobre eles (Weber, 2000: 14) Não há, portanto, como falar em legalidade e legitimidade sem levar em consideração o sentido ou a crença proveniente da ação que homens concretos atribuem às distintas formas de dominação. A finalidade deste capítulo é expor brevemente a análise de Weber concernente ao problema da legalidade e da legitimidade, chamando atenção para a necessidade de conectar sua sociologia do direito à sociologia da dominação.

Embora Max Weber possa ser considerado um dos fundadores da Sociologia do Direito,[159] os estudiosos de seus trabalhos dedicam pouca atenção à Sociologia do Direito, conferindo maior importância à Sociologia da Religião, da Dominação, do Estado etc.. Ora, a fim de elucidar o eixo central da Sociologia do Direito de Weber é imprescindível compreender a distinção entre o traço normativo do direito e o seu caráter empírico. Exatamente por isso devemos nos indagar a respeito do que Weber entende por Sociologia do Direito. De que modo a consideração do direito pela sociologia se distingue daquela da ciência do direito (também denominada pelo autor de dogmática jurídica)? Imbuído da tarefa de delimitar o campo de atuação da Sociologia do Direito, o autor alemão busca compará-lo com a da ciência do direito. Para tanto, estabelece um dualismo entre o mundo do **ser** (*sein*) e do **dever ser** (*sollen*), revelando que enquanto o direito se volta para o reino normativo do *dever ser*, a sociologia se desloca para plano da realidade concreta do *ser*. A necessidade de advertir para a incompatibilidade dos horizontes de perspectiva de ambas as referidas áreas do saber já podia ser observada nos primeiros trabalhos metodológicos do autor realizados no período de 1903 a 1906. Num desses estudos, encontrado no conjunto de ensaios sobre teoria das

---

158 Como exemplifica Weber, "o choque entre dois ciclistas (...) é um simples acontecimento do mesmo caráter de um fenômeno natural. Ao contrário, já constituiriam 'ações sociais' as tentativas de desvios de ambos e o xingamento ou a pancadaria ou discussão pacífica após o choque" (Weber, 2000: 14). O encontro de dois corpos humanos que se chocam não caracteriza uma orientação da ação pelo sentido e, por isso, não, neste caso, diferindo de outro fenômeno natural qualquer.

159 Evaristo de Moraes Filho considera Eugen Ehrlich (1862-1922) como o fundador da sociologia do direito. Sobre esse assunto remeto o leitor ao livro de Moraes, intitulado *O problema de uma sociologia do direito*, publicado em 1950.

ciências sociais (*Gesammelte Aufsätze zur Wissenschaftslehre*), Weber criticara o jurista Rudolf Stammler 1856-1938) em virtude de confundir a dimensão do *ser* com a do *dever ser* (Weber, 1988: 358). Para Weber, o equívoco de Stammler[160] não poderia ser mais grave, pois o jurista confundia o sentido ideal das normas jurídicas com o sentido que lhes era atribuído pelos agentes. A definição do escopo da sociologia do direito exigia sua distinção de outras áreas do conhecimento, como as ciências dogmáticas, a exemplo do direito, lógica, ética e estética. "A sociologia", nas palavras do próprio Weber, "na medida em que considera o direito como objeto não tem a ver com a investigação do conteúdo de sentido *objetivo* logicamente correto de normas jurídicas, mas com uma *ação* (*Handeln*) para a qual, a ideia de homens, entre outras, sobre o 'sentido' e a 'vigência' de determinadas 'normas jurídicas' desempenham um importante papel como determinantes e resultantes" (Weber, 1956: 111).

Ora, a sociologia, na condição de ciência empírica, não busca um *sentido* metafísico, transcendente aos valores resultantes da conexão de sentidos criados pelo comportamento humano. Percebe-se que os sentidos que orientam a conduta de indivíduos não são imanentes à história, às normas jurídicas, às leis naturais, mas são provenientes de ideias ou representações elaboradas por seres humanos. O direito, o Estado, a sociedade, a família inexistem fora da conexão de sentidos de ações humanas. Conforme o sociólogo alemão, enquanto a sociologia jurídica se ocuparia do âmbito *do que efetivamente ocorre* na realidade da vida social, a dimensão *normativa* ou *prescritiva* da dogmática jurídica teria a finalidade ou caráter teleológico de alcançar "um sentido objetivamente correto", isto é, o sentido "verdadeiramente" correspondente ao conteúdo de uma norma. Ocorre, porém, que o sentido "verdadeiro" não reside, por exemplo, no conjunto de normas jurídicas do Código Civil, nas notas verdes de um Real ou nas roupas "elegantes" da moda. O sentido encontra-se na mente de indivíduos concretos que orientam sua conduta de acordo com o sentido que supõem que outros também atribuirão a tais objetos culturais. Roupas, leis e dinheiro são, respectivamente, apenas pedaços de tecido e de papel[161] aos quais a conduta humana confere sentido. O dinheiro, por

---

160 Weber aponta o equívoco, observando que "na concepção de Stammler confunde-se a 'vigência' *ideal* de uma norma cientificamente dedutível pelo dogmatismo jurídico ou pela ética, com influência *real* da ação empírica por *representação* sobre a vigência das normas" (Weber, 2000: 220).

161 Ao comentar a finalidade de uma Constituição, John Adams (1735-1826) – segundo presidente dos Estado Unidos – observava que "uma constituição é um padrão, um sustentáculo e um vínculo, quando é entendida, aprovada e apreciada. Mas sem essa compreensão e cometimento, terá tanto efeito como um papagaio de papel ou um balão flutuante no ar" (citado por Hannah Arendt, 1988, *Da Revolução*, p. 117). Vale observar que uma Constituição sem o reconhecimento ou atribuição de legitimidade por parte dos membros de uma comunidade não ganha existência real e permanece

exemplo, "significa um bem destinado à troca, que o agente aceita no ato de troca, porque sua ação está orientada pela expectativa de que muitos outros (...) estarão dispostos a aceitá-lo também, por sua parte, num ato de troca futuro" (Weber, 2000: 14).

O direito pode, portanto, ser abordado a partir de duas perspectivas distintas: através de uma ciência denominada por Weber de empírica, cuja preocupação não corresponde ao sentido objetivo ou "correto" de uma norma jurídica, mas ao sentido subjetivo visado pelos seres humanos, que se refere ao comportamento dos outros, e se conduz de acordo com este (Weber, 2000: 3). Caberia esclarecer que para Weber o direito pode tanto ser abordado a partir de uma perspectiva da dogmática jurídica ou então a partir da sociologia jurídica. Até aqui valeria a pena indagar: o que Max Weber entende quando se fala de direito?

> Quando se fala de "direito", "ordem jurídica" e "norma jurídica" (*Rechtssatz*), deve-se observar muito rigorosamente a diferença entre os pontos de vista jurídico e sociológico. Quanto ao primeiro, cabe perguntar o que idealmente se entende por direito. Isto é, que significado, ou seja, que *sentido normativo*, *deveria* corresponder, de modo logicamente *correto*, a um complexo verbal que se apresenta como norma jurídica. Quanto ao último, ao contrário, cabe perguntar o que de *fato ocorre*, dado que existe a *probabilidade* de que as pessoas participantes nas ações da comunidade – especialmente aquelas em cujas mãos está uma porção socialmente relevante de influência efetiva sobre essas ações –, considerarem *subjetivamente* determinadas ordens como válidas e assim as tratarem, orientando, portanto, por elas suas condutas (Weber, 2000: 209).

Weber desenvolve sua sociologia jurídica em oposição à concepção que a dogmática jurídica, então em voga – também conhecida como uma corrente de pensamento denominada jurisprudência[162] dos conceitos –, tinha sobre o direito. O tratamento do direito sob o ponto de vista da dogmática jurídica reduzia o conceito de direito à tarefa de buscar por meio

---

apenas como um "papagaio de papel".

162 O termo jurisprudência é empregado com sentido de ciência do direito e não na acepção de decisões reiteradas proferidas por tribunais em grau de recurso. A jurisprudência dos conceitos é uma teoria do positivismo jurídico que surge na Alemanha a partir de 1830. Sua característica consiste numa visão científica do direito proveniente do pandectismo da primeira metade do século XIX, doutrina alemã cuja finalidade de unificação e sistematização do direito baseia-se na recepção do direito romano, precisamente, do Código de Justiniano. Georg Friedrich Puchta (1798-1846) foi o principal representante da jurisprudência dos conceitos que desenvolveu a noção de sistema e método jurídico a partir do direito romano (Bobbio, 1995: 122).

da lógica um sentido unívoco de um complexo verbal ou conjunto de normas jurídicas. A redução do direito à validade de um sistema fechado de normas jurídicas genéricas e abstratas estaria muito distante da realidade empírica do "que de **fato ocorre**". Da perspectiva da Sociologia do Direito de Weber, a explicação e compreensão dos fenômenos da realidade social concreta não podem ser subsumidos a preceitos normativos ou esquemas analíticos, mas deve-se buscar conhecê-los por meio de regularidades observáveis na conduta de agentes. Tal modo de investigação não lida com o que se deve fazer, mas com a probabilidade de que membros pertencentes a uma comunidade política se conduzam em conformidade com um sentido atribuído a um ordenamento jurídico. Enquanto o direito, por sua vez, busca compreender a realidade complexa pela sua redução à validade de prescrições normativas de um sistema de leis, a sociologia do direito de Weber quer "compreender a realidade da vida que nos rodeia e na qual nos encontramos situados naquilo que tem de específico" (Weber, 2003: 88). Segundo Max Weber,

> o modo de consideração neste particular da sociologia está separado do jurídico. A jurisprudência trata, por exemplo, sob determinadas circunstâncias, o "Estado", do mesmo modo que um indivíduo, ou seja, como uma "pessoa de direito", porque seu trabalho é dirigido para a interpretação do conteúdo de sentido objetivo, isto é, para o que deve obter validade (Weber, 1988: 439).

Em contrapartida, a finalidade da Sociologia do Direito consiste em evidenciar a regularidade do comportamento de homens concretos cujas linhas de ações dotadas de sentido dão existência a tais formações sociais e são influenciados por outros indivíduos que nelas exercem funções. Isso é tão simples quanto dizer que não há Estado, família, sindicato, clubes, partidos políticos, fundações sem a ação de homens concretos cujo comportamento está fundado, entre outros motivos, na crença na existência de uma determinada ordem. Vale reiterar: enquanto o direito se orienta por um ideal prescritivo do sentido "verdadeiramente correto" das normas jurídicas – prescrevendo o sentido ideal de como deve ser a conduta dos homens –, a Sociologia do Direito desloca sua atenção para ação social de homens reais, buscando compreender, por exemplo, os motivos pelos quais os membros de uma comunidade política obedecem às normas jurídicas. Weber sustenta que não se compreende a realidade concreta da vida humana ocupando-se exclusivamente dos estudos das regras abstratas do direito contidas numa ordem jurídica, "pois em certas circunstâncias uma 'ordem jurídica', pode continuar inalterada mesmo que mudem radicalmente as relações econômicas" (Weber, 1999: 224). Enquanto o dogmático do direito orienta seu olhar para a validade ideal da norma jurídica, o sociólogo do direito se dirige à realidade empírica. Volta-se para o exame da relação entre sentido subjetivamente visado pelos sujeitos concretos da ação social, como, por exemplo, pela representação que tem sobre a legitimidade de uma ordem. Atores sociais podem se orientar pelas expectativas do comportamento dos outros: pela possibilidade de aprovação ou desaprovação social (convenção) ou pela probabilidade de funcionários do Estado empregarem o uso da força para impor uma determinada ação ou omissão de acordo com a ordem jurídica impessoal. O sociólogo do direito precisa saber que o crescimento da racionalização das ordens estatuídas pela forma racional e impessoal do direito é um fenômeno histórico, contingente, cuja influência é exercida em disputa com outras ordens, que buscam influenciar os cursos das ações sociais. Não se deve esquecer que Weber recusa a ideia de que o direito somente possa ser garantido pelos meios de violência. Tampouco considera que só "existe um 'Estado' onde e quando os meios coativos da comunidade política são efetivamente os mais fortes em comparação com todas as demais" (Weber: 2000: 213). A realidade social para Weber é marcada pela "luta (latente) pela existência, isto é, pelas possibilidades de viver ou de sobreviver, que se dá entre indivíduos e tipos humanos" (Weber, 2000: 23).

A Sociologia do Direito de Weber quer compreender o motivo que possa ter guiado o comportamento humano e de modo algum aspira a prescrever-lhe um sentido "correto". O tipo de conhecimento que interessa a Weber, conforme enuncia Karl Löwith, "com certeza não mostra o que se 'deve' fazer, mas sim o que se pode fazer de modo consistente com determinados meios em relação a uma meta prevista. Acima de tudo, torna conhecido o que em geral realmente se 'quer'" (Löwith, 1977: 147). A conclusão que podemos tirar é que Weber somente elabora sua sociologia geral, e consequentemente, sua Sociologia do Direito, a partir do estabelecimento de um dualismo entre o âmbito *normativo* do *dever ser* e o *empírico* do *ser*, o que se deve ao desenvolvimento de seus estudos sobre a ação social. Como explica Guenther Roth, "Weber somente pôde desenvolver uma abordagem sociológica através da insistência na separação entre o normativo e o empírico, uma separação alcançada com sua teoria da ação social" (Roth, 1978: LXVIII).

Em virtude do que vimos até este ponto, é necessário explicitar mais alguns dos aspectos do conceito de ação social, já que é uma premissa fundamental sem a qual não se compreendem as ideias de legalidade e legitimidade. A ação social se conduz pelo comportamento de outros (indivíduos próximos ou desconhecidos, multiplicidade de pessoas), não importando se tal conduta ocorre no passado, no presente ou é esperada no futuro (Weber, 2000: 13-14). A orientação da ação social de homens e mulheres se norteia em conformidade com expectativas que nutrem sobre o comportamento de outros agentes. O monge que ora solitariamente no claustro, a contemplação da natureza pelo colecionador de borboletas não apresentam uma dimensão social, pois não orientam suas ações pelas ações de outros. A simples adoção do comportamento de outras pessoas em virtude de conveniência própria também não é considerada ação social na acepção que Weber lhe atribui. Neste caso o autor entende que a ação social orienta-se pela conduta dos outros, mas "a observação desse comportamento permitiu-lhe conhecer determinadas probabilidades objetivas, e é por *estas* que orienta sua ação" (Weber, 2000: 14).

Tudo aquilo que escape à compreensão da estrutura cognitiva da ação não pertence à sociologia weberiana, como é caso de certas formas de manifestação do inconsciente, a exemplo de sonhos, neuroses que se encontram no domínio da psicologia.

A ação social também não é idêntica a uma ação homogênea de muitas pessoas. Se começa a cair um dilúvio, durante uma partida de futebol no Maracanã, e todos os torcedores abrem concomitantemente seus guarda-chuvas, a ação de cada um não está orientada pelo comportamento dos outros. Mas a ação de *todos* (num grau sociologicamente relevante) é orientada pela necessidade de se proteger da chuva. De acordo com Weber, "toda ação, especialmente a ação social e, por sua vez, particularmente a relação social podem ser orientadas, pelo lado dos participantes, pela *representação* da existência de uma *ordem legítima*. À probabilidade de que isto ocorra de fato chamamos vigência da ordem em questão" (Weber, 2000: 19). A relação social é um comportamento reciprocamente referido no que concerne ao conteúdo de sentido (Weber, 2000: 16). É a partir de comportamentos reciprocamente referidos que podemos compreender a relação entre poder e autoridade, assim como esclarecer de onde o direito extrai sua obrigatoriedade.

7.2. FUNDAMENTOS DA NORMA JURÍDICA
(DE ONDE O DIREITO EXTRAI SUA OBRIGATORIEDADE)

O direito é uma ordem cuja especificidade consiste no fato de extrair sua vigência da probabilidade de intervenção de um aparato coativo. Frente à necessidade de impor a observância às suas normas do direito, o quadro administrativo do Estado mobiliza a atuação da força coercitiva (Weber, 2000: 210 e 217). A coação física ou psíquica consiste numa garantia externa do direito que o Estado moderno, detentor de seu monopólio, lhe fornece como forma de fortalecimento do vínculo de conformação da conduta ao conteúdo da norma jurídica. Todavia, a definição weberiana do direito como ordem jurídica garantida pela possibilidade do uso da violência não quer dizer, como se viu, que o meio externo da coerção seja o fundamento mais comum do cumprimento da norma jurídica ou o motivo pelo qual os atores sociais orientam sua conduta. Muitas ações são guiadas pelo mero sentido de obrigatoriedade, pelo hábito irrefletido, pela fé cega de um costume tão enraizado que sequer é possível ter consciência dele.

> O conceito de vigência de uma norma jurídica não implica, de modo algum, neste sentido normal, que aqueles que se submetem à norma o façam principalmente, ou em geral, em razão de existir um aparato coativo (no sentido exposto). Não se trata disso – logo como será explicado. Ao contrário, os motivos da submissão à norma jurídica podem ser de natureza mais diversa (Weber, 2000: 211).

A passagem acima revela que o fundamento principal da conformação da conduta à norma jurídica não reside na força, precisamente, na existência de um aparato coativo, mas em diversos motivos, entre eles alguns motivos podem ser traduzidos como *reconhecimento* ou virtude da *crença* nos princípios da legitimação de uma ordem.

Como diz Weber,

> por nossa parte, falaremos de "ordem jurídica" sempre que exista a perspectiva de aplicação de quaisquer meios coativos, físicos ou psíquicos, realizada por um aparato coativo, isto é, por uma ou várias pessoas, disponíveis para este fim, quando se apresente uma situação que o exija, ou seja, sempre que exista uma forma específica de associação para fins de "coação jurídica" (Weber, 2000: 213).

O controle de semelhante aparato para exercer a coação física não foi desde sempre o monopólio da comunidade política (Weber, 2000: 213). Em muitos casos, a associação política usurpou o controle desses meios coativos (Weber, 2000: 214). A luta entre os meios coativos de associações diversas, como as disputas entre o poder espiritual da Igreja e o poder temporal do Estado, marca o processo do desenvolvimento do direito moderno. Como observa Weber, "no passado, muitas vezes não terminou com a vitória dos meios coativos da associação política e, ainda hoje, nem sempre isso ocorre" (Weber, 2000: 214). Embora não devamos naturalizar o conceito de Estado e tampouco o poder político de outras associações ou instituições que detêm garantias para o cumprimento de suas ordens, não devemos esquecer que associação política estatal (em um nível sociologicamente relevante) detém, entre outros, o monopólio dos meios legítimos de violência e da elaboração das leis. Mas de onde o direito retira a obrigatoriedade ao cumprimento de suas normas jurídicas?

O núcleo central no qual o direito extrai a obrigatoriedade das normas reside na crença na legalidade, precisamente, no reconhecimento da retidão da norma jurídica. Acredita-se, segundo o sociólogo alemão, no caráter correto de uma norma jurídica na medida em que ela obedece a uma forma previamente determinada de produção. Assim, por exemplo, uma lei tem de ser aprovada pelo poder legislativo para, posteriormente, ser sancionada ou vetada pelo chefe do poder executivo. Uma norma jurídica somente é validada se se sujeitar aos trâmites procedimentais. Aí, sim, encontra uma possibilidade relevante de ser legitimada pelos membros da associação política. Trata-se de uma legitimidade da forma, do procedimento de elaboração da norma jurídica e não de seu conteúdo. Assevera Weber que "a forma de legitimidade hoje mais corrente é a crença na *legalidade*, a submissão a estatutos estabelecidos pelo procedimento habitual e *formalmente* correto" (Weber, 2000: 23). Conforme Weber, a vigência legítima de uma ordem pode ocorrer em virtude "de um estatuto existente em *cuja* legalidade se acredita". Prossegue afirmando que "esta legalidade (...) pode ser considerada *legítima*" (Weber, 2000: 22). Weber recebeu críticas de alguns autores ao sustentar que a crença na legitimidade da legalidade de um preceito jurídico é a forma mais corrente de legitimidade nos dias de hoje. Entre outros, Carl Schmitt[163] (1888-1985) comenta em *Legalität und Legitimität*, publicado pela primeira vez em 1932, que as afirmações de Weber – precisamente, a de que a "legalidade pode ser considerada como legitimidade" ou aquela segundo qual "a forma de legitimidade hoje mais corrente é a crença na *legalidade*" – seriam inconsistentes. Acentua que "aqui tanto a legalidade quanto a legitimidade são reconduzidas ao conceito comum de legitimidade, enquanto a legalidade significa exatamente o oposto à legitimidade" (Schmitt, 1998: 14). Schmitt postula a necessidade de se distinguir inequivocamente entre legitimidade e legalidade, alertando para o perigo de redução da legitimidade à legalidade. Segundo o referido jurista, a crença na forma vazia de um estatuto legal poderia justificar qualquer *status quo*, inclusive uma forma opressiva de dominação. A diferença entre Max Weber e Carl Schmitt é que Weber não está preocupado em propugnar como dever ser a distinção entre os conceitos de legalidade e legitimidade. Aliás, diga-se de passagem, Weber tem consciência da referida distinção conceitual. Ocorre que, diferentemente de Schmitt, afirma que crença na legalidade é forma mais corriqueira de legitimidade. Em outras palavras, o eixo de análise de Weber não se situa no plano normativo, mas, sim, empírico.

---

163 Carl Schmitt é um autor de reputação maldita. É considerado um dos pensadores mais controvertidos do século XX, mas também um dos maiores juristas do século passado. A despeito de ter advertido para o perigo bolchevique e nazista no seu mencionado trabalho sobre legalidade e legitimidade de 1932 (Schmitt, 1998: 47), ingressou em 1933 no partido nazista com a ambição de tornar-se o principal jurista do terceiro *Reich*. Todavia, em face de seu passado antinazista, de seus laços de amizade com judeus e marxistas e de seu desprezo pelas teorias racistas, Schmitt foi severamente atacado pela SS (*Schutzstaffel*, esquadrão especial de proteção de Adolf Hitler) em 1936 e advertido a não posar de pensador Nacional Socialista.

7.3. PODER E DOMINAÇÃO

Neste capítulo tratou-se até aqui da ação social e da distinção entre o conceito sociológico de direito e o seu conceito jurídico. Convém agora apontar outro pressuposto indispensável para abordar o tema da legalidade e legitimidade: a distinção elaborada por Max Weber entre poder e dominação. Conforme Weber, *"poder* significa toda probabilidade de impor a própria vontade numa relação social, mesmo contra resistências, seja qual for o fundamento dessa probabilidade" (Weber, 1999: 33). Cabe, antes de mais nada, assinalar que o autor não concebe o poder como substância ou um elemento metafísico, mas como *relação social*. O poder é uma espécie de relação social onipresente na sociedade. Tal tipo de relação não se encontra apenas na política, nas empresas, nos bancos, sindicatos ou universidades. As relações de poder também são exercidas na família, nas comunidades religiosas, nas relações eróticas. Um exemplo desta última relação pode ser ilustrado através de uma mulher que exerce seu poder de atração sobre o seu parceiro (Weber, 1999: 140). Embora a situação social na qual se manifeste a relação de poder seja definida pela superioridade exercida unilateralmente pelo seu portador ou por um complexo de poder – a exemplo do pai, do líder, de uma organização, do mercado, de associações políticas –, ela apresenta dois critérios. O primeiro critério imprescindível é que tal relação seja sempre assimétrica, em outras palavras, a relação deve enunciar uma ausência de correspondência na distribuição de poder entre os atores sociais envolvidos. Uma relação assimétrica de poder encontraria seu tipo mais puro no monopólio exercido por uma empresa no mercado[164] (Weber, 1999: 188). O traço especificamente dinâmico da relação de poder é compreendido na capacidade de "impor a própria vontade numa relação social, mesmo contra resistências". A capacidade de imposição da vontade, ainda que a ela se oponha resistência, ocorre em virtude da superioridade. Mas devemos indagar em que se alicerça essa superioridade? O conceito weberiano de poder nada diz a respeito dos motivos que o fundamentam. O motivo no qual se alicerça a imposição do poder é deixado em aberto, não sendo possível encontrá-lo sob uma forma precisa, mas sob diversas formas,[165] entre outras, como a do dinheiro, da força, da coerção física, da retórica, do conhecimento, da atração

---

164 A concepção weberiana de mercado – âmbito típico das trocas econômicas – é a esfera de interação no qual se percebe a forma mais extrema de influência recíproca de ações. O elevado nível de reciprocidade dos sentidos das ações, devido à situação de interesses no mercado, indica uma rigorosa racionalidade dos meios (ação) referidos aos fins (interesses econômicos *típicos*). O mercado representa a situação mais típica para caracterização da ação racional referida a fins (Weber, 1999: 18, 26 e 27).

165 Em virtude disso, Weber afirma no capítulo IX, intitulado *Sociologia da Dominação*, de *Economia e Sociedade*, que "dominação, no sentido muito geral de 'poder', isto é, de possibilidade de impor ao comportamento de terceiros a vontade própria, pode apresentar-se *nas formas mais diversas*" (Weber, 1999: 188).

sexual. Na sociologia de Weber, o poder não recebe um tratamento essencialista, mas sua chave compreensiva só pode residir numa situação dada na qual se apresentam características determinadas. A compreensão do conceito de poder, de seus fundamentos, de sua condição de possibilidade e de sua superioridade pressupõe o conhecimento das circunstâncias concretas e da situação determinada encontrada na realidade. O poder é um conceito geral, que integra os conceitos sociológicos fundamentais do primeiro capítulo de *Economia e Sociedade*. A definição conceitual de poder apresenta elevado nível de sublimação, ou seja, revela alto teor de abstração, o que a impede de encontrar os fundamentos precisos do conceito de poder. Por isso Weber afirma que: "O conceito de 'poder' é sociologicamente amorfo. Todas as qualidades imagináveis de uma pessoa e todas as espécies de constelações possíveis podem pôr alguém em condições de impor sua vontade, numa situação dada" (Weber, 2000: 33).

O sociólogo alemão sugere, então, a necessidade de dispor de um instrumento conceitual mais específico. Ao que indica, elabora, em virtude disso, a distinção entre poder e dominação, argumentando que "o conceito de dominação deve ser mais preciso e só pode significar a probabilidade de encontrar obediência a uma ordem". Mas como define, finalmente, o conceito de dominação? "*Dominação* é a probabilidade de encontrar obediência a uma ordem de determinado conteúdo, entre determinadas pessoas indicáveis" (Weber, 2000: 33).

Na passagem acima, o conceito de dominação, não surge mais no sentido geral de poder, mas, ao contrário, é empregado na acepção de "um caso especial do poder" (Weber, 1999: 187). Isso significa que o conceito de dominação apresenta dois sentidos distintos: o primeiro de caráter mais geral, empregado, segundo Weber, na linguagem corriqueira, com sentido impreciso ou amorfo de poder. O segundo sentido atribuído apresenta traços marcantes que precisam ser examinados: entre eles, ordem, obediência e reconhecimento.

Antes de explicitá-los cabe salientar que toda relação social que configura uma dominação, marcada pelas regularidades observáveis, é contingente, ou seja, somente pode ser compreendida na medida em que não é definida pela certeza de uma lei de causalidade das ciências naturais, mas pela "probabilidade de encontrar obediência". Como observa Cohn, para Weber, "o universo de eventos singulares é contingente" (Cohn, 1979: 82). Isso significa dizer que a realidade da vida social não é governada por um princípio de causalidade cujo funcionamento é imanente aos fenômenos sociais. A contingência, amplo conjunto de possibilidades de experiência e ações humanas cujo resultado pode ser sempre diferente do esperado, é transformada pela sociologia de Weber num meio de inteligibilidade (Palonen, 2000: 21). A probabilidade de que uma pluralidade de cursos de ações sociais ocorra de um jeito e não de outro corresponde às opções feitas pelos agentes e os valores que atribuem ao sentido de suas ações. É importante perceber que, nas relações sociais, as ações e o seu sentido se limitam reciprocamente pelo fato de se entrecruzarem. A construção de conceitos sociológicos aptos a se aproximarem da maior ou menor probabilidade de evidenciar a conexão de sentidos de um curso de ações sociais se observa na investigação dos motivos que levam à obediência numa dominação social.

7.4. DOMINAÇÃO: AUTORIDADE E OBEDIÊNCIA

As características do conceito de dominação, no sentido mais específico de uma forma de manifestação do poder, podem ser pensadas à luz de duas características: a noção de obediência e de autoridade. Com relação à obediência é indispensável ressaltar que não há relação de dominação sem "o mínimo de *vontade* de obedecer, isto é, de *interesse* (externo ou interno) na obediência, faz parte de toda relação autêntica de dominação" (Weber, 1999: 139). A obediência de um agente a uma ordem ou a um comando pode ocorrer em virtude de elementos externos ou internos. Para Weber, a definição conceitual de dominação não pode se contentar com o interesse ou atitudes meramente externos. A conduta de um agente em conformidade com uma ordem não pode ser apenas condicionada por fatores externos, como é o caso da coerção física ou psíquica, aprovação e reprovação social (convenção),[166] mas requer uma predisposição dos submetidos à dominação. Conforme Max Weber, imprescindível à definição conceitual da dominação não é a pretensão de alcançar o domínio, mas, antes de tudo, a predisposição à obediência. A obediência se traduz no reconhecimento da pretensão de dominação, apresentando-se como um elemento constitutivo das relações de dominação. O reconhecimento da pretensão de dominação pelos submetidos pode ser compreendido através da fórmula empregada por Weber: os submetidos ou dominados agem de tal modo *como se* elevassem o conteúdo de uma ordem ou comando à máxima de suas próprias ações. A ordem do dominador influencia de forma tão eficaz as ações dos dominados que eles não orientam sua conduta como destinatários da referida ordem recebida. Ao contrário, eles agem como se fossem os autores do conteúdo da ordem que obedecem. Nas palavras do sociólogo alemão:

---

166 Weber explica que convenção e direito são duas ordens externas cuja vigência é garantida de modos distintos. Enquanto uma ordem jurídica é garantida pela "probabilidade de *coação* (física ou psíquica) exercida por determinado quadro de pessoas", a convenção está garantida, "não por meio de coação física ou psíquica alguma", mas por uma reação que não é outra coisa "senão a mera aprovação ou reprovação por um círculo de pessoas que constitui o 'o ambiente' específico do agente" (Weber, 1999: 21 e 215).

> Por "dominação" compreendemos, então, aqui, uma situação de fato, em que uma vontade manifesta ("mandado") do "dominador" ou dos "dominadores" quer influenciar as ações de outras pessoas (do "dominado" ou "dominadores"), e de fato as influências de tal modo que estas ações, num grau socialmente relevante, se realizam como se os dominados tivessem feito do próprio conteúdo do mandado a máxima de suas ações (obediência) (Weber, 1999: 191).

A fim de que exista dominação não basta a mera conformidade da ação ao conteúdo de uma ordem. Em outras palavras, como diz Weber, "o resultado puramente externo" da conduta de um agente que se guia de acordo com o comando não é suficiente. A estabilidade de uma situação determinada de dominação exige que o dominado não seja apenas motivado "por um sentimento de obrigação, por medo, por 'mero costume' ou por causa de vantagens pessoais[167]", mas pela convicção do caráter correto da ordem (Schluchter, 1985: 85). O destinatário da ordem, que age – "num grau socialmente relevante" – como se fosse autor de seu conteúdo, transfere dignidade, precisamente *autoridade* à ordem do dominador. Se o comando do dominador encontra por parte do destinatário "aceitação como norma vigente", o sujeito do domínio age como se tivesse sido autorizado por aquele. Ora, para Weber, o conceito de dominação é idêntico ao conceito de autoridade. Do ponto de vista de sua sociologia, a relação de dominação é uma relação de autoridade. Na investigação sociológica do autor alemão, o decisivo, como se viu, não é o conceito amorfo ou abstrato de poder, "mas a sua existência *efetiva*, isto é, que uma autoridade que pretende para si o direito de emitir determinados mandados encontra, num grau socialmente relevante, *efetivamente* obediência" (Weber, 1999: 192 e 193). Weber compara a dominação com a situação diametralmente oposta representada pelo livre jogo de interesses do mercado. Na situação de interesses do mercado não há obediência, mas disputa, precisamente, concorrência econômica. Nas relações de poder, reinantes na disputa de interesses do mercado, a obediência não é verificável em grau socialmente relevante, impedindo que se constitua uma relação autoritária[168] ou de dominação. As relações provenientes da situação de interesse do mercado podem ser sentidas, em virtude da falta de regulamentação e *aparato coativo*, "de forma muita mais opressiva do que uma autoridade expressamente regulamentada na forma de determinados deveres de obediência".

---

167 Remeto o leitor à obra *Economia e sociedade*, 1999, p. 191.

168 É indispensável esclarecer que o termo "autoritário" não é empregado no sentido mais usual da linguagem, como abuso de poder, mas como uma forma de dominação legítima na qual o destinatário de uma ordem, como por exemplo, de uma norma jurídica, age como se fosse autor desta, reconhecendo de fato a autoridade da dominação em questão. Veremos que a dominação ou autoridade pode ser racional-legal, tradicional ou carismática.

A ausência de um princípio de legitimação, como é o caso da inexistência do reconhecimento de uma norma jurídica ou de "uma 'ordem' normativa, legalmente, existente", pode tornar as relações no mercado "muito mais opressoras". É interessante observar que o caráter opressor de uma dominação, seja ela proveniente dos interesses em jogo no mercado, seja resultante da imposição da força bruta do poder, apresenta um caráter instável, pois não contém uma justificação distinta do caráter externo dos interesses econômicos ou do uso da força. Ao contrário do conceito de mercado, o conceito de dominação é empregado, como explica Weber, "naquele sentido mais estreito que se opõe diretamente ao poder condicionado por situações de interesses, particularmente as do mercado, que por toda parte se baseia, formalmente, no livre jogo de interesses. Nosso conceito é idêntico ao poder de mando autoritário" (Weber, 1999: 191 e 192). Não se deve esquecer que a forma autoritária de dominação, no sentido weberiano, é marcada pela legitimidade, pelo fato de o exercício do poder encontrar, por um lado, uma justificativa, da parte do dominador, alicerçada em algo diferente de um meio coercitivo ou de um mero interesse. Por outro lado, os submetidos devem aceitar tal justificação, acreditando na sua retidão. O poder pode, por exemplo, ser dotado de autoridade caso se apoie na legalidade de uma ordem, no seu caráter normativo, cuja validade é retirada da crença dos dominados no seu caráter correto, e, portanto, legítimo (Weber, 2000: 19).

Convém reiterar que toda forma de dominação, no sentido específico empregado por Weber, necessita de uma justificação cujo sentido se apresenta como uma pretensão de legitimidade: "toda 'dominação'", revela Weber, "no sentido técnico que damos à palavra, depende, no mais alto grau, da *autojustificação* mediante o apelo aos princípios de sua legitimação" (Weber, 1999: 197).

Toda dominação em virtude de autoridade é cunhada pela pretensão de algum princípio de legitimidade. Por essa razão toda sorte de dominação, no sentido específico que lhe confere a sociologia de Weber, é legítima. A dominação legítima, portanto, é percebida numa relação autoritária em virtude de o exercício do poder ser justificado do ponto de vista das pessoas dominadas: os dominados acreditam nos princípios de justificação e conferem autoridade ao poder. Eles admitem a validade normativa do princípio pretendido pela parte dominante como garantia para suas ações.

De acordo com o sociólogo alemão o "sentido mais estreito" de dominação é idêntico ao *"poder de mando autoritário"* (Weber, 1999: 191). Nesse sentido, podemos concluir que não há diferença para Weber entre dominação e autoridade e que toda relação social desse tipo é legítima.

Uma dominação pode encontrar seus fundamentos em diferentes tipos de ação social. Conforme Weber,

> a ação social, como toda ação, pode ser determinada: 1) *de modo racional referente a fins*: por expectativas quanto ao comportamento de objetos do mundo exterior e de outras pessoas, utilizando essas expectativas "condições" ou "meios" para alcançar *fins* próprios, ponderados e perseguidos racionalmente, como sucesso; 2) *de modo racional referente a valores*: pela crença consciente no valor – ético, estético, religioso ou qualquer que seja sua interpretação – absoluto e *inerente* a determinado comportamento como tal, independentemente do resultado; 3) *de modo afetivo*, especialmente *emocional*: por afetos ou estados emocionais atuais; 4) *de modo tradicional*: por costume arraigado (Weber, 2000: 15-16).

Tais tipos de ação social jamais são encontrados na realidade social senão de forma híbrida ou amalgamada. Isso não impede que o recurso metodológico do tipo encontre na vida social ações sociais que se aproximem de suas elaborações conceituais. O tipo, como se viu no item anterior, é um conceito ideal jamais encontrado no inesgotável fluxo de fenômenos da realidade concreta, mas construído de forma ideal pelo pesquisador. Tipos são conceitos ideais ou "ferramentas" metodológicas que ressaltam características da realidade até alcançar sua forma mais pura. A construção do tipo permite ao investigador se valer de determinadas referências, modelos conceituais, a fim de se conduzir frente ao fluxo contínuo de fenômenos da realidade social. Vale a pena alertar que, para Weber, a realidade da vida social é sempre muito mais complexa do que a capacidade de imaginá-la. Isso significa que a complexidade da realidade jamais pode ser reduzida a conceitos: "nem de longe cogita-se aqui sugerir que toda realidade histórica pode ser 'encaixada' no esquema conceitual desenvolvido" (Weber, 2000: 142). Todavia, os conceitos, precisamente os tipos puros, auxiliam a investigação científica e possibilitam uma orientação metodológica dirigida à compreensão **parcial** e **fragmentada** de determinados fenômenos sociais, a exemplo das formas de dominação legítima.

A análise do tema das formas de dominação no pensamento de Weber deve levar em conta três perspectivas: os tipos de ação social, as garantias de legitimidade de uma ordem e tipos puros de dominação legítima. Deve-se observar que entre os quatro tipos de ação, precisamente a racional referida a valores, a ação afetiva ou emocional, a tradicional, a **ação referida a fins** é aquela que mais se distancia da noção weberiana de legitimidade. Enquanto a ação tradicional é observada na repetição quase mecânica, no hábito cego enraizado num comportamento, a ação racional referida a fins se orienta pelas expectativas de outras pessoas, utilizando-as como meio de atingir os próprios fins (Weber, 2000: 15). Quem se sujeita à ordem em virtude de motivos racionais referidos a um fim, não internaliza seu conteúdo e tampouco o converte em máxima pela qual conduz sua ação. Tal sujeição não decorre em razão de convicção ou crença, mas por motivos racionais referentes a um fim, ou seja, por interesses, pela consideração de vantagens e inconvenientes. Para ilustrar este tipo de motivação da conduta poder-se-ia imaginar um morador de um condomínio que se priva de matar seu vizinho ruidoso pelo fato de calcular que as desvantagens da pena prevista para homicídio superam as vantagens de sua consumação. Tal espécie de ação calculada está relacionada à escolha de uma determinada ação mediante a ponderação das vantagens ou inconveniências para o alcance de interesse próprio. Uma ordem cumprida apenas por interesse ou cálculo é instável, porque carece do seu elemento mais importante: a crença na sua retidão.

Segundo Weber,

> uma ordem observada *somente* por motivos racionais com referência a um fim, é, em geral, muito mais mutável do que a orientação por essa ordem unicamente em virtude do costume, em consequência do hábito de determinado comportamento, sendo esta a forma mais frequente de atitude interna. Mas esta, por sua vez, é ainda mais mutável do que uma ordem que aparece com o prestígio de ser modelar e obrigatória, conforme dizemos *"legítima"* (Weber, 1999: 19).

Não se deve esquecer que as motivações que orientam a conduta dos agentes são variáveis de modo que "as transições entre uma orientação puramente tradicional ou puramente racional referente a fins por uma ordem e a crença em sua legitimidade são, naturalmente, inteiramente fluidas na realidade" (Weber, 2000: 19). É, também, importante salientar que, no final da mencionada passagem, Weber define a ordem legítima como aquela que se manifesta na representação dos atores sociais como "modelar e obrigatória".

O caráter interno da atitude que garante a legitimidade se manifesta: "1. de modo afetivo: por entrega sentimental; 2. de modo racional referente a valores pela crença em sua vigência absoluta, sendo ela a expressão de valores supremos e obrigatórios (morais, estéticos ou outros quaisquer); 3. de modo religioso: pela crença de que de sua observância depende a obtenção de bens de salvação" (Weber, 2000: 21).

Weber também chama atenção para o caráter externo da legitimidade cujo traço se revela "pelas expectativas de determinadas consequências externas".

Há três tipos puros de dominação legítima. A vigência de sua legitimidade pode ser, primordialmente:

1. de caráter racional: baseada na crença na legitimidade das ordens estatuídas e do direito de mando daqueles que, em virtude dessas ordens, estão nomeados para exercer a dominação (dominação legal), ou;

2. de caráter tradicional: baseada na crença cotidiana na santidade das tradições vigentes desde sempre e na legitimidade daqueles que, em virtude dessas tradições, representam a autoridade (dominação tradicional), ou, por fim;

3. de caráter carismático: baseada na veneração extracotidiana da santidade, do poder heroico ou do caráter exemplar de uma pessoa ou das ordens por estas reveladas ou criadas (dominação carismática) (Weber, 1999: 142).

Antes de tudo, é importante destacar a necessidade de se examinar a estrutura da dominação cujo traço sociológico é percebido na relação "entre os senhor ou senhores e seu aparato, e entre estes dois e os dominados, e, além disso, de seus princípios específicos de 'organização', isto é, de distribuição dos poderes de mando" (Weber, 1999: 197). Toda forma de dominação legítima apresenta, portanto, uma estrutura que revela: 1) a relação do dominador e seu aparato; 2) entre dominador, aparato e dominados; 3) a distribuição dos poderes. Como observa Weber, "a estas situações correspondem os tipos fundamentais 'puros' da estrutura da dominação, de cuja combinação, mistura, adaptação e transformação resultam as formas que encontramos na realidade histórica" (Weber, 1999: 198).

Na dominação cuja autoridade se funda em estatutos ou preceitos jurídicos se obedece a uma ordem impessoal e aos seus superiores que, a despeito de seu poder de mando, também estão submetidos a tal ordem. O chefe legal, o chanceler e o Presidente de uma República eleitos – denominados por Weber de líderes plebiscitários – estão submetidos à ordem impessoal do direito. O direito, seja ele imposto ou pactuado, pode ser racionalmente estatuído. Sua validade deriva de um procedimento racional referente a valores ou a um fim, ou ambas as coisas. A sujeição às regras estatuídas de uma ordem impessoal ocorre no interior do âmbito de sua vigência (territorial) (Weber, 2000: 142). Em contrapartida, na dominação tradicional, os dominados sujeitam-se à pessoa do senhor legitimada pela crença na santidade da tradição, na devoção ao costume. Na dominação carismática obedece-se em virtude da devoção afetiva à pessoa do senhor. A sujeição, nesse caso, ocorre, particularmente, em virtude das capacidades mágicas ou extraordinárias atribuídas ao líder carismático: revelação, heroísmo e eloquência (poder intelectual e de oratória).

7.5. DOMINAÇÃO LEGAL

O primeiro tipo puro de dominação legítimo analisado por Weber é a dominação legal, também conhecida como racional ou racional-legal. A autoridade (ou dominação) legal pode ser verificada nos Estados modernos ocidentais, sobretudo nos países que adotam uma forma de governo democrática (Weber, 1946: 280). Sua característica especificamente moderna se revela no modo pela qual é elaborado o direito. Ele não é mais concebido como preexistente à sociedade, ao Estado, mas como direito que pode ser criado ou posto (*gesatzes Recht*), modificado e revogado pela vontade humana. Na modernidade, o direito surge de forma secularizada, emancipando-se paulatinamente das exigências ético-religiosas, mandamentos ideais, laços tradicionais. A independência do direito de laços tradicionais de dominação, sua desvinculação das mãos da Igreja, a necessidade de adaptá-lo aos interesses políticos de outros grupos sociais emergentes e à crescente complexidade social, vão lhe dando um caráter mais formal e abstrato. A racionalização do direito pode ser observada na sua capacidade de transcender a casos concretos, no seu distanciamento de interesses patrimonialistas, no seu ensino universitário fomentado pelo Estado, na recepção do direito romano, em particular das *pandectas* (Weber, 1999: 98). A separação entre forma e conteúdo jurídicos, direito público e privado, direito subjetivo e objetivo, bem com o ensino jurídico especializado fomentado por grupos políticos interessados na sua adoção serve de impulso para seu processo de racionalização (Weber, 1999: 85). Gradativamente a pretensão de elaboração e aplicação do direito vai sendo conquistada pela associação política estatal. O direito vai se livrando das amarras de estruturas sociais e passa a ser concebido como algo contingente, que pode ser criado, elaborado mediante um procedimento ou uma forma correta. A racionalização do direito implica no crescente desenvolvimento da lógica jurídica, da abstração, formalização e sistematização (Weber, 1999: 90 e 129). Assim, o direito passa a ser concebido como "um estatuto sancionado corretamente quanto à forma". Seu fundamento de legitimidade reside na crença no caráter correto do modo de sua elaboração: adequação aos requisitos formais de elaboração de normas jurídicas. Na dominação legal não se obedece à pessoa, mas à ordem impessoal, objetiva e legalmente positivada. O quadro administrativo é formado por funcionários nomeados pelo superior. Os indivíduos sujeitos a essa forma de dominação são membros da associação, precisamente, cidadãos. Aquele que ordena é o superior cujo direito de mando é legitimado pela regra estatuída, no âmbito de uma competência objetiva, cuja delimitação repousa na especialização de utilidade objetiva e nas exigências técnicas da atividade do funcionário.

Neste capítulo busca-se analisar de forma mais detalhada a dominação racional-legal, o que certamente não exclui a importância da dominação carismática e tradicional.

O tipo mais puro da dominação legal é a dominação burocrática cuja racionalidade de atividades se nota no "exercício contínuo, vinculado a determinadas regras, de funções oficiais de determinada competência" (Weber, 2000: 142). Seus funcionários não são escolhidos como ocorre em virtude do carisma e da vocação pessoal, tampouco dos motivos de dependência pessoal em relação ao senhor, mas devido à sua qualificação profissional. O quadro administrativo burocrático rege-se pelo princípio de regulamentação de competências de ofícios fixos, ordenadas por leis e regulamentos. Em outras palavras, há uma distribuição fixa e contínua das atividades para realizar os fins do complexo burocrático. A dominação burocrática rege-se pelas seguintes categorias: 1) hierarquia dos cargos: sistema de mando e subordinação correspondente ao grau hierárquico da autoridade 2) documentação: registro e arquivamento do procedimento administrativo por meio da conservação de atas por funcionários que trabalham numa instituição administrativa cujo espaço de documentação dos atos administrativos denomina-se escritório; 3) cargo profissional: não é venal, não pode ser adquirido mediante forma de pagamento, mas ocupado mediante comprovação de qualificação profissional. Assim, não há espaço para aquisição ou apropriação do cargo, mas um direito ao seu exercício.

Durante a ocupação de um cargo profissional a fidelidade não é a pessoal, mas ao cargo. Decisiva para a fidelidade dessa espécie é uma "*finalidade* impessoal, objetiva" (Weber, 1999: 200 e 201). O ideal que orienta o funcionário é: "proceder *sine ira et studio*, ou seja, sem influência de motivos pessoais e sem influências sentimentais de espécie alguma, livre de arbítrio e capricho e, particularmente, 'sem consideração da pessoa', de modo estritamente formal segundo regras racionais ou, quando elas falham, segundo pontos de vista de conveniência objetiva" (Weber, 2003: 129). O princípio *sine ira et studio* sintetiza uma das especificidades da cultura moderna: a ânsia pela calculabilidade do resultado. O controle racional dos meios para lograr o resultado almejado aumenta na medida em que a burocracia "se desumaniza, vale dizer, quanto mais perfeitamente consegue realizar aquela qualidade específica que é louvada com sua virtude: eliminação do ódio e de todos os elementos sentimentais, puramente pessoais e, de modo geral, irracionais, que se subtraem ao cálculo, na execução das tarefas oficiais" (Weber, 1999: 213).

Em troca dos serviços prestados, o funcionário recebe um salário fixo e assistência à velhice na forma de pensão. A despeito do funcionário de um quadro administrativo burocrático seguir um plano de carreira e obter garantias, somente pode ser afastado do cargo por motivos previstos em regulamentos que caracterizem violação do dever do ofício. A dominação burocrática se alicerça no planejamento, na especialização técnica com divisão do trabalho, sendo muito difícil substituir tal espécie de dominação racional-legal. Para efeito de conclusão de algumas características descritas, vale acrescentar que a dominação burocrática é, na opinião de Weber, a forma de exercício com maior imunidade à transição ou modificação: "onde quer que a burocratização da administração tenha sido levada consequentemente a cabo, cria-se uma forma praticamente inquebrantável das relações de dominação" (Weber, 1999: 222). O problema da dominação racional-legal é vislumbrado na crescente burocratização cujo resultado é a perda de sentido, precisamente, a emancipação dos fins que a devem nortear. Posto de outra forma: a máquina burocrática que era antes um mero meio para um fim, torna-se um fim em si mesmo. Com isso, a burocratização vai privando a "liberdade de ação individual" (WEBER, 1999: 542). Concomitantemente, transfere a responsabilidade pessoal de políticos para a impessoalidade da estrutura burocrática e das normas jurídicas abstratas (Weber, 1999: 539). Ao contrário da dominação burocrática, na carismática, "o governante autenticamente carismático é responsável precisamente perante aqueles aos quais governa" (WEBER, 1963: 287). Além disso, a burocratização acelerada emperra a máquina estatal, impossibilitando a ação política responsável de lidar com a complexidade das exigências da vida social. Como diz Löwith, o processo de racionalização relacionado inicialmente com a liberdade da ação, ao mesmo tempo voltado para a ponderação dos meios visando o controle do resultado, sofre uma inversão: a racionalidade burocrática se converte numa irracionalidade, abrindo espaço para a morosidade processual cuja consequência, entre outras, é incapacidade de atender aos direitos individuais e coletivos. O funcionamento do aparato burocrático do Estado tenderia, em alguns casos, a se tornar autônomo às demandas das pessoas concretas da realidade social. Assim, o que ocorre é a perda de controle sobre a própria máquina burocrática do Estado, impedindo a ação política capaz de diminuir os níveis de imprevisibilidade da vida social. Nesse sentido, haveria uma inversão do processo de racionalização das condições de vida cujo resultado seria o fardo de uma "dominação autocrática" marcada pela irracionalidade. Nos dizeres de Löwith,

> tal como aquele era um mero meio (para um fim de outro modo valioso) torna-se um fim ou fim em si mesmo, as ações pretendidas como um meio tornam-se independentes ao invés de orientadas para um fim, baseadas no homem e sua necessidades. Este oposto marca toda cultura moderna: seus *establishments*, instituições e empreendimentos são raciona-

lizados de tal maneira que essas estruturas, originalmente preparadas pelo homem, agora, por sua vez, o envolvem e determinam como uma "prisão" (Löwith, 1977: 155).

A propensão insuperável à burocratização nas sociedades modernas é retratada pelo autor como perda de sentido, "desumanização", niilismo. Não por acaso compara tal tendência a uma "máquina morta" ou a uma máquina sem vida com espírito coagulado. A propensão à burocratização é vista por Weber como uma "servidão do futuro". Ao referir-se à inexorável tendência burocratizante, o autor profetiza:

> uma máquina morta inanimada é espírito coagulado. Somente o fato de sê-lo proporciona-lhe poder de forçar os homens a servir-lhe e de determinar, de modo tão dominante, o dia a dia de sua vida profissional, como é, de fato, o caso na fábrica. Espírito coagulado é também aquela máquina animada representada pela burocracia, com sua especialização do trabalho profissional treinado, sua delimitação de competências, seus regulamentos e suas relações de obediência hierarquicamente graduadas. Aliada à máquina morta, ela está ocupada em fabricar a forma externa daquela servidão do futuro, à qual, talvez um dia, os homens estarão obrigados a submeter-se sem resistência, como felás do antigo Estado egípcio (...) (Weber, 1999: 1999).

Conforme observa Wolfgang Mommsen,

> Uma burocracia inteiramente desenvolvida, segundo Weber, faz parte das estruturas sociais de poder destruidor mais pesado. Esta construção conceitual traz à tona os perigos da burocratização de uma sociedade que orienta pelo ideal da liberdade e da responsabilidade do indivíduo. A crescente restrição do movimento de liberdade e a iniciativa do indivíduo por meio de progressiva burocratização, e o "desencantamento do mundo por meio da ciência" considerava Weber como um destino inevitável ao qual procurava, contudo, se opor com toda força (Mommsen, 1974: 36).

A ameaça do crescimento excessivo da dominação burocrática era vista por Weber como um processo inexorável, como uma forma de despolitização e privatização das liberdades individuais. A dominação tradicional se contrapõe à forma de dominação racional e é considerada como uma forma de dominação pré-burocrática cuja análise é feita abaixo.

7.6. A DOMINAÇÃO TRADICIONAL

A dominação tradicional, segundo Weber, pode ser constatada na crença na autoridade do eterno: no que é assim "porque sempre foi assim". Declara que, "*por toda parte* a tradição efetiva é a mãe do que tem vigência" (Weber, 2000: 18). Na autoridade tradicional não se obedece a preceitos jurídicos racionalmente elaborados quanto à sua forma ou ao governante ou aos governantes também submetidos a tais preceitos, mas à pessoa, ao senhor devido à dignidade, santificada pela tradição. A motivação da obediência dos súditos decorre precisamente da piedade (*pietät*) (Weber, 1999: 130). O dominador não é o "superior" (*Vorgesetzter*), como ocorre na dominação legal, mas o senhor pessoal. O quadro administrativo de tal dominação não é constituído por funcionários profissionais qualificados, e, sim, por "servidores" (*Diener*) pessoais, como é o caso de familiares ou funcionários domésticos. A estrutura do aparato administrativo também pode ser constituída por amigos pessoais ou vassalos que mantêm vínculos de fidelidade com o suserano. Os dominados não são membros de uma associação, mas súditos. Desse modo a associação dominante é comunitária.[169] Diferentemente da dominação legal, falta ao domínio tradicional o conceito burocrático de competência no qual o âmbito de atuação e de distribuição de poderes é fixado por regras jurídicas previamente estabelecidas. O âmbito de atuação do poder de mando do senhor é duplamente vinculado à tradição, seja no espaço em que fixa os conteúdos de suas ordens tradicionais, seja naquele espaço no qual não atua, deixando uma margem de manobra livre para o arbítrio do senhor. No quadro administrativo do tipo puro de dominação tradicional inexistem: "a) competência fixa segundo regras objetivas; b) hierarquia racional fixa; c) nomeação regulada por contrato livre e ascenso regulado; d) a formação profissional (como norma) e) (e muitas vezes) o salário fixo e (ainda mais frequentemente) o salário pago em dinheiro" (Weber, 2000: 149).

As ordens provenientes da forma tradicional de dominação podem ser legitimadas pela tradição que fixa o conteúdo das ordens, e pela crença nelas. Weber salienta que a transgressão do conteúdo de uma ordem tradicional seria capaz de arruinar a posição do senhor (Weber, 2000: 148). O fundamento de legitimidade da dominação tradicional também não provém apenas da tradição, mas também do arbítrio e graça do senhor. O livre arbítrio do senhor se manifesta nos espaços onde não atuam os conteúdos das ordens da tradição. Neste caso, a ação do senhor tradicional, a

---

169 Para Weber, "uma relação social é 'comunitária' quando e na medida em que a atitude de pertencimento na ação social (...) repousa num sentimento subjetivo dos participantes de pertencer (afetiva ou tradicionalmente) ao mesmo grupo". Em contrapartida, "uma relação social denomina-se 'relação associativa' quando (...) repousa num *ajuste* ou numa *união* de interesses racionalmente motivados (com referência a fins ou

exemplo do sultão, de um pai de família, do suserano, pode manifestar-se pela arbitrariedade ou benevolência, simpatia ou antipatia pessoal, graça etc. Se a ação do senhor se guia por determinados princípios, estes são caracterizados como princípios de equidade, ética material ou conveniência utilitarista. Tais princípios, porém, carecem de forma genérica e abstrata dos preceitos jurídicos da dominação racional-legal, sendo incapazes de transcender a realidade do caso concreto, como se vê na forma de regras jurídicas previamente estabelecidas.

A estrutura do quadro administrativo da dominação tradicional pode ser dividida em duas formas distintas: a patriarcal e a estamental. Tais espécies de dominação tradicional correspondem à época pré-burocrática da sociologia do Estado de Weber. Antes de comentar algumas características da dominação estamental e patriarcal é bom lembrar que os tipos mais primitivos da dominação tradicional não têm quadro administrativo. Eles são representados pela gerontocracia e pelo patriarcalismo primário. Enquanto gerontocracia é uma espécie primitiva de dominação na qual o poder cabe ao ancião, o patriarcalismo primário consiste num poder exercido pelo direito de sucessão de uma determinada família (Weber, 2000: 151). Na medida em que surge um quadro administrativo puramente pessoal do senhor, verifica-se uma propensão à dominação patrimonialista que é "excrcida em virtude de pleno direito pessoal". Para o patrimonialismo, forma mais comum da dominação tradicional, "o decisivo é o fato de que os direitos senhoriais e as correspondentes oportunidades, de todas as espécies, são em princípio tratados da mesma maneira que as oportunidades privadas" (Weber, 2000: 155).

Voltando à apresentação de algumas características da dominação patriarcal e estamental cabe observar que a estrutura puramente patriarcal apresenta um quadro administrativo no qual os servidores são recrutados de forma patrimonial, isto é, numa relação muito estreita de dependência pessoal (escravos, servos, eunucos). Já na estrutura estamental, os servidores são pessoas independentes do senhor e ocupam posição autônoma capaz de lhes conferir dignidade social. A estrutura da administração patriarcal é heterônoma e heterocéfala (ordens determinadas por terceiros desconhecidos). Os administradores dos cargos não têm direito sobre o cargo, tampouco são proprietários dos meios materiais da administração, o que explica a dependência pessoal dos recrutados em relação ao senhor. Ao contrário dos servidores da estrutura administrativa patriarcal, os que servem à estrutura estamental são *investidos* em seus cargos em virtude de privilégio ou outorga do senhor, compra, penhora ou arrendamento do cargo, enfim, por direito próprio, impedindo seu afastamento por terceiros. O exercício do poder está divido entre o senhor e o quadro administrativo.

Com certeza não se pretende aprofundar aqui as nuanças da dominação tradicional, mas deve-se, por fim, salientar que a distinção principal entre a estrutura patriarcal e estamental da dominação tradicional pode ser observada no aspecto econômico. Na dominação tradicional de caráter estamental, ao contrário da patriarcal, os meios materiais de administração estão separados de seus servidores que possuem independência, sobretudo, se os comparamos aos servidores domésticos típicos das relações patrimonialistas, a exemplo do camareiro, mordomo, senescal etc. (Weber, 2003: 133).

Embora Weber ressalte que a estrutura burocrática e a patriarcal sejam antinômicas sob diversos aspectos, afirma que ambas "têm em comum uma peculiaridade muito importante: permanência. Sob esse aspecto, são ambas instituições de rotina diária" (Weber, 1946: 283). O aspecto referido à rotinização pode indicar a capacidade de uma forma de dominação atender "às necessidades frequentes e normais da vida cotidiana". Desse modo, a rotinização corresponde a uma base estável de dominação. Lembremos, porém, que a despeito de Weber focalizar a capacidade de *permanência* de ambas as espécies de dominação acima analisadas, adverte para o caráter "praticamente inquebrantável das relações de dominação". Veremos, adiante que, ao contrário da autoridade tradicional e/ou legal, a carismática se caracteriza por uma base instável de dominação.

7.7. DOMINAÇÃO CARISMÁTICA

Max Weber introduz a dominação carismática descrevendo as qualidades do portador do carisma. Chama atenção para sua qualidade pessoal extraordinária, suas faculdades mágicas, revelações, heroísmo, dom intelectual. Portadores de tais qualidades encontram-se, originalmente, tanto entre profetas quanto "sábios curandeiros ou jurídicos, chefes caçadores, heróis de guerra" (Weber, 2000: 158). Entre autoridades carismáticas, Weber também menciona o governante plebiscitário, o demagogo e o líder de partido político. A crença numa autoridade carismática é percebida a partir do momento em que nela são reconhecidas qualidades sobrenaturais ou sobre-humanas. A autoridade carismática deve pelo menos ser portadora de transformações extracotidianas. Certamente o fundamento da legitimidade do carisma não reside na crença na legitimidade do procedimento correto da elaboração de normas jurídicas, tampouco no conteúdo das ordens fixadas pela tradição (Weber, 1963: 288). A fonte de legitimidade ou de devoção pessoal dos submetidos à dominação carismática decorre do fato de o portador do carisma ser reiteradamente capaz de produzir eventos extraordinários, suscitar o afeto, a emoção, arrebatando corações e mentes por meio da revelação do inaudito, do magnânimo. Jesus Cristo,

Maomé, Dalai-Lama, São Francisco, Napoleão, Péricles, Cromwell (Weber, 1963: 293) são alguns dos exemplos de líderes carismáticos oferecidos por Weber. Poderíamos acrescentar alguns outros como Antônio Conselheiro, São Pedro, Hitler, Stalin, Lênin, Luís Inácio Lula da Silva, Getúlio Vargas, Ghandi, Evita Perón, Madre Teresa de Calcutá, Elisabeth I. Não se deve incorrer aqui em apreciações de caráter ideológico e recordar que Weber sempre distinguiu entre juízos de valor e observações empíricas, defendendo o princípio da neutralidade axiológica na investigação sociológica. É importante esclarecer que o cientista social não pode se furtar à explicação de Weber: "o conceito de 'carisma' é usado aqui num sentido completamente neutro em relação aos valores (Weber, 1963: 283-284).

A principal peculiaridade que distingue o carisma das características das outras formas de dominação, precisamente, a impessoalidade (autoridade legal), e piedade (tradicional) é a excepcionalidade, ou seja, a capacidade de subverter a vida política ordinária. Contudo devemos observar o seguinte: se, por um lado, o reconhecimento das qualidades pessoais do líder carismático, a exemplo da veneração de heróis, da entrega à revelação ou da confiança plena no líder, conferem ao seu portador uma força capaz de subverter a ordem tradicional em vigor, por outro, o potencial revolucionário cuja força é capaz de dissolver sólidos laços tradicionais somente se conserva enquanto "seu carisma subsiste". Se porventura for "'abandonado' por seu deus ou quando decaem a sua força heroica ou fé dos que creem em suas qualidades de líder, então seu domínio também se torna caduco" (Weber, 2003: 161). Numa outra passagem Weber também se refere à instabilidade da dominação carismática, lembrando que "o portador pode perder seu carisma, pode sentir-se 'esquecido por Deus', tal como Jesus na Cruz" (Weber, 1963: 287). Em virtude das razões apontadas, o sociólogo alemão considera que "a existência da autoridade carismática é especificamente instável" (Weber, 1963: 287). O carisma não apresenta a estabilidade das outras duas espécies de dominação, mas é "dotado de grande força revolucionária nas épocas com forte vinculação à tradição". O carisma é portador da força da mudança, representa "uma modificação da direção da consciência e das ações, com orientação totalmente nova de todas as atitudes diante de todas as formas de vida e diante do mundo, em geral" (Weber, 1999: 161).

O critério de seleção do quadro administrativo da dominação carismática é realizado a partir de duas características: o carisma e vocação (Weber, 2003: 135). Decisiva para o fundamento de validade do carisma é a capacidade de oferecer provas das qualidades pessoais como é o caso da realização de milagres. O portador do carisma tem que oferecer sinais aptos a comprovar constantemente sua autoridade:

o líder carismático ganha e mantém a autoridade exclusivamente provando sua força na vida. Se quer ser profeta, deve realizar milagres; se quer ser senhor da guerra, deve realizar feitos heroicos. Acima de tudo, porém, sua missão divina dever ser "provada", fazendo que todos os que se entregam a ele fielmente se saiam bem (Weber, 1963: 287).

Tais qualidades do portador do carisma são intransferíveis, quem as possui não as pode legar ao seu sucessor. Aqui já se manifesta mais uma vez a base instável do carisma fundado nas qualidades pessoais. Ao contrário dessa forma de carisma, Carl Schmitt chama atenção para a flexibilidade e racionalidade da estrutura hierárquica da Igreja católica que transfere *ex officio*, ou seja, em virtude do cargo e não da pessoa. Além deste exemplo, Schmitt, assim como o próprio Weber, lembra do princípio fundamental da infalibilidade da decisão papal que também se transfere com o cargo. Assim, Schmitt faz uma distinção entre o carisma alicerçado em qualidades pessoais e o *charisma veritatis* construído pelo catolicismo romano. Explica que a "doutrina católica romana com a sua constituição do *charisma veritatis* através da simples concessão do ofício, mostra que o ofício não se apoia mais no *charisma*, mas a concessão torna-se constitutiva do *charisma*" (Schmitt, 2004: 102). Weber comenta a racionalidade da estrutura hierárquica da Igreja junto à noção de infalibilidade da decisão papal cuja transmissão se faz *ex cathedra*. Para ele, a infalibilidade corresponderia hoje ao conceito de competência que separa a esfera do cargo da esfera privada, separa juridicamente o funcionário dos meios da administração (dinheiro, pagamento *in natura*) (Weber, 1999: 144). O carisma é uma grande força revolucionária, todavia quando "desaparece a pessoa porta-voz do carisma surge a questão da *sucessão*" (Weber, 2000: 162). Assim, a questão da sucessão do carisma abre caminho para a rotinização. A partir daí a dominação carismática de caráter instável pode se converter num dos outros tipos de dominação, seja a legal ou tradicional ou uma mistura das duas.

A escolha da liderança carismática, portanto, não é definida a partir de uma apreciação objetiva observada na dominação legal como ocorre no caso da qualificação profissional do funcionário. O referido recrutamento também não é feito com base no critério da posição (como na estrutura administrativa estamental), dignidade pessoal (como ocorre na estrutura administrativa estamental), tampouco da dependência doméstica (Weber, 2003: 135). Não há no quadro administrativo carismático competência estabelecida por normas jurídicas, planos de carreira, salário fixo ou prebenda, investidura ou afastamento do cargo.

Uma especificidade notável da dominação carismática é constatada no modo de criação do direito cujo fundamento deriva de um juízo divino ou revelação capaz de romper com os precedentes passados. Afirma Weber que "o profeta genuíno, bem como o príncipe guerreiro e todo líder genuíno em geral, anuncia, cria, exige mandamentos *novos*" (Weber, 2000: 160). A forma carismática de criação do direito fundada na irracionalidade encontra eco no direito moderno da dominação legal, pois a racionalidade quanto aos requisitos formais de elaboração de uma norma e a aplicação do direito muitas vezes apresentam um traço irracional.

7.8. CONCLUSÃO

As investigações de Max Weber sobre as noções de legalidade e legitimidade abriram um horizonte de conhecimento inestimável sobre as relações sociais marcadas pelas tensões entre direito, poder e autoridade no âmbito da luta pela existência travada pelos homens na realidade social. A Sociologia da Dominação e do Direito de Weber promovem uma mudança de paradigma no campo da teoria política: deslocam o eixo de análise dos meios de aquisição e instituição do poder dos dominadores para a *crença* dos *dominados* nos fundamentos de legitimidade da autoridade. Assim, os estudos de Weber representam uma notável contribuição para a compreensão de uma realidade social crescentemente complexa.

O instrumental conceitual elaborado pela sociologia geral de Weber deve muito aos seus estudos no âmbito da Sociologia do Direito, sobretudo no que respeita à distinção entre o caráter normativo do conceito jurídico do direito e o traço empírico do conceito sociológico do direito. Os pés da sociologia do direito de Weber não flutuam no reino do *dever ser*, mas estão ancorados no solo da realidade concreta do *ser*. A Sociologia do Direito weberiana é marcada pelo seu traço realista, pois se preocupa com as ideias, os valores que orientam o curso das ações de homens concretos: homens são de carne e osso ou, como dizia Weber, "de carne e sangue" (*Fleisch und Blut*).

Os tipos puros de dominação legítima encontram-se misturados na realidade empírica e estão enredados num processo intenso de racionalização do direito que deságua numa visão pouco auspiciosa do futuro da civilização ocidental. Nas entrelinhas dos escritos de Weber é possível vislumbrar um tom profético: a crescente burocratização dos vários âmbitos da vida deixa pouco espaço tanto para a livre ação individual quanto para a ação política responsável. A impressão deixada pelo sociólogo alemão é que a tecnocracia burocrática domina a política. A máquina burocrática dos Estados modernos ocidentais tende a se tornar autônoma em relação ao atendimento das complexas demandas sociais. A burocratização está intimamente ligada à despolitização, à transformação do conhecimento técnico especializado num fim em si mesmo. A visão sombria da dominação burocrática não significa de modo algum estigmatizá-la, mas compreendê-la como fenômeno cultural.

7.9. REFERÊNCIAS BIBLIOGRÁFICAS

ARENDT, Hannah. *Da Revolução*. São Paulo: Ática, 1988.

ARISTÓTELES. *A política*. São Paulo: Martins Fontes, 2002.

BACH, Maurizio. *Einfuhrung in die Gesellschaftstheorie*. Passau: Verlag Karl Stutz, 2009.

BOBBIO, Norberto. *O positivismo jurídico*. Lições de filosofia do direito. São Paulo: Ícone, 1995.

COHN, Gabriel. *Crítica e resignação*: fundamentos da sociologia de Max Weber. São Paulo: T. A. Queiroz, 1979.

_____ . (Org.) *Max Weber*. São Paulo: Ática, 2003.

KRONMAN. Anthony T. *Max Weber*. Jurists: profiles in legal theory. London: Edward Arnold, 1983.

LÖWITH, Karl. Racionalização e liberdade: o sentido da ação social. In: MARTINS, José de Souza e FORACCHI, Marialice (Orgs.). *Sociologia e sociedade*. Rio de Janeiro: Livros Técnicos e Científicos, 1977.

MORAES FILHO, Evaristo de. *O problema de uma sociologia do direito*. Rio de Janeiro/São Paulo: Livraria Freitas Bastos, 1950.

MOMMSEN, Wolfgang. *Geselschaft, politik und geschichte*. Frankfurt: Suhrkamp, 1974. PALONEN, Keri. Two concepts of politics, two histories of a concept? In: *Workshop 2*. History of Concept. Copenhagen, 2000.

ROUSSEAU, Jean-Jacques. Do contrato social. São Paulo: Abril Cultural, 1973 (Coleção Os Pensadores, v. XXIV).

ROTH, Gunther. Introduction. In: WEBER, Max. *Economy and society*: an outline of interpretative sociology. Berkley, Los Angeles, London: University of California Press, 1978. v. 1.

SCHLUCHTER, Wolfgang. *The rise of western rationalism*: Max's Weber developmental history. Berkley, Los Angeles, London: University of California Press, 1985. SCHMITT, Carl. *Der Wert des Staates und die Bedeutung des Einzelnen*. 2ª ed. Berlin: Duncker & Humblot, 2004; 1ª ed. 1914.

_____ . *Legalität und Legitimität*. 6ª ed. Berlin: Duncker & Humblot, 1998; 1a ed. 1932. UECKER, Stefan. *Die Rationalizierung des Rechts*: Mas Webers Rechtssoziologie. Berlin: Wissentschaftlicher Verlag, 2005.

WEBER, Max. *Ciência e política*. Duas vocações. São Paulo: Cultrix, 2008.

_____ . A "objetividade" do conhecimento nas Ciências Sociais I. In: COHN,

Gabriel (Org.). *Max Weber*. São Paulo: Ática, 2003.

_____ . *Gesammelte Werke*. Berlin: Mohr Siebeck. CD-Rom, Digitale Bibliothek, 2001.

_____ . *Economia e sociedade*: fundamentos da sociologia compreensiva. Brasilia: UnB, 2000. v. 1.

_____ . *Economia e sociedade*: fundamentos da sociologia compreensiva. Brasilia: UnB, 1999. v. 2.

_____ . *Gesammelte Aufsätze zur Wissenschaftslehre*. Tubingen: Mohr, 1988.

_____ . *Economy and society*: an outline of interpretative sociology. Berkley, Los

Angeles, London: University of California Press, 1978. v. 1.

_____ . *Economy and society*: an outline of interpretative sociology. Berkley, Los

Angeles, London: University of California Press, 1978. v. 2.

_____ . *Max Weber on law in economy and society*. New York: A Clarion Book, 1967.

_____ . *Ensaios de sociologia*. Rio de Janeiro: Jorge Zahar, 1963.

UNIDADE II

Direito, Desenvolvimento e Transformação Social

8 | O SISTEMA PUNITIVO OU *JUS PUNIENDI*

NILTON SILVA DOS SANTOS[170]

> *(...) a grandeza das penas deve ser relacionada com o estado da própria nação. Mais fortes e sensíveis devem ser as impressões sobre os ânimos endurecidos de um povo que mal acaba de sair do estado selvagem.* (Cesare Beccaria, 1764)

8.1. BECCARIA E O IDEAL ILUMINISTA: PROPORÇÃO ENTRE DELITOS E PENAS

O EDIFÍCIO SECULAR e liberal estruturado por Cesare Beccaria (17381794), em sua obra clássica *Dos delitos e das penas,*[171] não cessa de ressoar no espírito de muitas legislações moderno-contemporâneas. Em outras palavras, o opúsculo produzido pelo Marquês Beccaria pavimentou uma tradição de pensamento que procurou estabelecer critérios fundamentais de proporcionalidade entre os delitos e as penalidades correspondentes.

Beccaria afirmava que ao lermos a História das leis, que deveria estar sustentadas na vontade de homens livres, nos surpreendíamos com a profusão de paixões de minorias que se sobrepunham sobre os demais ou haviam nascido de uma necessidade fortuita. Inspirado pelas formulações iluministas de Charles de Montesquieu (1689-1755), portanto, Beccaria propôs-se a problematizar a origem das leis, suas quebras e as sanções correspondentes.

---

170 É autor do livro "A arte do efêmero: carnavalescos e mediação cultural no Rio de Janeiro" (Ed. Apicuri), além de diversos artigos em revistas especializadas. Professor Adjunto III da Universidade Federal Fluminense (UFF), onde está vinculado ao Programa de Pós--Graduação em Antropologia (PPGA), desde 2009. Vice-coordenador do Núcleo de Estudos em Artes, Ritos e Sociabilidades Urbanas – NaRUA/UFF. Chefe do Departamento de Antropologia (GAP) desde 2012. Possui graduação em Ciências Sociais pela Universidade Federal do Paraná (1990), mestrado em Antropologia Social pela Universidade Federal do Rio de Janeiro – UFRJ (1997) e doutorado em Antropologia Cultural pela UFRJ (2006), atuando principalmente nos seguintes temas: etnografia urbana, carnaval e festas metropolitanas, musicalidades contemporâneas, direitos autorais e novas tecnologias, mediação sociocultural, identidade, patrimônio e memória social. Vinculado às seguintes linhas de pesquisa do PPGA/UFF: Etnografia Urbana; Ritual e Simbolismo; Etnicidade, Identidade e Nação; Transmissão de Patrimônios Culturais e Antropologia do Poder. Atualmente é vice-coordenador da Pós-Graduação Lato Sensu em Antropologia e Desenvolvimento Cognitivo. É coautor do livro "Violência letal, renda e desigualdade social no Brasil" (Ed. 7Letras). Coordenador de Grupos de Trabalho em Música e Sonoridades nas últimas Reuniões Brasileiras de Antropologia (RBA's) 2012 e 2014.

171 Estamos utilizando a terceira edição portuguesa do livro de Beccaria, publicado pela Fundação Calouste Gulbenkian, em 2009.

Cesare Beccaria ao debater as origens das penas afirma que as leis são fruto do cansaço de homens que viviam sozinhos e isolados, em constante estado de guerra, e que, diante de uma liberdade incerta, resolvem unir-se em sociedade. Nesses marcos toda pena deve ser derivada da absoluta necessidade, pois senão esta seria tirânica – em alusão a Montesquieu. Na "necessidade de defender o depósito do bem-estar público das usurpações particulares" (2009: 64) que se fundamenta o direito do soberano de punir os delitos.

Para Beccaria foi a necessidade que obrigou os homens a abrirem mão de parte (mínima) de sua liberdade, não sendo esta, em suma, uma mera dádiva com vistas ao bem público. Há limites prescritos para a atuação punitiva correspondente à transgressão das leis, pois "o conjunto destas partes mínimas possíveis forma o direito de punir; tudo o mais é abuso e não justiça; é fato, mas não é já direito" (2009: 65). Todas as penas que ultrapassam a necessidade de conservar o vínculo, afirma Beccaria, são injustas por natureza.

O capítulo VI, intitulado "Proporção entre os delitos e as penas", apresenta-se como central na análise do liberalismo de Cesare Beccaria. Nele está desenvolvida a tese central da argumentação do autor que intenta apontar para a relação direta entre delito cometido e sua correlata aplicação de pena, pois deve "existir uma proporção entre os delitos e as penas". Na ponderação "geométrica"[172] do autor "encontra-se uma escala de desordens, sendo de primeiro grau aquelas que destroem imediatamente a sociedade, e de último a mínima injustiça possível feita aos membros particulares dessa sociedade" (2009: 73).

Essa imaginável e universal escala de exatidão geométrica, propugnada no seu texto, serviria para a medição dos graus de tirania e de liberdade das quais as sociedades usufruiriam. Com esse mesmo princípio não se toleraria a aplicação de penas iguais para delitos distintos, pois um delito mais grave contra a sociedade deve ser evitado com a aplicação de penas correspondentes a essa gravidade. Nesses termos, reiteramos, a primordial medida dos delitos é o *dano à sociedade*.

Debatendo as motivações para a instituição das primeiras leis e dos primeiros magistrados percebemos que esses se confrontam, desde logo, com as "desordens do despotismo físico de cada homem" (2009: 80). Portanto, como observa no capítulo XII, o fim das penas é o de impedir que novos danos sejam causados aos concidadãos e impedir que outros se inclinem para tal finalidade.

Ao tratar das "acusações secretas" ou do "escaldante tema da colaboração com a justiça", nas palavras de Giorgio Marinucci, essas também são

---

172 Afirma Beccaria que, "se a geometria fosse adaptável às infinitas e obscuras combinações das ações humanas, deveria haver uma escala correspondente de penas, que descesse da mais forte para a mais fraca (...)".

alvo da crítica de Beccaria. Não se pode esperar que uma sociedade prospere num clima de mútua desconfiança entre seus cidadãos. As acusações secretas tornariam os "homens falsos e fingidos. Qualquer que pode suspeitar ver no outro um delator, vê nele um inimigo" (p. 90). Retomando os ensinamentos de Montesquieu, nos quais Beccaria se inspira, nosso autor conclui que as acusações públicas são mais conformes à república e que ao caluniador deveria caber a mesma pena que caberia ao acusado.

Naturalmente que ao capítulo sobre as acusações secretas e suas consequências para a paz pública sucede-se o que trata da tortura. Consideramos o capítulo XVI, intitulado "Da tortura", a principal peça que sustenta a argumentação liberal de Cesare Beccaria. Vale notar que a prática de tortura era bastante comum em sua época... Ele obsta a tortura como forma de configurar um processo que esteja em curso, como meio de descobrir cúmplices, ou ainda, como maneira de desvendar outros crimes que tenham sido produzidos pelo réu.

A argumentação se encaminha para ponderações que continuam válidas mesmo nos dias que seguem. Não se deve considerar *réu* um indivíduo que ainda esteja tendo seu caso analisado pelo magistrado, nem a "sociedade pode retirar-lhe a proteção pública, senão quando se tenha decidido que ele violou os pactos com os quais essa proteção lhe foi concedida" (2009: 93). Nesses termos a tortura aparece, na ponderação de Beccaria, como uma punição anterior à sentença do juiz; na qual a resistência à dor seria o "crisol da verdade".[173]

Nesse capítulo também temos o embate de Cesare Beccaria com as formulações mágico-religiosas muito aplicadas em seu tempo. Aspectos como a purgação da infâmia com a abjuração dos seus atos por intermédio da "deslocação de seus ossos"; a necessidade de confissão do réu de seus crimes para a condenação ou, ainda, do emprego de *juízos* de Deus para a deposição do mal. "O êxito da tortura é portanto uma questão de temperamento e de cálculo, que varia em cada homem na proporção da sua robustez e da sua sensibilidade" (2009: 96).

Em suma, o interrogatório de um réu deve servir à descoberta da verdade, mas a prática da tortura só serviria para se fazer conhecer o grau de resistências das "fibras e músculos" de um homem. O paradoxo de tal prática, portanto, está apresentado. "A confissão feita durante a tortura não vale se não for confirmada, no fim, com juramento, mas se o réu não confirma o delito é de novo torturado" (2009: 97).

Vale a pena sublinhar que o debate a propósito da proporcionalidade das penas serviria mais adiante, nos marcos da Revolução Francesa de 1789, para se repensar o sistema das "casas penitenciárias". Esse debate transcorrerá nos marcos da Assembleia Nacional Constituinte francesa,

---

173 "Este é o meio seguro de absolver os robustos celerados e de condenar os débeis inocentes", afirma Beccaria.

de 1791, e que terá na filosofia utilitarista de Jeremy Bentham, as bases sobre as quais se refletirá o pensamento de Michel Foucault.

8.2. FOUCAULT E A CRÍTICA À SOCIEDADE DISCIPLINAR

> *Essa casa de penitência será chamada panóptico, para expressar, com uma só palavra, sua vantagem essencial, a faculdade de ver, com um olhar, tudo o que aí se passa.* (Jeremy Bentham, 1791)

O filósofo francês Michel Foucault (1926-1984) fulgura na discussão sobre a chamada sociedade disciplinar a partir de sua obra seminal, *Vigiar e punir*: história da violência nas prisões, originalmente publicada em 1975. Nela Foucault pretende nos apresentar, inicialmente, as diferentes maneiras de suplício e punição aplicadas contra os detentos.

Num segundo momento, no entanto, superam-se essas práticas cruéis de dominação sobre os corpos para utilizar-se de outras mais sutis, disciplinares, microscópicas. Erige-se um manancial de saberes que regulamentam as práticas e os movimentos da sociedade. São diversas as instituições sociais que irão se imiscuir nos interstícios da sociedade: a escola, a fábrica, o hospital, o manicômio, a prisão e seus respectivos campos de saberes.

Importante frisar que o "Ovo de Colombo" apresentado por Foucault em *Vigiar e punir* passa, irrefutavelmente, por uma nova leitura de *O panóptico* (1791), livro de autoria do economista liberal Jeremy Bentham e ofertado à Constituinte francesa como contribuição à reforma do sistema penitenciário de França pós-revolução. Debruçado sobre esse fenômeno-chave de análise, Foucault consegue revelar a dimensão produtiva do exercício do poder sobre os corpos.

Em sua obra, Bentham está animado por um sentido reformador. Assim sendo, ele encaminha "O panóptico ou casa de inspeção" para o deputado Garran, a fim de que este possa apresentá-lo como uma contribuição à reforma das prisões. Como observa Maria Stella Bresciani,[174] o intuito do economista inglês era o de buscar o prazer e evitar a dor, sob a orientação da razão e dos seus artefatos, como base de toda conduta dos indivíduos e das sociedades. Por esse motivo Bentham constrói uma "escala numérica da intensidade de sensações", dentro do espírito de uma ação que incida sobre cada indivíduo isolado no edifício panóptico, "esta simples ideia de arquitetura" capaz de esquadrinhar todas as ações dos internos.

O panóptico torna-se um vasto dispositivo mecânico onde nada escapa ao cálculo, à previsão. Outro aspecto inovador na proposta benthamita, que encontra ecos nas discussões contemporâneas sobre o sistema carcerário, é sua defesa da boa administração racional e barata nas mãos

---

174 "À guisa de apresentação", publicado no Dossiê Instituições, pela *Revista Brasileira de História* nº 14 (1987).

da iniciativa privada. O Estado, dessa maneira, ficaria liberado da gestão dos corpos encarcerados, concentrando-se, enfim, em outras atividades mais relevantes.

Cumpre lembrar que o rendimento adequado do dispositivo disciplinar sobre os indivíduos se realiza, obrigatoriamente, por intermédio do trabalho constante, da solidão/introspecção/arrependimento dos internos e de espaços corretamente estruturados. Cético em relação à teoria da igualdade, afirma a historiadora Bresciani, acreditava na hierarquia e no constrangimento espacial como estratégia para atingir as cabeças de homens semimoralizados e semirracionais, como eram considerados os pobres em geral, criminosos ou não.

Ora a leitura arguta feita por Michel Foucault desse "dispositivo genial" permite complementar sua análise de que o capitalismo não poderia incidir sobre os corpos apenas com táticas de repressão. Seria possível, e necessário, produzir indivíduos dóceis, disciplinados por meio de diferentes saberes após o século XIX. Nesses termos, saber e poder estão mutuamente implicados.

Roberto Machado em seu texto "Por uma genealogia do poder"[175] nos diz que "não há relação de poder sem constituição de um campo de saber, como também, reciprocamente, todo saber constitui novas relações de poder. Todo ponto de exercício de poder é, ao mesmo tempo, um lugar de formação de saber" (p. XXI).

Portanto, cada invenção humana de controle traz consigo sua outra face de acúmulo de saber. O hospital é um espaço de cura, diz Machado, mas também instrumento de produção, acúmulo e transmissão de saber. Do mesmo modo, conclui o autor, que a escola está na origem da pedagogia; a prisão, da criminologia; o hospício, da psiquiatria. Estamos na era dos peritos, dos especialistas e de seus laudos e avaliações incontestáveis.

A não ser que seja por outro especialista que saiba tanto quanto aquele primeiro...

Vale a pena recordar a afirmativa do próprio Michel Foucault sobre as prisões que reverbera, especialmente, aquelas outras formuladas por Erving Goffman (1922-1982), a propósito das chamadas "instituições totais",[176] no ano de 1961. Nela encontramos aqueles aspectos unificadores de uma perspectiva que articula poderes disciplinares e a produção de saberes especializados, numa perspectiva que ressalta, sobretudo, as características pedagógicas das prisões.

As palavras de Foucault sublinham que a "obviedade da prisão se fundamenta também em seu papel, suposto ou exigido, de aparelho para transformar os indivíduos. Como não seria a prisão imediatamente aceita, pois se só o que ela faz, ao encarcerar, ao retreinar, ao tornar dócil, é reproduzir, podendo sempre acentuá-los um pouco, todos os mecanismos

---

175 Michel Foucault, *Microfísica do poder*. São Paulo: Graal, 1986.
176 Erving Goffman, *Manicômios, prisões e conventos*. São Paulo: Perspectiva, 1990.

que encontramos no corpo social? A prisão: um quartel um pouco estreito, uma escola sem indulgência, uma oficina sombria, mas, levando ao fundo, nada de qualitativamente diferente. Esse duplo fundamento – jurídico-econômico por um lado, técnico-disciplinar por outro – fez a prisão aparecer como a forma mais imediata e mais civilizada de todas as penas" (p. 208).

Em linhas gerais, podemos perceber que a leitura foucaultiana dos dispositivos de poder aponta, como procuramos expor acima, uma transição dos dispositivos meramente punitivos para outros, de natureza disciplinar, de vigilância que tornam os corpos rentáveis no âmbito da sociedade industrial capitalista.

8.3. VIOLÊNCIA E CRIMINALIDADE: COMO EXPLICAR SUAS RELAÇÕES SUAS RELAÇÕES COM A POBREZA URBANA?[177]

O debate acerca dos determinantes estruturais da violência esteve frequentemente centrado em tentar apurar se a pobreza estimula ou não a criminalidade e, em caso positivo, em que medida. Daí o possível impacto da riqueza e de sua distribuição sobre o número de homicídios ser apenas uma parte dessa questão mais ampla.

Na realidade, houve e ainda há uma imensa controvérsia em torno desse ponto, tanto no Brasil quanto no exterior. A questão principal poderia ser enunciada da seguinte forma: o nível da renda ou sua distribuição são fatores importantes na determinação das taxas de homicídio? A resposta tem repercussões profundas sobre como empreender a tarefa de fazer decrescer a violência letal. Por um lado, os que concordam com uma resposta positiva tendem a apoiar medidas sociais, como melhoria da educação, aumento das oportunidades de trabalho ou redução da desigualdade social e a transformá-las nas principais políticas de redução dos homicídios e da violência como um todo. Por outro lado, aqueles que questionam o vínculo entre renda e violência tendem a defender medidas relacionadas ao sistema de justiça penal, como a melhoria do desempenho da polícia, uma vez que medidas sociais pretendidas apresentariam um impacto insignificante em termos de redução da violência. Assim, estamos sem dúvida lidando com uma questão causal — o nível da renda ou sua distribuição provoca violência letal? —, embora o tipo de prova geralmente disponível se refira, no máximo, a uma das associações entre os dois termos.

Em nossa opinião, a controvérsia se estabeleceu devido a dois fatores principais:

a) resultados contraditórios quando a hipótese é examinada em níveis diferentes ou usando populações distintas; e b) falta de especificidade

---

177 Nesta secção utilizamo-nos, exclusivamente, dos estudos que desenvolvemos com o sociólogo Ignacio Cano. Para maiores detalhes, consultar Ignacio Cano & Nilton Santos. *Violência letal, renda e desigualdade social no Brasil*. Rio de Janeiro: 7Letras, 2001.

nos modelos teóricos propostos para exemplificar a relação entre renda e homicídios. Frequentemente, o tipo de dado coletado não é o melhor para a hipótese a ser testada. Assim sendo, objetivamos neste breve artigo enfocar os dados sobre violência letal, ou seja, os homicídios, intentando discutir particularmente a qualidade das fontes disponibilizadas para pesquisa no Brasil e apresentar o resultado provisório ao qual chegamos.

Dados sobre homicídio, no Brasil, podem ser obtidos da polícia ou de fontes da saúde. No caso da Polícia Civil, utilizamos como fonte de informações o Boletim ou Registro de Ocorrência Policial, enquanto no âmbito do Ministério da Saúde recorremos aos atestados de óbito tornados públicos pelo Sistema de Informações sobre Mortalidade (SIM). Ambas apresentam sérios problemas de confiabilidade e validade, que tendem a aumentar quando comparadas a unidades geográficas mais amplas.

Os registros provenientes da polícia costumam apresentar os problemas que mostraremos a seguir.

As ocorrências geralmente são baseadas em critérios de natureza jurídica ou policial. Assim, se uma morte intencional não recebe o nome de crime ou homicídio, não será incluída nos totais agregados. Por outro lado, o Ministério da Saúde incluirá, a princípio, qualquer morte intencional, independentemente de sua definição legal. Por exemplo, a vítima de latrocínio, isto é, roubo seguido de morte da vítima, não é comumente incluída nos dados policiais referentes a homicídio, uma vez que é classificada como "crime contra a propriedade", enquanto o homicídio é um "crime contra a pessoa". Outro caso típico é o das pessoas assassinadas pela polícia. No Rio de Janeiro, essas vítimas são usualmente incluídas na categoria "Autos de Resistência" ("resistência à autoridade") e não figuram entre os dados referentes a homicídio, embora constituam de fato homicídio intencional, do ponto de vista legal.

Outra questão delicada é que a polícia registra os fatos conforme são apresentados no momento em que se registra o Boletim de Ocorrência, rotulando-os segundo o provável crime cometido. Se o fato inicial se altera ao longo do tempo, normalmente não há atualização do registro. Por exemplo, se alguém é atacado e ferido, o fato será provavelmente registrado como um caso de "lesão dolosa" ou de "tentativa de homicídio". Se mais tarde a vítima morre no hospital, o caso se transformará em homicídio, mas muitas corporações policiais não possuem a necessária organização e infraestrutura para atualizar os registros em tempo real, a fim de alterar a classificação original. Os dados do Ministério da Saúde, no entanto, são baseados na causa da morte de acordo com o atestado de óbito e não são, por isso mesmo, afetados pela circunstância de a vítima ter ou não morrido imediatamente após a agressão. Por essa razão, o número de homicídios no sistema de saúde é, via de regra, mais alto do que o dos registros policiais.

Um aspecto a ser considerado é que o nível de padronização e a qualidade do processamento de dados da polícia são, em geral, mais baixos do que os da área de saúde. A existência de várias forças policiais sem qualquer centralização de dados ou de procedimentos permite a aplicação de diferentes categorias e critérios e abre porta a tendências relacionadas a fatores locais. Também podem existir várias categorias em uma mesma força para classificar os mesmos fatos e algumas delas podem se sobrepor parcialmente. No Rio de Janeiro, a morte não natural pode ser registrada pela polícia em uma das seguintes categorias: homicídio intencional, homicídio não intencional, lesões seguidas de morte, suicídio, assalto seguido de morte ("latrocínio"), morte suspeita, morte sem assistência médica, encontro de cadáver, encontro de ossada e infanticídio (ou seja, assassinato do bebê pela mãe logo após o parto). Na ausência de uma padronização dos critérios a serem utilizados, cada chefia de polícia pode interpretar as categorias a seu próprio modo, pondo em risco a comparabilidade dos dados gerados em diferentes distritos policiais.

Outro problema que se verifica, particularmente nos dados policiais, é a possibilidade da duplicação de registros, em outras palavras, que a mesma morte seja registrada duas vezes. Por exemplo, alguns crimes são registrados no distrito policial em que ocorreram, mas são também computados pela unidade policial envolvida na investigação dos fatos. Sem um exame detalhado dos casos, essas duplicações podem não ser detectadas.

Os registros de homicídios da saúde deveriam ser mais confiáveis, uma vez que seu processamento é supostamente mais homogênco, mas não devem ser usados sem cuidadosa atenção e crítica metodológica.

Há notificação incompleta das mortes no Brasil. O contraste entre as projeções da expectativa de mortes, com base nos censos populacionais, e o número de mortes comunicadas ao SIM do Ministério da Saúde revela que algumas municipalidades simplesmente não relatam todas as mortes. Verificamos haver uma correlação entre desenvolvimento ou riqueza e qualidade dos dados, sendo que regiões mais pobres são precisamente aquelas em que a proporção de pessoas em municipalidades com informações aceitáveis é mais baixa e vice-versa.

Região do Brasil	Índice de confiança dos dados
Norte	40%
Nordeste e Centro-Oeste	46%
Sul	74%
Sudeste	86%

Nos últimos anos, de acordo com N. A. Paes (1996), houve uma melhoria da qualidade dos dados no país, entretanto, precisamente porque as diferenças na qualidade se relacionam com desenvolvimento, elas podem constituir uma hipótese alternativa para explicação dos resultados.

Outro ponto a ser considerado é a existência de mortes não classificadas. Algumas mortes são registradas, mas sem qualquer informação complementar sobre sua natureza e causas. São as chamadas mortes mal definidas, que correspondem ao capítulo XVI da Nona Classificação Internacional de Doenças e ao capítulo XVIII da Décima Classificação de Doenças da Organização Mundial de Doenças. Esse tem sido um dos indicadores tradicionais da qualidade das informações sobre mortalidade. O uso dessa categoria pode ser devido ao fato de o cadáver ter sido encontrado em adiantado estado de decomposição ou, mais comumente, ao processamento errôneo dos dados ou aos serviços médicos deficientes.

Finalmente, devem-se observar as mortes provocadas por causas externas de intenção não determinada. Estas são aplicadas às mortes não naturais em que os médicos não especificam se resultaram de homicídio, suicídio ou acidente. A proporção dessas mortes em relação ao número total das provocadas por causas externas pode ser alta, em alguns casos, e é inversamente proporcional à qualidade do processamento dos dados. De fato, o exame dos dados mostra, com frequência, campos não preenchidos pelo médico no atesto de óbito. Além disso, a proporção de casos de mortes de intenção não determinada não é constante no tempo ou no espaço, o que enfraquece a comparabilidade direta das taxas de homicídio ao longo do tempo ou de diferentes lugares.

Para lidar com esse problema, os especialistas sugerem técnicas de avaliação destinadas a estimar a proporção de mortes violentas de intenção não determinada que possam ser atribuídas a homicídio (Murray & López, 1996). A proposta defendida por Rafael Lozano (1997) é considerar todas as mortes por arma de fogo ou faca como intencionais, mesmo as originalmente classificadas como acidentais, e admitir que metade das mortes restantes de intenção não determinada (além das causadas por armas) é intencional e a outra metade não intencional. Essas mortes reclassificadas como intencionais seriam então distribuídas entre homicídios e suicídios, de acordo com a relação homicídio-suicídio encontrada entre as mortes intencionais registradas ou em pesquisas anteriores. Por exemplo, pesquisas em outros países da América Latina sugeriam uma divisão de 95% para homicídios e 5% para suicídios.

Para avaliar a qualidade das estimações encontradas, na pesquisa que desenvolvemos no âmbito do Instituto de Estudos da Religião (ISER), com os dados do estado do Rio de Janeiro, procuramos relacionar as estimativas de homicídio obtidas por meio do sistema de saúde com as dos registros policiais – apesar de não se dever esperar a coincidência total das informações oriundas das diferentes fontes.

Depois de testadas as estimativas somente para o Rio de Janeiro, buscamos analisar os homicídios para o Brasil lançando mão dos dados provenientes do Ministério da Saúde. Eles são os únicos disponíveis para todo o país e são, após a aplicação dos métodos estimativos, supostamente mais confiáveis, já que processados mais homogeneamente desde 1996.

Concluímos que as diferenças entre os estados brasileiros são marcantes, embora a maioria deles tenha altas taxas de homicídio pelos padrões internacionais. Em apenas três deles – Santa Catarina, Maranhão e Piauí –, elas se situam abaixo de 10 homicídios por 100.000 habitantes, sendo que a maioria apresenta taxas entre 20 e 40, havendo ainda três casos que se destacam do restante: Espírito Santo, Pernambuco e, principalmente, Rio de Janeiro, que têm um valor duas vezes mais alto do que a taxa nacional.

À primeira vista, fica evidente que não são os estados mais pobres que detêm as taxas mais altas, uma vez que os estados do Nordeste, entre os mais pobres do país, têm cifras relativamente baixas, com exceção de Pernambuco. Na realidade, o Sudeste, a região mais desenvolvida do país, abriga dois dos três estados em que a situação é da maior gravidade.

Depois desses resultados, procuramos correlacioná-los com os indicadores de renda, educação e desigualdade por estado do Brasil, chegando à conclusão de que estes fatores, *per si*, não explicam as elevadas taxas de homicídio de certos estados. Em verdade, verificamos que o elemento que mais pesava nos indicadores de violência letal no Brasil era o grau de urbanização, medido pela percentagem da população residente em municipalidades, em especial, aquelas com mais de um milhão de habitantes. Em outras palavras, é a urbanização a única variável que produz um coeficiente significativo. Veja gráfico[178] a seguir:

Estimated Homicide Rate and Urbanization by State

Brazil - 1991

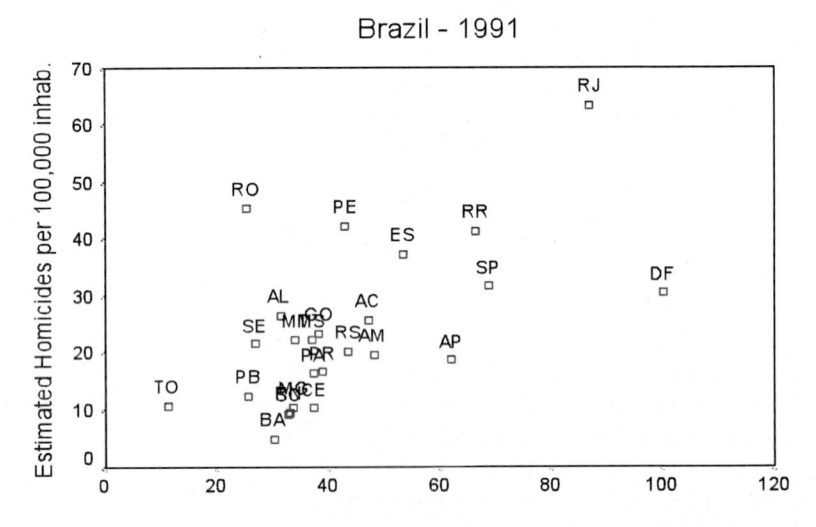

Percentage of Population living in municipalities of over 100,000 inhab.

---

178 Os testes estatísticos da relação entre renda e desigualdade, de um lado, e homicídios, do outro, foram realizados com dados de 1991, uma vez que esse é o último censo disponível com dados de renda e desigualdade por estado [solicitar que o autor confirme essa informação antes de fechar a edição].
Os dados sobre urbanização foram obtidos do IBGE.

Em resumo, renda e desigualdade não parecem apresentar claro efeito sobre as taxas de homicídios dos estados brasileiros, embora seus coeficientes sigam a direção prevista na maioria dos modelos. Ao contrário, é a urbanização que parece ter forte influência. São os estados urbanos, tanto os ricos quanto os pobres, que detêm as mais altas taxas de homicídio, e são os estados rurais que exibem os menores índices de violência letal. Essas interpretações devem ser consideradas com cuidado, devido ao pequeno número de casos e os problemas de validade das comparações entre os estados.

A descoberta de que a urbanização parece ser um fator chave de influência, comparável ao papel inequívoco da renda das vítimas, sobre as taxas de homicídio *dentro* das cidades ressalta a questão da **pobreza urbana** como fator determinante da violência. Poderia ser uma combinação de fatores — urbanização rápida sem serviços sociais, pobreza, falta de controle social e anonimato, desigualdade, falta de oportunidades para a juventude etc. — o que provocaria, nas cidades, altos níveis de violência.

8.4. SEGURANÇA PÚBLICA NO BRASIL E DIREITOS HUMANOS: O DEBATE CONTEMPORÂNEO

> *Todo camburão tem um pouco de navio negreiro*
> *Todo camburão tem um pouco de navio negreiro*
> (O Rappa, 1997)

Tornou-se algo extremamente delicado inventariar a crescente produção acadêmica sobre a segurança pública no Brasil. Portanto elegemos a perspectiva do sistema carcerário como foco da análise. Indubitavelmente as discussões do campo jurídico enfatizam, em sua grande maioria, o "desvirtuamento do caráter ressocializador da pena". Por outro lado, as análises socioantropológicas sobre a temática indicam o papel de contenção, especialmente dos pobres, que o sistema penal vem desempenhando na sociedade moderno-contemporânea.[179]

Podemos destacar, primeiramente, a atuação violenta das forças de segurança na sociedade brasileira. Estudos revelam que a utilização de força desproporcional,[180] quando não de execuções sumárias já denunciadas nas cortes internacionais, por parte das forças policiais obedece a uma lógica calcada, historicamente,[181] na escravidão e na repressão aos setores populares (nas revoltas agrárias, movimentos camponeses, lutas urbanas contra a carestia durante a ditadura militar etc.).

---

179 Ver a edição organizada por Pierre Bourdieu para a revista *Actes de la Recherche en Sciences Sociales,* nº 124, 1998.
180 Ignacio Cano. *Letalidade da ação policial no Rio de Janeiro*. Rio de Janeiro: ISER, 1997.
181 Alberto Passos Guimarães. *As classes perigosas*: banditismo urbano e rural. Rio de Janeiro: Graal, 1982.

É a morte violenta, especialmente de jovens negros, a principal causa de óbitos para a faixa etária de até 24 anos de idade! Como observa Loïc Wacquant, em sua "Nota aos leitores brasileiros", de seu livro *As prisões da miséria* (2001) há um problema grave no caso brasileiro, qual seja, o "recorte da hierarquia de classes e da estratificação etnorracial e a *discriminação baseada na cor*, endêmica nas burocracias policial e judiciária". Os dados são pródigos na exemplificação desses casos. O estudo desenvolvido por Silvia Ramos e Leonarda Musumeci[182] sobre o "tipo ideal" do chamado elemento suspeito na abordagem policial, reforça essa percepção.

Por outro lado, não podemos esquecer a já clássica análise de Teresa Pires do Rio Caldeira[183] que aponta para a fortificação dos bairros nas cidades brasileiras e para uma cada vez crescente convergência da vida urbana para os espaços privados, tais como os *shoppings centers*. A combinação desses fatores acarreta graves consequências do ponto de vista da circulação nos espaços públicos e da desarticulação de interesses dos subalternos, em geral.

Diante desse breve quadro sobre a segurança pública, como pensar em Direitos Humanos? É essa uma utopia possível ou a banalização da ideia de "privilégio de bandidos",[184] especialmente nos programas policias dos meios de comunicação de massa, turvou essa possibilidade?

Parece-nos que a atuação das organizações não governamentais (ONGs) trouxe um importante alento para a tentativa de reconstituição de uma arena pública de debates sobre essas questões. Nesse sentido o trabalho desenvolvido pelo Grupo Cultural AfroReggae pôs em cena novos mediadores sociais, negros e oriundos das classes populares, no bojo das interlocuções da sociedade brasileira.

Claro está que as barreiras não deixaram de ser, embrionariamente, movidas por esses novos atores sociais. Essa ONG, nascida de uma chacina no bairro carioca de Vigário Geral, e outras iniciativas de articulação por direitos de cidadania Brasil afora põem esperança no coração de cada um de nós.

8.5. REFERÊNCIAS BIBLIOGRÁFICAS

BECCARIA, Cesare. Dos delitos e das penas. Lisboa: Fundação Calouse Goubenkian, 2009.

---

182 Silvia Ramos e Leonarda Musumeci. *Elemento suspeito*: abordagem policial e discriminação na cidade do Rio de Janeiro. Rio de Janeiro: Civilização Brasileira, 2005.

183 Teresa Pires do Rio Caldeira. *Cidade de muros*: crime, segregação e cidadania em São Paulo. São Paulo: 34, 2000.

184 Teresa Pires do Rio Caldeira, Direitos humanos ou "privilégio de bandidos"? Desventuras da democratização brasileira. São Paulo, *Novos Estudos CEBRAP*, nº 30, 1991.

BRESCIANI, Maria Stella. À guisa de apresentação. Revista Brasileira de História, n. 14, 1987.

CALDEIRA, Teresa Pires do Rio. Direitos humanos ou "privilégio de bandidos"? Desventuras da democratização brasileira. São Paulo, Novos Estudos CEBRAP, n. 30, 1991.

CALDEIRA, Teresa Pires do Rio. Cidade de muros: crime, segregação e cidadania em São Paulo. São Paulo: 34, 2000.

CANO, Ignacio. Letalidade da ação policial no Rio de Janeiro. Rio de Janeiro: ISER, 1997.

CANO, Ignacio & SANTOS, Nilton. Violência letal, renda e desigualdade social no Brasil. Rio de Janeiro: 7Letras, 2001.

FOUCALT, Michel. Microfísica do poder. São Paulo: Graal, 1986. 178

GOFFMAN, Erving. Manicômios, prisões e conventos. São Paulo: Perspectiva, 1990.

GUIMARÃES, Alberto Passos. As classes perigosas: banditismo urbano e rural. Rio de Janeiro: Graal, 1982.

RAMOS, Silvia & MUSUMECI, Leonarda. Elemento suspeito: abordagem policial e discriminação na cidade do Rio de Janeiro. Rio de Janeiro: Civilização Brasileira, 2005.

9 | DIREITO E DESENVOLVIMENTO SOCIAL

ADRIANO ROSA DA SILVA[185]

> *Nenhuma sociedade pode sobreviver sem canalizar as pulsões e emoções do indivíduo, sem um controle muito específico de seu comportamento. Nenhum controle desse tipo é possível sem que as pessoas anteponham limitações umas às outras, e todas as limitações são convertidas, na pessoa a quem são impostas, em medo de um ou outro tipo.*
>
> Nobert Elias

9.1. INTRODUÇÃO

9.1.1. Normatização da vida social

A VIDA EM sociedade exige a busca de uma unidade, não no sentido de homogeneidade, mas no propósito de compartilhamento de ideias e de valores, que solidarizem as ações dos indivíduos e forjem compromissos identitários, a construção da realidade social, como nos aponta Berger (1986). Esta é formalizada em um sentido duplo e concomitante. O primeiro, que nos faz perceber a sociedade como uma coisa que está fora de nós, nos constrange e impele à ação e o segundo, como algo que está em nós, que internalizado e íntimo, é o nosso ser. Segundo Berger, a sociedade não se detém à superfície de nossa pele; independentemente, inclusive, de nossa vontade, ela nos penetra e nos envolve.

Em uma realidade transformada e complexificada como a da vida moderna, advinda da crescente diferenciação e especialização das funções e papéis dos indivíduos, da necessidade de integração dos mesmos, da

---

185 Pós-Doutorado em Saúde Coletiva pela Universidade Estadual do Rio de Janeiro (2019). Doutorado em Educação Física na Universidade Gama Filho (2007). Mestrado em Sociologia pela Universidade Federal do Rio de Janeiro (1995). Graduação em Ciências Sociais pela Universidade Federal do Rio de Janeiro (1990). Concentro minha experiência profissional nas áreas de Sociologia, Antropologia, Política, Educação e Metodologia da Pesquisa. Meus estudos e orientações abarcam as temáticas da cultura e educação, cidadania e gestão, qualidade de vida e saúde e desenho universal e acessibilidade plena. Sou Coordenador e Professor permanente do Mestrado Profissional em Gestão do Trabalho para Qualidade do Ambiente Construído – Universidade Santa Úrsula. Sou membro do Conselho Editorial e da Comissão Científica do CAED-JUS e CAEDUCA. Sou avaliador de revista científica. Experiência como conteudista e tutor de ensino a distância. Desenvolvo o projeto Lentes do Mundo e realizo mentoria em cultura e educação e desenvolvimento pessoal.

elaboração de sintonias entre seus desejos, interesses e vontades, para a manutenção da sociedade, passa a ser fundamental um processo de socialização cada vez mais intenso e diferenciado, com o propósito de gerar a articulação à sua sobrevivência.

A formação de um processo de institucionalização e interiorização constante e efetivo se faz devido ao crescimento das esferas participativas dos indivíduos e da consolidação de modos diferenciados de ação em cada uma dessas esferas mediante uma refinada e extensa cadeia de disciplinarização interna, que se inicia com a família[186].

Como diria Weber, mesmo o indivíduo, dotado da capacidade de movimentar-se conforme sua motivação e interesse, o faz, pela percepção[187] de sua localização no mundo, mediante relações sociais específicas, a partir da educação que recebe e que forjam a construção de hábitos através de esquemas tipificadores[188], no dizer de Berger (1978). Estes incorporam as expectativas para os papéis sociais a serem desempenhados por cada um de nós na sociedade. Ao mesmo tempo em que indicam uma direção e uma normatividade, podem ser submetidos aos imprevistos da situação social, das possíveis reinterpretações de sentido, que podem ocorrerem na interação e efetivação da ação entre os indivíduos, nas gerações subsequentes. Apesar de funcionar como um roteiro, isso não é inflexível[189].

Bourdieu ao reinterpretar e explicar a categoria *habitus* nos indica que na vivência social vamos agregando a um primeiro *habitus*, outros *habitus*, que se desenvolvem a partir da expansão progressiva e gradativa de nossa participação nas relações sociais.

Assim a esse *habitus* específico gerado na família irão se agregar outros, que, muitas vezes, já se iniciam dentro da própria família, visto que a educação tende a estabelecer como princípio que a criança deva ser socializada para a vida em grupo e não apenas para seus pais, o que impõe a preocupação da família em estabelecer vínculos e elos com as outras

---

186 A família é considerada a instância de socialização primária onde começam a se moldar os valores e normas de comportamento, os hábitos e as rotinas. Há um processo constante de diálogo entre os valores que a família específica apresenta e as exigências gerais do contexto social na qual ela está inserida.

187 Podemos trabalhar com a perspectiva de que esta percepção nem sempre esteja consciente, mas há que tornar-se consciente em algum momento. É pouco provável que o indivíduo não perceba em um certo tempo que sua vivência não se faz fora do mundo, que está inserido em um contexto de inserção social.

188 Berger nos fala sobre a existência destes esquemas tipificadores na relação face a face, esquemas que correspondem a padrões e que afetam continuamente a minha interação com os outros e com o meio.

189 Este fato nos dá margem para pensar em possíveis processos de quebras e transformações de padrões das relações sociais, que existem enquanto possibilidade, já que se encontram diante de uma realidade formada, configurada e padronizada. As transformações tendem a encontrar resistências diante da necessidade do grupo em manter seus padrões.

instâncias sociais nas quais a criança terá que se engendrar. *Habitus* que se estrutura, segundo o autor, enquanto um "sistema de disposições duráveis, estruturas estruturadas predispostas a funcionarem como estruturas estruturantes", gerando e estruturando as práticas e as representações que podem ser objetivamente "regulamentadas" e "reguladas".

Mesmo reconhecendo aqui uma possível crítica às teorias de Durkheim e Weber, por parte de Bourdieu, com relação às práticas sociais[190], o que cabe frisar e tornar significativo é que, para o autor, as normas e os valores estabelecidos nas vinculações entre os indivíduos e a realidade se fazem através de uma ação concreta do indivíduo mediante um contexto estruturado na sociedade.

Logo é nesta primeira instância de socialização que nos familiarizamos com muitas das referências necessárias para a construção das condutas exigidas para a vivência na família, bem como com uma série de padrões relativos e necessários à existência em outros setores da vida social e, que obviamente, serão explicitados e vivenciados quando da chegada e participação do indivíduo nos referidos níveis. A socialização inicia assim um processo acumulativo e dinâmico que vai conformar nosso caráter ou personalidade para a existência social, com a indicação dos caminhos a serem percorridos, definindo e estabelecendo nossas potencialidades de aceitação e inserção na sociedade[191].

Envolto nesta trama social, o indivíduo necessita desenvolver aptidões específicas que o capacitem a atuar sobre uma ambiência natural e social, adquirindo uma plasticidade que permita adaptações e soluções diferenciadas para as instâncias do contexto social em que esteja participando ou para a cultura a que pertença[192].

Para tal vamos adquirindo hábitos e rotinas que nos possibilitem estabelecer um *modus operandi*, uma instrumentalização para a realização de nossos desejos e necessidades. A construção de técnicas de conduta e disciplina, que permitem soluções ágeis e direcionadas, criando um contexto funcional que tende, em escalas variáveis, a conter e moldar os nossos impulsos, ao mesmo tempo em que favorece e até estimula, em alguns momentos, a construção de outros, refazendo a complexidade das relações humanas. Ou seja, como afirmava Marx e também Gramsci, produzindo-se constantemente a partir de sua relação com a natureza, uma

---

190 A crítica em si remeteria à ideia da obediência às regras em Durkheim, como um imperativo da sociedade compreendida como totalidade, e da possibilidade de previsão consciente dos propósitos a serem alcançados, defendida por Weber.

191 Devemos considerar que neste mesmo processo de reprodução estão embutidos as alternativas possíveis de alterações e transformações do contexto social e mesmo da ação individual, o que implica relações de poder, tensas e conflituosas.

192 Essa plasticidade pode gerar alternativas de variação de sentidos e complexificação da realidade social.

relação produtiva, reflexiva, tensa e conflituosa, mas ordenada, o homem e a sociedade são produtos de motivações, que se fazem como atividade e realidade.

Berger, em *Construção social da realidade*, desenvolverá a ideia de que toda atividade humana pressupõe a elaboração do hábito, ou seja, a partir da repetição de qualquer ação frequente, passa a existir uma tendência em transformá-la em um padrão, visto que, o mesmo, implica em uma reprodução que traz economia de esforço e que é apreendido e reconhecido por quem a pratica, como o padrão, forjando assim regularidades e naturalizando-a[193].

As regularidades conferidas aos padrões de comportamento humano fundam as instituições que são, para Berger (1978), canalizações e delimitações de direções entre várias alternativas possíveis. Ao definirem-se como uma das escolhas possíveis, essas regularidades voltam-se sobre a realidade da ação individual configurando-a e ressignificando-a, implicando a construção de um efetivo sistema de controle que, no entanto, não é infalível e muito menos estático, até porque a socialização nunca é inteiramente bem-sucedida, pois não atinge do mesmo modo a todos, como também não cessa, o que implica sempre possibilidades de equívocos ou alterações de sentido e que tende a gerar uma dinâmica de criação de novos hábitos e novas necessidades.

9.2. ORDEM JURÍDICA E SISTEMA JUDICIAL

9.2.1. Ordem Jurídica

Logo, pensar na sociedade significa refletir sobre uma complexa trama de ações, em uma estrutura dinâmica e cumulativa, formadora de ordenamento e disciplina.

Significa compreender um processo em constante elaboração, fruto dos mais diversos interesses e motivações.

Refletir sobre o processo de construção das relações entre os indivíduos e a formação da sociedade nos permite apreender e compreender as formas e as necessidades, os elementos que progressivamente a consolidam como um universo de interdependência. Um dos elementos que nos parece essencial, então, é a construção das regras e o seu papel na construção da sociedade, enquanto formação de hábitos e práticas elementares para a delimitação e disseminação de relações sociais possíveis, talvez mais possíveis do que desejáveis.

---

193 A reprodução em geral não sofre questionamentos enquanto se mantém resoluta na solução dos problemas. Contudo alterações em intenções ou meios podem gerar questionamentos e problemas, com alguma margem possível de alteração deste hábito. Não podemos esquecer que essas rotinas dizem respeito ao indivíduo que está localizado socialmente.

As regras são percebidas como fundamentais para a definição de parâmetros sociais. Enquanto elemento norteador e disciplinador do comportamento humano, as regras implicam aceitações e renúncias, em práticas reconhecidas e legitimadas senão por unanimidade (ideia de pacto inicial – contrato), ao menos por maioria; implicam controles, que geram confluências e discordâncias, que fundamentam a existência humana, formando hábitos, rotinas e procedimentos que, de modo geral, nos permitem pensar a elaboração das técnicas e disciplinas sociais.

As regras são disseminadas e expandidas a partir das necessidades e vontades, precisam ser experimentadas na vivência que os indivíduos fazem dos eventos sociais, mediante o processo de aprendizagem formal, que ocorre nas várias instituições sociais, como a esfera do trabalho, da escola etc., e informal, como nas práticas mais sutis ou corriqueiras da natureza humana; que implicam assumir a necessidade de uma disciplinarização do mundo, a elaboração de técnicas e normas de convivência que possibilitem forjar uma esfera de consensualidade entre os diversos indivíduos, interesses, emoções e desejos; que se impõem como disciplina, que se instauram de forma a criar orientações e permitir a preservação do indivíduo e de sua comunidade ou grupo no seio da sociedade.

A disciplina implica o cumprimento das normas e a obediência, nem sempre pacífica, mas imperativa, do estabelecido[194]. Mas não significa, necessariamente, alienação ou só reprodução, mas com certeza delimitação e formação de condutas. Regra e disciplina que são orientações derivadas ou fruto das concepções humanas, de suas ações e suas intenções, não necessariamente conscientes, no sentido de resultados previsíveis, mas como probabilidade de ocorrências, como já nos alertava Weber[195].

Aceitas, regra e disciplina fazem-se presentes na vida social, sem causar grandes transtornos ou barreiras e podem passar, na verdade, despercebidas[196]. "Reaparecem", no sentido de se tornarem visíveis ou claras, explícitas, à medida que se interpõem ao desejo do indivíduo, quando implicam uma negativa ou se transformam em obstáculo às nossas pretensões, que talvez não estejam conscientes. Voltamo-nos contra o estabelecido, escolhido por nós mesmos, em vários momentos da vivência e

---

194 O fato de ser imperativa e de exigir cumprimento e obediência não implica a impossibilidade de questionamentos e rupturas. Como caminho, escolhas possíveis de um determinado período representam em suma a vontade dos indivíduos ou de parcelas significativas desses indivíduos.

195 Creio que seria correto observar as orientações racionais das ações individuais apontadas por Weber, como um caráter modelador e formador da conduta e nesse sentido disciplinador. As mesmas são caracterizadas como racionais: fim e valor. Relativas: sentimento e carisma.

196 Despercebidas porque naturalizadas ou internalizadas a ponto de assumirem um papel de invisibilidade. Mas que ganham visibilidade, quando de sua negação ou contrariedade.

sentimos e presenciamos a existência das regras que nos exigem disciplina e que estabelecem o que deveríamos ou não fazer. Normatizam nossa existência.

Admitidas, regra e disciplina, parecem inexistentes ou confortáveis por estarem em consonância com nossas intenções, ou por não afetarem dramaticamente ou sintomaticamente nossas pretensões.

Em um cenário concreto de ações, as tramas humanas vão sendo realizadas e construídas, dotando o mundo de significados. Tramas que representam configurações interdependentes, como nos diz Norbert Elias, em *O processo civilizador*, ou o mundo relacional, como aponta Bourdieu.

> Só percebemos a força irresistível com a qual uma estrutura social determinada, uma forma particular de entrelaçamento social, orienta-se, impelida por suas tensões, para uma mudança específica e, assim, para outras formas de entrelaçamento, é que podemos compreender como essas mudanças surgem na mentalidade humana, na modelação do maleável aparato psicológico, como se pode observar repetidas vezes na história humana, desde os tempos mas remotos até o presente. (Elias, 1993: 195)

Assim, devemos pensar a existência humana como um processo, como um caminho ou construção lenta e gradual de formação de hábitos e costumes, normas e condutas que permitem a convivência. Seja para efeitos de sobrevivência, alimentação e defesa, seja pelo dito caráter gregário, fato é que a existência humana requer e sempre requereu a elaboração e definição de parâmetros para sua integração.

Tenham sido estes imputados pela natureza, como nos faria crer o jusnaturalismo, ou elaborados por nós, como uma construção social, como afirmam os contratualistas, percebemos que nossa condição de existência nos exigiu (não sabemos exatamente quando) e nos exige, ainda, a delimitação e redefinição cada vez mais elaborada desses parâmetros. Padronizações que funcionam como exercícios, que solicitam treinos e práticas constantes, elaborações e reelaborações, refinamentos, continuamente mantidos e transformados.

Logo, percebemos que a disciplina a que o indivíduo vai ser submetido tende, no correr do processo de desenvolvimento histórico, a progressivamente encaminhar-se da exterioridade para a interioridade, conformando o que denominamos como autodisciplina e autocontrole, corroborando potencialmente a perspectiva do controle social.

Á medida que progridem o tempo histórico, as transformações e as necessidades,[197] são acrescentados à vida humana os dilemas da manutenção e transformação da ordem social, percebida como contexto inexorável.

A norma/disciplina é, então, estruturante e está enquadrada na inevitável historicidade do pensamento humano, devedora, portanto, das condições ideais e materiais de existência, como nos lembra Pierre Clastres, em seu capítulo "Da tortura nas sociedades primitivas",[198] onde demonstra, através do ritual de passagem que solicita o corpo como fonte da escrita, o processo de interiorização dos códigos normativos e da disciplina do grupo, o processo de manutenção e consolidação social. Os rituais, muitas vezes compreendidos como tortura, acionam a memória, transformando-a em instância da institucionalização, demarcando o processo de pertencimento à sociedade, a condição fundamental de existência do indivíduo.

> Supõe-se que ninguém deixe de pensar na dureza da lei. *Dura lex sed lex*. Diversos meios foram inventados, segundo as épocas e as sociedades, a fim de conservar sempre fresca a recordação dessa dureza. Entre nós, o mais simples e recente foi a generalização da escola, gratuita e obrigatória. A partir do momento em que a instrução se impôs a todos, a ninguém mais assistia o direito de, sem mentira – sem transgressão –, alegar o seu desconhecimento. Pois por ser dura, a lei é ao mesmo tempo escrita. A escrita existe em função da lei, a lei habita a escrita; e conhecer uma é não poder mais desconhecer a outra. (Clastres, 1988: 123)

Percebemos, assim, que a vida em sociedade deve ser interpretada a partir da concepção de que ela só se realiza mediante a existência de normas reguladoras da conduta. Estejam elas visíveis e escritas, estejam implícitas e não escritas. Somos seres de normas e hábitos.

As sociedades modernas e contemporâneas forjaram-se e estruturaram-se dentro de definições muito específicas, mas merece atenção a necessidade de construção de um conjunto de normas que possibilitasse a organização e manutenção da solidariedade social, um mecanismo que fosse amplo o suficiente para abarcar todos os indivíduos e seus respectivos interesses que sedimentam a complexidade dessas formações sociais.

Na sociedade moderna e contemporânea, o Direito perpassa praticamente todos os cenários de atuação dos indivíduos na esfera social, sendo

---

197 A modernidade aparece em inúmeros trabalhos e autores como uma época de grandes transformações, de alterações significativas. Um período que demarca a construção de um novo homem e uma nova rede de relações sociais. A sociedade oriunda destes tempos marca um processo ágil e contínuo de alterações.

198 Este texto faz parte do livro *A Sociedade contra o Estado*, publicado no Brasil pela Editora Francisco Alves, 4ª edição, 1988.

difícil perceber no espaço social um campo em que o direito não exerça esta perspectiva normatizadora, não constitua uma ordem, fazendo convergir para sentidos afins todo um contexto específico de regras. Ele condiciona a realidade social e é condicionado por ela.

> (...) A vida política é regulada pelas normas de Direito. Ela se processa segundo princípios e normas fixadas na ordem jurídica, e o Estado, mesmo, é a institucionalização maior dessa ordem jurídica estabelecida. Em todos os aspectos está presente a regra do Direito. Os fatos econômicos, certamente os de maior influência no condicionamento geral da sociedade, são, contudo, também eles, condicionados pelos demais, desde a arte, o senso estético, as religiões, as valorações coletivas, e assim também pelo Direito. (Rosa, 2001: 67.)

Ao construirmos, então, nossas ações, o fazemos através da elaboração de metas. Nós, indivíduos, necessitamos de meios e/ou instrumentos que organizem e direcionem estas ações em um sentido efetivo de concretização e realização. Logo, tais meios precisam, indubitavelmente, de legitimidade e legalidade para que possam criar garantias e continuidades, assegurando possibilidades de controle da vida social. Precisam estar conjugados em uma ordenação jurídica que delimite "objetivamente" referências.

> (...) Reexaminemos, a propósito, a afirmação de que a presença da ordem jurídica é fato constatável em qualquer sociedade complexa. Ao aparecimento do grupo social com características próprias e institucionalizadas corresponde de logo o surgimento de um determinado sistema jurídico, compreendendo as normas de condutas aprovadas e desaprovadas pelo grupo, e os meios de coação que este utiliza, para assegurar obediência àquelas normas.
>
> Isso porque, em qualquer agrupamento humano, estão presentes, inevitavelmente, fenômenos de valoração, pelos quais o grupo atribui certos valores a determinadas situações, coisas e ideias. Não há, contudo, valores da sociedade em que se estabeleçam condutas necessárias; nem imposições normativas sem a avaliação concreta do que é justo e do que é injusto. Daí que todas as sociedades sejam organizações jurídicas, pelo menos no que se refere à confirmação de uma consciência de solidariedade que estabelece regras necessárias à sobrevivência do grupo. (Rosa, 2001: 61)

A ordem jurídica deve ser compreendida como uma parte da ordem social, cuja finalidade é a organizar e disciplinar a sociedade, assim, como um sistema imperioso e coativo que possui uma estruturação resultante da conexão entre elementos, tais como: as leis, os tratados, os contratos etc., representando a legalidade do Estado.

Mas não devemos nos esquecer de que essa ordem jurídica está assegurada e mantida por órgãos definidos pela sociedade e que estes são compostos por nós, homens.

9.2.2. Sistema Judicial

Como "seres normativos" construímos valores que se edificam em premissas referenciais cujos objetivos são a formação e a sustentação da organização social. Tais normas formam um conjunto interdependente de valores que delimitam e expressam as concepções simbólicas e significativas para uma determinada sociedade, sempre em um tempo e em um espaço específicos.

A ordenação jurídica precisa estar em consonância com as necessidades e aspirações da sociedade, ajustando-se às solicitações da sociabilidade adotadas pelo grupo. Ela representa modos de viver, crenças e valorações, que se não são por si só harmônicas, não deixam de configurar uma trama de sentidos e significações sistematizados que tendem a se traduzir a partir de sua eficácia, demonstrando, com toda a certeza, o grau variado do alcance de seus efeitos sociais.

Visto sob esse ângulo, o Direito apresenta uma característica ordenativa e sistêmica, pois o faz mediante a organização das normas, de modo que as mesmas possam integrar-se em uma complexa rede de relações complementares e suplementares. Apresentam uma lógica interna, na qual uma determinada norma colabora com sua função e atuação para a construção de uma organização normativa do comportamento, cobrindo, cada vez mais, outras áreas da atividade humana. Assim, ao observarmos os atos, as leis, em seu funcionamento, os vemos dentro de um conjunto de relações recíprocas que permitem atender minimamente as demandas de interesses da coletividade que, em alguns momentos, podem estar em maior ou menor "harmonia" e/ou conflito.

> A regulação do comportamento na sociedade, quer por indivíduos ou por grupos, é empreendida de duas formas: pelo uso da força e pelo estabelecimento de valores e normas que podem ser aceitos mais ou menos integralmente pelos membros da sociedade como "normas de conduta" obrigatórias. (Bottomore, 1987: 199)

Apoiadas entre si, essas normas irão apresentar características que possibilitem sua atuação em conjunto, formando um entrelaçamento que denominamos sistema. Neste, as normas seguirão o princípio da fundamentação ou da derivação, isto é, no exercício de sua prática, elas, irão se fundir ou derivar das outras, ampliando o sistema.

Como o sistema é a amplitude da ordenação jurídica, encontraremos sua lógica alicerçada a partir das características e elementos significativos da norma, que são: a generalidade (a norma vale para qualquer um, sem distinção de qualquer natureza), a bilateralidade (esta é dirigida a duas partes, uma parte tem o dever jurídico, deverá exercer determinada conduta em favor de outra, enquanto essa outra tem o direito subjetivo; a norma concede a possibilidade de agir diante da outra parte), a abstratividade (a norma não é criada para regular uma situação concreta, mas para regular, de forma abstrata, o maior número possível de casos semelhantes), a imperatividade (a norma não é um conselho, é elaborada para ser cumprida e observada por todos, devendo impor aos destinatários a obrigação de obedecer) e a coercibilidade (que é o uso da força para combater aqueles que não observam as normas, tanto por coação como por sanção).

Mas a principal característica que nós não podemos perder de vista em relação ao sistema jurídico é que este, enquanto um conjunto que exerce uma atividade normativa, não pode e não deve ser compreendido, apenas, como expressão ou reflexo de conceitos e regras jurídicas. Sem observamos sua relação com o cenário social, limitamos e inviabilizamos nossas interpretações. Como diz Mayhew:

> Em todos os pontos em que o sistema jurídico está ligado à sociedade maior os processos jurídicos refletem a estrutura da sociedade maior – isto é, a sociedade maior está estruturada por uma divisão em estratos sociais com diversas camadas de prestígio. Em todos os pontos em que o Direito está ligado à sociedade maior o processo jurídico mostra o impacto da estratificação. (...) A escolha dos membros da profissão jurídica e a seleção dos direitos que devem ser discutidos em juízo são ambas influenciadas pela estratificação social e, por essa razão, a estratificação modela todo o sistema jurídico, modelando as matérias-primas com que ele opera. (1968: 212)

Lembrando ainda que:

> (...) as influências sociais sobre o processo jurídico não se limitam às pressões sociais exercidas sobre os tomadores de decisões jurídicas. Os sociólogos interessam-se igualmente pelas forças que determinam as pretensões que hão de ser discutidas em juízo. Revelou-se que os interesses de grupos organizados desempenham parte importante na determinação das questões apresentadas aos órgãos jurídicos e da forma em que tais questões se apresentam. (1968: 212/213)

A questão da estratificação social assume importância destacada no contexto do Direito porque, à medida que se pretende universal e se constrói abstratamente, a instituição Direito costuma se apreendida por seus integrantes como um elemento neutro, à margem da realidade social que o fomenta, quando, na verdade, está intrinsecamente relacionado com a mesma. Realidade que, em contrapartida, não é forjada de homogeneidade, ao contrário, se faz por uma rede complicada de interesses, crenças e padrões de condutas variados e que apresentam graus variados de organização.

A dinâmica do sistema jurídico fica, nesse sentido, atrelada e de certo modo defasada em relação à realidade social, pois esta tende a forjar novos contextos de significados e novas práticas a todo instante, a partir de novas necessidades, de sua reorganização e ressignificação.

Distanciar-se dessa perspectiva, em geral, leva à construção de um direito afastado da prática, visto que os casos concretos de que trata nem sempre se encaixam no sentido abstrato em que as normas são idealizadas. Tal afastamento pode gerar um conceitualismo rígido e desprovido de conexão com a realidade, o que de certo modo pode implicar uma dificuldade na realização e execução de suas finalidades sociais.

Todo sistema jurídico implica, então, uma estruturação ordenada de princípios complementares que, somados, permitem perceber a lógica, a coerência e a estrutura de valores de uma determinada sociedade, que são construídos diante de um contexto complexo de relações entre indivíduos e grupos. O Direito enquanto sistema ordenado, configura-se como mais um elemento dessa complexa trama de significados que é a realidade social.

9.3. CONFIABILIDADE DAS INSTITUIÇÕES E SEGURANÇA JURÍDICA

O Direito é uma instituição social, se faz a partir das necessidades e expectativas da sociedade e mantém com a mesma uma relação de reciprocidade. É forjado pela sociedade e colabora para sua formação, mantendo com a mesma uma relação dialética.

Como instituição apresenta cinco características fundamentais que, segundo Berger, são: primeira, é experimentado como uma realidade **exterior** ao indivíduo; segunda, apresenta **objetividade**, todos acreditam que a mesma existe e de uma forma específica; terceira, é dotado de força **coercitiva**, o que significa que ela tem existência objetiva e não pode ser afastado pelo indivíduo, criando mecanismos que controlam o seu comportamento; quarta, define que as instituições possuem uma **autoridade moral**, que não se mantêm apenas através da coercitividade, possuem legitimidade para usar a força e controlar a conduta dos indivíduos e a quinta, que demonstra que toda instituição apresenta uma **historicidade**, ou seja, são fatos históricos e, em quase todos os casos experimentados pelo indivíduo, existiam antes e existirão depois de sua vida.

Na vivência e estruturação das ações dos indivíduos é que perceberemos a construção e organização dessas características das instituições e observamos que as mesmas canalizam as ações dos indivíduos, estabelecendo um conjunto amplo de orientações e padronizações de conduta, indicando de modo relativamente preciso o que deve ser seguido.

Enquanto normatizadora da vida social, a instituição nos faz crer que as orientações que define são as únicas possíveis, como se não existissem alternativas. Uma vez definido o "certo" e o "errado" e as ações concernentes a sua realização prática, fim do problema, assume-se uma certeza, que é reforçada e ganha corpo através de conjunto amplo e restritivo de sanções e penalidades construídas e derivadas desse ordenamento. Estabelece-se um quadro de segurança, formalizam-se as ações esperadas e definem-se as respostas desejadas.

Contudo, a dinâmica da realidade social demonstra que esse processo de institucionalização e interiorização dos valores, a definição de formas específicas de conduta pode não seguir o script planejado. Como nos dizia Weber ao analisar o Direito, o que de fato construímos é a probabilidade de ocorrência da ação de obediência; uma vez instituída a lei, espera-se que os indivíduos cumpram e submetam-se às regras.

Mas o papel do Direito no processo de consolidação das normas e a sua credibilidade devem ser analisados a partir da realização de suas funções sociais. Acreditamos que, ao contrário do que se imaginam, essa instituição tem como maior finalidade a prevenção e não o controle, que deve ser entendido como uma perspectiva importante para o sistema social, mas que é derivado da primeira.

O Direito implica um exercício educativo. É construído com o intuito de ser um "farol" luminoso, para servir de referência das escolhas efetivadas pela coletividade do que deve ser entendido, naquele tempo e espaço, como o certo e o errado. Obviamente não observamos a construção de unanimidades, mas a definição, pela maioria, dos valores que devem sedimentar o comportamento dos seus membros. Ao estabelecer e legitimar esses parâmetros, através de uma estrutura de legalidade, formalizamos a exigência de cumprimento e obediência aos mesmos. Para que estes não pareçam meras imposições, são ensinados aos indivíduos como corretos, demonstrando-se o significado deles para a manutenção da solidariedade e da ordem social.

Para tornar efetivo o processo educacional definem-se as penas aplicáveis aos que não desejarem cumprir o que foi organizado como o código social. Além da esfera punitiva, elas apresentam uma ação pedagógica, pois visam reeducar o "transgressor".

Ao mesmo tempo em que esses princípios se interiorizam pela educação, faz-se necessário mantê-los, fazê-los perdurar, para forjar a continuidade da solidariedade social, propiciando segurança. Como seres de hábitos, precisamos da rotina, que é a organização de um conjunto de ações dentro de um padrão específico, dando forma a ação e permitindo a construção de previsibilidade. Ao definirmos a padronização criamos a forma para essas ações e as expectativas sobre a conduta. Assegurá-las passa a ser fundamental para a sociedade.

O processo de conservação das normas sociais, consolidada na ordem jurídica, demanda esforços constantes por parte da coletividade, pois é preciso reafirmar sua validade, controlando e estimulando os "impulsos" sociais. Nós o realizamos de duas maneiras. A primeira, pela perspectiva preventiva do Direito, a partir da educação socializam-se os indivíduos sobre os valores existentes na sociedade e busca-se o reconhecimento. Cientes, contudo, de que este reconhecimento e consenso são dinâmicos. A segunda, através da constituição de mecanismos de controle social que, atuando em conjunto com a esfera preventiva, sinalizam para as consequências do não reconhecimento. Estes representam instâncias gradativas de sanções e, por isso, moldam e direcionam as condutas. A norma jurídica é um instrumento importante do controle social, pois possui força coativa e pode ser usada legitimamente, já que é a própria sociedade que a cria.

Contudo, sendo a realidade social dinâmica, é importante dar reconhecimento ao surgimento de novas demandas e/ou a novas ressignificações sociais. Assim, cabe ao Direito buscar e acompanhar essa movimentação da realidade, para que possa, na medida do possível, estar próximo das novas interpretações e usos que a sociedade faz ou pretende fazer da ordem jurídica. O Direito, como qualquer instituição social, não pode parar no tempo, sob o risco de aumentar sua defasagem em relação à realidade, o que equivaleria à perda de representatividade e legitimidade social. É verdade, também, que o Direito pode se antecipar-se à sociedade, elaborando e, às vezes, editando regras que perceba como necessárias ou interessantes à mesma.

A função transformadora possibilita a organização de novos consensos, valores e condutas, permitindo ao Direito ampliar a sua função de controle social, visto que, reconhece e estimula novos "impulsos", mas os organiza e regra.

O exercício dessas funções permite a essa instituição representar a manifestação da vontade social ou a expressão de uma vontade dominante, que passa a regular a conduta coletiva e individual. E tal circunstância, na prática, acaba criando problemas para a confiabilidade da instituição, pois tende a demonstrar o impacto que a estratificação social acarreta na organização e aplicação do ordenamento jurídico na sociedade. Dependendo do nível de contradição apresentado ou percebido entre essas instâncias, teremos o aumento ou a diminuição da confiança na instituição e, consequentemente, da segurança que esta pode representar.

Os abalos na imagem e representação do sistema comumente ganham maior ênfase nessa perspectiva. As críticas à ineficiência e às falhas do sistema costumam se referir à percepção da existência de uma diferença entre a construção da norma e sua aplicação prática. A instituição Direito é interpretada pela população, em geral, e pelos membros da própria instituição como uma realidade em separado da sociedade, isenta e neutra. Contudo, lembremo-nos de que a organização e o exercício da ordem jurídica se faz, a partir da própria sociedade, já que é ela que assegura, mantém e modifica os órgãos que estruturam a ordem e o sistema jurídico.

Como nos diz Rosa (2001: 176) "muitos entendem que, sendo os órgãos judiciários destinados à realização do Direito, eles são na verdade motivados pela necessidade da realização da justiça, compreendida esta como um valor fundamental da sociedade". Mas, sabemos que a busca por esse objetivo não implica sua realização plena, até porque o conceito de justiça é algo complexo e variável. Logo, configura-se como árdua a busca pela segurança e confiança que é preciso estabelecer para a prática do Direito.

Árdua porque de um lado reconhecemos a participação efetiva do Direito no ordenamento da sociedade, frisamos inclusive a penetração no cenário social, o que configura credibilidade para a implementação das ações sociais e para a organização da própria estrutura político-administrativa da sociedade que é o Estado. Não podemos minimizar a importância desta instituição, mas não podemos deixar de dar relevância ao fato de que, em contrapartida, por estar imersa na rede de trama complexa de valores e significados sociais, determinados grupos ou setores sociais têm maior capacidade de interpretar e usar o sistema jurídico. E que tal fenômeno tem gerado um campo fértil de discussões e reflexos sobre as práticas dessa instituição e seu papel social, particularmente no que diz respeito aos resultados e eficácia de suas funções.

A "máquina" judiciária deve ser olhada, também, à luz de suas dificuldades técnicas, administrativas e de recursos, fatores que nos parecem ter criado muitos dos problemas que atualmente a instituição enfrenta. Creio que os noticiários construídos pela imprensa, nos últimos anos, são suficientes para demonstrar as dificuldades que essa situação tem causado. Independentemente de estarmos ou não próximos dos Tribunais e demais órgãos que compõem o ordenamento jurídico, de conhecermos profissionais que atuam nas instâncias institucionais do Direito, sentimos na nossa vivência situações como o custo elevado, a morosidade e a burocratização da justiça.

A ocorrência desses elementos tem gerado conflitos e dificuldades para a confiabilidade da instituição, por demonstrar muitas vezes a ineficiência da justiça em realizar suas funções e/ou realizá-las tardiamente, o que tem contribuído para um sentimento de desconfiança. Tal descrédito tem gerado a busca de alternativas para obtenção de soluções para os entraves sociais, objetivando maior rapidez e menor custo.

A confiança e a segurança que o Direito pode definir vão estar intrinsecamente relacionadas à sua capacidade de ser a solução para a complexa trama de interesses, crenças e padrões de condutas forjadas pelos grupos sociais que, em geral, são variáveis, apesar da institucionalização do comportamento. Logo, terá que responder em sua gênese, à necessidade de conservação e transformação do ordenamento jurídico, para que possa responder de uma forma satisfatória aos anseios sociais, pois, o que para uma parte da sociedade constitui-se em uma exigência ilegítima e dispendiosa, para outras, pode representar uma exigência fundamental.

> (...) Em primeiro lugar, está claro que a noção de atitudes da comunidade é uma noção complicada. É mister distinguir entre as crenças da comunidade na necessidade ou na conveniência de uma lei, na justiça de uma lei, no direito que assiste ao legislador de promulgar a lei e na justiça da lei aplicada a casos particulares. (Mayhew, 1968: 217)

9.4. ACESSO À JUSTIÇA

O acesso ao Direito remete, implicitamente, à compreensão deste como um processo social, isto é, à reflexão sobre o seu padrão regular de uso, observando como os indivíduos percebem as aplicações e as interpretações das normas jurídicas, que são formuladas sempre em um contexto político.

Como instrumento de negociação dos interesses sociais, o Direito, manifesta o sentido de justiça que é possível administrar em um determinado espaço e tempo. Ele representa sempre uma resposta a um anseio de alguma parte da comunidade.

Compreendida a sociedade como uma estrutura estratificada, as normas jurídicas se transformam, de fato, em instrumento de negociação entre as partes da coletividade, o que significa, muitas vezes, entre partes desiguais. Essa circunstância nos permite vislumbrar a ideia de que a disposição da comunidade em obedecer à lei deve ser distinguida do seu desejo de obedecer.

As discordâncias, inclusive morais e éticas, a respeito da coerência e legitimidade da lei, ou do grau de sua aplicação, podem gerar questionamentos em diversos setores da sociedade. As diferenças existentes nas posições dos indivíduos na hierarquia social influenciam o uso e aplicação da regra, sendo um dos contextos que podem levá-los a não acessarem a justiça.

A possibilidade do não reconhecimento de seus interesses, mediante posições minoritárias no quadro das relações de poder, pode funcionar como um impeditivo ao acionamento da justiça, pois, sendo o Direito um "campo de forças", estar em posição "desvantajosa" tende a levar à consciência sobre a impossibilidade concreta de se alcançar bons resultados, desmotivando os indivíduos a utilizarem os recursos oferecidos. Fator que tem gerado diversas reflexões tanto por parte dos integrantes da instituição, como por parte da sociedade em geral, para tentar minimizar a ocorrência dessas distorções.

A essa perspectiva associa-se a dificuldade da sociedade, ou de parcelas significativas da mesma, em compreender a linguagem, as esferas e os trâmites legais a partir dos quais o sistema e ordenamento jurídico se constituem. A burocratização do sistema e a linguagem formal e técnica do Direito prejudicam a clareza dos códigos e sua implicações, particularmente porque a interpretação de uma lei universalizante precisa ser realizada de acordo com situações concretas e específicas, rompendo com a ideia abstrata sobre a qual o código é construído, levando os grupos sociais, muitas vezes, a confundir tal especificidade com a construção de vantagens e parcialidades em favor de determinados grupos, em geral, mais bem posicionados na estratificação social.

Essa visão talvez se justifique, porque observam em várias situações, considerações e aplicações de sanções diferenciadas para casos tecnicamente iguais, mas que envolvem pessoas de classes sociais e poder aquisitivo distintos. Demonstrando penalidades mais severas ou aplicações contundentes para as pessoas dos estratos sociais mais baixos.

Por desconhecer o caráter social das construções das normas e o modus operandi das mesmas, parte expressiva dos indivíduos acaba por imaginar que a instituição é algo que está acima da sociedade e que não mantém nenhuma relação com ela. No entanto, é uma instituição isenta e que não poderia ter os valores distorcidos, para garantir a alguns benefícios que são devidos a todos. Esses indivíduos esperam encontrar no Direito a mediação dos conflitos existentes, com a garantia de acesso a todos, pois esta deveria ser a tarefa e função social a ser desempenhada. Mas ao observarem, na prática, entraves a esta realização sentem como frágil o amparo às suas reivindicações.

Tornar o conhecimento sobre a instituição amplo e claro, permitindo informações sobre a forma como se organizam os interesses sociais dentro da instituição, pode ser uma solução proveitosa para diminuir o descrédito e a percepção de ineficiência que marcam a representação desta no imaginário social. É sabido o esforço da instituição e do Estado para melhorar os procedimentos, o acesso e a transparência dos mecanismos que regem a sua estrutura, inclusive do acesso ao quadro funcional da instituição por parcelas diferentes da sociedade. Esse acesso tem se dado a partir da extensão das políticas educacionais, que permitem a uma maior parcela da coletividade almejar cargos na instituição.

Outro fato complicador para o acesso à justiça é o financeiro. Custos elevados para a construção dos processos e para a representação das ações pelos advogados acarretam desistências ao uso do Direito como instrumento de resolução dos conflitos existentes. Associado à morosidade da justiça e à necessidade, em muitas situações, de fazer o processo tramitar em diversas instâncias da justiça, cada qual com os seus procedimentos específicos, acaba por levar os indivíduos a desistirem de recorrer às leis para defender ou lutar por seus direitos. Apesar de reconhecerem a necessidade de postular a defesa de seus direitos, sentem dificuldades em continuar ou mesmo de iniciar suas reivindicações.

Altos custos, morosidade da justiça, o princípio da incerteza (lei abstrata/caso concreto) que vigora como princípio fundamental do Direito, mas que é entendido por boa parte da sociedade como a defesa específica de interesses particulares, levam a leitura da instituição como um órgão para "poucos", sendo desgastante e ineficiente acioná-la para realização de suas pretensões. Reduzir essa impressão e criar mecanismos potentes e ágeis para propiciar o acesso da sociedade às leis, compreendendo-as e interpretando-as como instrumentos eficientes para solução dos conflitos sociais é uma das muitas questões que o Direito deve enfrentar com maior intensidade.

De certa forma podemos perceber que já há iniciativas importantes sendo realizadas. Uma das alternativas que observamos no Direito para redefinir seu papel e, de certo modo, agilizar sua utilização, é a construção e a valorização de outros instrumentos para o encaminhamento e solução dos conflitos, propiciando, muitas vezes, um acesso eficiente e rápido, menos burocratizado e menos custoso, para os litigantes. Tais instrumentos permitem, aos indivíduos, não apelar para o litígio judicial.

Segundo Rosa (2001), as soluções para os conflitos podem ser, além dos litígios nos tribunais, organizadas a partir da negociação direta, da mediação ou conciliação e do arbitramento. Guardemos, contudo, a noção de que mesmo podendo ser consideradas como iniciativas extrajudiciais, elas sofrem influências de todo o aparato legal que a instituição Direito formaliza, isto é, constroem-se a partir da referência do sistema judiciário oficial.

"(...) os mecanismos de solução de conflitos revelam alternativas ou opções que as pessoas, ou grupos, ou instituições, escolhem quando se produzem situações litigiosas. Essa escolha pode ocorrer de fatores ideológicos e os fatores socioculturais dominantes; de influências históricas e tradicionais; da realidade socioeconômica, financeira, política, religiosa, moral; de motivações estritamente práticas, e outras". (Rosa, 2001: 84)

A dinâmica de utilização dos instrumentos extrajudiciais resume-se à seguinte forma. Na negociação direta as partes negociam, entendendo-se diretamente. Não é preciso ter uma terceira parte para ajustar os interesses e resolver as divergências. As mesmas chegam a um entendimento por elas mesmas. Na mediação e arbitramento a negociação direta entre as partes passa por uma terceira, que é solicitada por ambos, funcionando como o elemento que auxilia as demais a chegarem a algum tipo de acordo. Já no litígio no tribunal observaremos o acionamento do aparelho judiciário, aqui caberá à justiça determinar a solução dos conflitos existentes entre as partes, pois ela tem o poder de definir a solução para o conflito em questão.

Cabe ressaltar que reduzir significativamente a burocratização da justiça, modernizando os tratamentos dos dados e processos através da informatização do sistema, da realização de capacitação dos funcionários que servem à instituição em seus mais diferentes níveis e da construção de um banco de dados compartilhado e integrado em um sistema nacional, pode vir a contribuir positivamente para a eficiência e eficácia da instituição, proporcionando maior credibilidade e maior segurança à sociedade.

Múltiplos são os fatores que contribuem para um acesso restrito à justiça, mas no cerne destes, encontram-se os elementos que permitem reflexões e iniciativas para buscar o saneamento de tais contradições. Estudar e compreender por que e como algumas reivindicações são mais eficazmente representadas do que outras contribui para eliminar algumas das barreiras que cercam o acesso dos grupos sociais à justiça, permitindo melhorar o sistema.

9.5. COMO O DIREITO PODE CONCORRER PARA O DESENVOLVIMENTO SOCIAL?

Percebendo o Direito como uma instituição social, isto é, como uma das instâncias da estrutura social que dão objetividade à realidade da sociedade. Ao mesmo tempo defendendo a concepção de que este é um processo social em contínua dinâmica, forjando um conjunto normativo vivo.

235

Condicionado pela realidade, precisa organizar a complexidade de interesses divergentes que se orientam na sociedade, construindo e preservando a ordem, servindo de mediador e de instância normativa dessas pretensões e expectativas que os grupos manifestam. Assim, deve estar atento tanto à manutenção do sistema, como da ordem, permitindo a sua legalidade e a sua legitimidade, contribuindo ativamente para a continuidade e a solidariedade da sociedade.

Mas, enquanto parte da realidade, o Direito tem que ser interpretado como um dos elementos que a constroem e a condicionam, não como mero "regulamentador" dos interesses sociais gerais. Como instituição, formula interesses específicos e manifesta um modo particular de olhar e compreender a realidade e a estrutura social. Intervindo sob essa perspectiva, elabora concepções e princípios ordenativos. Mas não devemos incorrer no erro de assumir, pelo menos sem reflexão, como infelizmente se dá na prática, essas concepções a partir de uma visão dogmática. Pois, perceber o Direito como um processo deve implicar forçosamente sua interpretação como elemento mutável e transitório, mesmo que tenhamos que elaborar essas características dentro de uma necessidade de conservação do sistema social.

Pautando-nos na pertinência da ideia que aponta o Direito como um dos agentes que promovem modificações na sociedade, guardando a compreensão que suas participações são realizadas sempre no intuito de preservar a ordem, buscando não destruir as estruturas que o validam, devemos observá-lo como um contexto dialético, que sempre se refaz.

O Direito pode, e não é incomum que isso aconteça, antecipar-se a realidade, propondo alternativas que regulamentem situações ainda não definidas legalmente, seja por não fazer parte de nossa realidade (e aí a lei é um estímulo à incorporação de novos valores), seja porque os novos comportamentos sentidos em algum lugar da coletividade (significando antecipações ao processo histórico) ainda não gozam de representação.

Assim, uma vez organizados no Direito, alteram a realidade e propõem a formação de novos consensos, novas modalidades e mecanismos ao sistema de controle social. Alterando o contexto sociocultural coloca-se o sistema jurídico em movimentação, pois, uma vez acrescido de uma nova expectativa, todo o conjunto se reorganiza a partir da influência dessa nova orientação, que desencadeia rearranjos e reinterpretações. Daí não ser adequado construir um conhecimento que se pretenda dogmático.

Outra perspectiva a salientar é o fato de essa nova orientação só fazer parte das ocupações do Direito se significar transformações e alterações nas estruturas sociais.

Pequenas mudanças que não gerem modificações ou repercussões mais amplas ou imediatas na estrutura tendem a ser compreendidas apenas como o fluxo natural da vida social. Entendidas como elemento passageiro e de modismo acabam não sendo observadas como ocorrências da manifestação de interesses potenciais, que vez por outra podem aflorar como nova demanda.

Não estar atento ao fluxo dessa dinâmica social, a esses meandros, impossibilita uma leitura das "entrelinhas" e sutilezas do cenário social, particularmente ao Direito, que em sua estruturação e por sua perspectiva de intervenção acaba por condicionar-se, então, dogmaticamente.

Perceber-se como um sistema dinâmico, deve representar ao Direito mais do que, apenas, observar as alterações e os interesses que se processam nos parâmetros oficialmente definidos. É preciso ampliar esse horizonte, buscando as significações subliminares ao contexto social. É necessário perceber a realidade com um olhar de estranhamento e distanciamento, como um exercício complexo, um olhar "caleidoscópico", assumindo uma postura relativizadora e menos dogmática para os postulados definidos, compreendendo-os como instrumentos demarcados temporal e espacialmente.

Logo, pensar a contribuição do Direito para o desenvolvimento social só parece possível e pertinente se postularmos uma ampliação de sua orientação, para que o mesmo possa desenvolver uma leitura e uma normatização da sociedade consoante com a multiplicidade de interesses e realidades que de fato a compõem.

Ampliar o caráter interpretativo do Direito pode proporcionar uma leitura mais afim com as demandas de interesses existentes e possibilitar uma integração maior com a sociedade, contribuindo para diminuir a distância entre os mesmos, ampliando a base sobre a qual se constrói a concepção de justiça. Progressivamente, esta nova postura deve permitir, também, o aumento do acesso à justiça, por criar e estabelecer uma representação mais ampla dos diversos setores sociais ou, pelo menos, por tornar claros e explícitos os mecanismos de construção e disputa de poder na formalização dessa instância normatizadora da sociedade.

9.6. CONSIDERAÇÕES FINAIS

O texto tem a finalidade de apresentar reflexões acerca do papel social do Direito, sua existência como um processo social e como uma instituição social objetiva, exterior, coercitiva e normatizadora do comportamento da coletividade. Compreendido como um conjunto de ordenamentos jurídicos forma um sistema que pretende criar certa uniformidade social. Apresenta funções educativa, conservadora e transformadora que alicerçam sua perspectiva sistêmica e colaboram para a construção do controle social, apresentando contribuições para o processo de desenvolvimento da sociedade.

9.7. REFERÊNCIAS BIBLIOGRÁFICAS

BERGER, P. *Perspectivas sociológicas*. Petrópolis: Vozes, 1978.

_____ ; LUCKMANN, T. *A construção social da realidade*. Petrópolis: Vozes, 1996.

BOBBIO, N. *A era dos direitos*. São Paulo: Campus, 1992.

BOTTOMORE, T. B. *Introdução à sociologia*. Rio de Janeiro: LTC, 1987.

BOURDIEU, P. *O poder simbólico*. Rio de Janeiro: Bertrand Brasil, 2002.

_____ . *Coisas ditas*. São Paulo: Brasiliense, 2004.

CAVALIERI FILHO, S. *Programa de Sociologia Jurídica*. Rio de Janeiro: Forense, 2004.

CLASTRES, P. *A Sociedade contra o Estado*. São Paulo: Cossack & Naïf, 2003.

DA MATTA, R. *Relativizando. Uma introdução à antropologia social*. Rio de Janeiro: Rocco, 1987.

DURKHEIM, E. *As regras do método sociológico*. São Paulo: Martins Fontes, 1995.

ELIAS, N. *O processo civilizador*: uma história dos costumes. Rio de Janeiro: Jorge Zahar, 1990, v. I.

_____ . *O processo civilizador: formação do estado e civilização*. Rio de Janeiro: Jorge Zahar, 1993, v. II.

FOUCAULT, M. *Vigiar e punir*. Petrópolis: Vozes, 1987.

MARX, K. *Os Pensadores*. São Paulo: Nova Cultural, 1991.

PARSONS, T. *A sociologia americana*: perspectivas, problemas, métodos. São Paulo: Editora Cultrix, 1968.

ROSA, Felippe A. M. *Sociologia do Direito*: o fenômeno jurídico como fato social. Rio de Janeiro: Jorge Zahar Ed., 2001.

ROUSSEAU, J. *Os Pensadores*. São Paulo: Nova Cultural, 1991.

WEBER, M. *Sociologia*. Coleção Grandes Cientistas Sociais. São Paulo: Ática, 1979.

10 ENTRE O SUJEITO E A COGNIÇÃO: A SOCIOLOGIA JURÍDICA DE JÜRGEN HABERMAS

FERNANDO FILGUEIRAS[199]

10.1. INTRODUÇÃO

NASCIDO EM 1929, Jürgen Habermas é um dos principais estudiosos da segunda geração da Escola de Frankfurt. Seu objetivo geral é produzir uma teoria crítica da sociedade, integrando os aspectos normat ivos com as realizações explicativas das ciências sociais. Por outras palavras, o domínio de uma teoria crítica, na perspectiva habermasiana, é integrar o plano teórico com o plano prático do conhecimento, propiciando uma possibilidade de emancipação social.

Aluno de Theodor Adorno, Habermas torna-se seu assistente, em 1956, no Instituto de Pesquisa Social, fundado no ano de seu nascimento. Ensinou Filosofia na Universidade de Heidelberg e depois se tornou professor de Sociologia e Filosofia na Universidade de Frankfurt. O horizonte normativo da teoria da ação comunicativa de Habermas é produzir uma forma de emancipação social, conceito concebido na Escola de Frankfurt, que procura eliminar todas as formas de dominação existentes na sociedade moderna. Essa emancipação, por sua vez, apenas pode ocorrer através de uma sociabilidade que não produza instrumentalidade nas interações sociais e nos mecanismos de solidariedade, fazendo necessária, para a constituição de uma teoria, a busca de um mecanismo de sociabilidade mediante o qual a emancipação possa ser produzida.

São patentes, portanto, as raízes de Habermas com a Escola de Frankfurt. Entretanto, sua teoria não é tributária apenas da aliança estabelecida de mecanismos psicológicos da teoria freudiana com as formas de dominação que caracterizam a teoria marxista, como defenderão os principais autores dessa Escola, entre eles, Adorno, Horkheimer, Marcuse e Fromm.[200]

---

199 Professor associado da Faculdade de Ciências Sociais da Universidade Federal de Goiás (UFG). Professor do Programa de Doutorado Profissional em Políticas Públicas da Escola Nacional de Administração Pública (ENAP). Professor afiliado do Ostrom Workshop on Political Theory and Policy Analysis, Indiana University, Estados Unidos. Pesquisador do Instituto Nacional de Ciência e Tecnologia – Democracia Digital (INCT-DD). Suas áreas de interesse são: governança e democracia, governança digital e inteligência artificial.

200 É característico da Escola de Frankfurt aliar os mecanismos da sociologia marxista com os mecanismos psicanalíticos de uma crítica da cultura. A Escola de Frankfurt foi responsável por ampliar os horizontes da crítica, visando induzir processos de realização da modernidade sem a instrumentalidade das relações sociais, latentes no capitalismo.

O horizonte de interlocução teórica da produção habermasiana transcende a Escola de Frankfurt, sendo vislumbrado apenas com a reconstituição de sua trajetória intelectual.

A Sociologia Jurídica de Jürgen Habermas, desse modo, apenas pode se tornar compreensível se reconstruirmos seu trajeto intelectual entre Alemanha e Estados Unidos, o qual demarcará as diferentes fronteiras normativas que perpassam suas preocupações teóricas, bem como as realizações empíricas no plano prático, ao longo de sua obra. As passagens de Habermas por diferentes escolas da Sociologia e a apreensão de diferentes mecanismos de análise permitem o entendimento da coerência de sua produção intelectual, que se caracteriza por rupturas e continuidades balizadas em rara erudição. O objetivo deste texto, portanto, é reconstruir essa coerência e as trajetórias que demarcam suas realizações teóricas e práticas, para que possamos estabelecer os mecanismos teóricos de sua Sociologia Jurídica.

10.2. TRAJETÓRIAS INTELECTUAIS E INTERLOCUÇÕES TEÓRICAS

Reconstruir as trajetórias intelectuais da teoria habermasiana implica, necessariamente, um retorno às grandes filiações e escolas pertencentes ao plano filosófico e sociológico, que possam explicar suas interlocuções no plano do conhecimento. É justamente na questão do conhecimento que Habermas iniciará sua trajetória intelectual, visando compreender as características centrais dos fenômenos sociais.

10.2.1. A Trajetória Alemã

Não há dúvida de que Habermas tem forte filiação com os termos da Escola Alemã de Sociologia, cuja raiz está nos objetivos do *idealismo* inaugurado por Immanuel Kant. Na *Crítica da razão pura*, Kant[201] separa a produção de conceitos da representação dos fenômenos naturais, que podiam ser derivados da simples observação de eventos externos. Kant afirma que o conhecimento depende simplesmente de intuições que tornam sua compreensão necessariamente condicionada. O conhecimento é estruturado por formas de intuição e categorias de entendimento fornecidas *a priori* por sujeitos humanos, a fim de representarem as coisas que observam. O conhecimento, na matriz alemã da Filosofia, não se dá em uma objetividade do mundo externo, mas na forma como o sujeito articula suas perspectivas e forma juízos, desvinculados de qualquer forma natural ou "atômica". O domínio do conhecimento humano, de acordo com Kant, se divide em dois planos: (a) o mundo da natureza, caracterizado por ser um mundo de aparências ou fenômenos; e (b) o mundo da liberdade, caracterizado por ser um mundo de realidade supersensível,

---

201 Kant, Immanuel. Crítica da razão pura. Lisboa: Fundação Calouste Gulbenkian, 2001.

constituindo os fundamentos da moralidade. Quando separa os domínios do conhecimento, Kant torna-se o primeiro filósofo a rejeitar a possibilidade de que os critérios do bem tenham que ser baseados em propriedades naturais de criaturas viventes. Derivando a forma de estabelecer o conhecimento, a sociabilidade, na perspectiva da Escola Alemã, tributária a Kant, é construída pelos indivíduos, de modo livre e racional, *tornando a realidade irredutível no sujeito consciente*, capaz de se autodeterminar, possibilitando, desse modo, a universalização da liberdade através do princípio ético de uma boa vontade para obedecer às leis.

A revolução copernicana produzida por Kant, ao estabelecer o conhecimento como derivado do sujeito cognoscente, ou seja, invertendo a razão do conhecimento do mundo objetivo para o mundo subjetivo, permite a consubstanciação de uma visão idealista, que marca a produção alemã e a revolução romântica e relativista na cultura. Herder[202], como aluno de Kant, estabelece o sentimento como móvel primordial da transcendência do sujeito, uma vez que ele é a fonte da invenção e da arte, matrizes da criatividade geradora de formas. O sentimento expressa-se através da *linguagem*, que representa toda a substância de experiência histórica de um povo. Herder, junto com Kant, afirma que os fatos da experiência humana podem ser construídos e explicados pelo significado subjetivo com que os homens impregnam suas ações. Conhecer a sociedade, na chave de Kant e Herder, é utilizar a *Einfuhlung*, ou seja, a imaginação compreensiva, que atribui os significados da ação pelo sujeito, sem a abstração e objetivação do método das ciências naturais.

O conhecimento como forma subjetiva de atribuir valor é radicalizado por Schelling, segundo o qual o sujeito autoconsciente é a própria energia criativa de uma sociedade, isto é, seu espírito ativo permite que a natureza ganhe consciência. A natureza, de acordo com Schelling,[203] é compreensível apenas pela *vontade do sujeito*, que atribui a verdade por um processo racional, que traça reflexivamente o modo mediante o qual a natureza e a história ganham inteligibilidade. As realizações do conhecimento, portanto, se dão pela autodeterminação humana e pela gradual realização da lei do *desenvolvimento histórico*. A história é um universal estabelecido pela autodeterminação do sujeito em busca de sua liberdade, que na natureza se encontra atrelado à necessidade e à contingência. Na perspectiva de Hegel,[204] a história contém um propósito latente de *realização do espírito*, através de uma progressiva realização das capacidades humanas mediante a razão e a liberdade, que impõem a obediência às leis por si mesmas.

202 Herder, Johann Gottfried. Idées pour la philosophie de l'histoire de l'humanite. Paris: Editions Montaigne (Collection Bilingue des classiques étrangers), 1962.

203 Schelling, Friedrich William Joseph. Escritos Filosóficos. São Paulo: Abril Cultural (Os pensadores, 26), 1973.

204 Hegel, George W.F. Fenomenologia do Espírito. Petrópolis: Vozes, 1999.

O que caracterizará a tradição alemã é o fato de *o sujeito ser um criador de significados*, compreendidos, conforme Dilthey[205], por um tipo especial de cognição, ou seja, o *Verstehen*. O entendimento somente pode ser alcançado através do significado da experiência de um agente, ou seja, de uma *hermenêutica do mundo vivido* pelos homens, no qual os significados da ação são construídos através da linguagem cotidiana, capaz de assimilar as expressões culturais criadas pelo espírito, que possuem padrões e leis próprias. A possibilidade do conhecimento se dá apenas na interpretação do *mundo vivido* pelos homens, em que o observador, com seu interesse cognitivo, atua para construir a perspectiva a partir da qual, segundo Weber,[206] possa investigar seus objetos. O conhecimento, portanto, na chave alemã da Sociologia, não se dá nos termos de uma objetividade, mas na abordagem do "exagero", em que os valores do investigador atuam sobre seus *interesses cognitivos*.

Se a tradição alemã, desde Kant, inverte a razão do conhecimento, Nietzsche[207] amplia suas possibilidades através da crítica da cultura moderna e ao próprio sujeito moderno. Pela interpretação da cultura, é possível tecer uma crítica à sociedade, segundo a qual os termos da liberdade não se realizam em função de uma instrumentalidade pertencente à natureza, que se tornou consciente mediante a *razão centrada no sujeito*. Não é possível ao homem moderno conjugar, segundo Nietzsche, o sujeito com sua cognição, que se separam em função do *instinto de liberdade*, que o leva para o vazio ascético.

A cognição, segundo Nietzsche, não pode residir no sujeito da modernidade, autônomo em relação a valores e casto no que diz respeito à possibilidade de adquirir consciência. O homem moderno de Nietzsche é aquele que "quer o nada a nada querer",[208] que prefere acreditar na ilusão do sujeito a ganhar consciência de sua condição de sujeito. O homem substituiu a religião pela ciência e vive em um emaranhado de ilusões que lhe esvanece a possibilidade de consciência, que lhe traria sentido para a vida.[209]

---

205 Dilthey, Wilhelm, et al. Hermeneutics, and the Study of History. Princeton: Princeton University Press, 1996.

206 Weber, Max. A objetividade do conhecimento nas Ciências Sociais. In: Metodologia das Ciências Sociais. São Paulo: Cortez, 1999, v. II.

207 Nietzsche, Friedrich. Genealogia da Moral. Uma polêmica. São Paulo: Companhia das Letras, 1998.

208 Nietzsche, Friedrich. Op. cit., p. 88.

209 Nietzsche denuncia a impossibilidade de conexão entre o sujeito moderno e a cognição, em função do ascetismo que introjeta os mecanismos da crueldade. Essa introjeção da crueldade, na forma de um suposto masoquismo, entretanto, é uma contínua ampliação do sentimento de culpa ou má consciência. A genealogia da moral mostra, como polemiza Nietzsche, um "mundo como hospício", em que a tresvaloração de valores permite ao autor afirmar que, antes de tudo, ser humano é ser moral, e propiciar a luta do instinto contra a cultura. Essa liberdade só se dá no mundo dos homens co-

Liberdade que, segundo Nietzsche, se dá na proteção mediante as formas jurídicas racionais, criadas de modo impessoal e que transformam o castigo em formas instrumentalizadas de despertar o *sentimento de culpa* contra os atos violentos. Sentimento de culpa que se transforma em *má consciência* ou *remorso*, inibindo o caráter selvagem e introjetando os valores da cultura mediante castigo. O homem moderno está contra o homem mesmo, reprimindo seu *instinto de liberdade* em função de uma *vontade de poder*, que lhe pulsa a hostilidade, a busca do prazer e a crueldade como formas de satisfação do ego. Crueldade que permite a Nietzsche fazer uma crítica da filosofia do sujeito, a qual demanda do homem um olhar para nenhuma direção, isento de vontade e dor, que constrói sua cognição de sentidos. Quando afirma ser a modernidade a sacralização da crueldade, Nietzsche pode declarar a separação entre um sujeito desprovido de vontade e uma cognição dada pela domesticação da natureza humana via cultura. Se Kant isolou o sujeito cognoscente no mundo da liberdade, Nietzsche retrata um mundo da natureza contra o sujeito, em que o conhecimento deriva de uma necessidade de conjugação da natureza e da liberdade.

A visão de um conhecimento produzido no *mundo vivido*[210] e a possibilidade de uma crítica da cultura são os motes centrais da Escola de Frankfurt, especialmente na obra de Adorno e Horkheimer.[211] O mundo Ocidental acabou por produzir a instrumentalização das relações sociais com a finalidade de construir formas de dominação do homem sobre o homem. A luta crescente do espírito pelo *esclarecimento* terminou por fazer o homem dominar a natureza e expulsar a razão da Moral e do Direito. Com a decomposição da religião e da Metafísica[212], todo ideal normativo perde seu caráter de vinculação racional do conhecimento, tornando a ciência uma *técnica*, cuja autoridade se dá pelo fato de ser a única narrativa que restou do mundo moderno. Sem o horizonte de uma moral racio-

---

muns, significando a proteção contra os impulsos violentos em função da crueldade.

210 O conceito de mundo vivido, que perpassa toda a produção intelectual de Habermas e possibilita a ele resgatar uma visão normativa da sociedade, da política e das formas jurídicas, é desenvolvido, originalmente, por Edmund Husserl. O conceito de mundo vivido significa a possibilidade com que os homens conseguem produzir entendimento mediante um saber comum, fundado comunicativamente através de performances reflexivas do indivíduo em relação ao coletivo. A esse respeito, ver Husserl, Edmund. Investigações Lógicas: sexta investigação São Paulo: Abril Cultural (Os Pensadores), 1975.

211 Adorno, Theodor & Horkheimer, Max. Dialética do esclarecimento. Rio de Janeiro: Jorge Zahar Editor, 1987.

212 É clara uma relação estabelecida pelos autores de Frankfurt entre Kant e Nietzsche. A subjetivação do mundo desvincula o conhecimento de formas metafísicas que permitem a transmutação de uma sujeição à natureza para um controle da natureza por parte do homem. De outro lado, esse controle sobre a natureza leva a uma substituição da religião pela ciência, que cria ilusões de verdade sem um critério racional normativo estabelecido.

nal, o homem perde a arte como forma de inovação e capacidade inventiva, em função de uma ciência esvaziada de conteúdo crítico e utópico.

Realizado esse pequeno inventário da tradição alemã da Sociologia, podemos identificar a pretensão teórica de Habermas[213], que se inicia com a questão do conhecimento. Habermas afirma que existem três áreas cognitivas do conhecimento humano, as quais são geradas conforme um interesse que determina esferas de diferenciação de valores. Essas áreas definem os interesses cognitivos ou os domínios de conhecimento, que são fundamentados em aspectos diferenciados da existência social: o *trabalho*, a *interação* e o *poder*. Tendo em vista a questão da diferenciação de valores de Weber[214], Habermas afirma que as questões de verdade, justiça e gosto, no mundo moderno, são desdobradas por uma tendência a reduzir as questões de validade ao limite da *racionalidade com respeito a fins*, de sujeitos que conservam a si mesmos, ou de sistemas que conservam sua própria existência. A produção do conhecimento diferencia-se da própria sociedade na forma de uma linguagem distinta, neutra em relação a valores e sem um conteúdo crítico.

A trajetória alemã de Habermas se dá na possibilidade de uma crítica do conhecimento e da modernidade. Como sujeito e cognição estão separados em função do esvaziamento da moralidade e da crítica, de acordo com Habermas[215], é necessária a construção de um mecanismo que permita uma forma de conhecimento sem a crença no sujeito cognoscente. A trajetória alemã de Habermas se dá pelo rebaixamento do sujeito moderno, autodeterminante de si, a uma condição de inteligibilidade que lhe permita a cognição. A incursão de Habermas sobre o *idealismo alemão* significa a constituição de uma *outra via para sair da filosofia do sujeito*, sem o conteúdo ascético defendido por Nietzsche, e sem o conteúdo romântico de Herder, propondo uma *razão comunicativa* capaz de estabelecer uma compreensão constitutiva da realidade através dos usos da linguagem, independentemente daquilo que os sujeitos experienciam no mundo por meio das condições dadas pela ciência positiva. A razão comunicativa, desse modo, rebaixa a condição do sujeito moderno sem cair no ascetismo de Nietzsche. De outro lado, torna possível criar uma forma de *emancipação social* através de uma razão que está contida no mundo vivido das representações cotidianas, ou seja, conjuga o mundo subjetivo, objetivo e social dos atores.

É na sua trajetória alemã, que Habermas define os objetivos de sua teoria, que visa *compatibilizar o sujeito com a cognição através de uma razão comunicativa*. Esses objetivos, aliando sujeito e cognição, são: (1) Habermas quer mostrar que o conhecimento é necessariamente definido

---

213 Habermas, Jürgen. Conhecimento e interesse. Rio de Janeiro: Zahar Editores, 1982.
214 Weber, Max. Economia e sociedade. Brasília: Editora da UnB, 1999, 2 v.
215 Habermas, Jürgen. O discurso Filosófico da modernidade. São Paulo: Martins Fontes, 2000.

pelos objetos da experiência e por categorias e conceitos que o sujeito traz a todo ato de pensamento e percepção; (2) ele também quer mostrar que o conhecimento é social, ou seja, que não é possível uma forma de entendimento sem a cultura e que todo o conhecimento é mediado por experiência social; e, (3) Habermas quer estabelecer um fundamento racional para a verdade através da reflexão, resultando em formas de uma autonomia do sujeito e o fim da coerção mediante a razão.

10.2.2. A Trajetória Americana

A perspectiva de rebaixar a condição do sujeito e defender a razão centrada na capacidade de comunicação dos indivíduos depende, necessariamente, de um critério de validade que transcenda a razão para o próprio indivíduo. Em sua passagem pelos Estados Unidos[216], Habermas[217] depara-se com a *tradição pragmatista da Sociologia*, a qual proporciona a ele a possibilidade de estabelecer formas de cognição que se conectem com o sujeito, independentemente da razão transcendental característica das aventuras do espírito alemão.

A premissa fundamental do pragmatismo é que *o pensamento é essencialmente uma ação intencional* e designa uma espécie de crença que, embora contingente, fornece uma base para selecionar os meios adequados a uma ação prática. Nos termos de Peirce[218], essa compreensão pragmática permite traduzir conceitos em resultados observáveis, sendo o conhecimento, numa modificação da noção kantiana, uma aplicação de categorias *a priori*, em que a cognição é uma atividade constante que alterna o *agir* com *experiências desintegradoras*. Essa noção permite a Peirce afirmar que as categorias cognitivas não são inatas e nem fixas, pois podem ser alteradas mediante uma estimulação das dúvidas. O conhecimento, a partir da visão pragmática, é produzido por uma *comunidade de intérpretes*, formada por investigadores experimentais que constroem suas visões de mundo a partir da *linguagem*.

O mundo é constantemente interpretado por essa comunidade de falantes, tornando-o uma síntese de possíveis *fatos*, uma vez que eles se entendem no interior de um mundo vivido intersubjetivamente, através de um *consenso* mediado pela *linguagem*. O falante, portanto, quando se dirige ao público, tem a pretensão de que seu ato de fala seja considerado

---

216 Em 1968, Habermas muda-se para Nova York e leciona na New York School for Social Research, até 1972. É nos Estados Unidos que Habermas se depara com o pragmatismo sociológico, centrado nos termos da linguagem enquanto forma de produção de sociabilidade entre os agentes.
217 Habermas, Jürgen. Pensamento pós-metafísico. Estudos filosóficos. Rio de Janeiro: Tempo Brasileiro, 2002.
218 Peirce, Charles S. Escritos coligidos. São Paulo: Abril Cultural (Os pensadores, 36), 1974.

verdadeiro, construindo uma transcendência para dentro, ou seja, introjetando, avaliando e criticando as interações estabelecidas com o público, a partir de sua subjetividade, a qual é formada a partir da posição do *outro*[219]. A verdade, portanto, é uma *aceitabilidade racional* por parte da comunidade dos intérpretes, significando uma *validade* passível de crítica sob condições de comunicação alargada idealmente no espaço social. A realidade humana, portanto, constitui-se de um *eu social*, tornando o indivíduo uma entidade passível de constante adaptação a seu ambiente, nos termos de uma "biologização" da subjetividade. Ademais, a realidade humana é a construção intersubjetiva fática, com base nos discursos promovidos pela comunidade dos falantes, com pretensão de *validade*. A *realidade fática*, dessa forma, é constantemente reconstruída, conforme se alterem os significados expressos na linguagem do mundo vivido em função de necessidades práticas dos atores.

Do ponto de vista pragmático, a moralidade, nos termos de Dewey,[220] consiste nos hábitos da mente construídos pela interação face a face com outros significativos[221], para processar decisões dos grupos envolvidos em determinada situação. Os termos da moralidade e da realidade social, dessa forma, são sempre contingentes e com pretensão de universalidade, sem necessitar de um sujeito que se afirme transcendentalmente, de forma *a priori*.

Nos termos de Habermas,[222] a "guinada linguística"[223] permite estabelecer as fundações de uma nova forma de reflexão filosófica, cujo horizonte seja a superação das limitações da filosofia moderna, centrada no elemento metafísico. É possível compatibilizar, dessa forma, sujeito e cognição, sem qualquer tipo de transcendência da razão, que está *situada* na experiência humana. A guinada linguística de Habermas, mediante sua trajetória norte-americana, desse modo, prioriza uma fenomenologia das manifestações concretas da razão, em sua forma *comunicativa*, em que as pretensões de validade são construídas por atos de fala com pretensão de verdade, conforme consensos estabelecidos na comunidade dos intérpretes, tendo em vista necessidades práticas do mundo concreto, factual. A *razão comunicativa*, portanto, está entre o sujeito e sua cognição, postulando, desse modo, uma concepção de ciência que vincule os mecanismos

---

219 Mead, Herbert. Mind, Self, and Society, 1990.

220 Dewey, John. The public and its problems. Athens: Swallow Press, 1991.

221 A noção de significativo diz respeito ao sujeito racional capaz de utilizar a linguagem para produzir entendimento.

222 Habermas, Jürgen. Pensamento Pós-Metafísico. Estudos filosóficos. Rio de Janeiro: Tempo Brasileiro, 2002.

223 Na história do pensamento político e na teoria sociológica, considera-se a guinada linguística como uma absorção do método hermenêutico para a derivação de conceitos e categorias do pensamento, em contraposição do método positivista. O uso da guinada linguística, entretanto, não é um fenômeno datado, mas que se desenvolveu ao longo do século XX, principalmente a partir da filosofia de Wittgenstein e Austin.

hermenêuticos com as realizações empíricas do positivismo. O entendimento derivado pela razão comunicativa permite configurar, desse modo, a projeção de um mundo que alia a liberdade à ausência de sofrimento, através de uma constante reinterpretação do mundo vivido por parte dos indivíduos, convergindo, no extremo, os objetivos de Kant e Nietzsche, tratados acima.

Mediante o conceito de *razão comunicativa*, o conhecimento pode aliar a teoria com a prática através de mecanismos de entendimento intersubjetivo presentes no mundo vivido. Por outras palavras, permite produzir uma teoria crítica capaz de realizações empíricas, tendo em vista ideais normativos justificados na forma de consensos, assegurando a formação de uma autocompreensão ética porque é constituída pela comunidade de intérpretes.[224] A aplicação de conceitos, no sentido prático do conhecimento, se dá no modo como os indivíduos estabelecem formas de aceitação racional de normas e as utiliza como uma motivação para a ação, conforme um princípio universal estabelecido pelo *discurso*. O direito, nesta assertiva, nada mais é do que uma manifestação empírica dos consensos normativos formados discursivamente, estando ancorado em uma necessidade prática compreendida intersubjetivamente por seus afetados.

A existência de uma razão comunicativa transmuta a *moralidade* de um *a priori*, no sentido kantiano, para uma constituição interativa de consensos normativos[225], em que o agir se dá face-a-face na consubstanciação do público, permitindo a solução de conflitos através de entendimentos firmados pelos envolvidos. A ideia de uma razão comunicativa, desse modo, assegura a união entre o sujeito e sua cognição, que, através de atos intencionais, transfigura o *eu social* em uma *dinâmica de validação e factualidade*, fazendo as pazes do indivíduo com seu mundo exterior.

10.3. A TEORIA DA AÇÃO COMUNICATIVA

A teoria da ação comunicativa surge como resposta ou ideal normativo de um diagnóstico da modernidade. A dissociação entre sujeito e cognição produziu formas de dominação funcionais, cujo horizonte seja a imposição fática de normas sem um conteúdo moral e neutro em relação a valores. Seguindo uma inspiração na teoria de Hannah Arendt, Habermas[226] discute a esfera pública como o espaço de validação dos conteúdos éticos e morais que ordenam o *eu social*.

---

224 Habermas, Jürgen. Justification, and application. Remarks on discourse ethics. Cambridge: MIT Press, 1993.

225 Eisenberg, José M. A democracia depois do liberalismo. Ensaios Sobre Ética, Direito e Política. Rio de Janeiro: Relume-Dumará, 2003.

226 Habermas, Jürgen. O Conceito de Poder em Hannah Arendt. In: FREITAG, Barbara & Rouanet, Sérgio Paulo 1980. Habermas: Sociologia. São Paulo: Ática (Coleção Grandes Cientistas Sociais), 1980.

A modernidade, nos termos de Hannah Arendt e Habermas, presencia um fenômeno de gênese do *privatismo e decadência da esfera pública*. De acordo com Arendt, o privatismo da vida moderna corrompeu as instituições políticas, já que sua legitimidade não decorre mais do livre assentimento entre os homens, mediante interação comunicativa, mas da capacidade institucional de empreender a violência e fomentar a estabilidade da ordem. Hannah Arendt[227] concorda com o diagnóstico da teoria de Weber[228] de que o "Estado não se deixa definir, sociologicamente, a não ser pelo específico meio que lhe é peculiar, (...), a saber, o uso da coação física".[229] Mas discorda de que "a empresa política se põe, necessariamente, como empresa de interesses",[230] ou seja, concorda que o Estado somente existe porque monopoliza os meios de violência, mas discorda com a afirmativa weberiana de que o Estado materializa a autoridade.[231]

28. Partindo da ideia de uma *vita activa*, a modernidade, de acordo com Arendt, está dividida em duas dimensões: a esfera pública – a *polis* – e a esfera privada – a *oikia*. A esfera privada é a dimensão da vida individual, da casa, em que o homem pratica atividades visando a sobrevivência e a criação de coisas. É a dimensão em que os indivíduos conseguirão viver sozinhos, satisfazendo seus interesses imediatos através da utilização dos instrumentos colocados à sua disposição. Em campo diametralmente oposto, a esfera pública é, como assevera Arendt, o espaço da aparência, em que os indivíduos ouvem e são ouvidos e participam da pluralidade – como sujeitos singulares – por meio da convivência com outros homens. A esfera pública é o local da vida em comum, no qual os homens adminis-

---

227 Arendt, Hannah. Da Violência. Brasília: Editora da UnB, 1980.
228 Weber, Max. Ciência e Política: Duas Vocações. São Paulo: Cultura, 2002.
229 Weber, Max. Op. cit., p. 60.
230 Weber, Max. Op. cit., p. 86.
231 É neste sentido, portanto, que Arendt criticará as concepções de Estado e de sociedade. De um lado, dado seu conceito, o Estado estaria não na dimensão da autoridade, mas na dimensão da violência, porque, dado um mundo em que a concepção de racionalidade é estratégica, somente mecanismos de coerção poderiam estabelecer uma ordem, via racionalismo. De outro lado, a sociedade catalisa o privatismo para a esfera pública, na medida em que as ações individuais estariam subordinadas às regras holistas da sociedade de massa. Dessa forma, não é possível, na modernidade, pensar a legitimidade das ordens políticas e sociais, porque esse conceito envolve a concordância dos homens em torno das normas que definirão a forma e o conteúdo de suas ações. Se a legitimidade, inevitavelmente, envolve o consenso das partes em torno das normas, num mundo privado, feito de "estranhos", não é possível chegar a esse consenso, a não ser que se conceba a ordem política de forma instrumental, baseada exclusivamente no uso da violência. Segundo a autora, somente com o retorno à polis grega, através de uma esfera pública reconstruída, os homens poderiam resgatar a capacidade de convivência e a legitimidade do corpo político, mediante a potencialidade de ação. Ver, a esse respeito, Arendt, Hannah. Entre o Passado e o Futuro. São Paulo: Perspectiva, 1972.

tram a *polis* e convergem suas vontades num todo coletivo, assegurando, dessa forma, a legitimidade da ordem e a capacidade das instituições de processar mecanismos de controle social.

Habermas[232] discordará da ideia de Hannah Arendt de que a autoridade deve estar desvinculada do Estado. O autor concorda com a noção arendtiana de que a autoridade não se exerce pela coerção, mas afirma que o Estado é uma instituição necessária em face da complexidade do mundo contemporâneo. Habermas[233] concorda com o diagnóstico de Arendt sobre a modernidade, afirmando haver nesta uma diferenciação estrutural em função do declínio da esfera pública. Essa é a tese original de seu doutoramento, cuja pesquisa se baseou no estudo da sociedade burguesa dos séculos XVII e XVIII, em que o autor constata a existência de uma esfera pública responsável por intermediar as relações entre Estado e sociedade civil, isto é, um espaço de livre assentimento baseado na interação comunicativa, que garantiu à burguesia seu papel de ator histórico, responsável pela emergência do capitalismo.

A análise histórica empreendida pelo autor, em seu *Mudança estrutural da esfera pública*, dos cafés ingleses e dos salões franceses, possibilitou a ele mostrar como a burguesia implementava sua ideologia e legitimava a mudança da estrutura econômica mediante o debate público autônomo e mediante o uso da imprensa livre. De um lado, a burguesia garantia sua autonomia privada e, de outro, assegurava a realização de seus interesses, tornando-se agente da mudança histórica, uma vez que ela fundava um consenso que legitimava as transformações em tela.

Contudo, a modernidade preconizada pela sociedade burguesa originou um processo de diferenciação estrutural, sob a égide da *autonomia do mercado e do Estado em relação ao público*. Na medida em que o desenvolvimento econômico e político do capitalismo possibilitaram a ascensão da burguesia como ator da mudança, essas estruturas se separam da esfera pública, porque é introduzida uma *modernização seletiva*. A modernidade, segundo Habermas[234], enseja a *societalização do público*, a *estatização do social* e a *comercialização da imprensa*, fazendo com que a esfera pública seja colonizada e dê origem a um sistema de dominação burguês.

Habermas[235], como herdeiro da Escola de Frankfurt, afirma, portanto, que a ascensão burguesa e o triunfo do capitalismo se dão por meio

---

232 Habermas, Jürgen. Direito e democracia. Entre facticidade e validade. Rio de Janeiro: Tempo Brasileiro, 1997, 2 v.
233 Habermas, Jürgen. Mudança estrutural da esfera pública. Investigações quanto a uma categoria da sociedade burguesa. Rio de Janeiro: Tempo Brasileiro, 1984.
234 Habermas, Jürgen, ibidem.
235 Habermas, Jürgen. Crise de Legitimação do Capitalismo Tardio. Rio de Janeiro: Tempo Brasileiro, 1985.

de uma modernização seletiva gerada pela decadência da esfera pública, capaz de criar uma forma de racionalização moldada nos termos de uma cultura[236]. Como herdeiro dessa escola, o autor se aproxima das conclusões de Adorno e Horkheimer[237], asseverando que a emergência da indústria cultural faz surgir um plano ideológico unificado, subordinado à societalização da esfera pública e à estatização do social, em que a burguesia, fazendo uso do aparelho estatal, coloniza o público, formando seu sistema de dominação ideológica, em face da concepção de *racionalidade estratégica*, isto é, *uma racionalidade que visa adequar meios com o propósito de fins*. Podemos representar graficamente o processo de colonização do mundo vivido, como segue abaixo:

Figura 1. Configuração do Mundo Moderno

Colonização mediante o poder político

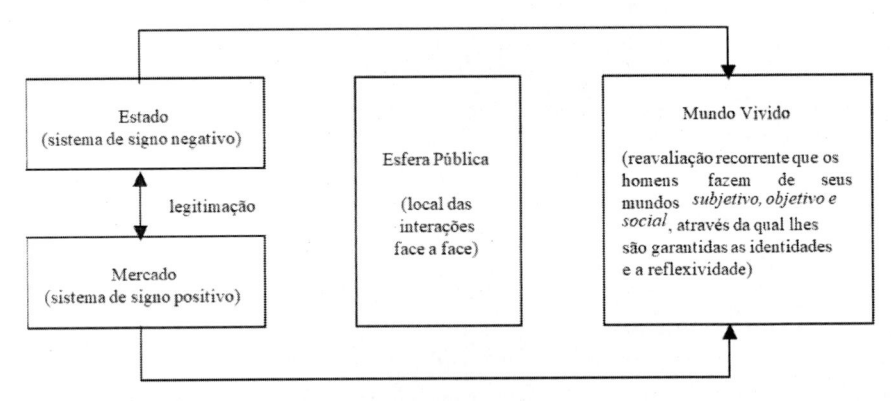

Colonização mediante o dinheiro

A partir dessa tese original, de que o sistema de dominação burguês se forma mediante uma esfera pública e que depois é colonizada pela indústria cultural e pela societalização do público e pela estatização do social, Habermas[238] buscará um conceito que dê conta de reconstruir a ideia de uma *emancipação social*. O Habermas de *A teoria da ação comunicativa*

---

236 É importante frisar que o conceito de cultura, na tradição de pensamento social e político alemão, remete a uma ideia de mecanismos de domesticação e introjeção de valores capazes de domar os impulsos do ego, mediante formas coletivas de uso da violência que formam a personalidade. A esse respeito, ver Nietzsche, Friedrich (1998). Genealogia da Moral. Uma polêmica. São Paulo: Companhia das Letras; Freud, Sigmund (1978). O mal-estar na civilização. In: Salomão, Jayme (dir.). Freud. São Paulo: Abril Cultural (Os Pensadores).

237 Adorno, Theodor & Horkheimer, Max. Dialética do esclarecimento. Rio de Janeiro: Jorge Zahar Editor, 1987.

238 Habermas, Jürgen. *Teoria de la acción comunicativa*. Madrid: Taurus, 1999, 2 v.

buscará esse elemento de emancipação na possibilidade de reconstrução de uma esfera pública, que faça a intermediação entre sistema e mundo vivido. Por outras palavras, Habermas, mesmo partindo de um ponto de vista *pragmático*, centrado na busca de mecanismos da *razão comunicativa* para analisar a sociedade e a política, busca critérios deontológicos que atribuem valor à sociedade em si – a *emancipação social via reconstrução da esfera pública*.

O autor parte do pressuposto fundamental de que a modernidade significa a complexificação da sociedade e provoca a separação entre, de um lado, o sistema e, de outro, o mundo vivido. Habermas assinala que o declínio da esfera pública provoca a *alienação do homem em relação à sua condição de sujeito*, que, conforme mostramos acima, desvincula-se de sua cognição, mediante mecanismos culturais introjetados na formação de sua personalidade. A emergência do capitalismo provoca uma colonização por parte dos sistemas administrativos e econômicos, os quais implicam na racionalização do mundo via mercado e Estado.

Concomitante a esse processo de racionalização, como mostra o autor, o mundo vivido, onde os homens interagem e constroem suas representações acerca de seu próprio mundo, perde sua significância, já que a dimensão do sistema sobrepõe-se e racionaliza a sociedade de tal forma que gera uma crise de legitimação, por um lado, e dos valores das instituições sociais e políticas, de outro. A modernidade caracteriza-se, fundamentalmente, portanto, pela desvinculação e colonização da dimensão do sistema sobre a dimensão do mundo vivido, fazendo emergir uma *racionalidade estratégica* centrada, nos termos de Weber[239], na consecução de fins.

O sistema é a esfera de administração da vida em coletividade e é formado pelo mercado e pelo Estado, que têm, respectivamente, signos positivo e negativo. O mercado exerce um signo positivo porque os homens são livres para agir e trocarem mercadorias, através da mediação do dinheiro, com o intuito da sobrevivência nessa sociedade complexa. De outro lado, o Estado exerce um signo negativo, porque ele implementa uma série de sanções e coerções aos agentes, tendo em vista as regulamentações legais, responsáveis por integrar a sociedade em torno de normas e da contenção do conflito de classes. Dessa forma, o campo do direito é diretamente responsável por essa diferenciação estrutural, no sentido da teoria dos sistemas de Luhmann, porque a construção de sistemas *autopoiéticos* implica a consecução de uma linguagem normativa própria de

---

239 É fundamental a influência da sociologia weberiana na obra de Habermas. Como destaca Weber, o processo de modernização leva à sobreposição de uma racionalidade orientada a fins sobre a racionalidade orientada por mecanismos afetivos e tradicionais. A esse respeito, conferir Weber, Max. *Economia e Sociedade*. Brasília: Editora da UnB, 1999.

especialistas, em disjunção com o mundo vivido[240]. Justamente por ser a dimensão da sobrevivência e a dimensão do controle, de acordo com Habermas[241], o sistema da sociedade implicará uma forma de racionalismo em que a estratégia e o conflito serão os determinantes da ação social, uma vez que as formas jurídicas são extraídas sem um conteúdo ético.

De outro lado, o mundo vivido é a constituição de um *saber comum*, no qual os indivíduos criam suas representações cotidianas através da convivência compartilhada intersubjetivamente na esfera pública, assegurando a coalescência dos homens a uma ordem social. É justamente por ser um mundo intersubjetivo que a racionalidade será comunicativa. Somente haverá convivência e compartilhamento de representações caso o discurso faça a mediação entre diferentes subjetividades, proporcionando pretensões de validade e mecanismos universais de entendimento. É a possibilidade da *pragmática* presente no mundo vivido, mediante a interação na esfera pública, que assegura a constituição dos mundos subjetivo, objetivo e social, conforme uma "negociação" face a face, sem o caráter de unilateralidade, formando, nestes termos, uma ética do discurso, capaz de emancipar o sujeito. Como destaca Habermas:

> (...) os agentes comunicativos se movem sempre dentro do horizonte que é seu mundo da vida; e dele não podem sair. (...) As estruturas do mundo da vida fixam as formas da intersubjetividade do entendimento possível. A elas devem os participantes na comunicação sua posição extramundana frente ao intramundano, sobre o que podem entender-se. O mundo da vida é, por assim dizer, o lugar transcendental em que falante e ouvinte se encontram; em que podem colocar reciprocamente a pretensão de que suas emissões concordem com o mundo (com o mundo objetivo, com o mundo subjetivo e com o mundo social); e que podem criticar e exibir os fundamentos destas pretensões de validez, resolver seus dissentimentos e chegar a um acordo[242].

A possibilidade de uma *ordem social*, nesses termos, apenas se dá na configuração de um saber comum, construído intersubjetivamente no âmbito de uma esfera pública. A modernidade significa, entretanto, para Habermas, a supremacia da *racionalidade estratégica* sobre a *racionalida-*

---

240 De acordo com Luhmann, a criação de sistemas *autopoiéticos*, especialmente no campo do direito, implica a ideia de legitimidade enquanto legalidade. A diferenciação estrutural de sistemas, segundo este autor, é própria da modernidade, cujo horizonte é a racionalização do mundo. Luhmann também apreende a fenomenologia de Husserl, porém afirma que a modernidade é um mundo fragmentado em sistemas, a partir dos quais o mundo vivido se organiza. A esse respeito, ver Luhmann, Niklas. *Social Systems*. Stanford: Stanford University Press, 2000.

241 Habermas, Jürgen. *Ibide*, 1994.

242 Habermas, Jürgen. *Ibidem*, 1994, v. II, p. 179.

de comunicativa, na medida em que o sistema separa-se e coloniza o mundo vivido, restringindo os espaços de interação dos indivíduos e deslegitimando, dessa forma, a esfera pública como o local de estabelecimento de uma ordem, mediante acordos racionais fundados pela comunidade dos intérpretes. É nesse sentido que o autor proporá o conceito de *ação comunicativa* como forma de reintegrar sistema e mundo vivido e dar um novo conteúdo ético de uma nova esfera pública, responsável por ensejar novos modos de *emancipação social* através da possibilidade de *reflexividade*.

No plano normativo da *teoria da ação comunicativa*, a reintegração do sistema e do mundo vivido tornará possível a refundação do corpo social e político, fazendo emergir uma cena em que a racionalidade comunicativa assegurará a legitimação do sistema, que não mais se dará *teleologicamente*. A perspectiva metodológica da teoria habermasiana, dessa forma, é uma síntese analítica de mundos construídos interativamente pelos homens. No que tange à ordem política, esta pode ser consensualmente estabelecida via esfera pública, através da sociedade civil, a qual se encarregaria da validação do caráter nomológico dessa ordem. De outro lado, com base numa refundação do direito, deve ser assegurada a institucionalização democrática, alicerçada na participação política[243].

Usando a *razão comunicativa*, os homens podem construir consensos normativos, com base em quatro dimensões da validade. Por haver uma pretensão de verdade nos atos de fala, os homens podem produzir entendimentos linguísticos que coordenem a ação social, fazendo com que *contrafactuais* operem de modo relevante na construção e manutenção da ordem social. A ação comunicativa é constituída da tensão entre *facticidade* e *validade*, embutidas na linguagem cotidiana dos atores. Os contextos sociais são produzidos através da universalidade da aceitação racional, congregando uma ordenação capaz de mediar o sujeito com sua cognição. A dupla contingência da ação comunicativa, entretanto, é absorvida na interação, havendo apenas o constante risco do dissenso, ou seja, da desintegração social latente. Todavia, esse dissenso se impõe como mecanismo próprio ao entendimento, *tornando a motivação racional para o acordo preferida em relação à estabilização violenta de expectativas de comportamento*, no sentido da teoria dos sistemas[244]. De acordo com Habermas, a pretensão de validação de acordos racionais se dá em quatro níveis de justificação da linguagem, como segue:

---

243 O conceito de participação política em Habermas é o meio de institucionalização da ordem e é entendido como intermediação intersubjetiva nos planos da vida social; isto é, uma ação comunicativa, promovida coletivamente, que visa ao estabelecimento, por parte dos atores envolvidos, de um conjunto de metas ou objetivos, acertados consensualmente, que devem ser perseguidos por um conjunto de instituições do sistema social em prol do bem comum.

244 Conferir, a esse respeito, Luhmann, Niklas. *Social systems*. Stanford: Stanford University Press, 2000.

- o que é dito é inteligível, ou seja, a utilização de regras semânticas é inteligível pelos outros;

- que o conteúdo do que é dito é verdadeiro;

- que o emissor justifica-se por certos direitos ou normas que são invocadas no uso do idioma;

- que há sinceridade no ato de fala do emissor, que não tenta enganar o receptor. Ou seja, a comunicação não é distorcida.

Mediante um acordo racional justificado nessas quatro dimensões acima, é possível aos atores produzirem uma sociabilidade passível de crítica constante, dinâmica no que diz respeito à possibilidade de mudança, face ao *contrafactual* da possibilidade de dissenso. A *teoria da ação comunicativa* é a constante tensão entre facticidade e validade, criando formas de entendimento intersubjetivo que assegurem a legitimação da ordem, desvinculando-a dos mecanismos coercitivos necessários à estabilização dos comportamentos. A teoria da ação comunicativa congrega, dessa forma, mecanismos normativos e empíricos da ordem, ou seja, congrega teoria e prática na possibilidade de um *discurso ético* simetricamente relacionado a uma ação prática.

10.4. A SOCIOLOGIA JURÍDICA DE JÜRGEN HABERMAS

É em *Direito e Democracia* que Habermas[245] tentará dar um fechamento em sua teoria a respeito da ordem jurídica e política. Diferentemente de Hannah Arendt[246], o autor acredita que o Estado tem uma função importante na modernidade, uma vez que a sociedade é complexa o bastante para que se administre a partir de uma autogestão. Como mostra Habermas, o Estado não deve ser uma agência dos interesses teleológicos, mas um mecanismo de administração da sociedade sobre si mesma, isto é, não um meio de dominação, mas um meio de *emancipação social* a partir do livre assentimento de cada indivíduo à ordem, sem formas de coerção.

É interessante notar que a teoria habermasiana sobre a ordem política varia conforme sua noção de poder. Num primeiro momento, o autor entende o poder de um ponto de vista exclusivamente arendtiano, como capacidade de ação por meio da comunicação livre, ou seja, *o poder é uma potência*. Num segundo momento, o autor o entende como a existência de formas de interação estratégica, tal como elaborado na teoria de Parsons[247] sobre os sistemas administrativos da sociedade. Em sua obra madura, Ha-

---

245 Habermas, Jürgen. *Direito e democracia*. Entre facticidade e validade. Rio de Janeiro: Tempo Brasileiro, 1997, 2 v.
246 Arendt, Hannah. *Da violência*. Brasília: Editora da UnB, 1980.
247 Parsons, Talcott. *Politics and social structure*. New York: Free Press, 1969.

bermas entende o *poder como uma potencialidade de ação*, ao modo de Arendt, que ocorre de maneira autônoma em relação ao sistema por meio da ação comunicativa. Entretanto, este poder visa o estabelecimento de *objetivos consensualmente fundados ao sistema enquanto ação estratégica*. É dessa forma, portanto, que Habermas fará convergir formas de racionalidade comunicativa e formas de racionalidade estratégica, já que sua tese gira em torno da convergência de mundo vivido ¾ produção de consensos através de interação comunicativa ¾ e sistema ¾ local da interação estratégica. Isso em função de uma concepção de poder que faça convergir a autoridade construída discursivamente ¾ ao modo de Hannah Arendt[248] ¾ e a luta dos atores políticos por influência[249] ¾ ao modo de Parsons.

Habermas não vê na *ação estratégica* um estado de natureza hobbesiano, no qual não existem normas e a figura do "social". A sobreposição da racionalidade estratégica sobre a racionalidade comunicativa na modernidade ocorre pelo surgimento da societalização do público e não por uma degeneração política em indivíduos atomizados. Como observa Avritzer[250], Habermas chega a apreender formas estratégicas de interação, já que sua solução aponta para a confluência dos dois elementos da racionalidade: o comunicativo e o estratégico.

É justamente essa convergência de formas de racionalidade, segundo Habermas aparentemente dissonantes, que possibilitará o surgimento do conceito de sociedade civil enquanto forma organizada na dimensão da esfera pública, visando a participação nas decisões construídas e tomadas na dimensão do sistema. Isto é, a participação autônoma de cidadãos organizados visando a consecução de metas discursivamente acertadas. O que deve ser observado é que a obra madura de Habermas destaca um viés normativo para a política, transmutando-a em uma forma de ação comunicativa que assegurará o consenso acerca dos procedimentos institucionalizados do sistema político. Todavia, a consecução das metas co-

---

248 Arendt, Hannah. *A Condição Humana.* Rio de Janeiro: Forense Universitária, 2001.
249 A influência, segundo Parsons, é a contrapartida do poder constituído da autoridade central, implementada pela comunidade societária, visando a eficácia das decisões tomadas no sistema político. A comunidade societária, através de suas instituições e associações, exerce pressão junto ao sistema político, tentando influir nas decisões deste, apresentando requerimentos, demandas e interesses. A influência, de acordo com o autor, ocorre por meio de atos comunicacionais, que utilizam a persuasão como instrumento de convencimento dos participantes do sistema. Os indivíduos, ou grupos, no contexto da política, advogam intencionalmente seus interesses, tentando convencer os demais atores acerca das questões colocadas na política. Como mostramos em outro trabalho, é o conceito parsoniano de influência que possibilitará a Habermas convergir as dimensões da racionalidade comunicativa e da racionalidade estratégica na busca, via sociedade civil, da emancipação social.
250 Avritzer, Leonardo. *A moralidade da democracia.* Ensaios em teoria habermasiana e teoria democrática. São Paulo: Perspectiva; Belo Horizonte: Editora da UFMG, 1996.

letivas por parte do sistema ocorrerá somente em função de uma ação estratégica, *deliberada racionalmente* através de consensos normativos. É essa convergência da racionalidade comunicativa e da racionalidade estratégica que resgatará a legitimidade do sistema frente às demandas da sociedade civil. Isso ocorre em função da apreensão que o autor faz das teorias de Arendt e Parsons a respeito da noção de poder[251]. No decorrer de sua obra madura, Habermas defrontou-se com elementos da ação comunicativa e da ação estratégica que o fizeram abandonar a ideia de poder enquanto forma exclusivamente comunicativa, uma vez que ele constata formas não linguísticas de interação, que ocorrem no âmbito do sistema.

Essa confluência da racionalidade comunicativa com a racionalidade estratégica se daria através da sociedade civil, na qual os agentes, como afirma Habermas, buscariam persuadir ¾ comunicativamente ¾ os demais agentes no momento da defesa de seus interesses, persuasão esta que deve ser realizada numa esfera pública autônoma em relação ao sistema e capaz de produzir acordos racionais no mundo vivido, para que não haja qualquer forma de dominação. A política enquanto formação de um consenso pressupõe, portanto, que a institucionalização da ordem normativa não deverá ocorrer de maneira a gerar um sistema de dominação tal como o sistema burguês[252], mas um sistema de regras consensualmente acertadas que assegure, de um lado, a legitimidade, e, de outro lado, a consecução das metas coletivas da sociedade civil, em face de um *sistema de direito procedimental*[253].

A ordem jurídica, nessa chave de pensamento, é a manifestação empírica dos acordos racionais produzidos pelos homens na esfera pública, mediante *deliberação*, os quais são capazes de tencionar a *facticidade* das necessidades cotidianas com a *validade* produzida intersubjetivamente nos discursos éticos. Por haver uma pretensão de verdade no discurso, a validade da ordem jurídica somente pode ser assegurada se seus afetados puderem *deliberar*, mediante o uso da razão comunicativa, os termos da ordenação e dos procedimentos.

Somente esse consenso racional acerca dos procedimentos assegura que um governo das leis ¾ uma ordem institucional em que todos os cidadãos são iguais perante a lei ¾ será legítimo o suficiente para que possa intermediar a busca dos fins, isto é, a racionalidade estratégica. Dessa forma que Habermas entenderá o direito como procedimento e fará sua crítica

---

251 Avritzer, Leonardo. Reflexões críticas sobre o conceito de poder em Habermas. In: *Síntese – nova fase*, volume 20, nº 61 (Belo Horizonte), 1993.

252 Habermas, Jürgen. *Mudança Estrutural da Esfera Pública*. Investigações Quanto a uma Categoria da Sociedade Burguesa. Rio de Janeiro: Tempo Brasileiro, 1984.

253 Habermas, Jürgen. *Direito e Democracia*. Entre Facticidade e Validade. Rio de Janeiro: Tempo Brasileiro, 1997, 2 v.

aos positivistas jurídicos, tais como Kelsen[254] e Bobbio[255]. Em uma ordem política institucionalizada, a função do direito como fator de igualdade entre os homens é real, segundo a concepção habermasiana. No entanto, esse direito, por se tratar de uma configuração intersubjetiva, isto é, por ser um acordo racional que ocorre discursivamente, deve ser visto não como forma de coerção, mas como *procedimentos* segundo os quais esses mesmos homens participam da constituição das regras do sistema.

A crítica de Habermas às configurações positivistas do direito moderno é o fato de a concepção do direito se dar numa tensão entre facticidade e validade, em que a segunda ocorre pela *imposição* da primeira por parte do Estado, criando um processo de *normatização* crescente, com pretensão de ser racional, pelo fato de garantir a liberdade e a legitimidade. Por ser uma *forma imposta*, a relação entre facticidade e validade surge da ligação interna entre coerção e liberdade, fundada no direito. A concepção moderna do direito, desse modo, é uma autorização para o uso da coerção, sendo justificada pelo fato de ser convocado para eliminar uma intrusão na liberdade do sujeito, esteja ele no âmbito público (direito público), esteja ele no âmbito privado (direito privado).

A pretensão racional dessa forma imposta de direito determina a validade da norma. Todavia, de acordo com Habermas, essa facticidade tem que ser produzida *artificialmente*, visando a legitimidade de um *legislador racional* que a tudo controla e ordena[256]. A justificação dessa forma imposta de direito, desse modo, apenas pode ocorrer por meio de uma ritualização sagrada da operação jurídica nos tribunais, ou por uma metafísica de um legislador racional que se coloca enquanto sujeito. Como o mundo moderno opera uma separação do sujeito com sua cognição, de acordo com Habermas, as formas jurídicas terminam por produzir uma dominação do sistema, capaz de integrar, pelo uso autorizado da coerção, os atores sociais. O direito moderno termina por produzir, através de suas instituições públicas e privadas, o domínio do poder administrativo e do dinheiro. Não há equilíbrio entre a facticidade e a validade da norma, sendo ela imposta pelo imperativo funcional do Estado, possibilitando aos atores dominantes no sistema a imposição da dominação através de uma vontade de poder.

---

254 Kelsen, Hans. *Teoria Geral do Direito e do Estado*. São Paulo: Martins Fontes, 2000.

255 Bobbio, Norberto. *O Positivismo Jurídico*. Lições de Filosofia do Direito. São Paulo: Ícone, 1995.

256 Como, por exemplo, defende Kelsen a respeito do conceito de *norma fundamental*, que significa um *a priori* que autoriza a criação de normas por parte do legislador, presente no Estado.

No sentido da *teoria dos sistemas*[257], como destaca Habermas, o direito positivo moderno constitui-se como um sistema *autopoiético*, centrado numa realidade consensual a respeito do *direito enquanto técnica específica de resolução de conflitos* no interior das sociedades complexas. Sistema esse, que, segundo Luhmann, demanda por parte de seus operadores um controle metodológico das regras de sua operacionalização, tornando necessária, por conseguinte, uma *metalinguagem* que elimine uma dimensão ideológica e funcione como agente pedagógico junto a seus operadores.

É dessa forma que a linguagem da *legalidade* refere-se a uma autolimitação da aplicação da norma, sendo a lei positiva a estabilização do direito enquanto sistema fechado e imune a pressões externas. Como consequência da formação de sistemas *autopoiéticos*, Habermas destaca:

- o sistema jurídico, autônomo em relação à pressão dos outros sistemas (político, econômico, cultural), não consegue manter um intercâmbio direto com seus mundos circundantes, nem influir neles de modo regulatório. Ele não pode assumir uma função *pedagógica* no interior da sociedade, pois sua linguagem não é acessível a todos os participantes e, no caso de uma ameaça externa, o sistema jurídico apenas pode se referir a si mesmo, na forma de uma "reação";

- o sistema jurídico autônomo perde sua autocompreensão normativa, tor-nando-se incapaz de processar as expectativas normativas de comportamento, apagando a dimensão deontológica da validade.

O fato, segundo Habermas, é que as ciências sociais produziram um processo crescente de *desencantamento* do sistema jurídico, ficando ele imune e isento do mundo vivido no espaço público, ou seja, neutro em relação a valores morais ou até mesmo a ideais utópicos produzidos na esfera pública. A teoria dos sistemas operou uma separação entre a facticidade e a validade da norma, prescindindo de qualquer forma de legitimação que esteja fora da linguagem da legalidade. Portanto, o sistema jurídico, pensado pelos positivistas e pela teoria dos sistemas, termina por se fechar a pressões de mundos circundantes e desenvolver uma linguagem diferenciada que não lhe permite ser inteligível no âmbito do mundo vivido, dificultando, desse modo, a efetividade da norma no sentido de sua eficácia. Visando resgatar os preceitos de uma sociologia jurídica, Habermas afirma:

---

257 Ver, a esse respeito, Luhmann, Niklas. *Sociologia do Direito*. Rio de Janeiro: Tempo Bra-sileiro, 1985, 2 v.

No presente contexto, eu me interesso apenas pelo ponto de vista metódico segundo o qual a sociologia do direito não pode prescindir de uma reconstrução das condições de validade do "acordo de legalidade" que é pressuposto nos modernos sistemas do direito. Nesta perspectiva, revela-se que a positivação do direito e a consequente diferenciação entre direito e moral são o resultado de um processo de racionalização, o qual, mesmo destruindo as garantias metassociais da ordem jurídica, não faz desaparecer o momento de indisponibilidade contido na pretensão de legitimidade do direito. O desencantamento de imagens religiosas do mundo, ao enterrar o "duplo reino" do direito sagrado e profano, não traz consequências apenas negativas; ele também leva a uma reorganização da validade do direito na medida em que transporta simultaneamente os conceitos fundamentais da moral e do direito para um nível de fundamentação pós-convencional.[258]

A crítica de Habermas, nesse sentido, dirige-se para a necessidade de reconstrução da tensão entre facticidade e validade, permitindo a reconstrução de um *Estado de Direito*, capaz de intermediar conflitos de modo legítimo e assegurar garantias da autonomia individual e pública. Para isso, torna-se fundamental a constituição de uma *democracia procedimental*, catalisadora dos mundos vividos na sociedade civil e operadora de um *discurso ético* que reintegre as formas jurídicas com as formas morais. Essa integração se dá na base de seu *princípio D*, segundo o qual "são válidas as normas de ação às quais todos os possíveis atingidos poderiam dar o seu assentimento, na qualidade de participantes de discursos racionais".[259] Os atingidos são todos aqueles cujos interesses sejam afetados pelas consequências de uma regulamentação através de norma e, por essa condição, nos termos habermasianos, devem participar das tentativas de entendimento sobre pretensões de validade em condição de comunicação.

A condição para a reconstrução do Estado de Direito é a constituição de uma democracia destinada a ensejar um *procedimento de normatização* do direito, em condições de uso da *razão comunicativa*. Através de uma democracia procedimental, é possível criar consensos normativos que fundamentem a validade de uma norma perante os *factuais* do mundo vivido, assegurando uma performance de autodeterminação por parte dos membros do direito, que passam a se reconhecer como livres e iguais no interior de uma associação estabelecida publicamente. Uma vez que os afetados podem influir na constituição das normas, tem-se uma solução

---

258 Habermas, Jürgen. *Ibidem*, 1997, v. I, p. 100.
259 Habermas, Jürgen. *Ibidem*, 1997, v. I, p. 142.

para a tensão entre validade e facticidade. Mesmo que situações de dúvida sejam geradas por *contrafactuais* não presentes no momento da deliberação ou introduzidos numa outra situação de fala, eles podem operar como *matrizes desintegradoras*, forçando novo *acordo racional.* Ou seja, a possibilidade do dissenso da ordem jurídica opera como um catalisador de sua produção e efetivação, na medida em que força novo consenso em torno dos procedimentos de normatização que fundam a ordem jurídica.

Enquanto resultado, uma democracia procedimental pode garantir a *autonomia privada e pública dos atores,* uma vez que o direito opera como um *medium* para a solução de conflitos, seja de natureza sistêmica, seja de natureza moral. A possibilidade do uso da *razão comunicativa,* para a constituição do direito institucionalizado em uma ordem normativa, propicia, desse modo, uma correta compreensão da forma jurídica, através de uma consubstancialização lógica da gênese processual da norma. Ou seja, o direito passa de um plano formal da validação neutra em relação a valores, para um plano substancial de validação, conforme expressões realizadas pelo mundo vivido, que traz à deliberação os preceitos éticos e morais do *eu social.* A efetividade dos direitos é possível pelo um exercício discursivo autônomo, no âmbito da sociedade civil. A validação e a facticidade da norma, portanto, tencionam-se não em função de seu próprio sentido normativo, através de sua *forma,* nem por um conteúdo *moral "a priori",* mas pelo *procedimento* que instaura o direito e gera sua legitimidade.

Contudo, a operacionalização da autonomia discursiva dos afetados apenas pode ser concretizada no âmbito do sistema. Em virtude de uma necessidade de organização, sanção e execução do poder do Estado, como observa Habermas, o direito necessita de uma jurisdição constitucional que estabilize as identidades e forme uma vontade política capaz de criar os objetivos a serem implementados. Por outras palavras, a dimensão estatal do sistema é necessária como forma de estabilização de interesses e pressões por parte do corpo social. Nesse sentido, o procedimento democrático é assegurado apenas se houver um conjunto de garantias da autonomia discursiva dos indivíduos, formalmente incluídos enquanto cidadãos, tornando-os capazes do exercício dessa autonomia. Portanto, é fundamental a precedência de um sistema de direitos que determine o *status* da pessoa do direito, como segue:

- o direito à maior medida possível de iguais liberdades subjetivas de ação, exigindo como correlatos:
- uma configuração politicamente autônoma do *status* de membro numa associação voluntária de parceiros do direito;

- a possibilidade de postulação judicial de direitos e proteção jurídica individual;

- a participação, em pé de igualdade, em processos de formação da opinião e da vontade, exercitando a *autonomia política*;

- condições à vida garantidas social, técnica e ecologicamente.[260]

A precedência de uma jurisdição constitucional, desse modo, é necessária enquanto mecanismo gerador de condições processuais que institucionalizem a "força" da opinião e da vontade dos afetados pela norma. Entretanto, a jurisdição constitucional não pode ser compreendida como uma tutoria, uma vez que a cidadania é a potencialização criadora da comunidade dos intérpretes. O papel de uma jurisdição constitucional é assegurar o exercício da deliberação pública dos sujeitos autônomos politicamente.

A sociologia jurídica de Jürgen Habermas, portanto, reintegra o direito com a possibilidade de *emancipação social*, através de uma crítica à sociedade moderna, bem como por meio das necessidades práticas presentes na esfera pública, mediante uma efetividade determinada pelo caráter dinâmico de sua produção por parte de seus afetados. A sociologia jurídica de Habermas posiciona-se entre o sujeito e sua cognição, assegurando o horizonte de sua autonomia ética como fundamento das formas jurídicas, no sentido kantiano, com sua função pedagógica, no interior da cultura.

10.5. REFERÊNCIAS BIBLIOGRÁFICAS

ADORNO, Theodor & HORKHEIMER, Max. *Dialética do esclarecimento*. Rio de Janeiro: Jorge Zahar Editor, 1987.

ARENDT, Hannah. *Entre o passado e o futuro*. São Paulo: Perspectiva, 1972.

ARENDT, Hannah. *Da violência*. Brasília: Editora da UnB, 1980.

ARENDT, Hannah. *A condição humana*. Rio de Janeiro: Forense-Universitária, 2001.

AVRITZER, Leonardo. Reflexões críticas sobre o conceito de poder em Habermas. In: *Síntese – nova fase*, volume 20, nº 61 (Belo Horizonte), 1993.

AVRITZER, Leonardo. *A Moralidade da Democracia*. Ensaios em teoria Habermasiana e teoria democrática. São Paulo: Perspectiva; Belo Horizonte: Editora da UFMG, 1996.

---

260 Habermas, Jürgen. *Ibidem*, 1997, p. 159-160.

BOBBIO, Norberto. *O Positivismo Jurídico.* Lições de Filosofia do Direito. São Paulo: Ícone, 1995.

DEWEY, John. *The public and its problems.* Athens: Swallow Press, 1991.

DILTHEY, Wilhelm, et al. *Hermeneutics and the study of History.* Princeton: Princeton University Press, 1996.

EISENBERG, José M. *A democracia depois do liberalismo.* Ensaios sobre Ética, Direito e Política. Rio de Janeiro: Relume-Dumará, 2003.

FREUD, Sigmund. *O mal-estar na civilização.* In: SALOMÃO, Jayme (dir.). *Freud.* São Paulo: Abril Cultural (Os Pensadores), 1978.

HABERMAS, Jürgen. O conceito de poder em Hannah Arendt. In: FREITAG, Barbara & ROUANET, Sérgio Paulo (1980). *Habermas: Sociologia.* São Paulo: Ática. (Grandes Cientistas Sociais), 1980.

HABERMAS, Jürgen. *Conhecimento e interesse.* Rio de Janeiro: Zahar Editores, 1982.

HABERMAS, Jürgen. *Mudança estrutural da esfera pública.* Investigações quanto a uma categoria da sociedade burguesa. Rio de Janeiro: Tempo Brasileiro, 1984.

HABERMAS, Jürgen. *Crise de legitimação do capitalismo tardio.* Rio de Janeiro: Tempo Brasileiro, 1985.

HABERMAS, Jürgen. *Justification and application.* Remarks on discourse ethics. Cambridge: MIT Press, 1993.

HABERMAS, Jürgen. *Direito e democracia.* Entre facticidade e validade. Rio de Janeiro: Tempo Brasileiro, 1997, 2 v.

HABERMAS, Jürgen. *Teoria de la acción comunicativa.* Barcelona: Taurus, 1999, (2 vols.).

HABERMAS, Jürgen. *O discurso filosófico da modernidade.* São Paulo: Martins Fontes, 2000.

HABERMAS, Jürgen. *Pensamento pós-metafísico.* Estudos filosóficos. Rio de Janeiro: Tempo Brasileiro, 2002.

HEGEL, George W.F. *Fenomenologia do Espírito.* Petrópolis: Vozes, 1999.

HERDER, Johann Gottfried. *Idees pour la philosophie de l'histoire de l'humanite* Paris: Editions Montaigne (Collection Bilingue des classiques etrangers), 1962.

HUSSERL, Edmund. *Investigações lógicas:* sexta investigação. São Paulo: Abril Cultural (Coleção Os Pensadores), 1975.

KANT, Immanuel. *Crítica da razão pura.* Lisboa: Fundação Calouste Gulbenkian, 2001.

KELSEN, Hans. *Teoria geral do Direito e do Estado.* São Paulo: Martins Fontes, 2000.

LUHMANN, Niklas. *Sociologia do Direito.* Rio de Janeiro: Tempo Brasileiro (2 vols.), 1985.

LUHMANN, Niklas. *Social systems.* Stanford: Stanford University Press, 2000.

MEAD, Herbert. *Mind, self, and society,* 1990.

NIETZSCHE, Friedrich. *Genealogia da moral.* Uma Polêmica. São Paulo: Companhia das Letras, 1998.

PARSONS, Talcott. *Politics and social structure.* New York: Free Press, 1969.

PEIRCE, Charles S. *Escritos coligidos.* São Paulo: Abril Cultural (Os pensadores, 36), 1974.

SCHELLING, Friedrich William Joseph. *Escritos filosóficos.* São Paulo: Abril Cultural (Os pensadores, 26), 1973.

WEBER, Max. A objetividade do conhecimento nas Ciências Sociais. In: *Metodologia das Ciências Sociais.* São Paulo: Cortez, 1999, v. II.

WEBER, Max. *Economia e sociedade.* Brasília: Editora da UnB, 1999, 2 v.

WEBER, Max. *Ciência e política:* Duas vocações. São Paulo: Cultura, 2002.

11 | NIKLAS LUHMANN

DALMIR LOPES JR.[261]

TEORIA DE Niklas Luhmann é alvo de frequentes discussões no meio acadêmico, suscitando as mais variadas posturas quanto ao seu pensamento. Os teóricos que compartilham de suas ideias sustentam que a metodologia da teoria dos sistemas é eficiente para explicar as interações do Direito com os demais sistemas que compõem a sociedade. Já os críticos acusam essa teoria de ser desprovida de um senso de realidade empírica, pois dizem que o direito é tratado como um campo isolado da sociedade.

Sobre isso precisamos tratar agora, isto é, sobre uma forma de elucidar as críticas dirigidas ao seu pensamento, pois elas acabam sendo produzidas por uma má interpretação dos conceitos desenvolvidos pelo autor. Assim, nosso objetivo nesse capítulo é esclarecer, sobretudo para o leitor iniciante, em que consiste a teoria dos sistemas autopoiéticos através de determinados conceitos essenciais de seu pensamento.

11.1. O QUE SIGNIFICA *AUTOPOIESIS* DO SISTEMA JURÍDICO?

Autopoiesis define-se como reprodução recursiva de um dado sistema a partir de suas próprias estruturas. Um sistema autorreprodutivo define, por si, os limites de sua própria mudança estrutural a partir de sua organização, em que as pressões externas funcionam apenas como elementos "modeladores" das mudanças internas. O termo *autopoiesis* foi criado pelos chilenos Humberto Maturana e Francisco Varela que, no campo da biologia e da neuropsicologia tentaram responder à seguinte indagação: como se pode definir um ser vivo? O que define a vida?

Para responder a uma questão complexa como essa, quanto maior o número de características, maior poderá ser o número de exceções que comporta cada item, por isso devia partir de uma ideia simples, "muito simples

---

Doutor em Bioética pela Universidade Federal do Rio de Janeiro – UFRJ. Mestre em Ciências Jurídicas e Sociais pela Universidade Federal Fluminense – UFF. Bacharel em Direito pela Universidade Federal do Estado do Rio de Janeiro – UNIRIO. Professor Adjunto do Departamento de Direito do Instituto de Ciências Humanas e Sociais (ICHS) da Universidade Federal Fluminense (UFF/VR) e do Programa de Pós-Graduação em Bioética, Ética Aplicada e Saúde Coletiva – PPGBIOS (programa em Associação UFRJ/ FIOCRUZ/UERJ/UFF). Membro do Laboratório de Bioética Clínica (NUBEA-UFRJ).

e potencialmente complicada".[262] A *organização*[263] é a primeira chave para essa compreensão, e Maturana a define como uma "relação entre componentes que definem a identidade de classes de um sistema",[264] quer dizer com isso que organização pressupõe uma relação entre elementos que por si criam uma identidade. Organização, portanto, cria identidade. A *estrutura*[265] de algo, pelo contrário, é definida pela relação dos componentes entre si de forma particular. Assim, uma mesa, para ser mesa, precisa preencher alguns requisitos como ter uma superfície plana, algum suporte, tudo isso com certa relação de dimensão. Quando alguém corta um pedaço dessa mesa, ela não deixa de ser mesa, mas sua estrutura foi alterada, esse pedaço de madeira arrancado tem uma relação particular com a mesa como um todo. Agora, se essa mesa é serrada ao meio, já não há mais mesa, pois a organização foi afetada.

Quando falamos em seres vivos, estamos atribuindo a eles algo que os define como uma classe. Então, qual é a organização que define os seres vivos como classe? Para Maturana e Varela, o que define os seres vivos é a característica de produzirem de forma contínua a si próprios, e essa forma de organização é chamada *autopoiética*. Os componentes moleculares de uma unidade viva devem estar relacionados numa rede contínua que produz seus próprios componentes, isso ocorre em nível do metabolismo celular. Esse metabolismo produz os componentes através de matéria e energia provenientes do meio, mas a natureza do que é produzido com essa "matéria-prima" é um resultado da rede de interações própria do ser vivo. Alguns componentes formam uma *fronteira*, ou seja, um limite para essa transformação, essa clivagem limítrofe nos seres vivos é dada pela filtragem da membrana celular. No entanto, essa membrana não apenas dita o limite das transformações, como igualmente participa desse processo. Por isso, um ser vivo se distingue do meio em que vive porque, embora por ele seja condicionado, pode afirmar-se perante o mesmo, dele se distinguindo.

A *autopoiesis* do sistema jurídico não é da mesma natureza da dos seres vivos, mas guarda com ela uma correlação que permite fazer essa transposição: o Direito, como um subsistema da sociedade, é capaz de reproduzir a si mesmo, de controlar a aplicação de seus elementos, de

---

262 Maturana, Humberto e Varela, Francisco. *A árvore do conhecimento* – as bases biológicas da compreensão humana. Tradução de Humberto Mariotti e Lia Diskin. São Paulo: Palas Athena, 2001, p. 50.

263 "Entende-se por *organização* as relações que devem ocorrer entre os componentes de algo, para que seja possível reconhecê-lo como membro de uma classe específica" (Idem, p. 54).

264 Maturana, Humberto. *Cognição, ciência e vida cotidiana*. Organização e tradução de Cristina Magro e Victo Paredes. Belo Horizonte: UFMG, 2001, p. 76.

265 "Entende-se por *estrutura* de algo os componentes e relações que constituem concretamente uma unidade particular e configuram sua organização" (Maturana e Varela, 2001, p. 54).

delimitar seu âmbito de atuação e de permitir que o meio o influencie, através de estímulos externos. Sob a perspectiva de um sistema autopoético, as mudanças, às quais o sistema jurídico está sujeito não podem ser compreendidas como um produto direto de uma evolução social geral, senão que devemos conceber essas mudanças levando em conta um jogo frequente de coevoluções entre o Direito e o seu meio social.

Com a teoria luhmanniana, a *autopoiesis* deixa de ser unicamente uma teoria explicativa da vida e da percepção, para tornar-se uma teoria complexa e avançada dos sistemas sociais. A incorporação de novos conceitos para explicação permite a ele observar que os sistemas sociais não possuem capacidade de se autoproduzir, mas igualmente de auto-observar seu funcionamento (reflexividade) e de delimitar sua esfera de abrangência (reflexão). Desse modo, o sistema jurídico torna-se autônomo em relação ao meio, na medida em que não será mais o monarca, ou os nobres, ou um líder político, que deterá o poder de aplicar as leis ou mesmo de criá-las à conveniência de seus interesses, senão que o sistema jurídico passa a controlar a partir de uma função (dupla)[266] o seu funcionamento.

Autopoiesis do sistema jurídico é sinônimo de autonomia operacional do Direito sem a influência da política ou da economia, fato que implica uma dupla afirmação:

a) o Direito somente pode responder ao seu meio (sociedade) de forma eficiente se possui a capacidade de diferenciar sua comunicação das demais comunicações que fazem parte de seu meio, isto é, se consegue selecionar a comunicação apta a "entrar" no sistema jurídico, mas sem perder sua própria referência. Numa metáfora com a autopoiesis de primeira ordem (biológica): se os seres vivos fossem sistemas abertos, nunca se afirmariam perante o meio, mas seriam completamente mutáveis em razão dos diversos fatores que se lhe apresentam. Em outras palavras, se o direito fosse um sistema aberto ao meio, perder-se-ia nas disputas políticas, nos debates religiosos, na subserviência aos interesses econômicos etc. A autonomia do Direito é requisito para que possa responder aos demais sistemas sem que se destrua na racionalidade desses mesmos sistemas (equidistância, tratamento igualitário, *altera pars auditur*, isenção etc., são ideias que traduzem uma necessidade funcional do sistema); b) ao mesmo tempo é preciso que o sistema esteja apto a responder e a compreender as demandas. *Autopoiesis* implica fechamento operacional do sistema e abertura cognitiva. Se o sistema jurídico não possuir estruturas que possibilitem a compreensão das demandas das mais diversas esferas (setores/sistemas) da sociedade, não estará apto a decidir sobre os conflitos.

---

266 "As comunicações jurídicas possuem uma dupla função como operações no interior do sistema jurídico: serem fatores de produção e garantia da manutenção de suas estruturas" (Luhmann, Niklas. *Das Recht der Gesellschaft*. Frankfurt am Main: Suhrkamp, 1993, p. 49).

Um sistema jurídico em que as demandas jurídicas são decididas conforme o poder político, conforme uma lógica de mercado, conforme interesses que não podem encontrar justificativa do ponto de vista da autonomia interna do direito, é um sistema aberto e não autopoiético, pois estaria suscetível a qualquer racionalidade: poder, dinheiro, conhecimento etc. Na teoria dos sistemas, chamamos esse fenômeno de *corrupção sistêmica*. Corrupção sistêmica ocorre quando o sistema jurídico passa a decidir os conflitos não mais com base na distinção direito/não direito, senão que trata a distinção em suas operações internas a partir de outra racionalidade (outro código funcional) como o poder/não-poder ou o ter/não ter, levando a uma *alopoiesis*.[267] Antes de avançamos mais na compreensão do conceito de *autopoiesis* do sistema jurídico e de como a teoria dos sistema a adota para explicar o funcionamento do direito, precisamos de algumas informações acessórias: o que é um sistema social? Como ele se forma? Como o direito forma um sistema? Respondidas essas questões, retomaremos sob uma nova perspectiva o tema da autopoiesis.

11.2. COMO O SISTEMA JURÍDICO SE CONSTITUI?

Quando Luhmann fala de sistemas sociais, ele está falando de um sistema que tem por base a comunicação. Os sistemas sociais são sistemas cujos elementos representam a própria comunicação.[268] Fixemos inicialmente a máxima luhmanniana: "sistemas físico-psíquicos percebem e agem, sistemas sociais comunicam". Aqui reside outro fator de crítica dirigida à teoria dos sistemas autopoiéticos: ela não trabalha com sujeitos, mas com comunicações. Isso é verdade! Tal pressuposto metodológico reside no fato de ser deveras complexo explicar como a consciência afeta o

---

267 Alo, do gr. állos, é, "o outro, um outro; diferente; estrangeiro/estranho"; Poiésis, do gr., é 'criação; fabricação, confecção; produção". Sobre esse ponto, verifique o texto de Neves, Marcelo. De la autopoiesis a la alopoiesis del derecho. *Revista Doxa*, Cuardernos de Filosofia del Derecho, nº 19, 1996, p. 403-420. Assim como, do mesmo autor: NEVES, Marcelo. *A constitucionalização simbólica*. São Paulo: Martins Fontes, 2007, p. 140 e s. "E se faltar o décimo segundo camelo? Do direito expropriador ao direito invadido.", in Arnaud, André-Jean e Lopes Jr., Dalmir (org.). *Niklas Luhmann: do sistema social a sociologia jurídica*. Rio de Janeiro: Lumen Juris, 2004.

268 A teoria luhmanniana é autológica, pois toda descrição da sociedade ocorre dentro da própria sociedade. Com isso queremos afirmar que para descrever a sociedade é preciso descrever a própria teoria, que é a base da descrição da sociedade. A sociologia tradicional, segundo Luhmann, peca em não conseguir levar avante tal empreendimento (de explicar a sociedade) em razão da limitação imposta pela adoção das seguintes hipóteses: a) tem como ponto de partida a ideia de que a sociedade é composta por seres humanos concretos e das relações entre eles; b) logo, em decorrência dessa primeira hipótese advém uma segunda: a sociedade só pode ser constituída ou integrada como resultado de um consenso entre os seres humanos, através da concordância de suas opiniões e objetivos; c) sociedades existem como unidades regionais ou territoriais, por isso a dificuldade de assumir a comunicação como elemento teórico; d) por fim, as sociedades podem ser observadas de fora.

direito e vice-versa (ou melhor, como a opinião pessoal de um juiz, por exemplo, suas convicções fundadas em sua história de vida, suas ideologias políticas, sua formação acadêmica, podem vir a afetar a decisão judicial e, no sentido inverso, como a jurisprudência, as leis e a doutrina jurídica afetam a concretização da decisão judicial). Por isso, parece claro para os teóricos da teoria dos sistemas que os seres humanos, que percebem as coisas em nível da psique, constituem apenas o meio dos subsistemas sociais e da sociedade como um todo. Um sistema social não pode pensar, mas também um sistema psíquico não pode comunicar, isto porque ambos são sistemas autorreferencialmente fechados e possuem, cada qual, sua forma própria de se autorreproduzir. Ambos coexistem apenas por estímulos recíprocos.[269] Por isso, tanto a ação como a comunicação não podem ser separadas.[270]

A comunicação, assim apresentada, deve ser compreendida como uma junção de três momentos (inseparáveis na prática):[10] informação (*Information*); mensagem (*Mitteilung*) e compreensão (*Verstehen*). A comunicação é o elemento básico para a existência da sociedade, isto é, para existir sociedade, é necessário pressupor a existência de atos comunicativos. As diversas percepções somente podem compartilhar experiências

---

269 "Não significa que não exista reciprocidade ou que tais interconexões não possam ser observadas(...), [senão que] significa que um deve ter em conta o fato de que os efeitos podem surgir somente através da cooperação do sistema que os experimenta. (...) São sistemas opacos um para o outro. Uma consequência disto reside em que a consciência somente contribui para a comunicação com ruído, confusão e perturbação, e vice-versa". (Luhmann, Niklas. ¿Qué es Comunicación? Trad.: Miguel Chávez et al. Santiago: Universidad de Artes, Ciencias y Comunicación – UNIACC. *Revista Talon de Aquiles*, Outono de 1995, nº1). "Aqui a tradicional vinculação da ideia de autorreferência da consciência como a base da operação é abandonada. Deste modo, a teoria do sujeito da consciência (no sentido de *subjectum, hypokeimenon*) e com isso a primazia da diferença epistemológica entre sujeito e objeto é rejeitada. Ao contrário, dois tipos de operações são distinguidos a autorreprodução e a observação" (Luhmann, Niklas. "The unity of the Legal System", in: Teubner, Gunther. *Autopoietic law*: a new approach to law and society. Berlim; Nova Iorque: de Gruyter, 1987, p. 13).

270 "Eu vejo o problema no fato que a comunicação e a ação não podem ser separadas, não obstante elas possam ser distinguidas (...) [na verdade,] sistemas sociais são decompostos em ações, e por essa redução adquirem a base para conexões que servem para continuar o curso da comunicação" (Luhmann, Niklas. *Social systems*. Tradução de John Bednarz Jr e Dirk Baecker. California: Stanford University, 1995, p. 138-139) ou ainda: "O sistema comunicativo da sociedade é, nesse sentido, um acoplamento estrutural com sistemas de consciência. Apenas através da consciência [...] que a sociedade pode influir sobre o seu meio. Somente dessa forma é possível, com base num sistema comunicacional operacionalmente fechado da sociedade [como o direito] construir uma alta complexidade, a qual se atualiza sob a forma de uma novidade [*Uberraschung*], quer dizer, de uma informação. O aniquilamento da forma de vida física e da consciência não mais produziria uma irritação para a comunicação, a qual pereceria (Luhmann, 1993, p. 444). 10. "O que é proferido não apenas é selecionado, mas igualmente já é uma seleção – isto porque é proferido. Por isso comunicação não deve ser vista como duas partes, mas como um processo de seleção de três partes" (Luhmann, 1995, p. 140).

com a utilização de uma linguagem que as conecte. Na medida em que isso acontece, é possível construir uma realidade separada da percepção individual, ou seja, *alter* e *ego* podem compartilhar experiências sobre o seu próprio agir e sobre o agir de seus semelhantes. A linguagem é, portanto, o elemento que permite uma acoplagem estrutural entre percepção individual e comunicação social, sem ela não existira algo como uma realidade social.

Mas nas sociedades contemporâneas há várias espécies de comunicações sobre os mais variados assuntos, algumas exercendo uma função. Numa sociedade moderna e democrática alguns entendimentos podem ser relativizados (tolera-se o dissenso), enquanto outros precisam de um grau mínimo de previsibilidade quanto ao que se pode ou não aturar como desvio do padrão. O sistema tem por função o controle das expectativas e executa essa função através do controle seletivo de suas comunicações.

A teoria dos sistemas autopoiéticos afirma que a sociedade pressupõe comunicação e que as ações humanas somente podem ser conhecidas quando descritas comunicativamente, pois do contrário, ficariam apenas nas mentes daqueles que as vivenciaram.[271] É por isso que Luhmann afirma que ação e comunicação são indissociáveis. Ações, comunicações e expectativas são conceitos centrais para compreender como e para que o sistema jurídico se constitui socialmente.

Sempre que esperamos por algo, e precisamente porque esperamos este algo num universo de incertezas, estamos sujeitos a que nossas expectativas sejam frustradas. De certa maneira, o jargão popular é sábio ao nos dizer que aprendemos mais com os erros que com os acertos, pois o "erro" aqui é a expectativa que foi frustrada e traduzida num processo de aprendizagem. Nesse caso hipotético, *ego* aprende que está sujeito a respostas diferentes para além daquela que cogitava como certa. Contudo, há expectativas em que as defraudações não podem ser aceitas. Essas expectativas que não permitem o aprendizado são as chamadas *expectativas normativas*,[272] enquanto as primeiras, que aceitam o aprendizado, são as

---

271 Esse ponto da teoria adota o paradigma filosófico do construtivismo. O construtivismo filosófico sustenta que a realidade é sempre relativa aos observadores e fruto de um processo intersubjetivo. Algo como uma realidade social em si, objetivamente incontestável, não poderia ser admitida do ponto de vista das descrições humanas. O sistema jurídico, por exemplo, trabalho com casos (re)criados pelas partes, a descrição dos fatos é essencial para que o juiz possa emitir um parecer (comunicativo) sobre a questão jurídica controvertida. O direito não julga o fato em si, mas uma reconstrução (comunicativa) do conflito feito pelas partes.

272 "A semântica da validade normativa do dever-ser (*Sollens*) refere-se a esta modalidade expectável (*Erwartungsmodalität*)" (Luhmann, Niklas. "A restituição do décimo segundo camelo: do sentido de uma análise sociológica do direito", *in* Arnaud, André-Jean e Lopes Jr., Dalmir (ed.). *Op. cit.*, p. 62). Ainda: "expectativas normativas, (...), caracterizam-se pela determinação em não assimilar desapontamentos"; "O símbolo do 'de-

chamadas *expectativas cognitivas*. Uma sociedade cujas expectativas fossem todas sujeitas ao aprendizado, seria uma sociedade que não possuiria qualquer orientação para o proceder humano e, portanto, tudo seria válido, embora decepcionante. Para que alguma ordem possa ser estabelecida, é preciso que exista confiança.

Toda ação implica uma escolha e toda escolha é uma contingência do possível, logo contingência significa igualmente risco quanto aos resultados. Os sistemas sociais precisam assim de algumas estratégias para *contornar a ansiedade do risco proveniente das decepções*. O problema é resolvido com o parâmetro que fornece simultaneamente *sensibilidades seletivas* quanto à confiança e à desconfiança. As normas jurídicas nesse caso são a garantia mais eficaz da confiança. As normas jurídicas representam de forma mais concisa a confiança depositada em expectativas e, por isso, são as expectativas normativas por excelência e, uma vez frustradas, pode-se recorrer à coação da norma para refazer a expectativa.

11.3. COMO O SISTEMA JURÍDICO AGREGA AS EXPECTATIVAS NORMATIVAS PARA SEU FUNCIONAMENTO?

A resposta é através da introdução de um código funcional, que é o núcleo central do sistema, isto é, esse código é "um mecanismo" que possibilita ao Direito reduzir a complexidade do mundo social, controlar sua produção (criação de normas jurídicas), delimitar sua esfera de abrangência pelo programa da norma[273] e influir sobre o seu funcionamento (papel de interpretação realizado pela dogmática jurídica). Por isso, a primeira função do código é permitir a diferenciação do sistema com relação à missão específica do direito. A segunda é assegurar a reprodução autopoiética do sistema, quer dizer, a clausura da coerência na reprodução. O código funcional permite estabelecer o tratamento das expectativas normativas sob o ângulo dominante de saber se ele é compatível ou não com o tratamento das expectativas realizadas até então.[274]

A comunicação do sistema jurídico atua, dessa forma, através de um processo de distinção, quer dizer, separando o designado e o distinguindo

---

ver ser' expressa principalmente a expectativa dessa vigência contrafática" (Luhmann, Niklas. *Sociologia do Direito*. Rio de Janeiro: Tempo Brasileiro, 1983, v. 1, p. 56 e 57).

273 "[programa diz respeito] [`]as ações mediante as condições que devem supor ou as consequências que se devam alcançar, ou ambas as coisas. Paralelamente, se podem distinguir os programas condicionais dos programas finais. Por meio destas reduções – não somente de ações gerais, senão de ações determinadas, ou ações que podem determinar-se como corretas – a diferença entre sistema e meio adquire uma forma 'operável' para o sistema" (Luhmann, Niklas. *Sistemas sociales*. Tradução de Silvia Pappe y Brunhilde Erker. Barcelona: Anthropos, 1998, p. 195).

274 Cf. Luhmann, Niklas. *Le droit comme système social*. Paris: Droit et Société – Revue Internationale de Theorie du Droit et de Sociologie Juridique, nº 11/12, 1989, p. 58.

de um fundo. O Direito prevê, inicialmente, a expectativa, não levando em conta a materialidade do fato, senão através de um mecanismo abstrato que distingue o que pode ser aturado como desvio e o que não pode ser aturado. Isso é averiguado no interior de uma comunicação por meio do código do Direito/não Direito (*Recht/Unrecht*).[275] O Direito, portanto, define seu universo através de um código, que diferencia aquilo que faz daquilo que não faz parte de sua comunicação.

A comunicação do sistema jurídico passa a ser especializada, não importando – do ponto de vista interno ao sistema –, por exemplo, a informação de que um dos partícipes de uma relação "chorou" em razão de um constrangimento, mas apenas, se houve um constrangimento e se este ato afetou uma expectativa fundada nos direitos da personalidade, ou seja, se houve um dano moral. A informação de que a parte chorou não integra um argumento válido do ponto de vista interno ao sistema jurídico porque não pode ser entendida em termos de Direito/não Direito (nem imediatamente como através da abstrata distinção entre lícito e ilícito, em poucas palavras, não se constitui como um fato jurídico). O tema é definido dentro de seus limites por meio de regras de seleção cujos temas podem ser aceitos ou rejeitados, esse trabalho é feito por meio do código do sistema. Com a adoção de um código, o sistema fecha-se operacionalmente.[276]

O código do sistema jurídico é que possibilita ao sistema criar seus limites de atuação, além de especificar sua função, que consiste em estabilizar as expectativas de comportamento.[277] O código do sistema é o que fornece *sentido* à comunicação. A comunicação jurídica, expressa através do

---

275 Todos os subsistemas sociais constituem-se, segundo Luhmann, através da adoção de um processo de redução da complexidade. Tome por exemplo, um contrato, que é uma acoplagem estrutural do sistema jurídico com o sistema econômico: o contrato é um ato econômico, mas do ponto de vista jurídico, a compra e venda é regida por pressupostos e requisitos de validade. O direito visualiza a relação contratual como sendo meramente jurídica, separando os interesses, num primeiro momento, de fundo econômico.

No entanto, para *players* do mercado importam mais as consequências econômicas que poderão advir dele.

276 Segundo Luhmann, tudo o que penetra no interior do sistema jurídico, em suas comunicações, deve ser considerado como legal ou ilegal e aquilo que não se conforma a esta codificação compete apenas ao direito como uma questão prévia ao êxito do que se refere como legal ou ilegal (Luhmann, 1989, p. 57).

277 "A primeira função do código é permitir a diferenciação do sistema com relação à missão específica do direito. A segunda é assegurar a reprodução autopoiética do sistema, quer dizer, a clausura da coerência na reprodução. Ele permite estabelecer todo o tratamento das expectativas normativas sob o ângulo dominante de saber se ele é compatível ou não com o tratamento das expectativas realizadas até aqui" (Id., Ibid., p. 58).

ato jurídico, cria a unidade do sistema, em outras palavras, possibilita que o sistema se organize, mas não só se organize, senão que se auto-organize tendo em vista que uma comunicação segue a outra de forma recursiva.[278]

A interação dos elementos do sistema através de um código, que ao mesmo tempo delimita e participa da organização, permite ao sistema criar para si um espaço de *observação* própria da realidade. Semelhante ao que ocorre com os sistemas psíquicos, os (sub)sistemas sociais – aqui incluído o sistema jurídico – constroem sua realidade.

O código jurídico *permite* que o direito venha a criar sua identidade, que por si não é simplesmente criadas por essa distinção. Trata-se de uma condição *sine qua non* para que o sistema jurídico consiga separar o jurídico do não jurídico. A positividade do direito[279] emerge como uma real possibilidade de autodeterminação de suas próprias operações sem interferência direta de outros códigos funcionais como o da política (poder/não poder), da economia (ter/não ter, lucro/prejuízo), dos vínculos afetivos (amizade/inimizade). O afastamento dessas interferências constitui a passagem outrora narrada por Weber como característica do direito moderno, baseado numa abstração de uma diferenciação funcional, em detrimento das sociedades pré-modernas em que se delimitava o direito em virtude da diferenciação por segmentos sociais.

> Se o fato de dispor exclusivamente do código-diferença "lícito/ilícito" conduz ao fechamento operacional, a escolha entre lícito e ilícito é condicionada pelo ambiente. Por outro lado, a autodeterminação do direito fundamenta-se na distinção entre expectativas normativas e cognitivas, que só se tornou clara a partir da codificação binária da diferença entre lícito e ilícito exclusivamente pelo sistema jurídico. Com base na distinção entre normativo e cognitivo, o fechamento operativo do sistema jurídico é assegurado e simultaneamente compatibilizado com sua abertura ao meio.[280]

---

278 A comunicação permite criar a ideia temporal, pois se me refiro a um ato passado ou a uma comunicação passada, atualizando-a como referência, na qual essas comunicações/ações servem como parâmetro para enquadrar uma comunicação/ação presente, eu posso predizer, com certo grau de segurança, o que se pode esperar no futuro, principalmente no que se refere às comunicações jurídicas (atos jurídicos – processuais/materiais).

279 Positividade, nesse sentido, quer dizer a capacidade do sistema jurídico de se afirmar perante o meio ou de reafirmar uma consequência para uma expectativa normativa violada por um comportamento fático.

280 Neves, 2007, p. 135-136.

11.4. COMO O SISTEMA OBSERVA O MEIO SOCIAL, SUA ABERTURA COGNITIVA? RETORNO À AUTOPOIESIS

Segundo Luhmann, a *autopoiesis* define-se por uma sucessão de etapas: a autorreferência, a reflexividade e a reflexão. São, portanto, três os componentes fundamentais dessa operação: distinção da diferença, construção de uma posição que distingue o selecionado do meio e o estabelecimento de uma unidade inseparável entre essa posição e essa diferença.[281]

A *autorreferência elementar* caracteriza-se pela capacidade do sistema de produzir seus próprios elementos constitutivos, separando o designado de um fundo (meio).

Isso ocorre simplesmente com a adoção de um código funcional. O sistema possui a capacidade de criar normas e modificá-las, bem como de, a partir delas, delimitar a esfera do agir, criando uma comunicação específica para controlar as defraudações das expectativas sociais generalizadas.[282]

Por *reflexividade* deve-se entender a característica criada pelo sistema de poder fazer referência a um processo, ou seja, o sistema jurídico estabelece um procedimento que é capaz de fazer referência a esse próprio procedimento e não apenas às condutas (expectativas generalizadas dentro do procedimento judicial), seria uma espécie de autorreferência processual. O sistema jurídico, por si, controla o jogo de argumentos e contra-argumentos utilizados pelas partes definindo até onde uma prova pode ser apresentada, quais os prazos para os recursos, o momento correto para discutir o mérito etc.

Reflexão é o ponto chave da compreensão do conceito de *autopoiesis* do sistema jurídico. Esse é o momento em que o sistema jurídico cria

---

281 Importante citar aqui a contribuição tributada por Luhmann a George Spencer Brown (*Laws of form*. New York, 1972): "Esse funcionamento é compreensível em sua totalidade somente se se considera uma segunda diferença. Em conexão com Spencer Brown queremos falar de distinção (*distinction*) e indicação (*indication*), quando se trata dessa operação específica. Os resultados específicos são *diferença* e *identidade*. A distinção entre diferença e identidade será introduzida transversalmente na diferença entre atualidade e possibilidade para controlar a possibilidade na operação". (Luhmann, 1998, p. 82).

282 Certa correlação pode existir entre esses conceitos e o defendido pelo autor inglês Hebert Hart. No entanto, fica preso à estrutura do sistema como composto por um sistema de normas, sem destacar a influência que o próprio procedimento exerce para reduzir a expectativa das partes – neste ponto, para Luhmann, o procedimento é responsável pela redução da complexidade de expectativa das partes em relação à decisão final – não se preocupa com o modo como as regras secundárias se inter-relacionam com a doutrina jurídica e as decisões judiciais para o fechamento (unidade) do direito. Então, para parafrasear o autor inglês, o conceito de direito não pode ser fornecido pela simples união das regras primárias com as secundárias (Cf. Hart, Hebert L. A. O conceito de direito. Tradução de A. Ribeiro Mendes. Lisboa: Calouste Gulbekian, 2005, em especial capítulo V).

uma identidade, pois o sistema é capaz de fazer referência ao seu próprio funcionamento ou a si mesmo e às suas operações, o que se chama na cibernética de observação de segunda ordem.[283] Significa que o sistema jurídico é capaz de refletir sobre sua própria função e limites de aplicação de suas estruturas (normas) para, de forma mais eficiente, responder às demandas sociais.[284] No dizer de Gunther Teubner, trata-se de delimitar as reais operações de produção das normas jurídicas concretas. Podemos igualmente chamar essa operação de autodescrição.[285]

> A distinção entre autorreferência e hetero-referência nestes casos é o que permite a própria autopoiesis, e isto quer dizer: o sistema tem uma visão [*Seitenblick*] *real* [*gleichzeitig*] de como ele opera em seu meio existente e como pode orientar os efeitos de sua própria operação que nele acontecem com uma espécie de controle cibernético. Donde se pode distinguir formas altamente pretensiosas de autorreferência, sobre todas aquelas [formas] de *autodescrição* do sistema. Com isso, acontece a identificação do sistema como unidade e como descrição de suas peculiaridades (de seu sentido e de sua função etc.) mas no interior do próprio sistema. Tudo isso, precisamente como *auto*descrição, quando acontece como operação no sistema, acontece como uma operação dentre outras. Nós podemos chamar de reflexão esse modelo [utilizado] para o uso de textos do sistema no interior do sistema.[286]

Embora acabe sendo reducionista a tentativa de expor esse fechamento de um ponto de vista empírico, no âmbito do direito privado, os enunciados emitidos pelo Centro de Estudos Judiciários da Justiça Federal organizou, até o presente momento, quatro jornadas que tiveram por objetivo, interpretar o Código Civil. Esses enunciados, construídos a partir de uma reflexão prática da aplicação da nova legislação, fornecem um limite para aplicação dos artigos e dos institutos analisados.[287] No Enunciado nº 25, por exemplo, emitido pela primeira jornada afirma: "O art. 422 do Código Civil não inviabiliza a aplicação pelo julgador do princípio da boa-fé nas fases pré-contratual e pós-contratual". Enquanto o Código Civil determina que a boa-fé seja observada na *execução* e na *conclusão* do contrato, a

---

283 Cf. Luhmann, 1993, p. 532.

284 "O sentido da descrição guiada pela teoria dos sistemas localiza-se, no estabelecimento de uma relação entre a teoria do direito e a teoria da sociedade, o que implica dizer, uma reflexão teórico-social do direito" (Luhmann, 1993, p. 24).

285 Teubner, Gunther. *O direito como sistema autopoiético*. Tradução e prefácio de José Engrácia Antunes. Lisboa: Fundação Calouste Gulbekian, 1993, p. 85-86.

286 Luhmann, 1993, p. 53-54 [grifos do original].

287 Esses enunciados são importantes na medida em que se incorporam nos manuais de diversos autores e são utilizados por jurista, não só para seu aprendizado, mas para fundamento de suas pretensões (seus argumentos).

doutrina, consolidada, num consenso geral doutrinário desse enunciado, fornece uma interpretação extensiva que permite aplicar isso não só na fase anterior ao contrato, mas mesmo depois de ele já ter sido executado.[288]

Com isso, a reflexão permite um acoplamento estrutural entre o sistema científico (ciência do direito) e a funcionalidade do sistema jurídico. A doutrina contribui para a reflexão do sistema jurídico, descrevendo os limites da aplicação de uma norma ou de como deve ser interpretado determinado conceito, mas essa relação igualmente não é direta, pois o próprio funcionamento também opera limites à aplicação da doutrina, criando-se assim uma relação circular e paradoxal. Trata-se de um círculo autorreferencial entre a teoria e a prática jurídica, ambos se irritando mutuamente.[289]

Aqui está o cerne da teoria dos sistemas autopoiéticos de Niklas Luhmann. O sistema jurídico é um sistema operacionalmente fechado e cognitivamente aberto. O fundamento de validade do sistema jurídico não é fornecido por uma norma jurídica superior (hipotética transcendental), artifício utilizado por Hans Kelsen em sua *teoria pura do direito*, nem pela junção de regras primárias (de obrigação) com regras secundárias (de competência e/ou poder), mas pela própria constituição particular do sistema, apenas para usar uma expressão de Teubner, por um enlace hipercíclico de normas jurídicas (estruturas), os atos jurídicos – materiais e processuais (elementos) e da doutrina (identidade). O código funcional do sistema jurídico é Direito/não Direito, pois ainda que num primeiro momento o sistema selecione a partir de um modelo ideal do que pode ser aceito ou não do ponto de vista das expectativas generalizadas, somente com o transcurso de um processo judicial é que as pretensões de ambas as partes são analisadas. As normas envolvidas irão justificar os argumentos apresentados pelos sujeitos da relação jurídica, sejam essas normas advindas de uma lei, de uma súmula, de uma decisão diretiva, as quais são submetidas a um procedimento juridicamente controlado, e somente então é possível obter a *quaestio juris*.

Decerto que nesse operar de criação das normas jurídicas, as decisões dos tribunais superiores estão mais aptas a produzir uma maior adesão, ou justificação, para argumentos se comparadas com decisão de tribunais inferiores. Por isso, no centro do sistema jurídico estão os tribunais supe-

---

288 Exemplos concretos da aplicação dessa interpretação podem ser obtidos na jurisprudência (AC n. 70022177216 do TJRS) como também no texto de Azevedo, Antonio Junqueira de. O princípio da boa-fé objetiva nos contratos. In: Anais do Encontro Sobre o Projeto do Código Civil Brasileiro. *Série Cadernos do CEJ*, 2002, v. 20. Disponível em: <http://daleth.cjf.jus.br/revista/seriecadernos/vol20.pdf>.

289 Cf. Luhmann, 1993, p. 543-544. Igualmente Garcia Amado, Juan Antonio. Sobre los modos de conocer el derecho o de cómo construir el objeto jurídico. *Revista Doxa*, Cuadernos de Filosofia del Derecho, n. 11, 1992, p. 193-217.

riores, os quais exercem sobre a periferia do sistema um controle das decisões, um controle reflexivo ou uma auto-observação dos procedimentos, bem como dos limites de atuação – auto descrição (reflexão).[290] Com isso, podemos ver que o sistema jurídico realiza seu fechamento operacional pela codificação, mas mantém-se aberto às influências políticas através da Constituição, dialoga com a ciência jurídica através da utilização da doutrina e utiliza as suas próprias decisões como fundamento argumentativo, compreende o contrato vinculando-se à economia etc., opera dessa maneira uma intricada rede correlacional e coevolutivas através das mais variadas formas de acoplamento.

A validade do direito mistura-se com a própria legitimidade de suas decisões, quando o procedimento jurídico é respeitado. A validade somente pode ser obtida pela unidade do sistema jurídico, contemplando-o não como um sistema de normas, mas como uma unidade, isto é, a validade do sistema jurídico é fornecida pela *autopoiesis* do sistema, e por isso, compreende o Direito não só do ponto de vista estático, mas igualmente dinâmico, não o considerando como um sistema composto por normas, mas como uma complexidade ordenada na sociedade, como um sistema comunicativo que cria, controla e fundamenta as suas decisões.

A teoria dos sistemas autopoéticos na vertente luhmanniana preocupa-se em descrever o sistema jurídico tal como ele opera numa sociedade diferenciada funcionalmente, ao contrário das teorias jus-filosóficas que pressupõem determinadas atitudes positivas a serem assumidas, como a diferenciação entre princípios e regras ou a criação de "um novo raciocínio jurídico" para se alcançar decisões mais justas. Trata-se, portanto, de uma teoria sócio-jurídica que embora tenha seu fundamento numa base teórica abstrata, com conceitos relativamente sofisticados e, por vezes, exóticos para uma linguagem jurídico-dogmática tradicional, espelham de forma realista e empírica as relações do direito com seu meio social. No dizer de Luhmann, a justiça advém quando o Direito é capaz de responder a toda e qualquer demanda sem que os interesses alheios à sua racionalidade influenciem a decisão judicial, pois essa ocorre quando o Direito é capaz de decidir casos iguais de forma semelhante.

11.5. CONSIDERAÇÕES FINAIS

§ Autopoiesis define-se como reprodução recursiva de um dado sistema a partir de suas próprias estruturas. Um sistema autorreprodutivo define, por si, os limites de sua própria mudança estrutural a partir de

---

290 Cf. Luhmann, Niklas. A posição dos tribunais no sistema jurídico. *Revista Ajuris*. Porto Alegre: Ajuris, n. 49, ano XVII, julho de 1990, p. 149-168.

sua organização, em que as pressões externas funcionam apenas como elementos "modeladores" das mudanças internas.

§ Autopoiesis do sistema jurídico é sinônimo de autonomia operacional do direito que conjuga: fechamento operacional e abertura. O sistema somente consegue responder de forma eficiente ao meio no qual se encontra, se dele conseguir se distinguir, separando, por meio de um código de distinção, a auto-observação da hetero-observação.

§ A autopoiesis é uma conjugação de três momentos indissociáveis: a autorreferência elementar, a reflexividade e a reflexão. Esses três momentos fazem do direito um sistema autopoiético, fornecendo-o consistência e identidade. Apesar de o sistema jurídico compreender as demandas sociais a partir de uma racionalidade interna, os acoplamentos estruturais com os diversos subsistemas sociais criam formas de coevoluções.

11.6. REFERÊNCIAS BIBLIOGRÁFICAS

HART, Hebert L. A. *O conceito de direito*. Tradução de A. Ribeiro Mendes. Lisboa: Calouste Gulbekian, 2005.

LUHMANN, Niklas. *Sociologia do Direito*. Rio De Janeiro: Tempo Brasileiro, 1983, v. I.

LUHMANN, Niklas. "The unity of the Legal System", in: TEUBNER, Gunther. *Autopoietic Law*: a new approach to law and society. Berlim; Nova York: de Gruyter, 1987.

LUHMANN, Niklas. *Le droit comme système social*. Paris: Droit et Société – Revue Internationale de Theorie du Droit et de Sociologie Juridique, nº 11/12, 1989.

LUHMANN, Niklas. A posição dos tribunais no sistema jurídico. *Revista Ajuris*. Porto Alegre: Ajuris, n. 49, ano XVII, julho de 1990.

LUHMANN, Niklas. *Das Recht der Gesellschaft*. Frankfurt am Main: Suhrkamp, 1993.

LUHMANN, Niklas. *Social Systems*. Tradução de John Bednarz Jr e Dirk Baecker. California: Stanford University, 1995.

LUHMANN, Niklas. ¿Qué es Comunicación? Trad.: Miguel Chávez et al. Santiago: Universidad de Artes, Ciencias y Comunicación – UNIACC. *Revista Talon de Aquiles*, nº 1, Outono de 1995a.

LUHMANN, Niklas. *Sistemas sociales*. Tradução de Silvia Pappe y Brunhilde Erker. Barcelona: Anthropos, 1998.

LUHMANN, Niklas. "A restituição do décimo segundo camelo: do sentido de uma análise sociológica do direito", in ARNAUD, André-Jean e

LOPES Jr., Dalmir (org.). *Niklas Luhmann*: do sistema social a sociologia jurídica. Rio de Janeiro: Lumen Juris, 2004.

MATURANA, Humberto e VARELA, Francisco. *A Árvore do Conhecimento* – as bases biológicas da compreensão humana. Tradução de Humberto Mariotti e Lia Diskin. São Paulo: Palas Athena, 2001.

MATURANA, Humberto. *Cognição, ciência e vida cotidiana*. Organização e tradução de Cristina Magro e Victo Paredes. Belo Horizonte: UFMG, 2001.

NEVES, Marcelo. De la autopoiesis a la alopoiesis del derecho. *Revista Doxa*, Cuardernos de Filosofia del Derecho, nº 19, 1996.

NEVES, Marcelo. "E se faltar o décimo segundo camelo? Do direito expropriador ao direito invadido", in ARNAUD, André-Jean e LOPES Jr., Dalmir (org.). *Niklas Luhmann*:

do sistema social à sociologia jurídica. Rio de Janeiro: Lumen Juris, 2004.

NEVES, Marcelo. *A constitucionalização simbólica*. São Paulo: Martins Fontes, 2007.

TEUBNER, Gunther. *O direito como sistema autopoiético*. Tradução e prefácio de José Engrácia Antunes. Lisboa: Fundação Calouste Gulbekian, 1993.

UNIDADE III

Direito
e Sociologia
no Brasil

12 | SOCIOLOGIA JURÍDICA NO BRASIL

FABIANO ENGELMANN[291]

12.1. DIMENSÃO POLÍTICA E TEÓRICA DA SOCIOLOGIA JURÍDICA

O USO DO conhecimento sociológico por parte dos juristas, em grande número de vezes, traz implícita uma tentativa de redefinição crítica da teoria e dos diversos ramos disciplinares visando maior aproximação da aplicação das normas ao contexto histórico e social em que se insere o ordenamento. Ou seja, busca-se através da sociologia construir um ramo do conhecimento jurídico com foco principal nos aspectos sociais e políticos que circundam a aplicação de normas, a organização do sistema judicial, a formação dos bacharéis e a estruturação das carreiras jurídicas. Aspectos que são considerados, por alguns juristas, como "externos" ou estranhos ao mundo do direito.

Esse conteúdo inerentemente social da reflexão sociológica sobre o Direito tem sido abordado em dois grandes sentidos que serão aprofundados ao longo deste capítulo. Num primeiro, a análise sociológica do Direito, tomando conceitos e métodos de pesquisa das Ciências Sociais é utilizada para a construção de problemas de pesquisa sobre o mundo jurídico incidindo em diversos temas que não são de interesse imediato para os operadores do Direito, mas contribuem mediatamente para a melhor compreensão histórica e social do funcionamento do sistema judicial, das carreiras jurídicas, do ensino do Direito e sua relação com diversos contextos históricos, sociais, políticos e econômicos. Num segundo sentido, a Sociologia é utilizada numa tentativa de redefinição das diversas teorias do Direito e ramos disciplinares visando fundamentalmente uma crítica da dogmática e a fundamentação de um saber voltado para a produção de novas doutrinas capazes de efetivar a aplicação do Direito num sentido

---

291 Professor de Ciência Política da UFRGS, Pesquisador do CNPq e Coordenador do Núcleo de Estudos em Elites, Justiça e Poder Político (NEJUP/CEGOV/UFRGS). Em 2021 organizou o livro Justiça e Poder Político: elites jurídicas, internacionalização e movimentos anticorrupção publicado pelo CEGOV/UFRGS. Integra, desde 2020, o International Research Collaborative Lawyer and State Transformations na Law & Society Association. Foi Coordenador do Programa de Pós-Graduação em Ciência Política da UFRGS (2011-2015 e 2019-2021) e membro da Diretoria Nacional da Associação Brasileira de Ciência Política (ABCP) 2018/2020. Professor-Visitante da Univ. Paris 1 Panthéon-Sorbonne no Centre Européen de Sociologie et de Science Politique (CESSP) com Bolsa CAPES 2017-2018. Temas de Pesquisa Instituições Judiciais e Políticas e, circulação internacional, formação e recrutamento de elites jurídicas.

mais político e social dando apoio à aplicação das normas favoráveis às causas sociais.

Como exemplo da crítica da dogmática através da sociologia jurídica pode-se mencionar o debate sobre o "direito alternativo" ou o "uso alternativo do direito". Nesse sentido, a Sociologia do Direito ou Sociologia Jurídica, assim como, o conjunto de fundamentações filosóficas que põe em jogo as definições de Justiça, Estado e Direito, aparecem como recursos teóricos dos juristas que pretendem criticar os segmentos tradicionais que fundamentam o Direito a partir da interpretação do conjunto de repertórios legais codificados e reivindicam a autonomia absoluta da ciência jurídica frente às ciências sociais.

O uso da sociologia em especial nos trabalhos acadêmicos sobre o Direito ocorre também em outros países. Segundo Dezalay (1989), para o caso americano, as disputas doutrinárias englobam conflitos entre grupos que se formam no interior do espaço jurídico. A relativa autonomização do palco dessas lutas num espaço universitário mantém uma relação dúbia com o mundo dos práticos, como no caso do movimento de contestação da tradição jurídica americana dos *legal realists*.

> O projeto contestador dos *legal realist* denunciado por seus adversários como "bolcheviquização da doutrina", se inscreve assim perfeitamente na estratégia constitutiva de um campo científico que se forma distanciando-se dos "práticos" e dos interesses que pesam sobre o campo da prática profissional, mas cujos avanços são condicionados pelos ganhos potenciais que eles oferecem a estes mesmos "práticos" – ou ao menos – às novas categorias de práticos. Esta posição lhes permite expressar e eufemizar, sob a forma de lutas doutrinárias, os conflitos de interesses entre grupos sociais (Dezalay, 1989: 83).

O autor referido demonstra como a Sociologia do Direito americana comporta, num primeiro momento, a crítica ao Direito positivo e ao formalismo e, posteriormente, se constitui como uma aposta profissional de determinadas categorias de juristas. No universo das disputas doutrinárias, a Sociologia aparece como importação de conceitos e métodos das Ciências Sociais para as práticas jurídicas, legitimando uma "metodologia crítica" na interpretação das normas. Nesse sentido, constitui uma oposição que domina o debate entre os formalistas ou positivistas (ligados à tradição) e os "críticos". Em outras palavras, opõem-se os que afirmam a "autonomia absoluta da forma jurídica em relação ao mundo social" e os que "concebem o Direito como um reflexo ou utensílio ao serviço dos dominantes" (Bourdieu, 1986).

Tal fenômeno, no caso americano, envolve também o movimento *law and society*, em certa medida sucessor dos juristas-críticos do *legal realists*. O movimento Direito e Sociedade emerge no fim dos anos 1960, sendo responsável por um conjunto de reflexões "críticas" acerca do espaço das faculdades de Direito tradicionais nos Estados Unidos. Nesse movimento, liderado por professores de Direito, entra em jogo também a autonomização relativa do espaço do ensino universitário em relação ao mundo das carreiras práticas. Vauchez (2001) acentua que o sucesso dessa espécie de "crítica do Direito", assim como dos estudos sociojurídicos esteve estreitamente vinculado à criação de um mercado da pesquisa sociojurídica, a partir de 1950. As pesquisas, nesse caso, foram financiadas por fundações privadas e agências governamentais, particularmente nas temáticas do "acesso à Justiça" e a "guerra contra a pobreza". Observa-se no caso americano algo que é de extrema importância, o papel representado pelo ensino universitário enquanto espaço de produção intelectual e fundamentação teórica para a crítica do Direito.

No caso brasileiro e no caso francês[292] a sociologia do Direito, além de fundamentar a crítica da tradição jurídica, serve para a tradução de temas sociais para o espaço judicial. Isso ocorre tanto no interior dos cursos de pós-graduação, quanto na expansão do uso dos conhecimentos relacionados a essa disciplina em outras esferas sociais. Entre os casos representativos desses usos, está a mobilização do espaço judicial por diversas modalidades de movimentos sociais e ONGs, envolvendo a formalização jurídica de causas políticas e sociais. O que termina por abrir um amplo leque de novas formas de atuação judiciária que demanda progressivamente novas concepções de doutrinas jurídicas, distintas dos temas tradicionais relacionados predominantemente ao direito privado mais clássico.

12.2. PRINCIPAIS LINHAS DE PESQUISA DA SOCIOLOGIA JURÍDICA

Em linhas gerais, contemporaneamente podem-se identificar três grandes perspectivas de pesquisas na análise sociológica do Direito no Brasil. A primeira origina-se no interior do campo jurídico e é produto do fenômeno de fundamentação de determinados usos do Direito a partir das Ciências Sociais, conformando a chamada sociologia jurídica que visa instrumentalizar, como já mencionado, à crítica do Direito. Tal perspectiva assume um caráter marcadamente ideológico em uma tentativa de aproximar o direito da realidade. Uma das referências fundamentais para essa vertente é o "contramanual" de introdução ao estudo do direito pro-

---

292 Ver a respeito da gênese e história do surgimento e legitimação da disciplina de sociologia do direito no espaço acadêmico francês, o conjunto de entrevistas realizado com Jean Carbonnier por Arnaud & Andrini (1995).

duzido pelo jurista marxista francês Michel Mialle, *Introdução crítica ao direito* na década de 1970. Tal livro teve sua primeira edição em português em 1979 e fundamentou fortemente as teorias críticas do direito[293] ao longo das décadas de 1980 e 1990.

A abordagem marxista de Mialle também esteve na base do movimento francês *critique du droit* na década de 1970. No Brasil, pode-se mencionar a influência do trabalho, em especial no movimento do Direito alternativo na década de 1990, a partir das sentenças e posições políticas assumidas por um grupo de juízes do Rio Grande do Sul e um grupo de docentes da pós-graduação em Direito da Universidade Federal de Santa Catarina, além de outras instituições, que originou diversos trabalhos em forma de dissertações de mestrado e teses de doutorado a partir da abordagem marxista do Direito.

Uma segunda linha de estudos floresce na fronteira entre o Direito e as Ciências Sociais. Tal vertente é identificada na tentativa de constituir um campo de debates relacionados à Sociologia do Direito, partindo de pesquisadores oriundos das Ciências Sociais. Essa proposta calcada, em grande medida, em pesquisas empíricas, é articulada em um conjunto de trabalhos de juristas que realizam cursos de pós-graduação na área de Ciências Sociais e se dedicam principalmente à carreira universitária.[294] Dessa forma, objetivam construir uma disciplina de estudos capaz de disputar espaço, tanto no currículo dos cursos jurídicos, quanto no mundo das Ciências Sociais.

Os trabalhos produzidos nessa modalidade também têm envolvimento com os confrontos no âmbito do campo jurídico predominando temáticas de pesquisa que se situam na fronteira entre o Direito e a Sociologia, como a criminologia, os estudos sobre violência e os direitos humanos. Essa vertente é próxima da Sociologia do Direito francesa capitaneada por Jean Jacques Arnaud, um dos criadores da Rede e Revista *Droit et Société*, um dos principais espaços de debate das abordagens sociológicas sobre o Direito na França com repercussão internacional.

Os trabalhos de Arnaud influenciaram, na década de 1980 grupos de pesquisadores da área de Sociologia do Direito de diversas pós-graduações. A distinção desse conjunto de trabalhos em relação à Sociologia Jurídica é a maior sofisticação acadêmica através da incorporação de métodos de pesquisa empírica das Ciências Sociais.

Da mesma forma, essa vertente reivindica uma maior autonomia em relação ao mero uso ideológico da Sociologia pelos juristas, contrapondo--se em alguns casos aos "juristas críticos" no que concerne aos métodos e

---

293 Sobre as diversas "teorias críticas do direito", seus autores, suas origens e princípios epistemológicos ver Wolkmer (2001).

294 Para um panorama dessa perspectiva ver Souto & Falcão (1980) e Junqueira (1993).

abordagens da Sociologia do Direito. Um caso representativo é o Grupo de Trabalho Direito e Sociedade da Associação Nacional de Pós-Graduação em Ciências Sociais – ANPOCS, nas décadas de 1980 e 1990. Espaço de convivência das duas perspectivas, o Grupo constituiu uma tentativa de legitimar a Sociologia do Direito no universo das Ciências Sociais[295] (Junqueira, 1993 e Faria & Campilongo, 1991). O conflito entre pesquisadores de ciências sociais, trabalhando em um enfoque empírico e "juristas críticos", trabalhando num "enfoque ideológico", é apontado por Junqueira (2001), como uma das causas do enfraquecimento e extinção do Grupo.[296]

Pode-se mencionar uma terceira vertente de estudos identificada num conjunto de pesquisas mais próximas dos referenciais teórico-metodológicos da Ciência Política. Nesses trabalhos não há a preocupação com a articulação de uma disciplina de Sociologia do Direito. Entretanto, é importante mencioná-los, pois se trata de pesquisas que põem em pauta o estudo do sistema judicial brasileiro após a redemocratização do país. Entre os temas que se destacam nessa vertente, estão a "Reforma do Judiciário" e a problemática da ampliação do "Acesso à Justiça". Além de um conjunto de trabalhos que procuram compreender o novo papel político assumido pelo sistema judicial no Brasil pós a redemocratização. Em especial, a relação do Judiciário com os poderes Legislativo e Executivo e sua função numa sociedade democrática vinculada ao controle da legalidade dos atos dos outros poderes de Estado.

Tomando-se as três vertentes de trabalhos, representativas de modalidades de relação entre as Ciências Sociais e o campo jurídico, podem-se apontar como comuns duas grandes dificuldades na constituição do Direito enquanto objeto de estudo sociológico. Em primeiro lugar, a apropriação e mobilização da Sociologia por grupos socialmente dominados nos confrontos doutrinários internos do mundo jurídico estão intrinsecamente relacionadas à diferenciação de um espaço acadêmico de produção de repertórios de crítica da tradição jurídica. Nesse sentido, há o problema da subordinação da reflexão e da produção de pesquisas a uma lógica de disputa política entre diversas concepções e doutrinas jurídicas.

A segunda dificuldade decorre da tendência geral desses trabalhos em não descolar de temas conjunturais que afetam o campo jurídico. Isso se reflete na construção dos objetos de pesquisa que se apresentam, muitas

---

295 A institucionalização dos estudos sociológicos sobre o direito na França também reproduz a oposição entre os sociólogos do direito e os "juristas sociólogos", sendo que no caso dos últimos seu trabalho está relacionado ao uso das ciências sociais também na formulação de propostas legislativas, além da fundamentação dos movimentos "críticos" do direito. Neste sentido, ver Arnaud & Andrini (1995).

296 Entrevista publicada no Caderno da Universidade Federal de Sergipe em 2001. Um maior detalhamento sobre as temáticas das comunicações apresentadas nos seminários promovidos pelo grupo "direito e sociedade" na ANPOCS entre 1979 e 1989 pode ser obtido em Junqueira (1993).

vezes, como uma intervenção sofisticada no espaço das disputas ideológicas conjunturais dos juristas. Um exemplo disso é que muitas das pesquisas na área da Ciência Política sobre o Judiciário tiverem impulso na conjuntura da mobilização de magistrados contra determinadas propostas de reforma do Judiciário que tinham por consequência a diminuição do poder institucional dos juízes.

A intervenção da Ciência Política na discussão de questões conjunturais concernentes ao funcionamento do Judiciário pode contribuir para seu aperfeiçoamento no tocante à sua organização e gestão institucional. Entretanto, ao se comprometer a reflexão científica com necessidades da conjuntura política e social, podem-se perder outros fenômenos estruturais que se refletem de forma mediata no funcionamento do sistema judicial. Entre esses, pode-se mencionar ilustrativamente a necessidade de maior estudo dos efeitos das práticas de nepotismo, de estabelecimento de relações de clientela e troca de favores entre magistrados e advogados, entre outros fenômenos sociais que permeiam as instituições e que precisam de atenção por não se tratarem apenas de desvio de conduta pontuais e, sim, de práticas que tirem grande peso nas relações entre Estado e sociedade no Brasil e América latina.

12.3. A "RECEPÇÃO" DA SOCIOLOGIA JURÍDICA NO ENSINO JURÍDICO

A importância da relação entre o movimento do Direito alternativo e a maior difusão da Sociologia Jurídica no Brasil, merece ser aprofundada. A origem da expressão "alternativos" no âmbito do Judiciário remonta aos movimentos de magistrados ocorridos na Itália e Espanha na década de setenta.[297] No caso italiano, é atribuída às mobilizações articuladas pelas associações de magistrados que surgem após o período fascista, principalmente no final da década de sessenta (Andrade, 1996).

Para além das mobilizações de juízes críticos do Direito, a profissionalização da carreira universitária e a expansão dos docentes com títulos de Doutorado e Mestrado contribuiu para a ampliação do espaço da crítica do direito e da Sociologia Jurídica, de certa forma como um fenômeno semelhante ao que foi mencionado para o caso dos Estados Unidos. A relativa escassez de titulação acadêmica entre a maioria dos professores de Direito na década de 1980 e a ampliação das exigências por parte da política conjuntural do Ministério da Educação para a certificação dos cursos de graduação, na segunda metade da década de 1990, são fatores que facilitaram a ascensão de outros perfis de docentes com maior vinculação ao polo crítico do direito.

---

297 Ver a este respeito Wolkmer (2001) e Andrade (1996).

O espaço ocupado por juristas portadores de títulos de Doutorado, profissionalizados na atividade docente, está associado à expansão de um conjunto de repertórios e definições da doutrina jurídica e de um determinado tipo de pesquisa acadêmica. Esses juristas são responsáveis por uma produção intelectual que tem lugar no espaço relativamente autonomizado dos cursos de pós-graduação.

A tematização de problemáticas jurídicas, como as "questões sociais" envolvendo a interpretação do Direito ou os novos direitos públicos, protagonizada nos cursos de pós-graduação, implica novas hierarquizações das disciplinas jurídicas. Saberes disciplinares com menor prestígio adquirem destaque. O uso da Sociologia, nesse contexto, cresce como ferramenta que auxilia a abordagem interdisciplinar na fundamentação das definições do Direito. Como já mencionado, essa apropriação das Ciências Sociais ocorre numa perspectiva mais empírica através da incorporação de instrumentos de pesquisa de campo, ou ideológica, através da utilização de conceitos para a fundamentação da crítica das formas de uso do espaço judicial protagonizada pelos juristas tradicionais.

Assim, a Sociologia do Direito que emerge nessas bases legitima uma série de temas relacionados a um perfil de juristas militantes de causas sociais e políticas, como os direitos humanos, direitos sociais, acesso à Justiça e os estudos de criminologia, além dos novos direitos públicos relacionados às diversas espécies de direitos coletivos e difusos. Num mesmo sentido, propõe redefinições alternativas de disciplinas mais tradicionais como o direito civil ou o processo civil, temáticas de especialização vinculadas aos juristas que defendem um maior distanciamento da aplicação do Direito em relação aos problemas políticos, econômicos e sociais.

O uso da Sociologia para fundamentar o Direito é mais forte em saberes disciplinares que possuem um maior apelo social por lidar com coletividades e indivíduos de extração social mais baixa. É o que ocorre, por exemplo, com o direito penal e com o direito do trabalho que podem ser tomados como disciplinas que utilizam em maior grau as Ciências Sociais para sua fundamentação. O objetivo principal da "sociologização", nesses casos, é a aproximação do Direito com a realidade dos grupos socialmente dominados redefinindo os critérios de decisão judicial e as construções doutrinárias num sentido social ou crítico, em relação aos usos protagonizados pelos segmentos tradicionais.

Tomando-se os principais estudos de Sociologia do Direito no espaço da pós-graduação brasileira, tem-se um exemplo, já no início da década de 1980 da preocupação com a redefinição "social" do Direito e com a temática do ensino jurídico. Em Souto & Falcão (1980) e em Junqueira (1993), encontramos um mapeamento dos trabalhos e das temáticas produzidas por esta Sociologia do Direito já presente no espaço acadêmico no final da década de 1970. Entre os temas abordados aparece recorrentemente a preocupação em situar questões tradicionais como a função judicial, o sistema penal e a decisão jurídica em uma perspectiva sociológica. Nesse sentido, são utilizadas técnicas de pesquisa como questionários, entrevistas e observações objetivando, sobretudo, detectar a opinião e as percepções dos agentes do mundo jurídico em relação aos temas propostos.

Também é possível destacar um conjunto de estudos que tratam das "crises" do Direito. Representam posicionamentos preocupados com a "mediocridade do ensino jurídico"[298] e com a "crise de identidade socioprofissional dos bacharéis em direito no Brasil".[299] O foco desses trabalhos é a desvalorização do bacharel tradicional principalmente por seu assalariamento e as inadequações entre a realidade da prática jurídica e social e os currículos das faculdades de Direito.

A produção de teses de doutorado, a participação em congressos especializados nessas temáticas, bem como nas comissões de ensino tanto do Ministério da Educação quanto da Ordem dos Advogados do Brasil possibilitam a abertura de um novo espaço de atuação para esses professores de Direito que se posicionam como críticos do ensino tradicional.

A ampliação da oferta de vagas nos cursos de Direito na década de 1970, assim como a maior impessoalização dos concursos públicos para as carreiras de Estado possibilitaram a ascensão de juristas com características sociais e trajetos profissionais, intelectuais e políticos diferenciados em relação aos padrões dos juristas mais tradicionais. Para além dos efeitos de mudança do perfil social dos magistrados e membros do Ministério Público, a partir especialmente da década de 1990, com a reconstitucionalização do país, pode-se falar de uma reestruturação do campo jurídico, ao mesmo tempo, no mundo das carreiras de Estado e do ensino universitário. Ela atinge tanto as definições institucionais do papel das profissões, da formação universitária, quanto os perfis de juristas que atuam nas carreiras da Magistratura, do Ministério Público e na carreira universitária no ensino do Direito.

No caso do ensino universitário, a expansão e massificação cria, ao mesmo tempo, um espaço de trabalho para diversos juristas que se dedicam à carreira universitária e à promoção de causas coletivas, de ONGs e movimentos sociais. Efeito que se acentua com a expansão da pós-graduação em Direito e de profissionalização progressiva da carreira acadêmica que contribui para suprir a demanda por novos saberes que

---

298 Sobre os diagnósticos e propostas acerca do ensino jurídico no Brasil, ver o conjunto de trabalhos produzidos pela comissão de "especialistas em ensino" articulada pelo Conselho Federal da Ordem dos Advogados do Brasil (OAB). (OAB Ensino Jurídico, 1992, 1996, 1997) e os estudos de Rodrigues (1995).

299 Neste caso, ver especificamente Arruda Jr. (1988).

fundamentam a construção de doutrinas jurídicas relacionadas aos direitos coletivos.

Tem-se, nesse caso, um fenômeno muito peculiar às democracias ocidentais consolidadas, que é o do ativismo judicial, com a advocacia para grupos socialmente excluídos e promoção de novos direitos coletivos no âmbito do sistema judicial. Esse fenômeno implica que o sistema judicial se apresente, também, como mediador político representando uma judicialização da política, visto que diversos movimentos sociais e ONGs passam a utilizar o Judiciário, assim como o Ministério Público, para fazer valer e reconhecer direitos gerando, por consequência, novos perfis de advocacia relacionadas ao militantismo político e ao engajamento em causas sociais.

12.4. A FORMAÇÃO DO BACHAREL EM DIREITO: DILEMAS E PERSPECTIVAS

O contexto de surgimento de novas formas de advocacia e de maior presença do Judiciário e do Ministério Público na esfera política tem impulso na década de 1990 com as profundas mudanças por que passa o ensino do Direito e que repercutem na produção intelectual-acadêmica na área do ensino jurídico. A ocupação de espaços nas comissões de ensino do Ministério da Educação (MEC) e da Ordem dos Advogados do Brasil (OAB) por parte de juristas críticos da tradição jurídica das faculdades mais conservadoras contribuiu para a reformulação de parâmetros de avaliação e estabelecimento de novas exigências acadêmicas para os cursos de Direito.

Além da atuação nas comissões e da produção intelectual especializada em analisar a crise do ensino jurídico, a participação em congressos e seminários para discutir o ensino aflora ao longo da década de 1990. Nesses termos, se forma um conjunto de proposições que se legitimam nas comissões e são implementadas pelo Ministério da Educação como diretrizes para a abertura de novos cursos de graduação e pós-graduação. Um primeiro conjunto de propostas que merece ser destacado diz respeito à valorização da titulação acadêmica no ensino universitário do Direito. Isso atinge diretamente o recrutamento dos docentes e estabelece uma distinção entre os portadores de títulos de Mestrado e Doutorado e os professores-bacharéis, conforme acentua Horácio Wanderley Rodrigues no trabalho *Novo currículo mínimo para os cursos jurídicos*, em 1995:

1. Devem ser propiciadas condições para a qualificação e capacitação do corpo docente segundo os parâmetros indicados:
   – Recomenda-se a titulação acadêmica do corpo docente para o exercício do magistério, sendo fundamental que se exija 291

dos professores pelo menos curso de especialização na impossibilidade de Curso de Pós-Graduação *Stricto Sensu* (Mestrado e Doutorado).

– Recomenda-se a adoção de um plano permanente de capacitação docente dos cursos jurídicos visando seu contínuo aperfeiçoamento. O corpo docente deve contar com um mínimo de 30% (trinta por cento) de doutores e docentes capacitados em cursos de aperfeiçoamento devendo ser considerada a proporção dos formados em cursos de Pós-Graduação *Stricto Sensu* para os demais.

– A remuneração do corpo docente dos cursos jurídicos deve ser proporcional aos valores percebidos pelas carreiras jurídicas (Magistratura, Ministério Público e Procuradorias) (Rodrigues, 1995: 62).

A luta pela equivalência remuneratória e a titulação acadêmica opõe este modelo de recrutamento de professores ao molde tradicional, em que predominam docentes sem titulação de pós-graduação que ocupam predominantemente postos em profissões jurídicas práticas, fonte principal de sua remuneração.

Os critérios para a profissionalização da função docente estão inseridos nas definições advindas de um conjunto de trabalhos acadêmicos que aborda a "crise do ensino jurídico" e a "crise do direito". Representativos desses trabalhos são os produzidos por Horácio Wanderley Rodrigues, *A crise do ensino jurídico de graduação no Brasil contemporâneo*: indo além do senso comum, publicado em 1992, e por Edmundo Arruda Jr, *Advogado e mercado de trabalho*: um ensaio sobre a crise de identidade socioprofissional dos bacharéis em direito no Brasil, publicado em 1988.

O trabalho de Arruda Jr. enfoca a expansão das vagas no ensino universitário e as dificuldades de inserção do bacharel no mercado de trabalho como resultado do "modelo econômico-social do regime militar". Tem-se aí uma "causa ideológica" para a crise do direito:

A segmentação do mercado para os portadores de um título de Bacharel em Direito, tendo motivação nas estruturas político-econômica e político-educacional, têm em certos mecanismos institucionais um processo de reforço e alargamento da aludida crise de identidade socioprofissional. A segmentação tem, desta forma, variadas causas: monopolização econômica, donde advém a própria "desestruturação do mercado", se concebido de forma clássica, típico do capitalismo fundado na livre concorrência do capital comercial e industrial de uma sociedade liberal, onde o Estado pouco interfere; resulta também do próprio aparecimento, a partir dos anos 50, dos administradores e contabilistas sempre presentes em postos administrativos especializados, antigamente preenchidos pelos Bacharéis em Direito. (Arruda Jr., 1988: 141).

O aumento pela demanda de títulos de pós-graduação na década de 1990 também atinge o poder Judiciário e o Ministério Público que passaram a incluir programas de financiamento para seus quadros obterem maior titulação. Os incentivos se manifestam através de convênios com instituições privadas visando abrir cursos de mestrados, garantir cotas de vagas e formar turmas dirigidas a magistrados e promotores públicos. As associações de magistrados e de promotores têm um papel importante nesse caso, em especial ao se tornarem gestoras das escolas de formação de magistrados e promotores. A busca de títulos acadêmicos por parte dos juristas de Estado lhes propicia ganhos de promoção e ocupação de espaços no âmbito de suas carreiras e no mercado do ensino universitário, assim como no espaço associativo que administra as escolas preparatórias para concurso nessas profissões.

Nesse sentido, tem-se no caso brasileiro, na década de 1990, o início da mudança de um padrão de inserção social e política dos bacharéis que remontava ainda à velha tradição inspirada na Universidade de Coimbra e consolidada no espaço de formação das faculdades de Direito de Recife e de São Paulo, durante o Império. Padrão que é descentralizado para os estados, a partir da proclamação da República em 1889 e dá o tom da organização do ensino nas faculdades mais tradicionais do país. Nos estados, as faculdades de Direito fundadas, após esse processo, se constituíram nos espaços privilegiados de formação da elite política e jurídica local.

A essa tradição jurídica, que se caracteriza pela herança do bacharelismo imperial, se pode opor o processo de diversificação social e política que atinge o mundo da advocacia, das carreiras de Estado e o ensino universitário, já a partir da década de 1970. Como resultado do fenômeno de diversificação das origens sociais, políticas e geográficas dos juristas, emerge um conjunto de definições e usos do direito que tem, na redefinição institucional e nas mobilizações advindas em torno da Constituição de 1988, o momento mais favorável para sua emergência.

Além do crescente predomínio do recrutamento por concurso público impessoal para as carreiras de Estado, as lutas pela institucionalização dessas carreiras e sua autonomização relativa em relação ao espaço da política e da economia, ampliam as condições de apropriações de novos usos do direito por diversos grupos sociais. Por outro lado, contribuem para a emergência de novas fundamentações para ideias morais universais de

Justiça, Estado, "bem comum" e "interesses gerais da sociedade", objetos através dos quais os juristas expressam o seu monopólio de dizer o direito. Tal fenômeno também situou os juristas como guardiões das conquistas sociais e políticas da Constituição de 1988.

A abundante produção intelectual dos novos perfis de juristas se posiciona em confronto à produção intelectual dos juristas tradicionais. Isso ocorre no uso do Direito para a tradução doutrinária de demandas políticas e sociais propostas pelo conjunto dos movimentos sociais que atuam na conjuntura política brasileira pós1988. Como assinalado, tal (re)tradução no campo da teoria do Direito é realizada através da apropriação de diversas vertentes das Ciências Sociais que servem para aperfeiçoar a doutrina jurídica em diversos ramos do Direito.

Tais fatores contribuem para um novo repertório jurídico mobilizável no mundo das carreiras práticas, tanto pelos "juízes alternativos" que desencadeiam um movimento contestador da tradição jurídica na década de 1990, quanto pelas lideranças das associações de magistrados e promotores públicos. Num mesmo sentido, servem para a fundamentação da tradução de causas políticas sociais pelas diversas redes de advogados-militantes vinculados às causas coletivas dos direitos humanos, e de movimentos sociais que se destacam na conjuntura política brasileira ao longo da década de 1990, como os "sem terra", "sem teto", "feministas" e "ambientalistas", entre outros.

Finalmente, esse processo pode ser lido, em maior amplitude, como indicativo das movimentações dos juristas na reestruturação do espaço de poder. Nessa dimensão, os profissionais do direito perdem posições, num primeiro momento, no âmbito político e de gestão do Estado para outros segmentos, particularmente, os economistas. Ao mesmo tempo, entretanto o avanço da redemocratização redunda na ativação dos movimentos sociais, na década de 90, e no uso do direito e do poder Judiciário por parte desses movimentos e dos juristas engajados.

Em função desse novo contexto de ativação judicial e em virtude da defesa corporativa contra os movimentos neoliberais de reforma do Estado e do Judiciário, os juristas posicionados na Magistratura e no Ministério Público, em larga escala, redirecionam-se para uma defesa do Estado e da Constituição. Posicionamento que se apresenta também como tentativa de resguardar "interesses gerais da sociedade", em contrapartida à defesa dos interesses do mercado financeiro, protagonizada por parcela de economistas e de advogados mais próximos do espaço econômico por sua dedicação ao direito dos negócios.

Ao se caracterizar a dinâmica de fortalecimento da defesa da Constituição e do direito público, não se pode deixar de lado também o crescimento de um polo de juristas fortemente vinculados ao espaço econômico e ao campo dos negócios internacionais. Esta tendência também se desenvolve no campo jurídico a partir da década de 1990, em uma interface entre o mundo do direito e o da economia que pode ser contraposta à expansão do Direito público.

A emergência de juristas que promovem a "análise econômica do Direito" e modelos de reforma do sistema judicial se opõe aos juristas que articularam a redefinição institucional do espaço jurídico e se afirmaram como intérpretes da Constituição de 1988, em especial os membros das magistraturas estaduais e federal e do Ministério Público. O processo nacional de (re)constitucionalização ocorreu simultaneamente à intensificação da legitimação no campo dos juristas e economistas da discussão de padrões de regulação das práticas econômicas na América Latina com a relativização dos parâmetros que têm por foco privilegiado os arcabouços normativos do modelo do Estado nacional. O conjunto dessas proposições e receitas econômicas para os países da América Latina teve por matriz instituições como o FMI – Fundo Monetário Internacional e o ideário que propaga a o enfraquecimento da intervenção do Estado na economia, através de um conjunto de reformas institucionais, representado pelo neoliberalismo.

O processo de reconstitucionalização evidencia a continuidade do padrão da forte relação dos juristas no Brasil com a ideia do Estado Nacional e do *Welfare State* reforçado pela nova Constituição. A relação com a importação e (re)atualização das fundamentações do Estado enquanto regulador social e econômico fica evidenciada quando se analisam os padrões de estudos no exterior por parte dos docentes em Direito atuando no espaço acadêmico. Da mesma forma, a baixa circulação internacional, em especial de formação americana, da elite dos juristas intérpretes da Constituição, contribui para o reforço de uma tradição que se opõe aos modelos de Direito e mediação relacionados ao polo dos negócios internacionais.

A prevalência das doutrinas que reforçam o papel do Estado enquanto guardião de direitos, em especial no âmbito de magistrados e membros do Ministério Público contribui para o efeito de resistência de parte dos juristas e da cultura jurídica dominante em relação à afirmação de concepções da ordem jurídica e do sistema judicial vinculados às lógicas de uma ordem econômica internacionalizada. Fenômeno evidenciado nas diversas mobilizações ao longo da década de 1990 que tiveram largo apoio entre os juristas, tais como o combate à "reforma da Constituição", a "reforma da Previdência" e as resistências aos modelos de reforma do Judiciário propagados por instituições como o Banco Mundial.

Nesse sentido, a legitimação de uma cultura jurídica de "mercado" com um arcabouço legal favorável ao direito dos negócios internacionais parece configurar uma batalha simbólica na década de 1990 em torno das concepções de instituição judicial que permeia o espaço de produção de doutrinas jurídicas e, em última instância, a própria definição do Estado enquanto regulador das práticas econômicas. Essa luta pela legitimação de uma espécie de "cosmovisão jurídica de mercado" não envolve apenas a importação de técnicas e de doutrinas do Direito dos negócios, mas, mais amplamente, a construção de concepções de instituições jurídicas e de um sistema judicial em consonância com a lógica do comércio internacional.

No espaço das práticas negociais é crescente a expansão dos institutos de mediação e arbitragem, através da expansão das câmaras nacionais e regionais de mediação, assim como do espaço das câmaras de comércio exterior, *locus* institucional privilegiado que se opõe ao sistema judicial de mediação de conflitos comerciais. O perfil de advogados que atuam no espaço da arbitragem e do Direito dos negócios também tende a se diferenciar dos juristas voltados para a mediação estatal e para o eixo do Direito público. A difusão das câmaras de mediação e arbitragem no Brasil tem impulso através da Confederação das Associações Comerciais e Empresariais do Brasil que, em maio de 1997, constituiu a Corte Brasileira de Arbitragem e, em 2001, firmou um Convênio com o BID – Banco Interamericano de Desenvolvimento visando a difusão da "cultura arbitral" no país. Desse convênio resultou a Câmara Brasileira de Mediação e Arbitragem Empresarial – CBMAE.

Avançar a análise do processo de emergência de juristas que investem em uma "doutrina dos negócios" como base para a análise e proposta de reforma das instituições judiciais é importante para apreender o peso que tais segmentos têm na redefinição das instituições, na forma tanto de arcabouços normativos, tais como leis e normas de regulação da atividade comercial, quanto no espaço de formulação de concepções de reforma das instituições judiciais. Da mesma forma, o desenvolvimento de um polo de advogados vinculados ao espaço econômico das grandes corporações multinacionais tem um peso fundamental na redefinição das concepções e práticas da ordem jurídica, atingindo o monopólio sobre o saber jurídico dos juristas tradicionais e abrindo espaço para especialistas da área de administração e economia.

Ao que tudo indica, no caso brasileiro, os grandes escritórios de advocacia relacionados ao Direito dos negócios não lograram influenciar o movimento corporativo dos advogados instaurando um campo de batalhas acerca da definição do Direito que repercute na redefinição da ordem jurídica e no deslocamento do Estado nacional na mediação de conflitos comerciais e na regulação do mercado econômico, tal como se pode observar nos Estados Unidos, por exemplo. Esse cenário tem repercussão mais recente no campo de lutas intelectuais a respeito da definição do Direito que repercute na doutrina jurídica. Um exemplo são as diversas iniciativas para difundir no Brasil o movimento *Law & Economics* (ver Zylberstajn & Sztajn, 2005).

Para concluir, pode-se afirmar que a sociologia jurídica brasileira possui diversos desafios na melhor compreensão do campo jurídico e, por consequência, para se afirmar como fonte de conhecimento importante para os futuros bacharéis em Direito. Podem-se destacar dois fatores que parecem estar na base de qualquer estudo que busque melhor apreensão sociológica do Direito brasileiro.

Em primeiro lugar, ampliar a compreensão do impacto da redemocratização do país que restabeleceu o império da Constituição e fortaleceu a atuação da Magistratura, do Ministério Público e da Advocacia de causas coletivas ao longo da década de 1990. Compreensão que pode contribuir no aperfeiçoamento das relações entre os poderes Executivo, Legislativo e Judiciário e na melhor definição do papel político das instituições judiciais numa democracia.

Em segundo lugar, buscar a compreensão dos efeitos da internacionalização da economia e das normas jurídicas que põem em questão diretamente o modelo do Estado Nacional enquanto fonte privilegiada de garantia e aplicação do Direito. A consideração desse processo de globalização contribuirá para ajudar a compreender e aperfeiçoar as novas instituições que surgem com a crescente internacionalização das sociedades de advogados e as novas instituições de mediação de conflitos fora do sistema judicial estatal, como as Câmaras de arbitragem, por exemplo.

12.5. REFERÊNCIAS BIBLIOGRÁFICAS

ANDRADE, Lédio. *Introdução ao Direito alternativo brasileiro*. Porto Alegre: Livraria do Advogado, 1996.

ARNAUD, André & ANDRINI, Sérgio. *Jean Carbonnier, Renato Treves et la sociologie du droit*: archéologie d'une discipline. Paris: LGDJ, 1995.

ARRUDA Jr., Edmundo Lima. *Advogado e mercado de trabalho*: um ensaio sobre a crise de identidade sócio-profissional dos bacharéis em direito no Brasil. Campinas: Julex, 1988.

BOURDIEU, Pierre. La force du droit: éléments pour une sociologie du champ juridique. *Actes de la Recherche en Sciences Sociales*. n 2/3, juin, 1986.

DEZALAY, Yves *et al.* D'une démarche contestataire à un savoir méritocratique Esquisse d'une histoire sociale de la sociologie juridique américaine. *Actes de la Recherche en Sciences Sociales*. n. 78, juin 1989.

FARIA, José. Eduardo & CAMPILONGO, Celso. *A Sociologia Jurídica no Brasil*. Porto Alegre: Sergio Antonio Fabris Editor, 1991.

JUNQUEIRA, Eliane Botelho. *A sociologia do direito no Brasil*. Rio de Janeiro: Lumen Juris, 1993.

JUNQUEIRA, Eliane Botelho. Entrevista. *Caderno de Direito da Universidade Federal de Sergipe*. São Cristóvão: Editora UFS, 2001, v. IV, fasc. 1.

OAB ENSINO JURÍDICO. *Diagnóstico, perspectivas e propostas*. Brasília: OAB, Conselho Federal, 1992.

OAB ENSINO JURÍDICO. *Novas diretrizes curriculares*: Brasília: OAB, Conselho Federal, 1996.

OAB ENSINO JURÍDICO. *170 anos de cursos jurídicos no Brasil*. Brasília: OAB, Conselho Federal, 1997.

RODRIGUES, Horácio Wanderley. *Novo currículo mínimo dos cursos jurídicos*. São Paulo: Revista dos Tribunais, 1995.

SOUTO, Cláudio, FALCÃO, Joaquim. *Sociologia e Direito*. São Paulo: Pioneira, 1980.

VAUCHEZ, Antoine. Entre droit et sciences sociales: Retour sur l'histoire du mouvement 'Law and society'. *Genèses*. n. 45, déc. 2001.

WOLKMER, Antonio Carlos. *Introdução ao pensamento jurídico crítico*. 3. ed. São Paulo: Saraiva, São Paulo, 2001.

ZYLBERSTAJN, Décio & SZTAJN, Rachel. *Direito e Economia*. São Paulo: CampusElsevier, 2005.

13 | A CRÍTICA AO DIREITO NO BRASIL: CONSIDERAÇÕES SOBRE O DIREITO ALTERNATIVO

 RICARDO GUANABARA [300]

13.1. INTRODUÇÃO

A TRADIÇÃO DE crítica ao direito não é nova nas sociedades ocidentais. Sua forma mais contundente aparece nos escritos de Marx e Engels em textos como a "Questão judaica" e "Crítica da Filosofia do Direito de Hegel". Posteriormente, o marxismo se encarregou de combater o que se chamou de "direito burguês", espalhando-se em diversas vertentes e correntes.[301] Nas páginas que se seguem, abordaremos dois movimentos que foram identificados sob o nome de "direito alternativo". Tais movimentos nasceram com o propósito de mudar o quadro jurídico vigente no Brasil do fim do século XX.

Por trás do rótulo "direito alternativo" encontram-se correntes diferentes com propostas distintas, apesar de apresentarem inequívocos pontos de contato. Apresentamos aqui duas dessas correntes: a primeira, denominada "uso alternativo do Direito", é liderada por magistrados da região sul do país e se propõe a usar o arcabouço legal da Justiça de maneira mais flexível; a segunda, também chamada "alternativa", não valoriza o ordenamento jurídico existente e propõe-se a construir um novo direito, denominado "insurgente" ou "achado na rua". Este ensaio pretende explicitar os conteúdos de cada uma dessas propostas.

13.2. DEFININDO OS ALTERNATIVOS

O termo "alternativo" tem sido objeto de controvérsias no campo do direito. De imediato, cabe ressaltar o sentido diverso da palavra em alguns

---

300 Graduado em Direito pela Pontifícia Universidade Católica do Rio de Janeiro (PUC-RJ) e em Ciências Sociais pela Universidade Federal Fluminense (UFF). Mestre em Ciência Política (Ciência Política e Sociologia) pelo IUPERJ e Doutor em Ciência Política pelo IUPERJ (1999). Professor universitário, tem experiência nas áreas de Ciência Política, Sociologia e Direito, com ênfase em Direito Constitucional. É autor e organizador de livros e artigos nas áreas de Ciência Política e Direito. Atua principalmente nos seguintes temas: Teoria Política, Teoria do Estado, Direito Constitucional, História Política, Sociologia e Relações entre os Poderes.

301 Para uma história da crítica de Marx e do marxismo ao direito, ver Wolkmer, Antonio Carlos. Introdução ao pensamento jurídico crítico. São Paulo: Saraiva, 2008.

países. Na França, por exemplo, a expressão adquire um sentido peculiar, fruto das características de sua sociedade, especialmente a "aversão à juridicidade" e a recusa crescente aos "tratamentos judiciais de seus conflitos" (Junqueira, 1992: 27). Enquanto a sociedade norte-americana possui a clara tendência de judicializar todos os seus conflitos, a França percorre o sentido contrário, ou seja, cada vez mais os franceses recorrem a agências de mediação que têm como objetivo resolver as querelas e evitar o recurso ao Poder Judiciário. Daí o sentido de "alternativo" nesse país.

O direito alternativo no Brasil, por sua vez, buscou, de certa forma, uma subversão do ordenamento jurídico pátrio, seja a partir de dentro do Estado, seja a partir de fora, com a mobilização de setores organizados da sociedade. Assim, a proposta do "uso alternativo do direito", de reconhecida influência europeia, parte da própria prática judicial e coloca a magistratura no centro do movimento. Nesse sentido, caberia aos juízes utilizar-se do direito oficial vigente para colocar a justiça "ao lado dos oprimidos".

A segunda perspectiva, de matriz latino americana, coloca não os juízes mas as próprias comunidades como atores principais na luta pelos seus direitos, reivindicando maior grau de educação para os segmentos populares para que estes possam buscar soluções para os seus problemas. Assim, a primeira corrente procura adaptar as normas jurídicas existentes às necessidades das comunidades, acreditando que a neutralidade do Poder Judiciário é um "mito". A outra propõe-se a prestar serviços jurídicos aos trabalhadores, conscientizando-os por meio de uma educação "legal" e "política". Enfatiza-se, assim, a necessidade da criação de um "direito insurgente" das classes oprimidas, a ser gestado fora do Estado (Junqueira, 1993: 115). Trata-se, como bem ressalta Luciano Oliveira, de uma escola que procura "inscrever novos direitos a partir da perspectiva dos dominados" (Oliveira, 1993: 2).

São, portanto, visões distintas acerca das possibilidades do quadro institucional vigente, embora a maioria de seus praticantes compartilhe da adesão ao marxismo como crítica do direito.

13.3. O USO ALTERNATIVO DO DIREITO

A matriz do movimento dos juízes brasileiros, sobretudo gaúchos, que produziu várias sentenças polêmicas e causou contrariedade em parte da comunidade jurídica brasileira encontra-se na Itália do final dos anos 1960 e 1970, mais precisamente em um grupo de magistrados criadores de um movimento chamado "jurisprudência alternativa". Tal movimento, que repercutiu na Espanha no mesmo período, também provocou críticas de ilustres juristas, como Norberto Bobbio (Sobrinho, 1991: 111).

Embora cercado de críticas oriundas dos membros mais conservadores da magistratura italiana, o movimento cresceu em importância na década de 1970, devido, sobretudo, ao reconhecido preparo intelectual de seus juízes, que acabaram ocupando cátedras em universidades, recebendo o apoio dos partidos políticos "progressistas" e obtendo expressiva cobertura de seus atos pela imprensa, principalmente a francesa (Sobrinho: 113). Esses fatos desenrolaram-se em um cenário de grandes reivindicações sociais e atos de terrorismo que agitavam o país e colocavam as instituições, principalmente as jurídicas, diante do constante desafio de aplicar a lei em uma sociedade submetida a rápidas transformações.

Com todos esses elementos, o mundo jurídico italiano viveria grandes embates entre os tribunais de instâncias diferentes por conta das polêmicas decisões dos juízes de primeiro grau, que ocupavam uma parcela expressiva da magistratura naquele país. (Sobrinho:). Ressaltem-se, a propósito, os estudos de Boaventura de Souza Santos, que enfatizava a necessidade de se rever o "mito do apoliticismo judicial" e apontava três grandes correntes entre os magistrados italianos de então: a primeira, denominada estrutural-funcionalista, enfatizava os valores da ordem e da segurança jurídica, sendo representada por juízes conservadores e moderados, adeptos das decisões tradicionais na organização judiciária. A segunda, a do "conflitivismo pluralista", pode ser avaliada como reformista, defensora da mudança não só social, mas também do Poder Judiciário, visando ao aprofundamento da democracia dentro do estado de direito. Por fim, a terceira corrente, a do "conflitivismo dicotômico de tipo marxista", abrigava juízes que faziam um uso "alternativo" do direito, cujo objetivo é conferir à magistratura uma função criadora na construção de uma sociedade "mais igualitária" (Santos, 1989: 52).

No Brasil, somente na segunda metade dos anos 1980 o movimento dos juízes adeptos do uso alternativo do direito começaria a se solidificar e a se institucionalizar . Ao que se sabe,[302] o início dessa solidificação encontra-se no ano de 1986, em um congresso da associação dos juízes do Rio Grande do Sul. Na ocasião, magistrados gaúchos reuniram-se com o objetivo de coletar sugestões para a Constituinte, que começaria no ano seguinte. O encontro serviu, porém, para mostrar a convergência de pontos de vista entre os presentes. Diversas propostas acabaram se revelando comuns, como, por exemplo, a que sugeria eleições diretas para desembargadores e presidentes de tribunais.[303]

A partir da constatação de que muitos magistrados convergiam em várias propostas, vistas à época como "de esquerda", cresceu a adesão à corrente que se consolidou no grupo de filosofia do direito da escola de magistratura do Rio Grande do Sul. Tal escola passaria a ser a única do

---

302 Segundo matéria publicada no *Jornal da Tarde* de 24/10/1990.
303 Idem.

País a contar com uma cadeira denominada "direito alternativo", ministrada por um dos expoentes do movimento, o então juiz Amilton Bueno de Carvalho.

Em 1990, o grupo já contava com aproximadamente 30 juízes e pelo menos um número igual de simpatizantes, até mesmo na segunda instância do Judiciário gaúcho, onde se encontrava outro líder do movimento, o juiz e professor Sérgio Gischow Pereira.[304]

Embora não pudessem manter vínculos partidários,[305] a maioria dos juízes vinculados ao uso alternativo do Direito simpatizava com o Partido dos Trabalhadores (PT) e, não raro, fazia afirmações que provocavam críticas vindas de importantes juristas brasileiros. Alguns integrantes do movimento acendiam polêmicas ao questionar a estrutura e o funcionamento do Poder Judiciário no país. Eram usuais as críticas aos rituais judiciários e surgiam propostas para modificá-los. Um dos juízes – Márcio Puggini – chegou a propor mudanças no mobiliário dos tribunais: "Nós queremos serrar os pés das mesas para ficarmos na mesma altura das pessoas", afirmaria o magistrado.[306] Sobre o tema, concordaria Amilton Bueno de Carvalho: "Olhar as pessoas de cima nos deixa numa posição ridícula".[307]

Também as declarações politizadas "à esquerda" provocavam indignação em alguns círculos jurídicos brasileiros. A maioria dos juízes "alternativos" questionava a ideia de "Justiça" e muitos não hesitavam em redefini-la. Era o caso de Bueno de Carvalho quando afirmava: "eu ensino a usar o direito para a emancipação da classe trabalhadora", ou "o justo está no compromisso com a maioria do povo que, obviamente, no regime capitalista, é explorada".[308]

No entanto, não se pode dizer que os teóricos do uso alternativo do Direito preocupavam-se apenas em expor suas posições por meio de declarações e sentenças. Há um esforço de fundamentação e difusão de uma doutrina configurado em inúmeras publicações – livros e periódicos –, bem como em centenas de congressos realizados em todo o Brasil, entre eles o I Encontro Internacional de Direito Alternativo, realizado em Santa Catarina em setembro de 1991.[309]

---

304 Idem, p.6.

305 Aos juízes são vedadas atividades político-partidárias, nos termos do art. 95, parágrafo único, inciso III, da Constituição Federal de 1988.

306 Idem.

307 Idem.

308 Ver Jornal da Tarde, 25/10/1990, p. 8.

309 Arruda Jr, Edmundo Lima de. *Introdução á Sociologia Jurídica Alternativa*. São Paulo: Ed. Acadêmica, 1993, p.179.

13.4. DOUTRINA E FUNDAMENTAÇÃO DO USO ALTERNATIVO DO DIREITO

Segundo Carvalho, o uso alternativo do direito representaria a busca de um "instrumental teórico e prático" a ser utilizado por profissionais do Direito que desejassem colocar sua atuação a serviço da "emancipação popular".[310] Segundo o autor, a América Latina vivia uma "democratização incipiente", o que fazia com que o Direito se tornasse "um instrumento de resistência das classes populares à dominação e à exploração". Em tal contexto, o Judiciário deveria se constituir em uma "arena democrática", disponível aos cidadãos na luta pelos seus direitos, como, por exemplo, aposentados em busca de reajustes de seus proventos ou mutuários que se sentissem prejudicados pelo Sistema Financeiro de Habitação (SFH).[311]

Tal perspectiva uniu um grande número de atores jurídicos, tais como juízes, promotores, advogados, defensores públicos e procuradores que pautariam suas ações pelo instrumental do uso alternativo do Direito, o que fez o movimento ganhar visibilidade. Na visão de Amilton Bueno de Carvalho, o uso alternativo do direito não se caracteriza pela negativa da lei, já que a lei é uma "conquista da humanidade", não sendo possível viver em uma sociedade sem normas, escritas ou não escritas.

Tal fato, no entanto, não deve impedir que as leis sejam "justas" e "comprometidas" com a maioria da população (Carvalho, 1993: 8). Como isso nem sempre é possível, um ponto fundamental da doutrina "alternativa" é a separação entre direito e lei, quando necessária. Nesse sentido, seria preciso superar o "legalismo estreito" sem perder de vista os princípios gerais do Direito (Carvalho, 1993: 9).

Uma das principais críticas sofridas pelo uso alternativo do direito foi a de que os juízes estariam pretendendo substituir os legisladores. Carvalho respondeu a esse questionamento alegando que a história demonstrava o "comprometimento" dos legisladores com as "classes dominantes" ou com os "donos do capital" (Carvalho, 1993: 19). Assim, o legislador conceberia a legislação genericamente, sem pensar em particularidades, o que levaria a situações de injustiça.

Caberia, pois, ao Judiciário a obrigação de, no caso particular, alterar e corrigir situações imprevistas ou "mal previstas", não devendo ser simplesmente um poder do Estado. Seria necessário "buscar o que é melhor para o povo", já que a lei é "apenas um referencial" (Carvalho, 1993: 19). Não haveria, segundo tal visão, que se falar em instabilidade jurídica provocada por sentenças "alternativas", pois, segundo Carvalho,

---

310 Carvalho, Amilton Bueno de. *Direito Alternativo na Jurisprudência*. São Paulo: Ed. Acadêmica, 1993, p. 8.
311 Idem, p. 9.

"o que gera instabilidade são as leis injustas, pois o povo perde a confiança nas instituições".[312]

O próprio Carvalho definiu com precisão os elementos que compunham o uso alternativo do direito. Tal prática jurídica deveria se valer do direito positivado e já instituído por meio das seguintes possibilidades: "utilização de contradições, ambiguidades e lacunas do direito legislado, sob uma ótica democratizante", com o objetivo de buscar "via interpretação qualificada e diferenciada", espaços que possibilitassem "o avanço das lutas populares e permitissem a democratização das normas" (Carvalho, 1993: 11)

Percebe-se, assim, que o uso alternativo do direito preconizava uma busca de mudanças dentro do quadro legal e institucional existente, o que é confirmado por Carvalho quando utiliza a expressão "positivismo de combate". Na visão do autor, tal expressão significava a valorização das leis que significassem "conquistas populares" (Carvalho, 1993: 11). Segundo Carvalho, as leis deveriam estar de acordo com os "princípios norteadores universais" dos homens, que são o direito à vida e à liberdade. Se a lei afronta esses princípios, o agente jurídico, em especial o magistrado, estaria autorizado a afastar a sua vigência.

As posições concernentes ao uso alternativo do direito recusam uma visão de neutralidade do direito e da justiça e pregam um compromisso de alinhamento com os setores sociais mais desfavorecidos. É possível dizer que a maioria, senão a totalidade de seus integrantes, concordaria com a frase segundo a qual "um juiz que aplica uma lei injusta se demite da dignidade humana" (Pargendler, 1992: 30).

Outros profissionais do Direito também apoiaram o movimento do uso alternativo do direito. É o caso de Tarso Genro, que, ministro da Justiça no governo Luís Inácio Lula da Silva, na década de 1990, a de maior expressão do movimento, era advogado militante no sul do País. Genro defendia a participação do juiz no processo de criação do direito. Assim, o uso alternativo não seria um ato arbitrário do magistrado, mas "um ato de construção de valores que já estão postos pela história no sentido da liberdade humana, do direito à vida, pela repartição do produto social, pela redução da desigualdade e preservação do ambiente e da natureza" (Genro, 1991: 26). Insiste o autor em que "quanto mais apegado ao texto da lei, mais servil é o juiz diante dos poderosos e mais enérgico perante os socialmente fracos" (Genro, 1991: 27).

Em suma, o uso alternativo do direito defendia a negação de validade à lei "injusta", procurando utilizar em alguns casos as contradições, a vagueza e as ambiguidades existentes no ordenamento jurídico. Nesse

---

312 Carvalho, Amilton Bueno de. *Direito Alternativo na Jurisprudência*. São Paulo: Ed. Acadêmica, 1993.

processo, o magistrado deveria optar sempre pela interpretação comprometida com as classes sociais e grupos "excluídos" e "carentes". Conforme lembra Horácio Rodrigues, o instrumento principal desse movimento é a hermenêutica, possibilitada no caso brasileiro pela própria legislação do país, já que o art. 5º da Lei de Introdução ao Código Civil afirma: "Na interpretação da lei, o juiz atenderá aos fins sociais a que ela se destina e às exigências do bem comum" (Rodrigues, 1991: 182).

13.5. A JURISPRUDÊNCIA "ALTERNATIVA"

A atuação dos juízes comprometidos com o uso alternativo do direito gerou uma série de decisões peculiares em diversas áreas do direito.[313] Elas se fizeram presentes na esfera cível, trabalhista e também no âmbito penal. Neste campo, por exemplo, predominava no movimento a ideia de que "o desaguadouro do drama social é o crime" e que a legislação penal brasileira é "benévola com os fortes" e "severa para com os pobres" (Carvalho, 1993: 25). Exatamente por isso, era preciso mudar o direito penal, invertendo suas prioridades. Assim, por um lado, buscava novas incriminações com ênfase nos crimes contra o patrimônio público e no aumento das penas para o crime de corrupção. Por outro lado, havia a intenção de desconsiderar delitos como a vadiagem e a diminuição da pena para alguns tipos de furto. Além disso, os "alternativos" buscavam chamar a atenção para a questão das penitenciárias no Brasil, sobretudo no que se refere à observância dos direitos fundamentais do presidiário.

Ainda no âmbito penal, há que se ressaltar a grande inserção do uso alternativo do direito nos chamados delitos contra os costumes. Nesse tema, considerava-se que havia um descompasso entre a moral contemporânea e o direito vigente no Brasil. Exatamente por isso, deveria haver uma orientação no sentido de minimizar a punição de delitos como sedução, casa de prostituição e favorecimento da prostituição. Considerava Amilton Carvalho que, agindo assim, os juízes ensejariam a possibilidade de discutir "critérios de suplantação de normas perdidas no tempo" (Carvalho, 1993: 26).

De uma maneira geral, sobressai nos escritos de Carvalho a ideia de que a sociedade poderia "descriminalizar" determinadas condutas, sem, contudo, criar tipos:

> No plano teórico, o que se quer registrar é que a população,
> organizada ou não, tem o poder de invadir o direito penal

---

313 Para um apanhado da jurisprudência considerada "alternativa" ver Carvalho, Amilton Bueno de. *Direito Alternativo na Jurisprudência*. São Paulo, Ed. Acadêmica, 1993 e, do mesmo autor, *Direito Alternativo, teoria e prática*. Rio de Janeiro, Ed. Lúmen Juris, 2004.

para descriminalizar tipos. O Judiciário, por comprometido com a razão da sociedade e não com a do Estado, tem, como agente político que é, o dever/poder de legitimar tal invasão quando não agride os princípios gerais do direito (Carvalho, 2004: 77).

Assim, no campo do direito penal, o uso alternativo do direito colocou-se desde o início como militante do garantismo jurídico. É nítida a preocupação com o não aprisionamento dos indivíduos, salvo em caso de condutas consideradas graves. Tal fato se torna visível quando se aborda o tema dos crimes contra os costumes. Aqui a visão alternativa revela-se, mais uma vez, minimalista:

> "Então, desde o meu olhar, tenho que, no momento dos costumes, os tipos penais previstos nos artigos 213/220 do Código Penal, deveriam restringir-se a um apenas: prática de relação de sexo mediante violência ou grave ameaça, real ou presumida. É que há tipos hoje que não têm o menor sentido, tais como posse sexual mediante fraude, sedução, corrupção de menores e de rapto consensual (Carvalho, 2004: 94).

Para ilustrar seus argumentos, Carvalho cita como jurisprudência inovadora uma decisão do STF que absolveu um indivíduo que manteve relação sexual com jovem de 12 anos de idade, vindo a ser condenado por estupro presumido e, posteriormente teve concedido *habeas corpus* relatado pelo Ministro Marco Aurélio de Mello.[314]

No âmbito trabalhista, eram recorrentes as sentenças destinadas a proteger o direito de greve de diversas categorias de trabalhadores, enquanto na esfera cível eram comuns decisões que protegiam o consumidor, como, por exemplo, a que determinava a devolução de parcelas pagas corrigidas a consumidores desistentes de consórcios. Outras decisões limitavam direitos de locadores em contratos de aluguel de imóveis. Também se tornou conhecida a defesa dos "alternativos" da limitação da taxa de juros reais a 12% ao ano, independentemente de regulamentação do art. 192, § 3º, da Constituição Federal, como decidiu o Supremo Tribunal Federal na década de 1990.[315]

Ressalte-se, ainda, que algumas decisões judiciais no Rio Grande do Sul acolheram invasões de terras. O próprio Amilton Bueno de Carvalho enfatizava que a ocupação de latifúndios por parte de invasores "sem-terra" encontrava resistência no Judiciário. No entanto, as decisões recentes

---

314 Ver HC nº 73662-9-MG, 2ª turma STF. 1996.
315 Note-se que a polêmica em torno da fixação dos juros em 12% ao ano, bem como sua regulamentação, encerrou-se com a aprovação da emenda constitucional nº 40, de 2003, que excluiu o parágrafo 3º do artigo 192 da Constituição.

apontavam para um "novo olhar do Direito", "comprometido com aqueles que não têm onde morar" (Carvalho, 2004: 101).

A análise das decisões dos juízes do uso alternativo do direito deve admitir que boa parte do que se considerava "polêmico" acabou por ser incorporada à jurisprudência dos diversos tribunais, perdendo, assim, muito de seu aparente "radicalismo".[316]

Discutida e demonstrada a visão do "uso alternativo do direito", cabe agora abordar uma outra forma de se pensar o direito alternativo. Tal forma não privilegia os profissionais jurídicos, sobretudo os juízes, como atores principais de uma revolução do direito. A mudança jurídica, na visão de uma outra corrente, pode e deve ser pensada a partir da prática de grupos sociais capazes de construir um novo direito. Portanto, diferente do direito "burguês", conforme veremos a seguir.

13.6. O DIREITO ALTERNATIVO: NOTAS SOBRE O DIREITO INSURGENTE E "ACHADO NA RUA"

Uma segunda visão do que se poderia chamar de "direito alternativo" encontra-se na convicção de que é preciso "educar" política e legalmente as classes populares com o objetivo de organizá-las e conscientizá-las. Dessa maneira seria possível a substituição do direito "oficial" vigente por um direito "autêntico", oriundo da própria sociedade.

A lógica que preside tal movimento é a de que, sendo o Estado, inexoravelmente, um representante das "classes dominantes", é preciso fundar uma nova ordem jurídica fora desse Estado e constituída por novos agentes, empenhados na criação de um novo direito, denominado "insurgente" e das "classes oprimidas" (Junqueira, 1993: 114).

Seria preciso, pois, estabelecer um novo direito, que se contrapusesse ao direito oficial, a fim de superar o modelo atual de sociedade. Na nova ordem jurídica a ser gestada privilegiam-se, sobretudo, os direitos humanos e a carência dos setores "subalternos". Um exemplo de proposta de uma nova ordem jurídica é o projeto "O Direito Achado na Rua", desenvolvido pela Universidade de Brasília (UnB), cuja meta é a de pro-

---

316 Nesse sentido, é digno de nota o tema da impenhorabilidade do bem de família, especialmente no que se refere aos objetos de caráter essencial ou supérfluo para fins de execução. Decisões que eram consideradas "alternativas" defendiam que ítens como ar condicionado, televisão e videocassete deveriam ser considerados como necessários à dignidade da família e, portanto, impenhoráveis, o que provocava controvérsia no meio jurídico. No entanto, a trajetória da jurisprudência do STJ sobre o tema, acabou por ratificar a linha jurídica do uso alternativo do Direito. Sobre o tema, ver Carvalho, o "Direito Alternativo na Jurisprudência", bem como o artigo "Controvérsias sobre a impenhorabilidade do bem de família", de Elisa Maria Rudge ramos, capturado no site http://www.lfg.com.br.

porcionar educação jurídica à distância a entidades como organizações sindicais, comunidades religiosas e associações de bairros (Faria e Campilongo, 1991: 38). Observa José Eduardo Faria que essa iniciativa preocupa-se menos com o direito dos códigos lecionado nas universidades e mais com as diversas relações jurídicas praticadas no dia a dia das sociedades (Faria e Campilongo, 1991: 38).

Assim, a postura dos cursos é eminentemente crítica em relação ao direito vigente e contrária á ideia de neutralidade e despolitização do direito. Privilegia-se o tratamento político da questão jurídica com propostas de construção de uma nova ordem que substitua as instituições atuais. A ideia é fazer da universidade um polo transmissor de informações em prol de uma ordem "normativa, legítima, desformalizada e descentralizada" (Faria e Campilongo, 1991: 38).

Em um texto denominado "Contribuição para um projeto de juridicidade alternativa", Antonio Carlos Wolkmer faz um diagnóstico do quadro jurídico estatal contemporâneo e traça um projeto de mudança da ordem institucional. Segundo o autor, o direito "burguês-capitalista" baseia-se em proposições legais e abstratas empreendidas por um órgão centralizado (Estado) e aplicadas por órgãos e funcionários estatais (juízes). Por ser um direito estatal, desconsidera em suas fontes as diversas manifestações de relacionamentos jurídicos não oficiais, desenvolvidos por grupos sociais como sindicatos, comunidades, associações e outros segmentos sociais (Wolkmer, 1991: 28-52).

Por conta desse quadro, no qual o direito atual seria "insuficiente" para desempenhar suas funções, requer-se, segundo Wolkmer, um novo ordenamento jurídico que contemple as modernas sociedades de massa, que já dariam sinais de crises na produção e administração da Justiça. Tal quadro revela ainda, na visão do autor, um inequívoco espaço para o surgimento de novos paradigmas, que devem se pautar tanto pelo compromisso com a "desmistificação" do direito oficial quanto pela implementação de novas propostas baseadas em um "pluralismo legal-alternativo" (Wolkmer, 1991: 51).

O "novo direito" procura lutar, dentre outros pontos, pelo "questionamento dos valores", pela "fundamentação de uma ética política de práxis comunitária", pela "redescoberta de um novo sujeito histórico" e pelo "reconhecimento dos movimentos e práticas sociais como fontes do pluralismo jurídico" (Wolkmer, 1991: 31). Tal ideia de pluralidade, constante em quase todos os textos jurídicos "alternativos", tem como matriz um estudo dos anos 1970 desenvolvido por Boaventura de Souza Santos no Brasil.[317] Na ocasião, estudando uma comunidade brasileira, o autor ob-

---

317 O estudo, denominado *"Law against law"*, de 1974 é citado por Boaventura Santos em

servou formas de "legalidade alternativa", às quais denominou "direito de Pasárgada". Segundo Santos, tal direito representaria uma forma alterntiva de resolução de conflitos que vigoravam paralelamente ao direito oficial (Wolkmer, 1991: 44).

Apoiado em Boaventura Santos, Wolkmer aponta para a necessidade de uma "racionalidade emancipatória" e de uma "ética política libertadora". Haveria, portanto, a necessidade de se "resgatar" um novo sujeito histórico, que se articulasse em torno do "sofrimento" e das exigências cada vez mais claras de dignidade, justiça e igualitarismo para as maiorias. O novo ator histórico não seria uma oligarquia ou setores médios da burguesia, mas uma "coletividade política", formada tanto pelas "massas não organizadas" quanto por organizações populares, étnicas, estudantis, sexistas e profissionais (Wolkmer, 1991: 45).

Outros autores "alternativos", como Wilson Ramos Filho, enfatizam as diferenças existentes entre o uso alternativo do direito e o direito alternativo. Segundo esse autor, o direito alternativo parte da ideia de quem nem todo direito emana do Estado, sobretudo na América Latina, onde predomina a instabilidade política e há uma "impermeabilidade" do sistema jurídico (Ramos Filho, 1989: 156). Por isso, os diversos grupos sociais acabam produzindo e praticando uma direito mais "legítimo" do que o direito oficial, sem se importar se tal direito é reconhecido pelo Estado, tal como demonstraria a prática de associações de moradores e de movimentos sindicais (Ramos Filho, 1989: 156).

Ainda segundo Ramos Filho, haveria "formuladores" buscando dotar esse direito alternativo de fundamentação teórica. A ideia seria justificar as práticas sociais com ênfase não no Judiciário, mas na comunidade, a partir da produção de um saber "que oriente a prática libertadora dos vários grupos sociais com vistas a sua emancipação" (Ramos Filho, 1989: 156).

Na mesma linha, vários autores do curso "O direito achado na rua", da UnB, pregavam a ideia de que os ordenamentos jurídicos vinham "obstaculizando as aspirações legítimas da sociedade". Assim, haveria que se apoiar o direito supralegal como base do direito positivo, "única forma de recuperar a justiça" (Farias, 1993: 16). Há em tais autores uma crítica ao chamado "direito burguês" que, a seu ver, permitiria a ocultação de relações de poder e dominação. O direito "achado na rua" sustenta que os grupos "espoliados e oprimidos" seriam capazes de gerar um direito paralelo ao direito estatal. Caberia aos intelectuais jurídicos a tarefa de considerar esse direito como não inferior ao oficial e apoiar a ideia de

---

outro texto, denominado "Justiça Popular, dualidade de poderes e estratégia socialista", inserido na coletânea organizada por José Eduardo Faria: *Direito e Justiça: a função social do Judiciário*. São Paulo: Ática, 1989.

"negação do monopólio da produção e circulação do direito pelo Estado moderno" (Bissol, 1993: 36).

Haveria, portanto, no direito alternativo "propriamente dito", uma valorização maior das ações sociais de grupos desfavorecidos pelo "direito burguês". No entanto, nem todo o direito oficial e vigente é desprezado por alguns dos intelectuais "alternativos". Miguel Baldez assim define a visão de "direito insurgente":

> É a ação e expressão jurídico política das lutas concretas da classe trabalhadora, ação enquanto pressupõe movimento, e expressão em suas manifestações efetivas: ou na resistência organizada à sentença injusta, ou nos conselhos populares, ou na elaboração interna das comunidades subalternizadas ou na sentença contra a lei injusta proferida pelo juiz democrata. Na verdade, sob qualquer tipificação, direito contra a ordem burguesa. Insurgente, portanto (Baldez, 1994: 26).

Embora seja nítida a crítica ao direito burguês e a vinculação teórica ao marxismo, Baldez consegue enxergar avanços sociais na Constituição brasileira de 1988, o que não é enfatizado com frequência por outros autores "alternativos". Segundo o autor, a Constituição de 1988 teria absorvido importantes conquistas dos movimentos populares e, sobretudo, haveria que se valorizar os fundamentos da cidadania, do respeito à pessoa humana e os "objetivos de se constituir uma sociedade livre, justa e solidária, a partir da erradicação da pobreza e de redução das desigualdades sociais e regionais". Baldez observa ainda a importância dos direitos e garantias individuais e dos direitos sociais coletivos "como o direito à educação, à saúde, ao trabalho e ao lazer" (Baldez, 1994: 19).

13.7. UMA CRÍTICA AO DIREITO ALTERNATIVO

Há poucas respostas "acadêmicas" ao elenco de propostas "jurídicas alternativas". Enquanto as críticas e declarações à mídia foram frequentes por parte de alguns juristas, os debates intelectuais foram escassos. No entanto, um autor se propôs a analisar criticamente o direito alternativo, a partir de sua inserção na sociologia jurídica. O pernambucano Luciano Oliveira insere as correntes de pensamento aqui apresentadas sob a denominação de "perspectiva crítica". Tal movimento, segundo o autor, envolveria tanto os magistrados gaúchos ligados à Associação dos Juízes do Rio Grande do Sul (Ajuris), quanto o Núcleo de Estudos para a Paz e Direitos Humanos da UnB. Reconhece o autor que a "perspectiva crítica" não forma um bloco monolítico e ressalta que a corrente do uso alternativo do direito é "menos radical" do que a do direito alternativo, exatamente por suas propostas de mudança jurídica "pelo alto". Já o direito alternativo pregaria não só a utilização dos direitos já existentes, mas a necessidade de "inscrever novos direitos a partir da perspectivas dos próprios dominados" (Oliveira, 1993: 2).

A principal crítica que Luciano Oliveira reserva ao direito alternativo está na recusa geral da corrente ao formalismo e positivismo dos juristas. Em tal recusa, procuram os alternativos rechaçar o direito estatal e seu "racionalismo positivista". Considera Oliveira que, talvez por força da "vocação militante" dos autores alternativos, não há um esforço de reconhecimento das diferenciações existentes no interior do direito oficial. Em outras palavras, haveria que se reportar à clássica divisão existente entre direitos civis, políticos e sociais.[318] Nesse sentido, ao se condenar os direitos já existentes, os "alternativos" ignoram que os direitos civis e políticos já estariam protegidos pelo direito positivo, devendo, portanto, voltarem-se para a busca de sua implementação efetiva. Em contrapartida, quanto aos aspectos socioeconômicos, trata-se realmente de criar novos direitos. Na visão de Oliveira, o enorme peso da questão social no Brasil faz com que os juristas críticos se esqueçam ou negligenciem os direitos civis, políticos e sociais já existentes (Oliveira, 1993: 4)[319].

Haveria, portanto, que se criar direitos socioeconômicos, mas também valorizar o legalismo no que se refere à dimensão dos direitos civis e políticos já consagrados pelo ordenamento jurídico. Direitos como o de não discriminação, da proibição da prisão arbitrária, da tortura, dentre outros, requerem o mais estrito legalismo.

A não diferenciação entre os direitos civis e os socioeconômicos poderia levar, segundo o autor, a graves equívocos. O chamado "direito das favelas", que seria preconizado pelo "direito achado na rua" poderia acabar se voltando contra as próprias classes populares, se estas não valorizarem os direitos e garantias individuais já inscritos institucionalmente. Haveria que se ressaltar, a propósito, que são justamente as classes populares as maiores atingidas pela arbitrariedade do Estado, afirma Oliveira.

Se é compreensível que as comunidades pobres e os grupos sociais desfavorecidos procurem organizar sua vida social segundo seus próprios referenciais, parece temerário, segundo Luciano Oliveira, deixar que tais grupos instituam práticas cotidianas relacionadas aos direitos e garantias individuais (Oliveira, 1993: 4). Para ilustrar esse ponto, o autor afirma

---

318 Tal divisão é classicamente trabalhada por T.H.Marshall em seu estudo *Cidadania, classe social e Status*. Rio de Janeiro: Ed. Zahar, 1967.

319 Contra os argumentos de Oliveira, poder-se ia dizer que há, dentre os alternativos, vários autores que valorizam alguns diplomas legais existentes, sobretudo a Constituição Federal. Isso se aplica tanto aos juízes, defensores do "positivismo de combate", quanto aos demais intelectuais como Miguel Baldez que, como demonstramos, aponta para s inúmeras virtudes da Constituição Brasileira de 1988.

que "o direito da favela" pode, em muitas de suas manifestações, não só descaracterizar uma prática "libertadora", como ir contra a própria noção de direitos humanos. Relembra ainda que, quando se delega a comunidades a tarefa de elaborar e aplicar certas leis, o resultado pode ser ainda mais violento: "julgamentos populares realizados no interior de comunidades brutalizadas pela miséria costumam aplicar a lei de Charles Lynch: o veredito é, muitas vezes, o linchamento" (Oliveira, 1993: 4). Nesse caso, a "justiça popular" pode reproduzir os problemas mais graves da justiça oficial, adverte o autor.

Em suma, a crítica, de Luciano Oliveira procura chamar a atenção para o que seriam algumas "perigosas" manifestações do direito alternativo, como, por exemplo, condenar o ordenamento jurídico vigente no país, sem reconhecer que em alguns pontos houve significativos avanços. O foco, portanto, deveria se voltar para a criação de mais direitos sociais para os desfavorecidos, sobretudo na questão agrária. Quanto aos direitos civis, a luta deveria ser pela implementação ou efetivação dos preceitos já escritos pela Constituição Federal de 1988.

13.8. CONCLUSÃO

Desde o fim do século XX o Poder Judiciário tem estado sob intenso foco no Brasil. Em 2004, por meio da Emenda Constitucional nº 45, foi criado o Conselho Nacional de Justiça, que veio a se constituir em um mecanismo de controle do funcionamento da Justiça, ainda que sob viés administrativo. Critica-se a morosidade e atribui-se um corporativismo e um distanciamento deste Poder em relação à sociedade que fazem com que haja certo grau de insatisfação com seu desempenho, ainda que sua imagem não esteja tão desgastada quanto a do Poder Legislativo. De qualquer forma, a ideia de que a sociedade pode ser mais bem atendida em seus anseios por Justiça é recorrente também no Brasil.

Abordamos neste trabalho duas propostas que visam a democratizar ou ampliar ainda mais o acesso à justiça. A primeira, denominada "uso alternativo do Direito" sugere uma mudança "a partir de dentro e pelo alto", uma vez que seria capitaneada pelos próprios magistrados, a partir de uma utilização alternativa do instrumental e das instituições jurídicas já existentes na sociedade brasileira. Interpretar a lei buscando proteger o mais fraco socialmente seria o guia de ação dos magistrados engajados nesse movimento, concentrado principalmente no sul do país. Para isso, seria necessário aproveitar as lacunas e contradições do direito positivado, não se furtando a, se for preciso, contrariar a lei para "fazer justiça".

A segunda proposta sugere uma mudança jurídica mais profunda, já que valorizava não os textos e instituições legais existentes, mas as relações jurídicas não oficiais praticadas diariamente pelas comunidades e associações em geral. Como representantes dessa proposta figuram juristas do "direito achado na rua" ou "direito insurgente". Todos, de certa forma, abrigam-se sob o rótulo "direito alternativo".

Todos também criticam fortemente os textos legais em vigor no Brasil e propõem sua substituição por um novo direito.

Ambos os movimentos e propostas tinham um grande desafio pela frente nos anos 1990. Como se conduziram o direito alternativo e suas propostas desde então? Desde o início do movimento, ou de sua visibilidade, já se sabia que seus adeptos constituíam-se em minoria diante das demais correntes jurídicas no país. Mais do que concentrado regionalmente, o direito alternativo ocupava um lugar restrito nas preferências ideológicas da comunidade jurídica brasileira. No entanto, despertou alguma simpatia, sobretudo no meio acadêmico e em especial entre os alunos de Direito. É digna de nota a observação de Lédio Rosa de Andrade sobre o grande sucesso logrado pelo Direito alternativo. Segundo esse autor, em quatro anos chegou-se a vender vinte e dois mil livros sobre o tema, presente em diversos títulos (Andrade, 2008: 27).

Não se pode ignorar, contudo, que o movimento perdeu força. Já no atual século os encontros e congressos contaram com um número bem menor de participantes. Também diminuiu muito o número de publicações sobre o tema. Segundo Andrade, houve uma "parada para reciclagem". Apesar dessa pausa, o movimento continua atuante, embora tenha saído "da vitrina do cotidiano forense" (Andrade, 2008: 35).

Talvez, o mais importante a ser destacado ao se encerrar este trabalho, seja o fato de que muitas ideias e decisões jurídicas consideradas "radicais" em determinado momento histórico, podem ser analisadas de outra maneira com o passar do tempo. Assim se passou com o uso alternativo do Direito e suas propostas posteriormente incorporadas pelas diversos tribunais brasileiros. A ideia de interpretar a Constituição Federal com vistas a extrair fundamentos de proteção aos socialmente desfavorecidos é um ponto especialmente interessante em tempos de pós-positivismo e neoconstitucionalismo.

13.9. REFERÊNCIAS BIBLIOGRÁFICAS

ANDRADE, Lédio Rosa. *O que é direito alternativo?* Florianópolis: Conceito Editorial, 2008.

BALDEZ, Miguel Lanzelloti. Anotações sobre o direito insurgente. *Cadernos de Direito Social*, nº 2, Rio de Janeiro: UERJ, 1994.

BISSOL, Rossana. Dialética social do direito. In: SOUZA JÚNIOR, José Geraldo. *Introdução crítica ao direito*. Brasília: UnB, 1993.

CARVALHO, Amilton Bueno de. *Direito alternativo*: teoria e prática. Rio de Janeiro: Lumen Juris, 2004.

————. *Magistratura e direito alternativo*. São Paulo: Acadêmica, 1992.

————. *Direito alternativo na jurisprudência*. São Paulo: Acadêmica, 1993.

FARIA, José Eduardo (Org.). *Direito e justiça*: a função social do Judiciário. São Paulo: Ática, 1989.

FARIA, José Eduardo e CAMPILONGO, Celso Fernandes. *A sociologia jurídica no Brasil*. Porto Alegre: Sergio A. Fabris Editor, 1991.

FARIAS, Maria Eliane. As ideologias e o direito. In: SOUZA JUNIOR, José Geraldo de. *Introdução crítica ao direito*. Brasília: UnB, 1993.

GENRO, Tarso Fernandes. Os juízes contra a lei. In: ARRUDA JÚNIOR, Edmundo Lima de. *Lições de direito alternativo*. São Paulo: Acadêmica, 1992.

JUNQUEIRA, Eliane Botelho. *A Sociologia do Direito no Brasil*. Rio de Janeiro: Lumen Juris, 1993.

————. O alternativo regado a vinho e a cachaça. In: ARRUDA JUNIOR, Edmundo Lima de. *Lições de direito alternativo*. São Paulo: Acadêmica, 1992.

MARSHALL, T. H. *Cidadania, classe social e* status. Rio de Janeiro: Jorge Zahar, 1967.

OLIVEIRA, Luciano. *Ilegalidade e direito alternativo*: notas para evitar alguns equívocos. Recife: mimeo., 1993.

Pargendler, Ary. Direito alternativo. *Revista do SAJU – UFRGS*, nº 1, 1992.

RAMOS FILHO, Wilson. Direito alternativo e cidadania operária. In: FARIA, José Eduardo (Org.). *Direito e justiça*: a função social do Judiciário. São Paulo: Ática, 1989.

RODRIGUES, Horácio Wanderley. Direito com que direito? In: ARRUDA JUNIOR, Edmundo Lima de. *Lições de direito alternativo*. São Paulo: Acadêmica, 1992.

SANTOS, Boaventura de Souza. Justiça popular, dualidade de poderes e estratégia socialista.

In: FARIAS, José Eduardo (Org.). *Direito e justiça*: a função social do Judiciário. São Paulo: Ática, 1989.

SOBRINHO, Elicio de Cresci. *Justiça alternativa*. Porto Alegre: Sergio A. Fabris Editor, 1991.

Wolkmer, Antonio Carlos. *Introdução ao pensamento jurídico crítico*. São Paulo: Saraiva, 2008.

_____ . Contribuição para um projeto de juridicidade alternativa. In: ARRUDA JUNIOR, Edmundo Lima de. *Lições de direito alternativo*. São Paulo: Acadêmica, 1992.

14 | DIREITO E SOCIOLOGIA NO PENSAMENTO DE EVARISTO DE MORAES FILHO

GLAUCIA KRUSE VILLAS BÔAS[320]

14.1. INTRODUÇÃO

NA CONSTRUÇÃO do campo da sociologia, particularmente da sociologia do direito e da sociologia do trabalho, o lugar ocupado pelo livro *O problema do sindicato único no Brasil e seus fundamentos sociológicos*, de Evaristo de Moraes Filho, merece ser revisto. Publicado em 1952, nele o autor faz a defesa impecável da adoção de uma abordagem sociológica no estudo das associações profissionais e sindicatos operários, reunindo uma disciplina e um tema que até então não tinham sido relacionados, mas cuja validade poderia ser reconhecida em pequeno círculo de estudiosos da sociologia e intelectuais voltados para a institucionalização da disciplina naquela época. No campo do direito, as dificuldades para o reconhecimento de suas teses não eram menores, embora os motivos não fossem os mesmos. O reconhecimento da importância de uma sociologia do direito enfrentava as hostilidades dos juristas, mais afeitos às matérias normativo-doutrinárias, próprias do seu métier, legitimado pela longa tradição de trabalho, do que às concepções e às práticas sociológicas que não só guardavam o caráter de "novidade" como almejavam a neutralidade axiológica.

O pioneirismo de Evaristo de Moraes Filho não se limita, porém, ao uso de abordagem sociológica para a compreensão do surgimento e do papel das primeiras associações sindicais no Brasil, nem tampouco à posição que adotou relativamente à explicação sociológica do fato jurídico; encontra-se, antes, a meu ver, no significado que atribui à capacidade de associação livre por interesse (Weber, 1991: 25-30) dos trabalhadores para a construção da sociedade moderna no País. Ao reconhecer a maioridade dos trabalhadores brasileiros para lutar pela melhoria de suas condições de vida, Evaristo toma posição contrária a um dos mais eficazes mitos da cultura brasileira, que é o da ambiguidade e incapacidade de os brasileiros

---

320 Professora titular aposentada da Universidade Federal do Rio de Janeiro. Atualmente é pesquisadora do CNPq e colabora com o Programa de Pós-Graduação em Sociologia e Antropologia da UFRJ. Tem artigos e livros publicados nas áreas de teoria sociológica, pensamento social e sociologia da cultura.

316

se tornarem "modernos", para o que haveriam de recorrer a verdadeiro Leviatã. É defendendo o ponto de vista de que a obra *O problema do sindicato único no Brasil. Seus Fundamentos Sociológicos* remou contra a maré do seu tempo, e, ainda, se põe hoje contra as interpretações da "faltosa" e "incompleta" sociedade brasileira que procuro aqui rever o pensamento de seu autor no quadro das interpretações sobre a modernidade no Brasil.

Insolidarismo social é expressão que define a "falta" ou a "ausência" de instituições organizadas livremente para atender a interesses de grupos, e cuja durabilidade é essencial para que sejam reconhecidas e se tornem eficazes. A fugacidade das instituições no Brasil, como uma característica da cultura brasileira, tornara-se questão relevante no pensamento de Oliveira Vianna, mas, segundo Evaristo, dela tinham se ocupado também Gilberto Freyre, Capistrano de Abreu, Sérgio Buarque de Holanda, Alberto Torres e Tobias Barreto (Moraes Filho, 1978: 314-319). O insolidarismo devia ser combatido programaticamente, evitando-se a fragmentação e o afrouxamento dos laços de instituições e associações. Diferenciando-se, porém, de seus interlocutores, Evaristo escreve um livro em que as associações operárias e sindicais adquirem centralidade na pesquisa e reflexão, levando-o a argumentar que a pressão política que exerceram, no final do século XIX e nas primeiras décadas do século XX, foi indispensável para a formulação das leis trabalhistas no País. Com tal argumento, *O problema do sindicato único no Brasil* desmistificava a crença na "outorga" das leis aos trabalhadores pelo governo autoritário de Getúlio Vargas.

Tanto uma como outra das duas questões apontadas – a abordagem sociológica das associações operárias e sindicais, e a relação entre capacidade de associação livre por interesse e a construção de uma sociedade moderna levam aqui à nova interpretação do livro em pauta, cuja tarefa é conferir às ideias de Evaristo de Moraes Filho o seu "devido lugar" no campo do pensamento social brasileiro e na história da sociologia, particularmente no Rio de Janeiro. Acredito que aquelas questões ficaram obscurecidas nas revisões e nas interpretações do pensamento sociológico por dois motivos. Primeiro pelo fato de que o livro se tornou conhecido pela tese contrária à política do Estado Novo levada a cabo por Getúlio Vargas. A interpretação corrente é de que seu autor defende as associações, as reivindicações e as lutas operárias como força de pressão para a promulgação de decretos e leis dos anos 1930,[321] reunidos na Consolidação das Leis do Trabalho, que entrou em vigor em 1943 durante o Estado Novo. Combatendo, dessa forma, a ideologia e a historiografia oficiais que atribuem a Getúlio Vargas a outorga das leis, o livro, publicado em 1952,

---

321 O Decreto nº 19.770/1931 regula a sindicalização e o Decreto nº 21.396/1932 proíbe a greve. Em 1939, nova legislação sindical regula a intervenção ministerial no sindicato (Moraes Filho, 1979).

no Rio de Janeiro, pela editora A Noite, foi visto como manual jurídico "quase de prática forense" (Moraes Filho, 1978), muito embora se tratasse de fato de um libelo contra a política trabalhista do Estado Novo. Em escritos e entrevistas, o autor confirma a versão da recepção tardia do livro no campo da sociologia. Ao rememorar os efeitos de seu trabalho, Evaristo não esconde sua insatisfação com o "esquecimento" do livro nas bibliografias das pesquisas sobre o sindicalismo no Brasil (1978: 327-328).[322]

Há que se reconhecer que não é de pouca monta o motivo que supostamente marcou a recepção de *O problema sindicato único no Brasil* tanto no campo do direito como no da sociologia. O fato de seu autor retirar a classe operária da menoridade, atestando sua capacidade plena de lutar pelos seus direitos de forma organizada e contínua, através de pesquisa minuciosa que põe em relação movimentos, reivindicações, greves e legislação, durante a primeira República, questiona frontalmente o mito Vargas, guardião do outorgante das leis trabalhistas e do Estado como organizador das classes trabalhadoras. Contrapor-se a um mito que opera com símbolos e valores na construção de uma imagem passiva e dócil da classe trabalhadora não foi certamente tarefa fácil em um país afeto a práticas hierárquicas e autoritárias. Publicado no momento em que Getulio Vargas retornava à presidência da República, o livro teve sua primeira edição esgotada. Mas o sucesso do lançamento não correspondeu à sua efetiva recepção nos meios intelectuais, sobretudo no jurídico e no sociológico.

Ao contrário, guardou-se um longo silêncio sobre o escrito de Evaristo de Moraes Filho e, somente em 1978 – 26 anos depois da primeira edição –, é publicada a segunda edição pela editora Alfa-Omega, em São Paulo, prefaciada por Paulo Sérgio Pinheiro.

Há, contudo, outro motivo tão ou mais importante do que o primeiro, embora ainda pouco explorado. Diz respeito ao instrumental sociológico utilizado pelo autor, sem o qual, a meu ver, dificilmente teria chegado ao questionamento do "mito da outorga". Ressalte-se que não se trata dos fundamentos sociológicos do livro, que já mencionei, porém da moldura conceitual proveniente da concepção de sociedade e história, que informam a constituição da pesquisa realizada por Evaristo. Tal moldura não corresponde e muito menos se confunde com os quadros teóricos e conceituais que marcaram definitivamente a sociologia dos anos 50. Explico melhor. Evaristo não faz uso das concepções teóricas inscritas na sociologia emergente da época, que, referidas à mudança social, fundam-se na comparação entre relações sociais tradicionais e relações sociais modernas, entre o velho e o novo, o desenvolvimento e o atraso do País. Ao contrário de tantos contemporâneos seus, não desqualifica o passado,

---

322 O desenvolvimento dos estudos sociológicos sobre o sindicalismo pode ser visto em Azis Simão (1971); Martins Rodrigues (1971); Werneck Vianna (1978, 1984).

mas volta a ele para evidenciar o conjunto de ações, movimentos, greves e paralisações cujo desenrolar provocou mudanças efetivas nos direitos dos trabalhadores. Além disso, a abordagem dos sindicatos e associações operárias como grupos profissionais que agem e interagem, e, portanto, fazem sociedade na acepção da sociologia de Simmel (*Vergesellschaftung*), livrou o sociólogo da medida de avaliação da sociedade brasileira, largamente utilizada na época, dada pelos pares conceituais status/*contractus Gemeindschaft/Gesellschaft*, cultura *folk*/civilização que dividiam a sociedade em duas metades.

Não fosse a concepção de que "sociedade" se faz de um conjunto de ações e relações sociais, conflituosas e consensuais, adotada pelo autor, Evaristo de Moraes Filho dificilmente consideraria positivo e exitoso o movimento dos trabalhadores. No posfácio à segunda edição do livro, afirma que fizera uso exagerado da ideia de grupo social como objeto da sociologia, quando deveria ter analisado os grupos sindicais dentro da problemática da sociedade global. Creio que, se essa "problemática" concernisse aos problemas contidos nas noções de tradição e modernidade ou atraso e desenvolvimento, o autor não teria reconhecido a capacidade da classe trabalhadora e questionado o mito da outorga.

Por todas essas questões, que dizem respeito às peculiaridades do pensamento sociológico sobre a modernidade no Brasil, interessa percorrer a argumentação central do livro de Evaristo Moraes Filho, que possibilitou a revisão dos movimentos operários como força atuante na formulação da legislação, restituindo aos trabalhadores sua maioridade. Somente a "maioridade" (Kant, 1985) da classe trabalhadora asseguraria a associação livre por interesse, que constitui um dos fundamentos da sociedade moderna. Se concordarmos com essa perspectiva, veremos como Evaristo de Moraes Filho discute a construção de uma sociedade moderna no Brasil, dialogando com intelectuais do seu tempo sobre problemas que dizem respeito ao que hoje se chama de "associativismo" ou capacidade de associação, sem que tenha feito uso da moldura teórica e conceitual que cunhou a sociologia dos anos 50, voltada para as mudanças sociais e históricas, o desenvolvimento e a modernização do País.

14.2. A MAIORIDADE DA CLASSE TRABALHADORA

A literatura sociológica dos anos 40 e 50 está repleta de histórias, observações, descrições e séries estatísticas que evidenciam desigualdades, injustiças, abuso dos poderosos, desamparo dos despossuídos, preconceito e ausência de lei. Se o esquecimento mais do que a penúria é a maldição da pobreza (Arendt, 1988: 53), pode-se argumentar que as pesquisas sociológicas daquela época tiraram da obscuridade os pobres, trazendo, definitivamente, para a cena social e histórica, os posseiros, ribeirinhos, migrantes e imigrantes, paus de arara, operários, despossuídos de toda sorte. Nessa importante vertente da sociologia brasileira que desloca o foco da atenção das elites políticas e do "exotismo" dos grupos étnicos para destacar o "homem comum" das camadas sociais pobres e subordinadas da população, reside um paradoxo que consiste na recusa em reconhecer a "maioridade"[323] daqueles agentes sociais que põe em cena. Trabalhadores, operários pobres, cortadores de cana e pequenos proprietários rurais, balconistas, pescadores, indivíduos e grupos de baixa renda estariam de tal forma moldados à obediência dos poderosos que não poderiam mais se desvencilhar do jugo ao qual estavam sujeitos. Muitas pesquisas concluíram pela incapacidade desses indivíduos e grupos de tomar decisões adequadas, reivindicar interesses, movimentar-se, reunir-se em associações com a finalidade de mudar sua situação de vida. Motivos mais variados serviram para o entendimento da inércia dos mais humildes, aterrados na labuta diária. O voto de cabresto (Leal, 1948), a ausência de um projeto para o futuro (Willems, 1952; Costa Pinto, 1997), a aceitação extremada de relações de dominação de caráter violento, material ou simbólico (Costa Pinto, 1997; Leeds, 1957) foram analisados como decorrência do patrimonialismo da sociedade brasileira. Coronelismo, mandonismo, patriarcalismo ou patrimonialismo, fosse qual fosse a definição e as nuanças das formulações (Carvalho, 1999), o modelo de interpretação utilizado mostrava que a sociedade brasileira mantinha acesa a chama de uma forma de dominação, pessoalizada, arbitrária e hierárquica, em cujo sistema se processavam relações de troca recíproca até certo ponto bem-sucedidas, já que impediam a emancipação das camadas subordinadas e favorecem os donos do poder. O princípio da "maioridade" dos trabalhadores talvez encontre alguma afinidade com a interpretação que Maria Isaura Pereira de Queiroz faz do voto de cabresto em *O mandonismo local na vida política brasileira e outros ensaios* (1976), mostrando que o voto de trabalhadores e pequenos proprietários rurais fazia parte de um sistema de troca recíproca com os políticos locais. Trata-se, entretanto, de uma exceção.

Se até mesmo o "brasileiro" como um ser genérico fora tantas vezes visto como incapaz de ser moderno e de internalizar os valores indispensáveis para uma conduta impessoal e igualitária, que dizer dos menos letrados, mergulhados no mundo da própria sobrevivência? Em grandes interpretações do Brasil, a exemplo *de Carnavais, malandros e heróis*, de Roberto DaMatta, a singularidade do problema brasileiro encontra-se, como afirma o autor, no "controle radical das mudanças". Tão autoritários

---

323 Tomo de empréstimo os termos "minoridade" e "maioridade" de Kant sem nenhuma intenção de retomá-los no sentido estrito das teses do filósofo em *Resposta à pergunta: Que é "esclarecimento"?* (Kant, 1985).

quanto democráticos, os brasileiros não estariam aqui nem lá, mas simplesmente se habituaram a exercer controle sobre qualquer possibilidade de transformação efetiva da sociedade brasileira em uma sociedade moderna e igualitária. Antes mesmo de Roberto DaMatta, Sérgio Buarque de Holanda discutia, em *Raízes do Brasil*, de 1936, o controverso conceito de cordialidade brasileira, pondo em cheque a capacidade de os brasileiros se desvencilharem da prática de relações pessoais e autoritárias, que impedia a construção da sociedade moderna, atribuindo às origens ibéricas as causas de tal obstáculo. Vale dizer que, ao retomar intérpretes do Brasil como Oliveira Vianna, Gilberto Freyre ou Sérgio Buarque de Holanda em *O problema do sindicato único no Brasil*, Evaristo de Moraes Filho o faz para avaliar suas contribuições específicas no que respeita à capacidade de associação livre por interesse sem ocupar-se de suas interpretações sobre a sociedade tradicional e a implantação de uma sociedade moderna (1978: 308-319), Evaristo não somente se diferencia de seus antecessores como também de contemporâneos seus quanto ao tipo de "resposta" que poderia ser dada aos problemas do País. A resposta da intelectualidade brasileira, tanto para o problema das associações livres por interesse no Brasil como para tantos outros que evidenciavam para eles o "atraso" brasileiro, foi quase sempre mais pedagógica do que política. A educação traria consciência para a gente despossuída. Basta ver o projeto do Centro Brasileiro de Pesquisas Educacionais (CBPE) criado no Rio de Janeiro em 1955, sob inspiração de Anísio Teixeira, que contou com a participação ativa de Darcy Ribeiro e Costa Pinto.[324] Ou verificar os registros do Seminário sobre resistências à mudança (1960), que Costa Pinto organizou no Rio de Janeiro em 1959, chamando a atenção para as adversidades econômicas e sociais com as quais tinham que contar aqueles que estavam engajados no desenvolvimento do País, e o papel que a educação poderia desempenhar no sentido de superar os obstáculos.

Nada disso se assemelha ao livro de Evaristo. A solução que apresenta para o exercício da cidadania é de caráter associativo-político, e não de cunho pedagógico. Mudança de mentalidade haveria de ocorrer entre juristas, políticos e legisladores, e não na classe trabalhadora. É preciso, porém, explicitar melhor os fundamentos de sua tese, comparando-a com o quadro conceitual das pesquisas da época para compreender a posição do autor. O debate intelectual dos anos 50, em meio ao qual *O problema do sindicato único no Brasil* vem a público, está interessado na passagem de uma sociedade tradicional para uma sociedade moderna. Grande parte dos cientistas sociais, considerando a existência de um padrão de desenvolvimento com base nas mudanças sociais ocorridas em sociedades como a inglesa, a francesa e a norte-americana, conclui que o processo de

---

324 Florestan Fernandes e Gilberto Freyre, entre outros, também participaram do projeto (Silva, 2002). Sobre a criação do CBPE, ver Centro Brasileiro de Pesquisas Educacionais. (Documentos iniciais) Educação e Ciências Sociais, v. I, nº 1 ano 1, 1956.

transição de uma ordem tradicional para uma ordem moderna no Brasil é problemático, elaborando concepções críticas daquele processo, como se verifica no conceito de marginalidade estrutural, de Costa Pinto (1960), ou na ideia de modernização reflexa de Darcy Ribeiro (1980). Pode-se ainda observar essa vertente crítica da história da modernidade no Brasil em um conjunto destacado de pesquisas que fizeram uso das ideias de desenvolvimento e atraso brasileiros (Vianna, 1999). O livro de Evaristo de Moraes Filho permaneceu fora dessa influente vertente que emerge nos anos 50 para analisar o processo de mudanças no país a partir dos pares conceituais atraso/desenvolvimento e desenvolvimento/subdesenvolvimento. Justamente porque não fez uso da moldura que envolveu a maior parte dos estudos sociológicos, fundamentados em uma concepção de história processual que impunha um padrão único para a modernidade e, consequentemente, levava à representação da sociedade brasileira como ambígua e atrasada, Evaristo pôde evidenciar a maioridade da classe trabalhadora no seu empenho associativo e reivindicatório.

A pergunta que se segue é, naturalmente, como foi possível a Evaristo remar contra a corrente de seu tempo, diferenciando-se de seus contemporâneos no que respeita ao reconhecimento da capacidade plena dos trabalhadores de exercerem a cidadania, lutando pelos seus direitos a melhores salários e condições de trabalho? O que o motiva a retirar a classe trabalhadora de sua minoridade, atribuindo-lhe a capacidade de associar-se livremente a favor de seus interesses? Há pelo menos duas modalidades de resposta a essa pergunta. Uma delas se utiliza da própria memória do autor, o qual por diversas vezes, em depoimentos e entrevistas, especialmente as concedidas em 2002 por ocasião do cinquentenário da publicação de *O problema do sindicato único no Brasil*, reafirma o que escreveu no posfácio da edição de 1978, ressaltando que os oito anos de trabalho nas Comissões Mistas de Conciliação do recém-criado Ministério do Trabalho foram decisivos para a elaboração do livro. A par disso, a influência exercida pelo seu pai Evaristo de Moraes, jurista "lutador social da República Velha", o fez recusar a propalada ideia de que legislação social havia sido uma outorga espontânea de Getúlio Vargas, considerando-se o movimento de 30 como um divisor de águas relativamente às lutas operárias.

Antes mesmo de concluir o curso de direito em 1937, Evaristo ingressara na vida pública, no Ministério do Trabalho, como secretário das Comissões Mistas de Conciliação, no Rio de Janeiro, que haviam sido criadas em 1932 com a finalidade de realizar acordos entre empregadores e empregados, cada parte designando três representantes. Não tinham competência judicante, mas meramente conciliatórias, com funções de direito coletivo (greves, conflitos e convenções coletivas). O jovem secretariou essas Comissões até sua extinção, em 1941, quando foi criada a Justiça do Trabalho. Durante todo esse período, portanto, teve contato com ações trabalhistas e pôde acompanhar de perto a atuação dos sindicatos, tanto de empregados como de empregadores.

Em 1950, começa a dar aulas na Faculdade Nacional de Direito e inicia a elaboração de *O problema do sindicato único no Brasil*. A ideia original era apresentá-lo como tese de livre-docência na Faculdade Nacional de Direito. Mas Edgardo de Castro Rebelo, seu antigo professor da Faculdade de Direito, faz com que desista da ideia. Evaristo fazia duras críticas à política trabalhista de Getúlio Vargas, com o intuito de derrubar o mito estadonovista, o paternalismo, a outorga de leis trabalhistas. As pesquisas feitas sobre o sindicalismo resultaram no livro de 1952, enquanto a livre-docência em Direito viria em 1953, com a tese "A justa causa na rescisão do contrato de trabalho".

Não desejo aqui, contudo, explicar a elaboração de *O problema do sindicato único* como uma decorrência da biografia de seu autor, mas, antes, compreender como Evaristo de Moraes Filho reelaborou, no plano das ideias, acontecimentos que cunharam sua vida e experiências no contexto dos anos 30 e 40. Se isso for possível, a segunda modalidade de resposta à pergunta de como pôde Evaristo distinguir-se de uma geração de sociólogos e estudiosos, ao apostar na maioria dos trabalhadores, encontra-se no plano das ideias que conformam a construção do argumento central de *O problema do sindicato único no Brasil*. O livro se estrutura no princípio sociológico de que as práticas sociais antecedem a formalização das leis, modalidade compreensiva da vida social que vamos tratar a seguir.

14.3. SOCIOLOGIA *VERSUS* DIREITO

O problema do sindicato único no Brasil de Evaristo de Moraes Filho, é mais do que uma simples peleja contra os juristas que creem no mito da outorga das leis trabalhistas por Getúlio Vargas, porém, uma tomada de posição contra a tese defendida no campo do Direito, segundo a qual o corpo doutrinário e o caráter normativo das leis têm existência autônoma e própria. Herdeiros de uma tradição bem mais antiga do que a Sociologia, os juristas nem sempre viram com bons olhos a ingerência da "nova" disciplina como meio explicativo e compreensivo do fato jurídico. Habituados à formulação de doutrinas e à construção dogmático-normativa, e munidos de vasto material experimental e teórico, os juristas desenvolveram sua prática na Ciência do Direito a partir de modelos lógicos e predeterminados, aos quais ajustam soluções ou providências (Rosa, 1996). A manutenção da unidade interna do sistema jurídico torna-se consequentemente um de seus maiores objetivos:

> O teórico do Direito procura obter o grau mais alto de coerência interna com um mínimo de mudança no seu sistema conceitual, de modo a contribuir para a manutenção da máxima segurança jurídica ou seja da possibilidade de prever a aplicação de normas e princípios jurídicos nos casos particulares. Dessa maneira é criada uma impressão de que o núcleo do Direito é constituído em grande parte de princípios permanentes, incidindo as transformações principalmente sobre aspectos periféricos ou secundários da ordem jurídica ou, então, operando as mudanças mais importantes segundo modos preestabelecidos e gradualmente, sem afetar a unidade interna do sistema (Rosa, 1996: 46).

Ora, esse procedimento típico da prática legislativa torna compreensível a hostilidade e a recusa em aceitar os fundamentos sociológicos dos fatos e das leis. Porém, o princípio da coerência e da ausência de contradição entre as leis, que define procedimentos técnicos da prática legislativa, voltada exclusivamente para a manutenção da unidade do sistema de normas jurídicas, não explica por si a recusa da Sociologia pelos juristas. Em 1950, dois anos antes, portanto, da publicação de *O problema do sindicato único no Brasil*, Evaristo de Moraes Filho lançou um dos raros livros sobre as relações entre a Sociologia e o Direito, na época intitulado *O problema de uma Sociologia do Direito*. Escrevera para contestar seu professor e amigo Castro Rebelo, que não concebia qualquer relação entre o Direito e a Sociologia. Para Evaristo, a Sociologia do Direito era essencial para o esclarecimento de problemas ligados à eficácia do Direito. Os legisladores precisam saber até que ponto uma norma jurídica efetivamente orienta a conduta dos homens ou se eles a neglicenciam e regem sua ação de acordo com outras normas e valores.[325] O fato, a norma e o valor constituem matéria do Direito, assim como a vigência e a validade da norma jurídica. Mas cabe à Sociologia contribuir para a atividade doutrinária e normativa do Direito com o conhecimento do fato social tal como ele ocorre, com suas variações e interpretações diversas, não devendo limitar-se o entendimento dos fatos à sua definição pela norma jurídica (Moraes Filho, 2002). Como se vê, o positivismo da prática legislativa tanto no que se refere à manutenção da coerência do sistema jurídico como no que respeita à coerência entre fato, valor e norma encontra seus limites no conjunto das normas jurídicas, não admitindo nenhum conhecimento cuja origem se encontre fora do ordenamento jurídico. Tal concepção, que não distingue a vida social do conjunto de normas, dificilmente poderia acatar os pressupostos da sociologia.

---

325 Entrevista de Evaristo de Moraes Filho a sua filha Regina Lucia de Moraes Morel, em 2002. Agradeço à Regina Morel pela gentileza de me ter cedido esse e outros materiais para a confecção deste artigo.

O embate de Evaristo a favor do conhecimento sociológico ocorre significativamente no campo da Ciência do Direito.[326] Quando formula o problema de uma Sociologia do Direito, no livro de 1950, toma nada mais nada menos, como adversário, que o jurista vienense Hans Kelsen, autor da teoria pura do Direito. Compreende que a distinção entre validade e eficácia do Direito concebida por Kelsen leva o autor a considerar que a validade das normas independe da obediência que se lhes presta, servindo elas apenas para provocar fatos. As normas simplesmente estabelecem um dever ser, caso contrário seriam uma lei natural, infalível e determinista. Suspendendo a obediência como prova da eficácia das normas, a concepção de Kelsen é vista por Evaristo como abstrata e estéril. O objeto do estudo do jurista, como tal, resume-se a deduzir uma norma da outra, desde a norma fundamental, num trabalho analítico de construção, de sistematização, de ordenação lógica dessas mesmas normas, como alguém que joga paciência com cartas. Concordamos que a norma, constituída de um juízo hipotético – se isso for feito ou deixar de sê-lo, tal pena será aplicada _ constitui um dever ser, que se interessa pela conduta futura dos homens; mas como negar-se a importância da sua eficácia no momento e no meio para os quais foi promulgada, afinal de contas? (1997: 208)

Entende-se melhor agora o grande esforço de pesquisa de Evaristo de Moraes Filho, o levantamento e a consulta a diversas fontes teóricas e históricas, a leitura de autores nacionais e estrangeiros que resultaram em *O problema do sindicato único no Brasil*, como se não quisesse deixar nenhuma lacuna através da qual seus adversários pudessem abrir um flanco e argumentar contra sua tese contrária ao mito da outorga das leis trabalhistas. Defendendo um ponto de vista distinto da maioria de seus colegas juristas, no que respeita às relações entre Direito e Sociologia, Evaristo de Moraes Filho pôde insistir, em *O problema do sindicato único no Brasil*, no fato de que a existência de grupos sociais e sua capacidade de associar-se livremente para lutar pelos seus interesses independem de seu reconhecimento no corpo da lei. Partindo de um princípio sociológico pragmático, afirma que as ações sociais que os indivíduos empreendem e as relações sociais que vão travando ao longo de suas vidas são o fundamento do mundo social. O homem não é um ser isolado nem a humanidade uma entidade abstrata, mas a sociedade constitui-se de indivíduos que se relacionam uns com os outros. As ciências sociais, cujo objetivo é o estudo desta tessitura social, podem almejar a neutralidade valorativa ou definir-se por um sentido normativo, como é o caso da Ciência do Direito. A fim de assegurar vigência e validade aos aspectos normativos

---

326 Nesse sentido vale distinguir outra modalidade de institucionalização da Sociologia, a que ocorre no campo do Direito e difere da modalidade mais conhecida, que se dá nos campos da História Política, da Antropologia e do Folclore.

a serem legislados sobre determinado fenômeno, o Direito deveria atuar juntamente com a Sociologia, a Economia, a História, a fim de conhecer os fatos sociais sem interferência dos valores que subjazem às normas que regularizam juridicamente aqueles fatos.

No caso específico do estudo do sindicato, o Direito, antes de fazer uso de suas prerrogativas de caráter normativo, deveria indagar pelo sindicato como um fato social que resulta da ação consciente e voluntária dos seres humanos. Afirma Evaristo que nem os políticos nem os legisladores devem se debruçar sobre o problema sindical sem antes consultar a sociologia e a economia, para delas obter um conceito imparcial, sob pena de tentar resolvê-lo de acordo com seus interesses, preconceitos, compromissos, crenças e ideais. (1978: 8).

Em *O problema do sindicato único no Brasil*, o esclarecimento do que seja o conceito de grupo do ponto de vista sociológico não é somente o primeiro passo na sequência dos capítulos do livro, mas o passo fundamental de uma estratégia que visa convencer os leitores da importância da Sociologia para a prática legislativa. A compreensão do que significa política e socialmente uma associação dos indivíduos é pressuposto do entendimento do papel dos movimentos operários na formulação da legislação trabalhista. No seu empenho em defesa da Sociologia, Evaristo de Moraes Filho afirmava que a disciplina havia mudado e, como resultado da mudança de critérios metodológicos, a sociologia se desvencilhara do conceito genérico de sociedade, que englobava toda a humanidade, e adotara o conceito de grupo social mais adequado para a pesquisa (1978: 19).

Ao discutir o conceito de grupo social, Evaristo de Moraes Filho retoma diferentes formulações de autoria de sociólogos franceses, alemães e norte-americanos, evidenciando sua familiaridade com uma longa e exaustiva bibliografia. Se compararmos os sociólogos, representantes de diferentes vertentes da disciplina, que integram a discussão conceitual em *O problema do sindicato único no Brasil* com os autores constantes da bibliografia, indispensável para a formação do sociólogo, indicada por Florestan Fernandes, em 1959, em seu *Sociologia geral e Aplicada* (1976), nota-se o quanto as escolhas dos dois se aproximam. No entanto, embora se possa imaginar um mesmo quadro de referências para os dois sociólogos, o propósito de Evaristo de Moraes Filho em introduzir uma nova abordagem das organizações sindicais do ponto de vista sociológico o faz se posicionar a favor da associação dos agentes humanos, que, ao longo de sua prática cotidiana e histórica, criam valores, instituições e mentalidade, recriando ele em seu trabalho uma teoria da ação social, cujos componentes encontram-se nos fundamentos de uma vertente pragmática da sociologia alemã e norte-americana. Sua escolha o distingue, pois, dos sociólogos dos anos 50, que aderiram a um princípio totalizador e explicativo da vida em sociedade. Evaristo pretende, antes, pôr em evidência o fragmento de uma relação conflituosa entre trabalhadores e o Estado, retirando daí todas as consequências sociológicas.

Em *O problema do sindicato único no Brasil*, a escolha do conceito de grupo social exclui a noção de classe social, seja na sua versão marxista voltada para a inserção de grupos sociais no processo produtivo, que define uma totalidade histórica e social, seja na versão weberiana de aquisição e partilha de bens materiais e espirituais na sociedade ocidental capitalista. A produção sociológica brasileira dos anos 50 foi muitas vezes nomeada de classista, subentendendo-se com esse termo, sobretudo, a utilização do conceito de classe social na sua acepção marxista. Não se pode aqui fazer uma revisão crítica dessa perspectiva interpretativa do pensamento sociológico, porém evidenciar que, ao estudar a classe trabalhadora brasileira, Evaristo de Moraes Filho aborda suas ações concretas e não se ocupa em esquadrinhar a lógica das desigualdades sociais de grupos, classes ou indivíduos. Se o livro trata de uma partilha, essa partilha é de direitos. Os trabalhadores lutam pela aquisição de direitos.

A escolha teórico-conceitual de Evaristo de Moraes Filho contraria a crença na performance dos grandes homens, como seres isolados capazes, por sua inteligência e genialidade, de grandes feitos históricos e políticos. Essa crença, tão comum ainda nos dias de hoje, é contestada pelo autor quando abre o debate sobre grupo e profissão, muito embora a teoria da genialidade dos "grandes homens" não constitua alvo específico de crítica do seu trabalho.[327] Não se pense que enveredou então pela busca do "espírito de um povo" para justificar suas teses. Ao fundamentar sua argumentação no conceito de grupo, o autor assume o caráter fragmentário do conhecimento histórico e sociológico sem buscar apoio em qualquer princípio último totalizador. Não há uma ordem natural explicativa da vida social como também não há uma crença no desenvolvimento histórico numa única direção. Aliás, *O problema do sindicato único no Brasil*, como diz o próprio autor, não é um ensaio de natureza histórica mas de

---

327 Ao discutir as relações entre o movimento de trabalhadores e a legislação trabalhista, afirma o autor (1978 218): "... já vinha amadurecendo a legislação social, como provamos através de algumas páginas anteriores, nos movimentos operários, nos congressos dos trabalhadores, nas mensagens do Executivo, nos trabalhos legislativos, na doutrina jurídica, nas plataformas políticas, enfim na própria consciência da nação. A revolução nunca é obra de um homem só, por mais genial que seja. Não houve saltos na continuidade histórica. A moderna concepção de estudos históricos abandonou o critério antiquado da história oficial e heroica, em que somente aparecem em cenário, dignos de pousar para a posteridade, os figurões de primeira fila. Os que mantêm o espetáculo e justamente o coro meio anônimo, são figuras de segundo plano, mais numerosas mais constantes...".

ordem sistemática (1978: 182). Evaristo não adota tampouco uma concepção de história de caráter processual e, por isso, não vai às origens da sociedade brasileira para verificar os encadeamentos de um processo através do tempo, muito embora seu estudo se baseie em evidências históricas da participação organizada de trabalhadores e operários, desde finais do século XIX até os anos 30, em lutas pela melhoria de sua condição de vida. Desconfiando da imutabilidade da vida social e buscando comprovar a importância da ação dos grupos para as mudanças sociais e políticas, Evaristo guarda, entretanto, uma posição diferente de muitos de seus contemporâneos que se dedicavam às análises histórico – processuais, a exemplo da obra *Formação do Brasil contemporâneo*, de Caio Prado Jr. (1942), ao mesmo tempo em que se distancia de interpretações do Brasil como a de Sérgio Buarque de Holanda, em *Raízes do Brasil* (1936), que valorizava as origens da sociedade como entidade explicativa de uma sucessão de fatos posteriores.

A adoção de uma concepção de sociedade baseada na ação de grupos sociais, associada a uma concepção de história que não desqualifica o passado nem se atrela a um ideal futuro, permite a Evaristo argumentar que os grupos profissionais existem e precedem qualquer "tentativa de regulamentação de suas atividades pelo Direito" (Moraes Filho, 1978: 60), tanto no Brasil como em outros países. Eis uma das principais tarefas de Evaristo cuja realização faz o autor mobilizar boa parte da Sociologia.

A existência dos grupos de profissão na sociedade capitalista estimula o agrupamento de pessoas para lutar pela melhoria das condições de trabalho e da vida profissional. A organização dos sindicatos porém sempre foi considerada uma ameaça à soberania do Estado desde seu surgimento nos países europeus. Na França, as teses de Rousseau e o individualismo igualitarista da Revolução Francesa levaram Le Chapelier a legislar a favor dos interesses individuais porém não comuns. Demorou muito para que as associações e os sindicatos fossem reconhecidos na organização pública dos Estados modernos porque, no momento em que o sindicato passa a existir como ente coletivo e duradouro, põe em xeque a soberania do estado. Nesse ponto, o autor diz chegar ao cerne do problema que põe em foco, que consiste nas relações entre as associações sindicais e o Estado (Moraes Filho, 1978: 114).

Não é preciso ir muito longe para perceber que o argumento do autor incide no deslocamento do Estado do lugar privilegiado que ele assume como móvel de construção da sociedade. As regras do Direito não fundam as instituições; ao contrário, são as instituições que fazem as regras do Direito (1978: 95). Contudo, a perspectiva sociológica de Evaristo de Moraes Filho não repercute apenas na revisão da eficácia das normas jurídicas e seus efeitos sociais. Ao colocar-se contra o mito da outorga das leis trabalhistas no Brasil e contrariar as teses da Ciência do Direito que reconhecem no Estado a única fonte do Direito, apostando na ascendência do ordenamento jurídico no "fazer sociedade", põe em xeque uma das mais bem consolidadas interpretações sobre o País, que diz respeito ao poder (quase único e absoluto) do Estado na construção da nação e da sociedade. Hoje, no início do século XXI, tal posição pode ser compreendida ou tolerada, mas imagine-se o que significou no Brasil no início dos anos 50, quando o Estado era visto como verdadeiro portador da modernidade brasileira ou, ainda, em outra acepção, como responsável pela expansão autoritária do capitalismo na periferia.

Imagine-se essa posição nos anos 50, quando a visão hegemônica dos estudiosos e intelectuais atribuía ao Estado tal missão "civilizatória". Compreende-se mais uma vez por que o livro de Evaristo de Moraes Filho teve sua recepção tardia.

Contudo, seria um equívoco pensar que, ao se posicionar contra o mito da outorga, atribuindo maioridade aos trabalhadores e restringindo, com sua argumentação, o poder e a força do Estado, Evaristo de Moraes Filho desconsidere o papel do Estado. O que advoga é a mudança na concepção do papel do Estado. A lei é o fundamento da autoridade legítima do Estado, e para que possa legislar de acordo com as especificidades da sociedade moderna é preciso que se acabe com a crença na infalibilidade e soberania única do Estado. Tal prepotência perde sua razão de ser nos tempos modernos. Evaristo de Moraes Filho reconhece no Estado uma associação cuja função é regularizar e harmonizar os interesses de outras associações. O Estado é ele próprio uma associação, "uma organização de serviço público", cujo objetivo precípuo é prover os cidadãos de serviços que não podem sustentar nem produzir por si mesmos (1978: 127). Mais uma vez a Sociologia, especificamente o conceito de grupo social, atua a seu favor. A vida social – argumenta Evaristo – não é um conjunto de indivíduos isolados, separados e amorfos, mas uma rede complexa de "corpos sociais" que são as famílias, sindicatos, igrejas, partidos políticos, colégios, profissões, clubes. A soberania interna do Estado é mais complexa do que a soberania externa pois concerne a um "choque de representações". É evidente que o Estado é uma associação única em sua espécie no que respeita a sua autoridade, controle, territorialidade e coação, porém é preciso identificá-lo a outras associações para que se acabe com a mística de sua soberania e se faça reconhecer o seu novo lugar. Evaristo de Moraes Filho parte do princípio de que a estrutura íntima do Estado contemporâneo modificou-se no contato com as novas formas de organização coletiva. Por isso reivindica a modernidade para o Estado legislador que nada tem a ver com a criação de postos e cargos e especialização de seus funcionários, ou com o alargamento de seus setores burocráticos e exigência de competências específicas para os seus integrantes, tampouco com a condução da política econômica. A modernização do Estado, se se puder assim chamar, pois que não se trata de expressão utilizada pelo autor, diz respeito à capacidade legislativa do Estado na regularização e controle racional de uma diversidade de interesses advindos de agrupamentos e associações.

Insistindo no caráter coletivo/plural/associativo em oposição ao caráter individual e único da vida social, Evaristo afirma que o problema do legislador é encarar o grupo como sujeito jurídico e não o indivíduo isolado. Para tanto é preciso que mude sua mentalidade. Eis o problema. O verdadeiro liberalismo da época do pós-guerra é aquele que, sem privar os indivíduos de sua liberdade, possa contemplá-la sem perda de vantagens para a coletividade. Evaristo reconcilia-se, enfim, com a sua contemporaneidade. Relembrando a tese sobre planificação e liberdade, de Karl Mannheim[328], ele se põe contra o estado autoritário e de soberania ilimitado e, ao mesmo tempo, contra o Estado do liberalismo individualista da Revolução Francesa. Coerente, retoma a ideia de grupo, agora, para argumentar que o grupo sindical representa a vontade coletiva. E não apenas isso. Os conflitos não se restringem aos grupos em contenda, mas interessam a muitos outros indivíduos e grupos que formam a sociedade e cujas vidas serão afetadas com o desfecho daquelas lutas:

> É tão evidente o imenso interesse público que se prende aos dissídios coletivos de trabalho, quase sempre restritos à fixação de salários profissionais ou a aumentos de salários, para que percamos tempo com esta matéria. Não estão em jogo exclusivamente as forças patronais e operárias em contenda, toda a sociedade assiste o desenrolar da luta e espera o resultado final. Todas as classes sociais têm interesses envolvidos em tais questões e espiam de longe como a conduzem. Do preço da mão de obra, num verdadeiro sistema fechado de concausas, irão depender os outros preços das utilidades, todo o mercado será afetado, com correspondente modificação do custo de vida. (...) a solução arbitral ou jurisdicional do conflito de trabalho pode alterar sensivelmente as regras ordinárias na formação de preços. E nem sempre são levadas em conta exclusivamente razões de ordem econômica, podendo predominar neste ou naquele caso, segundo as forças dos grupos em luta, razões outras de ordem política ou social (1978: 161).

---

328 Sobre a recepção de K. Mannheim pelos sociólogos brasileiros, ver Villas Bôas (2002).

Mais uma vez fica esclarecida a posição de Evaristo de Moraes Filho de que não é preciso explicar a sociedade através de um princípio totalizante para se dar conta da interdependência que conforma as ações dos grupos e indivíduos na sociedade. As lutas das associações sindicais afetam o conjunto da sociedade e impõem uma nova concepção para a prática legislativa. Por isso, Evaristo de Moraes Filho faz um longo debate sobre o caráter individualista da legislação e o caráter coletivo das leis, revisitando o individualismo igualitário oriundo do universalismo da Revolução Francesa e, por conseguinte, o ideário do liberalismo político, com vistas a assegurar a manutenção da soberania e autoridade do Estado juntamente com existência dos sindicatos e associações. A tarefa da democracia no pós-guerra, afirma o sociólogo e jurista, é reunir liberdade individual com autoridade e, dessa forma, distanciar-se do individualismo tradicional da Revolução Francesa, retendo o que tem de positivo, porém, abandonando sem pena o que nele não esteja mais adequado aos novos tempos. (1978: 173).

Recapitulemos os passos da argumentação do autor, no que concerne ao seu embate no campo da Ciência do Direito pela intromissão da Sociologia, pois ela é importante para responder à pergunta inicial sobre como foi possível a Evaristo de Moraes Filho defender a maioridade dos trabalhadores brasileiros. *O problema do sindicato único no Brasil*, fundamenta-se em arcabouço sociológico, no qual as noções de associação, interesse e ação coletiva são indispensáveis para que o autor se contraponha aos princípios mais convencionais e formais da prática legislativa. Uma vez que a sociedade se configura com uma multiplicidade de ações e relações conflituosas ou não, advindas de interesses de grupos diversos tal configuração impõe ao Estado uma renovação de seu papel, sua autoridade e soberania, voltadas agora para o equilíbrio de interesses de grupos diversos.

14.4. O CARÁTER NACIONAL BRASILEIRO EM *O PROBLEMA DO SINDICATO ÚNICO NO BRASIL*

À época de elaboração e publicação de sua obra *O problema do sindicato único no Brasil*, a briga que Evaristo liderava no campo da Ciência do Direito não se limitava à defesa da introdução de uma visão sociológica dos fatos na prática legislativa. Ele combatia também as teses sobre o caráter nacional que atestavam a incapacidade de o povo lutar pelos seus direitos. Nesse sentido, Oliveira Vianna foi certamente seu grande interlocutor, podendo-se considerar a obra um libelo não só contra a outorga das leis trabalhistas pelo regime autoritário de Vargas, mas contra as teses do insolidarismo social brasileiro, propugnadas pelo sociólogo fluminense, consultor jurídico do Ministério do Trabalho de 1932 a 1940. O embate de Evaristo se dava, pois, em várias frentes. Usava a Sociologia para se opor às concepções exclusivamente doutrinárias e normativas dos juristas sobre os fatos sociais, mas também para desmistificar as concepções sobre caráter faltoso do "povo" brasileiro. Nessa "frente de luta", entretanto, o embate se dava de forma mais velada, menos clara e explícita.

As ideias de Evaristo atingiam juristas e intelectuais que, partindo, como ele próprio, de um princípio sociológico, concluíam, no entanto, pela incapacidade da classe trabalhadora de lutar pelos seus interesses, entre outros motivos, devido ao seu passado escravocrata à predominância da produção agrícola na história do País. Com base nessa premissa, seus adversários julgavam que o Estado deveria tomar as rédeas da organização dos trabalhadores. O mito da minoridade tinha raízes profundas já naquela época. No Direito, Antonio Ferreira Cesarino Jr. defendia a tese da inversão sindical.[329] Escrevera vários livros sobre o assunto. Em *Direito Social*, publicado em 1940, Cesarino Jr. admitia que, no Brasil, a predominância do trabalho agrícola e servil fora responsável pelo que chamava de "inversão sindical brasileira", definindo com aquela expressão a diferença da história sindical brasileira da história sindical europeia. Enquanto na Europa os trabalhadores lutaram para formar livremente suas associações profissionais e de classe, no Brasil, a organização sindical foi concebida pelo Estado (Cesarino Jr., 1980: 511).

O leitor habituado com a conhecida ideia do atraso e da incapacidade do brasileiro se surpreende com o rol das lutas operárias e movimentos dos trabalhadores estampados em *O problema do sindicato único no Brasil*. Ao descortinar o conjunto de greves e movimentos da classes trabalhadora no início do século passado, Evaristo de Moraes Filho relaciona aquelas ações ao trabalho de juristas, a exemplo de Evaristo de Moraes, Maurício de Lacerda e Joaquim Pimenta, que lutaram pela regulamentação das leis trabalhistas. O cuidado em evidenciar a relação entre os grupos em luta e os legisladores tinha o objetivo de mostrar que as lutas dos trabalhadores haviam precedido às leis, um dos pontos importantes da argumentação do autor, e, por conseguinte, que os trabalhadores tinham capacidade associativa. As noções de atraso, modernidade e desenvolvimento estavam absolutamente fora do esquema conceitual do autor, mas não se pode deixar de aproximar a posição assumida por Evaristo, e relativa à capacidade associativa dos trabalhadores, à constituição de uma sociedade moder-

---

329 Antonio Ferreira Cesarino Jr. era professor catedrático das Faculdades de Direito e Economia da Universidade Estadual de São Paulo. Escreveu diversos livros, entre os quais *Direito corporativo e direito do trabalho* (1940), *Direito social brasileiro* (1940) e *Direito processual do trabalho* (1942). Em *O problema do sindicato único no Brasil*, Evaristo refere-se uma vez ao autor quando discute problemas da representação sindical na Constituição de 1937 (1978: 248-249); contudo, em entrevista concedida em 2002, relembra-se de Cesarino Jr. como um dos adversários das teses de seu livro.

na. Ao expor os conceitos fundamentais de sua sociologia compreensiva, Max Weber define a relação associativa quando os homens e mulheres agem no sentido de um ajuste ou uma união de interesses racionalmente motivados com relação a valores e fins. Um acordo racional (...) a união livremente pactuada e puramente orientada por determinados fins: um acordo sobre uma ação contínua, destinado em seus meios e propósitos exclusivamente à persecução de interesses econômicos ou outros dos participantes (Weber, 1991: 25). Essa relação associativa como um acordo racional está relacionada à construção ideal típica das sociedades de cultura ocidental capitalista.

Ao demonstrar a capacidade associativa dos operários brasileiros e atribuir-lhes a maioridade, Evaristo retoma, nas últimas páginas do livro, as interpretações do Brasil que reclamam da falta de "espírito associativo" dos brasileiros. Não as retoma para contrariá-las, como se poderia supor, mas para reafirmar sua validade e evidenciar, através das teses sobre o insolidarismo brasileiro, o quanto se deveria lutar a favor do agrupamento dos indivíduos por interesse. A argumentação servia acima de tudo para fundamentar a ideia de um sindicato único por profissão que Evaristo defendia. Quanto menos fragmentação houvesse nas associações, maior força teriam os sindicatos em um país onde os laços por interesse eram tão enfraquecidos. Na realidade, a evocação das teses sobre o insolidarismo social, como verdadeiro contraponto, deixa ainda mais claro o quanto o livro se ergue como um monumento contra a ideia de um caráter brasileiro inconsistente e inapto para as tarefas associativas e exercício da cidadania, no que concernia às lutas operárias. Anos mais tarde, em elucidativo ensaio sobre Oliveira Vianna e o Direito do Trabalho no Brasil (Moraes Filho, s/d), explicita-se a oposição de Evaristo relativamente às consequências práticas daquelas teses – a concentração da capacidade decisória no poder executivo, como propugnava Oliveira Vianna. Desfiando ponto por ponto do pensamento conservador e autoritário do sociólogo de Saquarema, Evaristo não deixa, no entanto, de distinguir, na ação e obra do jurista, a defesa do direito individual e particular, com base no princípio da equidade, ainda que Oliveira Vianna pregasse contra a livre manifestação de associações e sindicatos, fundada no direito coletivo: liberal, bem liberal, assumindo um papel inovador no direito individual do trabalho, o mesmo não poderia ser dito quanto ao direito coletivo (s/d: 88). Apesar das distinções indispensáveis e esclarecedoras do pensamento de Oliveira Vianna, Evaristo não se deixa levar pela sedução de sua interpretação do caráter brasileiro. Em *Uma possível nota do caráter nacional*, de 1971, retoma o tema e o que havia afirmado sobre ele no livro de 1952. A noção de caráter nacional ou brasileiro é vaga e inconsistente. Pode-se até mesmo reconhecer uma psicologia dos povos que se define por traços culturais comuns e constantes em certos grupos. O que não se pode admitir é o exagero, a plasticidade e a volubilidade daquelas definições de caráter nacional, e, muito mais, o que não se pode admitir é que o caráter de um povo não se transforme e mude ao longo do tempo.

Em *O problema do sindicato único no Brasil*, Evaristo de Moraes Filho reelaborou a experiência marcante das lutas sociais, que conhecera através da trajetória de seu pai, Evaristo de Moraes, e presenciara quando jovem secretário das Comissões Mistas de Conciliação no Ministério do Trabalho. Posicionou-se contra as teses formalistas sobre a prática legislativa da teoria do direito; e contra as teses sobre o insolidarismo do caráter nacional ou *ethos* brasileiro. A elas opôs uma teoria sociológica pragmática, em que associação, interesse e ação são elementos fundamentais. Esse arranjo de ideias cunha seus argumentos voltados para a desmistificação do mito da outorga das leis trabalhistas. Retirando o Estado de seu lugar de portador de toda ordem, modernidade e progresso, e delegando aos sujeitos sociais a capacidade de lutar pelos seus interesses, Evaristo de Moraes Filho devolve aos trabalhadores brasileiros a sua maioridade.

14.5. CONSIDERAÇÕES FINAIS

Este capítulo mostra que Evaristo de Moraes Filho foi um dos primeiros juristas a estabelecer relações entre a Sociologia e o Direito, atuando com suas ideias diretamente na formação do Direito do Trabalho no Brasil. Para o autor, a Sociologia era indispensável tanto para o esclarecimento da constituição das leis como para o entendimento da eficácia do Direito. A Sociologia contribui para a atividade doutrinária e normativa do Direito com o conhecimento do fato social tal como ele ocorre com suas variações e interpretações diversas, não devendo limitar-se o entendimento dos fatos à sua definição pela norma.

O foco da discussão está na análise do livro *O problema do sindicato único no Brasil*, publicado em 1952. Diferentemente de contemporâneos seus, Evaristo de Moraes recusa as teses sobre a incapacidade de os brasileiros se tornarem modernos, atribuindo aos trabalhadores maioridade para lutar pelos seus direitos. Com o objetivo de evidenciar o papel de importância das lutas operárias na constituição das leis trabalhistas, Evaristo de Moraes Filho faz uso de instrumental sociológico, opondo-se tanto às concepções normativo doutrinárias dos juristas como às teses sobre o insolidarismo brasileiro, propugnada por cientistas sociais, sobre a incapacidade de os brasileiros organizarem instituições voltadas para seus interesses, a exemplo de sindicatos, partidos etc. Desse modo, o jurista e sociólogo opõe-se ao mito da outorga das leis trabalhistas mostrando seus fundamentos nas greves, movimentos e manifestações de trabalhadores.

14.6. REFERÊNCIAS BIBLIOGRÁFICAS

ARENDT, Hannah. *On Revolution*. Nova York, Peguin Books, 1988.

BUARQUE DE HOLANDA, Sérgio. *Raízes do Brasil*. 4ª ed. São Paulo, Companhia das Letras, 1995.

CARVALHO, José Murilo. *Mandonismo, coronelismo, clientelismo*: uma discussão conceitual. In: Pontos e Bordados. Belo Horizonte, Ed. UFMG, 1998.

CESARINO Jr. Antonio Ferreira. *Direito social*. 6ª. edição, São Paulo, LTR/Editora da Universidade de São Paulo, 1980.

COSTA PINTO, Luiz de Aguiar. *Recôncavo*. Laboratório de uma experiência humana. 2ª. edição, Salvador, Ed. Costa Pinto, 1997.

_____ . *Resistências à mudança*. Fatores que impedem ou dificultam o desenvolvimento, Rio de Janeiro. Centro Latino-Americano de Pesquisa em Ciências Sociais, n. 10, 1960.

DIAS DA SILVA, Graziella Moraes. *Sociologia da educação*: caminhos e desafios de uma policy science no Brasil (1920/1979). Bragança Paulista, Edusf, 2002.

FERNANDES, Florestan. *Ensaios de sociologia geral e aplicada*, São Paulo: Liv. Pioneira Editora, 1976.

KANT, Immanuel. *Textos seletos*. Petrópolis: Vozes, 1985

LEAL, Vitor Nunes. *Coronelismo, enxada e voto*. Rio de Janeiro: Forense, 1948.

LEEDS Anthony. *Economic cycles in Brazil*. The persistence of a total cultural pattern (cacao and other cases). Diss. Universty of Columbia, 1957.

MARTINS RODRIGUES, Leôncio. *Bibliografia sobre o sindicalismo e os trabalhadores industriais no Brasil*. Notas para um esquema explicativo. Introdução ao Estudo da Sociologia no Brasil, 2. caderno, IEB, USP, 1971, p.157-183.

MIRANDA ROSA, F. A de. Sociologia do Direito. O fenômeno jurídico como fato social. 13ª ed. Rio de Janeiro: Jorge Zahar Editor, 1966.

MORAES FILHO, Evaristo. Oliveira Vianna e o direito do trabalho no Brasil in *LTr-Jornal do Congresso*, s/d, p. 77-90.

_____ . *O Problema do sindicato único no Brasil*. Seus Fundamentos sociológicos. 2. ed. São Paulo: Editora Alfa-Omega, 1978.

_____ . *O problema de uma sociologia do direito*, 2ª ed. Rio de Janeiro, Renovar, 1997.

_____ ; Uma legislação que sobrevive aos regimes. *Isto É*, 04 abril, p. 64-65, 1979.

_____ . Uma possível nota do caráter brasileiro. Rio de Janeiro: *Carta Mensal*, 1971, ano XVI, n. 196, p. 3-15.

PEREIRA DE QUEIROZ, Maria Isaura. *O mandonismo local na vida política brasileira e outros ensaios*. São Paulo: Alfa Omega, 1976.

PRADO JR. Caio. *Formação do Brasil contemporâneo*, São Paulo: Brasiliense, 1961.

RIBEIRO, Darcy. *Teoria do Brasil*. 5ª ed. Petrópolis: Vozes, 1980.

SIMÃO, Aziz. *Informação sobre o sindicalismo e a sociologia do sindicato no Brasil*. Introdução ao Estudo da Sociologia no Brasil. 2º caderno, IEB, USP, 1971, p. 147-156.

VIANNA, L. Werneck. Estudos sobre sindicalismo e movimento operário: resenha de algumas tendências. *BIB*, n. 3, p. 9-24, 1978.

_____ . "Novo sindicalismo", cidadania e fábrica. BIB, n. 17, p. 53-68, 1984.

_____ . Weber e a interpretação do Brasil. *O malandro e o protestante*: a tese weberiana e a singularidade cultural brasileira. In: Jessé Souza (Org.), Brasília: UNB, 1999, p. 173-193

VILLAS BOAS, Gláucia. Os portadores da síntese: sobre a recepção de Karl Mannheim. *Cadernos do CERU*, série 2, n. 13: 125-141, 2002.

WEBER, Max, *Economia e sociedade*, Brasília: UnB, 1991.

WILLEMS, Emílio. *Buzios Island*. A Caiçara Community in Southern Brazil. New York, J. J. Augustin Publisher, 1952.